The Unfinished Nation

있는 그대로의
미국사
2

■역자소개

황혜성 (1권 1~5장 번역)
서강대학교 사학과를 졸업하고 University of Hawaii at Manoa 사학과에서 박사학위를 받았으며 현재 한성대학교 역사문화학부 교수로 재직 중이다. 주요 저서로 《미국역사학의 역사》(공저), 번역서로 《《미국민중사》를 만든 목소리들》 등이 있다. 주요 논문으로는 〈마틴 루터 킹과 말콤 엑스〉 〈미완성의 모자이크: 미국의 '60년대'와 '젊은이들의 반란' 연구〉 등이 있다.

조지형 (1권 6~11장 번역)
서강대학교 사학과를 졸업하고 University of Illinois at Urbana-Champaign 사학과에서 박사학위를 받았으며 현재 이화여자대학교 사학과 교수로 재직 중이다. 주요 저서로 《자유를 위한 탄생: 미국 여성의 역사》, 《헌법에 비친 역사》 등이 있다. 주요 논문으로는 〈Marbury v. Madison 사건과 John Marshall의 사법심사〉와 〈'평등'의 언어와 인종차별의 정치: 브라운 사건을 중심으로〉 등이 있다.

이영효 (2권 12~16장 번역)
서울대학교 역사교육과를 졸업하고 University of Texas at Austin 역사교육과에서 박사학위를 받았으며 현재 전남대학교 역사교육과 교수로 재직 중이다. 주요 저서로 《미국학》(공저), 《서양문명과 인종주의》(공저) 등이 있다. 주요 논문으로는 〈18세기말 대서양 흑인의 삶과 의식〉, 〈미국 흑인건국세대의 이념과 활동〉 등이 있다.

손세호 (2권 17~22장 번역)
연세대학교 신학과를 졸업하고 서강대학교 사학과에서 박사학위를 받았으며 현재 평택대학교 미국학과 교수로 재직 중이다. 주요 저서로 《하룻밤에 읽는 미국사》, 번역서로 《서양 문명의 역사》 등이 있다. 주요 논문으로는 〈19세기 말 미국 사회주의 사상의 성격: 에드워드 벨라미의 "공화적 사회주의"를 중심으로〉, 〈미국 대학의 자국사 교육의 역사와 현실〉 등이 있다.

김연진 (3권 23~28장 번역)
고려대학교 사학과를 졸업하고 University of Illinois at Urbana-Champaign 사학과에서 박사학위를 받았으며 현재 단국대학교 사학과 교수로 재직 중이다. 주요 저서로 《서양의 가족과 성》(공저), 《현대 미국의 사회운동》(공편) 등이 있다. 주요 논문으로는 〈미국 이민의 이미지와 '이민의 나라' 미국: 시사잡지 표지(1965-1986)를 통해 본 이민의 이미지를 중심으로〉, 〈세자르 차베즈와 UFW, 그리고 치카노 운동〉 등이 있다.

김덕호 (3권 29~34장 번역)
성균관대학교 사학과를 졸업하고 State University of New York at Stony Brook 사학과에서 박사학위를 받았으며 현재 한국기술교육대학교 교양학부 교수로 재직 중이다. 주요 저서로 《아메리카나이제이션》(공편), 《현대 미국의 사회운동》(공편) 등이 있다. 주요 논문으로는 〈광고를 통해서 본 코카콜라의 변신: 특허매약에서 청량음료로, 1885-1916〉 〈유토피아를 위한 망각의 공간: 1930년대 대공황과 미국의 세계 박람회〉 등이 있다.

The Unfinished Nation, 6th Edition
by A. Brinkley

Copyright ⓒ 2011 by A. Brinkley
Published by arrangement with The McGraw-Hill Companies, Inc.
All rights reserved.

Korean Translation Copyright ⓒ 2011, by Humanist Publishing Group
Korean edition is published by arrangement with The McGraw-Hill Companies, Inc.
through Imprima Korea Agency.

이 책의 한국어판 저작권은 Imprima Korea Agency를 통해
The McGraw-Hill Companies, Inc.와의 독점 계약으로 휴머니스트에 있습니다.
저작권법에 의해 한국 내에서 보호를 받는 저작물이므로 무단 전재와 복제를 금합니다.

The Unfinished Nation

앨런 브링클리 지음 | 황혜성 조지형 이영효 손세호 김연진 김덕호 옮김

있는 그대로의 미국사 2

하나의 미국 — 남북전쟁에서 제1차 세계대전 전까지

Humanist

★ ★ ★
한국어판 머리말

    나는 한국의 독자가 이 책, 즉 미국의 역사서인 《있는 그대로의 미국사(원제; *The Unfinished Nation*)》를 접할 수 있게 되어 매우 기쁘게 생각한다.

    물론 미국사는 미국인에게 아주 오랫동안 관심거리였다. 그러나 이제는 전 세계인의 주목을 받고 있다. 현대사에서 미국과의 관계가 매우 중요한 한국인에게는 특히 그렇다고 하겠다.

    오늘날 미국은 세계사를 통틀어 가장 강력한 나라라는 평가를 받고 있다. 이 말이 진실이든 아니든, 우리가 살고 있는 이 시대에서는 미국이 가장 강하고 부유하며, 그래서 커다란 기회와 엄청난 위험을 모두 지닌 나라라는 점은 분명하다. 미국의 경제는 한국을 포함한 세계 여러 지역의 국가가 수십 년에 걸친 극적인 경제성장을 추진하는 데 일조해왔다. 그러나 그와 함께 미국이 세계 전 지역에 파급시킨 자유 시장 모델은 국가 간 또는 국가 내에서 새로운 차원의 불평등을 만들어내고 있다.

　미국의 대중문화는 여러 대륙을 거쳐 광범위한 지지를 얻고 있지만, 한편으로는 그 지역의 관습과 전통을 위협하는 측면이 있어 강한 분노를 자아내고 있다. 미국의 군대는 세계에서 가장 끔찍한 갈등을 완화시키는 데 공헌하고 있지만, 반면에 공격적으로—수많은 사람들의 생각으로는 무모하게—국지적인 갈등에도 개입함으로써 세계를 보호하는 것이 아니라 더욱 위험하게 만들 소지가 있다.

　미국은 세계에서 가장 존경받고 모방의 대상이 되는 동시에, 세계가 가장 두려워하고 증오하는 나라이기도 하다. 나는 한국어판이 미국의 두 가지 면모, 즉 세계 전역에 걸쳐 공포와 반감을 자아내게끔 하는 측면 그리고 안정과 사회적 진보에 공헌하는 측면 그 모두를 보다 잘 이해하는 데 도움이 되기를 희망한다. 미국을 존경하든지, 미국에 대해 분노를 느끼든지 간에, 세계의 현재와 미래에 결정적인 역할을 하고 있고 할 것으로 보이는 나라와 그 나라 사람의 행위를 이해하는 데에 그 나라의 지난 역사는 가장 중요한 열쇠가 될 것이다.

앨런 브링클리(Alan Brinkley)
뉴욕 시 컬럼비아 대학교

★★★
머리말

끝없는 변형의 이야기

　이 책의 주제인 미국의 과거에 관한 이야기는 지난 수십 년 사이에 변모를 거듭했다. 물론 과거 자체는 변하지 않는다. 그러나 미국인들이 과거를 이해하는 방법은 급격한 변화를 보여주었다. 그리고 이러한 변화의 물결 속에는 새로운 형태의 서술과 치열한 논쟁이 등장하고 있다.

　오늘날 미국사는 미국 대중문화의 한 부분으로서 그 어느 때보다 풍성해진 것처럼 보이기도 한다. 역사 박물관과 전람회 등이 점점 늘어나서 많은 관중을 끌어들이고 있으며, 역사에 관한 대중적 글들—논픽션이든 픽션이든—의 인기가 점점 높아가고 있다. 텔레비전과 영화에 역사가 계속 등장하고 인터넷에도 점점 더 많이 나타난다. 미국사에 대한 대중의 욕구는 거의 끝이 없는 듯하다. 그러나 한편으로 역사 연구는 역사가들 사이에서, 역사가들의 노력으로 의식화된 다양한 유형의 대중 속에서 그리고 역사학이 과거에 대해 지나치게 비판적이라고 공격을 가하는 정치가들 사이에서 논쟁거리가 되고 있다.

역사에 대한 대중의 관심이 점차 고조됨과 동시에 이를 둘러싸고 벌어지는 논쟁들은 곧 우리 시대의 성격을 반영하고 있다. 지금은 급격하고도 혼란스럽게 변화하는 시대다. 특히 2001년 9월 11일의 테러 이후, 사람들은 삶의 지향점과 마음의 안정을 구하기 위해 그리고 과거 시대가 더욱 단순하면서도 안정적이었다는 믿음을 상기하기 위해 과거를 바라보고 있다. 그러나 오늘날 대두되고 있는 혼란스런 문제들은 역사가들로 하여금 과거에 대해 새로운 질문을 던지고 다시금 해석하도록 주문한다. 그것은 현재 우리를 둘러싸고 있는 긴장과 경쟁을 이해하려는 노력이기도 하다. 미국에 살고 있는 사람들이 더욱 다양해진 데다, 한때는 학자들의 주목을 받지 못했던 여러 집단이 학문의 중심 대상으로 떠오르게 되자 역사가들은 무척이나 복잡한 미국의 과거를 재현하기 위해 분투하고 있다. 미국의 경제와 문화, 위세가 세계 곳곳에 점점 더 깊이 개입하자 역사가들은 이 세계적인 강대국이 어떤 방식으로 국가 발전을 이룩했는지 알아내기 위해 머리를 싸매고 있다. 일찍이 역사 서술은 여러 위인의 경험과 거국적 사건들을 제시하는 정도에 그쳤다. 그러나 오늘날에는 공적인 삶과 사적인 삶, 유명 인사와 보통 사람, 통합과 차이, 국가적 현상과 국제적 현상 등을 모두 포괄하는 매우 복잡한 내용을 담고 있다. 이처럼 새로워진 역사는 과거의 서술보다 훨씬 더 많은 인간 경험의 영역을 포함하려 하기 때문에 때로는 파편화되어 보이기도 한다. 성공적인 업적뿐만 아니라 실패와 불의까지 드러내기 때문에 가끔 혼란스럽기도 하다. 그러나 우리가 살고 있는 번잡하고 문제투성이의 세계를 이해하기에는 이러한 방식이 더 적합하다.

이 책에서 나는 미국사의 특징인 다양성과 통합성을 모두 살펴보고자 했다. 미국은 수많은 문화가 혼재된 나라이며, 그것은 과거에도 늘 마찬가지였다. 미국사를 이해하기 위해서는 미국 사회를 형성해온 수많은 집단—지역, 종교, 계급, 이상, 인종, 성, 민족 등—을 토대로 발전해온 수많은 분야의 내력을 이해해야만 한다.

그러나 미국은 단순히 서로 다른 문화의 집합체가 아니라, 명실상부한 국가다. 각각으로 나누어져 있음에도 서로 화합해왔고 또한 존속, 번영하도록 포용해왔던 역량을 이해하는 것은 미국이라는 나라의 다양성을 이해하는 것만큼이나 중요하다. 미국은 모든 국민의 삶에 밀착된, 너무나 안정되고 영속적인 정치제도를 건설했다. 또한 모든 국민의 일과 소비 생활에 실질적으로 영향을 미칠 뿐만 아니라 지구촌 구석구석까지 연계되어 있는 거대하면서도 생산성 높은 국가 경제를 발달시켰다. 그리고 대다수의 미국인뿐만 아니라 전 세계 수많은 사람들의 체험과 상상력을 하나로 묶는 대중문화를 만들어냈다. 미국의 이러한 통합력은 국가적 차원에서 중요한 성공 요인으로 간주하여 찬사를 보낼 수도 있고, 불공평한 일들을 조장해냈거나 그것을 부각시키는 데 실패했다고 비난할 수도 있다. 그러나 미국사를 이해하고자 한다면 누구도 이러한 통합력을 무시할 수는 없을 것이다.

이 책의 개정판을 내면서 나는 역사 전공자나 일반 독자를 위해 복잡하면서도 매혹적인 이야기로 미국사를 담아내려고 노력했다. 각 장별로 최근의 연구 동향을 반영하여 내용을 완전히 새로 편집, 보완했다. 또한 다음의 세 가지 분야를 특별히 강조했다.

1. '세계 속의 미국'이라는 지면을 새로 추가하여 세계적 차원의 맥락에서 미국사를 바라보았고,
2. 과학과 기술 분야의 내용을 늘렸으며,
3. 주변 환경을 고려한 새롭고 광범위한 사료를 제시하였다.

이외에도 각 장마다 도입부와 여백 페이지를 두어 독자들에게 편의를 제공하고자 했다. 그리고 가장 눈에 띄는 변화는 다양한 색상을 넣어 만든 많은 지도, 사진, 기타 그래픽 등을 넣었다는 점이다.
　나는 이 책이, 독자들로 하여금 미국사의 엄청난 내용적 풍부함과 복잡함을 인지하게 하는 데 충분할 정도로 다양한 국면들을 보여줄 것이라고 생각한다. 그와 동시에 이 책이 독자들에게 어느 정도 미국인들의 공통된 체험 및 국가로서의 미국을 존속시켜온 원동력도 제시하게 되기를 희망한다.

　나는 이 개정판에 대하여 케빈 머피(Kevin Murphy)에게 감사한다. 그리고 한결같이 이 책의 편집과 출판을 도와준 맥그로우 힐 출판사의 많은 분에게 감사드린다. 또한 원고를 검토하고 개정을 위해 다양한 제안을 해준 여러 선생님과 학자에게 감사드린다. 마지막으로 나에게 의견을 제시하거나 비판하고 수정해준 독자들에게도 감사드리며, 앞으로도 많은 지도 편달을 기대하고 있다. 만약 새로운

제안이 있다면 컬럼비아 대학교 사학과(The Department of History, Columbia University, New York, NY 10027) 또는 전자우편(ab65@columbia.edu)으로 보내주기 바란다.

앨런 브링클리(Alan Brinkley)

★ ★ ★
옮긴이의 글

  오늘날 가속화하는 전 지구화의 물결 속에서 세계는 극심한 변화를 겪고 있다. 변화의 중심에는 미국이라는 나라가 있으며, 미국이 세계 변화를 주도하고 있음을 부인할 수 없다. 따라서 복잡하게 얽힌 세계 문제를 이해하기 위해서는 일단 미국을 알아야만 한다. 더욱이 미국은 우리나라와 정치 · 경제 · 외교 · 문화적 측면에서 밀접한 관계를 맺고 있다. 그러나 미국에 대한 우리의 지식은 우리나라와 관련된 분야에 한정되어 피상적이거나 젊은이의 문화를 통해 어느 정도 짐작하는 수준일 뿐이다. 많은 사람이 미국을 언급하면서도 정작 미국의 실상에 대해서는 무관심하며, 미국에 대한 체계적이고 종합적인 지식도 부족한 상황이다. 따라서 미국은 여전히 우리에게 가깝고도 먼 나라다.
  그 결과 우리는 미국이 우리에게 어떤 나라인가에 대해 확고한 규명 없이, 한편으로는 미국을 선망하면서도 미국과의 관계에서 우리 정서나 국익에 어긋나는 일이 일어나면 철저한 원인 규명이나 미국을 '있는 그대로' 이해하지 않고 반미 감정을 앞세웠다. 하지만 이제는 그 틀에서 벗어나 세계 속의 미국을 이해해야만 한다. 즉, 미국에 대해 분노하는 사람부터 동경하는 사람에 이르기까지 피상을 넘어서야 한다. 미국은 우리가 좋아하든 싫어하든 간에 세계의 현재와 미래에 결정적인 역할을 할 것이므로, 반미나 친미의 프리즘을 걷어내고 미국을 있는 그대로 이해해 우리의 시각을 균형 있게 잡아가야 한다. 그리고 이것이 미국의 역사를 새롭게 접하는 태도여야 한다.

《있는 그대로의 미국사》 개정판은 미국의 역사학자 앨런 브링클리(Allan Brinkley)의 《The Unfinished Nation : A Concise History of the American People》을 완역한 내용에 6판(2009년 출간)의 추가 정보를 덧붙이고 보완한 책이다. 이 책은 미국 대학에서 사용하는 교과서로서, 내용면에서 미국 역사의 정수를 이해하기 쉽게 설명하고 있다. 하지만 미국의 역사를 단순하게 요약한 건조한 지식을 모아놓은 미국사가 아니라, 미국을 이해하는 데 있어서 중요한 여러 시각 중 하나를 제시해주는 저서임을 먼저 독자에게 밝히고자 한다. 특히 이 개정판은 콜럼버스 이전의 아메리카에서부터 오바마 행정부와 같은 최근의 주요 사건까지 다루어 그 내용을 보강했다. 또한 〈과거를 논하며(Debating the Past)〉 시리즈를 독자들에게 제공하여 미국사에 대한 한층 깊은 이해를 돕고, 〈세계 속의 미국(America in the World)〉을 통해 미국을 보다 넓은 눈으로 생각해보도록 했다. 이외에도 미국 독립선언서나 헌법처럼 함께 읽으면 좋은 자료는 물론, 역대 대통령 선거에 관한 정보와 미국사 연표 등 참신한 부록을 곁들임으로써 미국의 주요 역사를 한눈에 개관할 수 있게 했다.

미국의 역사가들이 미국의 과거를 보는 시각은 시기에 따라 변화해왔다. 대략 정리해보면, 19세기 초부터 20세기 초까지의 역사가는 미국사를 자유와 진보의 역사이며 신으로부터 세계에 자유를 전파하는 사명을 부여받은 국가의 역사라고 보았다. 19세기 후반기에는 다윈주의의 영향을 받아 조야한 프런티어 환경으로부터 문명사회로 진보하는 각 단계별 과정을 중요시하는 경향이 두드러지게 나타났지만, 미국사가 더 큰 발전을 향한 과정임을 부인하지 않았다.

그러나 20세기 초에 이르러 등장한 혁신주의 역사가는 미국사가 단순히 유럽 문명의 이식이 아니라 매우 역동이며 다양한 요인 간의 갈등 속에서 발전했다는 시각을 제시했다. 즉, 미국사는 귀족주의와 민주주의의 갈등, 부자와 가난한 자의 갈등, 정치적 특권층과 비특권층 간의 갈등, 지역 간의 갈등 등이 복합적으로 작용하는 가운데 '개혁의 시기'와 '반동의 시기'가 주기적으로 교체되어왔다고 본 것이다.

제2차 세계대전은 미국을 '민주주의의 수호국'이라는 위치에 올려놓았고, 이 시기의 신보수주의 역사가는 미국사에서 또다시 통합적인 면모와 연속성을 강조했다. 그들은 봉건적 역사를 지니지 않은 미국은 식민지 시기부터 사유재산제도를 바탕으로 자유주의적 제도를 발전시키고, 통합된 사회를 형성해왔다고 보았다. 비록 1960년대와 1970년대부터 시작된 '아래로부터의 역사 쓰기' 경향과 1980년대 이후의 문화사적 접근 방법이 미국사를 보는 시각을 다양하게 하고 있으나 아직도 신보수주의 역사가의 관점은 상당한 호응을 얻고 있다.

이러한 맥락 속에서 저자 앨런 브링클리는 다양성과 통합성이라는 두 개의 힘이 계속 미국의 역사를 변형시키고 있다는 시각을 제시한다. 그는 이 책에서 다양성을 미국의 두드러진 성격으로 파악하고 자칫 백인 위주의 단순한 역사 서술로 흐르기 쉬운 미국사를 흥미롭고 다채로운 이야기를 통해 들려주는 동시에 미국이 지닌 통합의 힘을 강조한다. 즉, 안정되고 영속적인 제도와 통합적인 문화에 의해 미국이 발전했음을 동시에 강조하는 것이다. 따라서 이 책은 독자에게 균형 잡힌 시각을 제시함으로써 미국을 이해하는 데 지침이 될 수 있다고 하겠다.

책을 번역하는 데 미국사를 연구해온 여섯 사람이 힘을 합했다. 그중 1장부터 5장까지 황혜성, 6장부터 11장까지 조지형, 12장부터 16장까지 이영효, 17장부터 22장까지 손세호, 23장부터 28장까지 김연진, 29장부터 34장까지 김덕호가 각각 맡아 번역했다. 그렇지만 옮긴이들이 여러 차례 함께 논의하여 용어와 번역상의 어려움을 풀어나갔고, 마지막으로 전체를 다시 한 번 살펴보았기에 일관성을 잃지는 않았다고 생각한다.

근자에 들어 그 어느 때보다도 미국에 관한 저서와 역서가 많이 나오고 있다. 그럼에도 이 책만큼 미국의 역사를 체계적으로 상술한 저술이 없는 실정이다. 그러므로 옮긴이들은 《있는 그대로의 미국사》가 미국의 실체를 이해하는 데 있어서 독자에게 중요한 디딤돌이 되리라 기대해본다. 끝으로 이 책이 나오기까지 정성과 열의로 도움을 주신 휴머니스트 여러분에게 감사드린다.

옮긴이들을 대표하여
황혜성 씀

The Unfinished Nation

있는 그대로의
미국사
2

차례

한국어판 머리말　5

머리말　7

옮긴이의 글　12

12장 남북전쟁 이전 시대의 문화와 개혁

1 낭만적 정서　27
　　미국 화풍의 국민주의와 낭만주의 | 미국 문학 | 남북전쟁 이전의 남부 문학 | 초월주의자 |
　　자연에 대한 옹호 | 유토피아에 대한 비전 | 성 역할에 대한 재(再)정의 | 모르몬 교도

2 사회개조　42
　　신앙부흥 운동, 도덕성 그리고 질서 | 건강, 과학, 골상학 | 의학 | 교육 | 재활 | 여성해방론의 등장

3 노예제 반대 운동　54
　　노예제도에 대한 반대 | 개리슨과 노예제 폐지론 | 흑인 노예제 폐지론자 |
　　노예제 폐지 반대 운동 | 노예제 폐지론의 분열

〈세계 속의 미국〉 노예제 폐지　65

13장 임박한 위기

1 서부를 향해　71
　　명백한 운명 | 텍사스의 미국인 | 오리건 | 서부 이주

2 팽창과 전쟁 80

민주당원과 영토 확장 | 남서부와 캘리포니아 | 멕시코 전쟁

3 지역 갈등 89

노예제도와 준주(準州) | 캘리포니아 골드러시 | 지역 간 긴장의 고조 | 1850년 타협

4 1850년대의 위기 98

불편한 휴전 | '젊은 미국' | 노예제도, 철도 그리고 서부 | 캔자스-네브래스카 논쟁 | '유혈의 캔자스' | 자유 토지 이념 | 노예제 지지론 | 뷰캐넌과 공황 | 드레드 스콧 판결 | 캔자스 문제 | 링컨의 등장 | 존 브라운의 급습 | 링컨의 당선

14장 남북전쟁

1 연방 탈퇴 위기 123

남부의 이탈 | 타협의 실패 | 적대적인 두 지역

〈과거를 논하며〉 남북전쟁의 원인 128

2 북부의 동원 130

경제적 내셔널리즘 | 북군의 동원 | 전쟁기의 지도력과 정치 | 노예해방의 정치 | 흑인과 연방의 대의 | 여성과 간호 그리고 전쟁

3 남부의 동원 140

남부 연합정부 | 돈과 인력 | 전쟁의 경제·사회적 영향

4 전략과 외교 146

지휘관 | 해군의 역할 | 유럽과 분열된 미국

5 전투와 전쟁 155

전쟁 기술 | 1861년의 초기 전투 | 1862년, 서부 전선 | 1862년, 버지니아 전선 | 1863년, 결단의 해 | 마지막 국면(1864~1865)

〈세계 속의 미국〉 국가 통합 179

15장 재건과 신(新)남부

1 화해 문제   185
전쟁과 노예해방의 여파 | 상반된 자유 개념 | 재건 계획 | 링컨의 죽음 | 존슨과 '회복'

2 급진적인 재건   195
흑인 단속법 | 헌법 수정 조항 제14조 | 의회의 재건 계획 | 대통령 탄핵

〈과거를 논하며〉 재건(Reconstruction)   202

3 재건기의 남부   204
재건 정부 | 교육 | 토지 소유와 소작 | 소득과 신용 | 자유를 얻은 흑인 가족

4 그랜트 행정부   212
군인 대통령 | 그랜트 스캔들 | 그린백 문제 | 공화당 외교

5 재건 포기   217
'복귀된' 남부 주 | 북부인의 관심 저하 | 1877년의 타협 | 재건의 유산

6 신(新)남부   224
'구원자' | 산업화와 '신남부' | 임차농과 소작인 | 흑인과 신남부 | '짐 크로우'의 탄생

16장 극서부 정복

1 극서부 사회   241
서부 인디언 부족 | 히스패닉 뉴멕시코 | 히스패닉 캘리포니아와 텍사스 | 중국인의 이주 | 반(反)중국인 정서 | 동부인의 이주

2 변화하는 서부 경제   253
서부의 노동 | 광산 붐 | 소 떼 왕국

3 서부의 로맨스   262
    서부 풍경과 카우보이 | 프런티어라는 개념

    〈과거를 논하며〉 프런티어와 서부   267

4 인디언 부족의 해체   270
    백인의 인디언 정책 | 인디언 전쟁 | 도스법

5 서부 농민의 흥기와 쇠퇴   282
    평원 지역의 농사 | 상업적 농업 | 농민의 분노 | 농업지대의 불안

17장 최고의 산업국가

1 산업 성장의 원동력   293
    산업 기술 | 철 및 강철 생산기술 | 비행기와 자동차 | 연구와 개발 | 생산 과학 |
    철도의 확장과 주식회사

2 자본주의와 그 비판자   311
    적자생존 | 부(富)의 복음 | 대안적 시각 | 독점 문제

3 노동자의 시련   320
    이민 노동력 | 임금 및 노동조건 | 노동조합의 등장 | 노동기사단 | 미국노동총동맹 |
    홈스테드 파업 | 풀먼 파업 | 노동 세력 약화의 원인

18장 도시의 시대

1 새로운 도시의 성장   339
    인구의 이동 | 소수민족의 도시 | 동화와 배척

〈과거를 논하며〉 전지국적 이민　347

2 도시 풍경　350
공적 장소의 탄생 | 주택 장만 | 도시의 운송과 건축 기술

3 도시 생활의 긴장　358
화재와 질병 | 환경오염 | 도시의 빈곤과 범죄, 폭력 | 정치 파벌 조직과 정치 보스

4 대량 소비의 대두　365
소득 및 소비의 유형 | 연쇄점, 우편 주문 상점, 백화점 | 여성 소비자

5 소비사회의 여가　370
여가의 재(再)정의 | 관중을 위한 스포츠 | 음악, 극장, 영화 |
대중적 여가와 개인적 여가의 유형 | 대중매체의 기술 | 전화

6 도시 시대의 고급문화　382
도시의 문학과 미술 | 진화론의 영향 | 보통 교육의 확산 | 대학교와 과학 및 기술의 발전 |
의학 | 여성 교육

19장 교착상태에서 위기로

1 균형의 정치　397
정당 체제 | 중앙정부 | 대통령과 후견제 | 클리블랜드, 해리슨 그리고 관세 | 새로운 공공 문제

2 농민의 저항　410
농민 공제조합원 | 농민 동맹 | 인민주의 지지층 | 인민주의 사상

〈과거를 논하며〉 인민주의　416

3 1890년대의 위기　419
1893년의 공황 | 은화 문제 | '황금의 십자가' | 보수주의자의 승리 | 매킨리와 번영

20장 제국주의

1 제국주의 소동   435
  새로운 명백한 운명 | 서반구의 주도권 | 하와이와 사모아

  〈세계 속의 미국〉 제국주의   442

2 미국-스페인 전쟁   445
  쿠바를 둘러싼 논쟁 | '눈부신 작은 전쟁' | 필리핀 획득 | 쿠바를 위한 전쟁
  푸에르토리코와 미국 | 필리핀을 둘러싼 논쟁

3 제국주의적 공화국   461
  식민지 통치 | 필리핀 전쟁 | 문호 개방 | 군사 체제의 현대화

21장 혁신주의의 대두

1 혁신주의적 추진력   473
  추문 폭로 작가와 사회복음 | 사회복지관 운동 | 전문적 지식의 매력 | 전문직 |
  여성과 전문직

2 여성과 개혁   482
  '신여성' | 여성 클럽 | 여성참정권

3 정당에 대한 공격   489
  초기의 공격 | 지방자치단체의 개혁 | 주 의회 개혁 | 정당과 이익집단

4 혁신주의적 개혁의 원천   496
  노동, 정치조직 그리고 개혁 | 서부의 혁신주의자 | 아프리카계 미국인과 개혁

5 질서와 개혁을 위한 운동   502
  금주운동 | 이민 제한 | 사회주의의 꿈 | 분산 및 규제

  〈과거를 논하며〉 혁신주의   509

22장 국가적 개혁을 위한 투쟁

1 시어도어 루스벨트와 혁신주의 대통령   515
　우연히 탄생한 대통령 | '공정한 조처' 정책 | 루스벨트와 환경 | 공황과 은퇴

2 불안한 대통령직 승계   524
　태프트와 혁신주의자 | 루스벨트의 복귀 | 태프트에 대한 반발의 확산 |
　시어도어 루스벨트와 태프트의 대결

3 우드로 윌슨과 신자유   531
　우드로 윌슨 | 학자 출신 대통령 | 후퇴와 전진

4 '몽둥이' 외교: 미국과 세계(1901~1917)   538
　루스벨트와 소위 '문명론' | 아시아에서의 '문호 개방' 보호 | 인접국에 대한 철권통치 |
　파나마운하 | 태프트와 '달러외교' | 외교와 도덕성

부록

미국의 주   555 | 미국의 도시   556 | 미국사 주요 연표   558 | 미국 독립선언서   570 |
미국 헌법   575 | 미국 역대 대통령 선거자료   604 | 찾아보기   611

1권 미국의 탄생 – 식민지 시기부터 남북전쟁 전까지

1장 문화의 만남
2장 이식과 경계 지역
3장 아메리카 식민지의 사회와 문화
4장 전환기의 제국
5장 미국 혁명
6장 미국 헌법과 새로운 공화국
7장 제퍼슨 시대
8장 미국 국민주의의 다양성
9장 잭슨 시대의 미국
10장 미국의 경제 혁명
11장 면화, 노예제도 그리고 구(舊)남부

3권 미국의 세기 – 제1차 세계대전에서 오바마 행정부까지

23장 미국과 제1차 세계대전
24장 새로운 시대
25장 대공황
26장 뉴딜
27장 세계적 위기(1921~1941)
28장 세계 대전 중의 미국
29장 냉전
30장 풍요로운 사회
31장 자유주의의 시련
32장 권위의 위기
33장 한계의 시대에서 레이건 시대로
34장 지구화 시대

1821	1826	1830	1831	1833	1837	1840	1841
뉴욕에 최초의 교도소 설립	쿠퍼 《모히칸족의 최후》 출간	조지프 스미스, 《모르몬의 서》 발간	개리슨, 주간 신문 《해방자》 출간	미국 노예제 반대 협회 설립	호러스 만, 매사추세츠 교육 위원회 책임자로 선임	자유당 결성	브룩 농장 설립

12장
남북전쟁 이전 시대의 문화와 개혁

야간 여학교(1840, 작가 미상)

19세기 중반에 크게 확대된 여학교에서는 읽기와 쓰기, 그 외 기본적인 기능뿐 아니라 오른쪽의 바느질 테이블이 보여주듯이 가정 과목도 가르쳤다.

1845	1848	1850	1851	1852	1854	1855
프레더릭 더글러스, 자서전 출간	뉴욕 세네카 폴즈에서 여권 회의 개최 /오네이다 공동체 건설	호손의 《주홍 글씨》 출간	멜빈의 《모비 딕》 출간	스토의 《톰 아저씨의 오두막》 출간	소로의 《월든》 출간	휘트먼의 《풀잎》 출간

미국은 19세기 중반에 영토가 확장되고 인구가 늘어난 데다 경제 규모도 커지고 복잡해졌다. 대부분의 미국인은 경제성장에 따라 새로운 기회가 나타난 것을 환영했다. 하지만 경제성장이 초래한 혼란 또한 뼈아프게 느끼고 있었다.

이처럼 상반되는 입장이 부딪친 결과, 나라를 '개혁' 하려는 움직임이 나타났다. 그러한 움직임 가운데 일부는 인간 본성에 대한 낙관적인 믿음, 즉 모든 인간 안에는 기본적으로 선한 영혼이 자리하고 있으며 사회가 그 영혼을 해방시켜야 한다는 신념에 기반한 것이었다. 반면, 질서와 통제를 열망하는 정서도 존재했다. 전통적인 가치와 제도가 도전받고 흔들리는 것을 보면서, 많은 미국인은 무엇보다 안정과 규율이 회복되기를 소망했다. 이러한 정서는 더욱 단순하고 살기 좋았던 시대에 대한 보수적인 향수를 내포하지만, 동시에 시대 현실에 걸맞은 사회 통제 체제를 만들려는 노력을 낳게도 했다. 그러나 1840년대 말에는 노예제도라는 한 가지 쟁점이 다른 모든 문제를 뒷전으로 밀어버렸다. 그리하여 일단의 개혁가, 즉 노예제 폐지론자가 가장 영향력 있는 집단으로 부상했다.

1
낭만적 정서

영국의 작가 시드니 스미스(Sydney Smith)는 1820년에 "지구상의 누가 미국의 책을 읽거나 미국의 연극을 보러 가겠는가? 누가 미국의 그림이나 조각을 감상하겠는가?"라고 썼다. 그리고 답이 분명하다고 확신했다. 아무도 없다는 것이다. 미국의 지식인은 유럽인이 미국 문화를 낮게 평가한다는 것을 괴롭지만 인식하고 있었다. 그래서 조국 미국의 독특한 미덕을 표현할 예술을 창조하려고 애썼다. 동시에 미국의 많은 문화 선구자는 또 다른 종류의 해방을 추구했는데, 역설적이게도 그것은 주로 유럽에서 수입한 로맨티시즘 정신이었다. 미국의 지식인은 문학과 철학, 예술, 심지어 정치와 경제 분야에서도 인간 정신의 해방에 몰두했다.

· 낭만주의 정신

미국 화풍의 국민주의와 낭만주의

1820년, "누가 미국의 그림을 보겠는가?"라는 시드니 스미스의 물음은, 자신들이야말로 유일하게 예술 세계의 중심에 서 있다는 유럽 예술가의 일반적인 생각을 드러낸 것일 뿐이다. 그러나 사실 미국에서는 많은 사람이 미국의 그림을 감상했다. 이는 그 그림이 유럽의 위대한 전통을 보여주기 때문이 아니라, 미국인 스스로가 중요하고 새로운 예술적 전통을 창조하고 있다고 믿었기 때문이다.

미국의 화가는 조국의 가장 장엄하고 개발되지 않은 지역을 화폭에 담아냄으로써 생생한 자연의 힘을 포착하려고 했다. 최초의 위대

· 허드슨 강 화단

한 미국 화단은 뉴욕에서 등장했다. 허드슨 강 화단(Hudson River School)으로 알려진 프레더릭 처치(Frederic Church)와 토머스 콜(Thomas Cole), 토머스 다우티(Thomas Doughty), 애셔 듀런드(Asher Durand)는, 거칠지만 아직 때묻지 않은 허드슨 계곡의 장엄한 경치를 묘사했다. 많은 화가가 랠프 월도 에머슨(Ralph Waldo Emerson)과 헨리 데이비드 소로(Henry David Thoreau)의 작품을 읽고 그들을 존경했는데, 그들처럼 문명이 아니라 자연을 지혜와 성취의 최고 원천으로 여겼다. 화가들은 허드슨 계곡을 묘사하면서 유럽과 달리 미국에는 아직 '야생의 자연(wild nature)'이 존재하며 따라서 미국은 한물간 이전 세계의 여러 나라보다 더 위대한 희망의 나라라고 선언하는 듯 보였다.

몇 년 후 허드슨 강 화단의 몇몇 화가가 서쪽으로 멀리까지 여행하며 요세미티 계곡과 옐로스톤 계곡, 로키 산맥 등 위대한 자연의 경이로움을 화폭에 담았고 그들의 작품은 미국 대중의 심금을 울렸다. 특히 앨버트 비어슈타트(Albert Bierstadt)와 토머스 모런(Thomas Moran)의 작품은 미국 전역에 걸쳐 엄청난 수의 관람객을 끌어모았다.

미국 문학

독특한 미국 문학을 창조하려는 노력은 1820년대에 최초의 위대한 미국인 소설가 제임스 페니모어 쿠퍼(James Fenimore Cooper)의 작품을 통해 중요한 결실을 거두었다. 쿠퍼 소설의 가장 독특한 점은 미국의 서부를 환기시키는 데 있다. 쿠퍼는 일생 동안 인간과

동류 의식

토머스 콜은 초기에 뉴욕 허드슨 강 화단을 이끈 사람이었다. 애셔 듀랑이 그린 이 그림에는 콜이 뉴욕의 위대한 시인이자 편집자이며 19세기 지성계의 영웅이던 윌리엄 컬른 브라이언트 (William Cullen Bryant)와 허드슨 계곡의 자연 속에 서있다. 콜의 뒤를 이어 허드슨 강 화단의 지도자가 된 듀랑은 콜이 죽고 얼마 후, 콜의 장례식에서 브라이언트가 한 감동적인 추도문에 영감을 받아 이 그림을 그렸는데, 그림 속의 두 사람이 자연을 예찬한 '동류 의식'을 지녔다고 했다. 듀랑 자신도 한때 "예술은 자연을 통해 드러난 신의 모습임에 틀림없다"고 쓰기도 했다.

자연의 관계, 서부로의 확장이라는 도전과 그에 따른 모험에 매료된 사람이었다. 그는 《모히칸족의 최후(The Last of the Mohicans)》(1826)와 《사슴 사냥꾼(The Deerslayer)》(1841) 같은 주요 작품에서 억센 백인 개척자가 경험한 인디언과 탐험가, 폭력 및 법의 실상을 폭로했다. 쿠퍼는 선한 본성을 타고난 독립적 인간의 전형을 그려냈다. 이는, 많은 미국인이 외경심을 가지고 바라보았던 인간형이 위험에 처했다는 점을 반영한 것이다.

• 월트 휘트먼

뒤이어 출현한 또 다른 작가 집단은 미국의 예술가와 지식인에게 한결 명확하게 로맨티시즘의 매력을 보여주었다. 1855년에 월트 휘트먼(Walt Whitman)은 첫 번째 시집 《풀잎(Leaves of Grass)》을 간행했는데, 그의 시는 민주주의와 개인 정신의 해방, 육체의 쾌락을 예찬했다. 휘트먼의 시를 계기로 시형(詩形)이 전통적이고 제약적인 관행에서 탈피하기 시작했다. 휘트먼은 또한 감정 및 육체의 해방과 개인적 성취에 대한 열망을 표현했는데, 이는 아마도 관습에서 벗어난 성생활을 용납하지 않는 사회에서 동성연애자로 살았던 자신의 경험에서 기인했을 것이다.

당대 최고의 미국 작가라고 할 만한 허먼 멜빌(Herman Melville)은 휘트먼보다는 비교적 덜 열정적이었다. 그의 소설 가운데 가장 중요한 작품인 《모비 딕(Moby Dick)》은 1851년에 출판되었다. 《모비 딕》은 예전에 자신을 불구로 만든 커다란 흰 고래 모비 딕을 찾는 일에 사로잡힌 끈질기고 강인한 포경선 선장 에이해브(Ahab)의 이야기로, 인간 의지의 강인함과 용기를 그린 소설이다. 그러나 동시에 자존심과 복수에 관한 비극이자, 19세기 미국의 거칠고 개인주의적이며 성취 지향적인 문화에 대한 유쾌하지만은 않은 은유를 담고 있는 소설이다.

남북전쟁 이전의 남부 문학

남부 작가인 에드거 앨런 포(Edgar Allan Poe)의 작품도 이와 유사하게 음울했다. 그는 주로 슬프고 소름끼치는 시와 소설을 썼는데, 첫 번째 작품인 《태멀레인과 다른 시들(Tamerlane, and Other Poems)》(1827)은 거의 평가를 받지 못했다. 그러나 가장 유명한 시 〈갈가마귀(The Raven)〉(1845)를 비롯한 후속 작품을 내면서, 비로소 문제 작가라는 소리를 들으며, 유명한 문학가로 우뚝 섰다. 포는 좁은 지성의 한계를 넘어 영혼과 정서라는 한층 깊은 세계를 탐구하는 인간의 이미지를 일깨웠다. 하지만 그 세계는 많은 고통과 공포를 함축한다고 말하는 것 같았다. 당시 미국 작가는 포의 작품과 메시지를 경멸했지만, 포는 오히려 유럽의 시인에게 심오한 영향을 끼쳤다.

• 에드거 앨런 포

그러나 포는 남부의 문학 세계에서 예외적인 경우였다. 19세기 중엽, 남부는 남부 나름대로 문학의 전성기를 누렸고, 북부처럼 미국 사회와 미국이라는 국가의 본질을 정의하는 데 관심을 가진 작가와 예술가들이 많았다. 그러나 남부 백인은 현 사회가 어떠하며 앞으로 어떠해야 하는가를 매우 다른 이미지로 그렸다.

1830년대의 남부 소설가들—베벌리 터커(Beverly Tucker), 윌리엄 알렉산더 커루더스(William Alexander Caruthers), 존 펜들턴 케네디(John Pendleton Kennedy) 등—은 상남부의 플랜테이션 체제에 관한 역사 로망스나 낭만적인 송덕문을 쏟아냈다. 그중 가장 눈

• 윌리엄 길모어 심스

에 띄는 작가는 윌리엄 길모어 심스(William Gilmore Simms)였다. 한동안 심스는 작품 속에서 지역적 배경을 초월해 광범위한 국민주의를 표현했다. 그러나 1840년대에는 그 역시 북부의 간섭에 대항해 남부의 제도, 특히 노예제를 강력히 방어했다. 심스는 남부 생활에 고유한 특성이 있으며 지성인이 그것을 방어해야 한다고 믿었다.

그러나 일단의 남부 작가는 한결 미국적인 작품을 발표했다. 이들은 플랜테이션 사회의 주변부 출신으로, 벽지의 시골 세계를 묘사했다. 오거스터스 롱스트리트(Augustus B. Longstreet), 조지프 볼드윈(Joseph G. Baldwin), 존슨 후퍼(Johnson J. Hooper)를 비롯한 여러 작가가 평범한 사람과 가난한 백인을 문학의 주요 대상으로 삼았다. 이들은 작품의 주인공을 로맨틱하게 그리기보다는 사실적으로 묘사하는 데 주력했다. 그리고 미국 문학사상 처음으로 거칠고 저속한 유머로 작품에 맛을 더했다. 이들 남부 사실주의자는 미국식 지역 정서의 전통을 수립했고, 결국 마크 트웨인(Mark Twain)을 통해 가장 강한 목소리를 내게 되었다.

초월주의자

초월주의자로 알려진 일군의 뉴잉글랜드 작가와 철학자는 미국에서 로맨티시즘의 사조를 뚜렷이 표현한 집단 가운데 하나였다. 초월주의자는 주로 독일 및 영국의 작가와 철학자로부터 이론을 빌려와 이른바 '이성(reason)'과 '오성(悟性, understanding)'을 구분하는 개인주의 이론을 신봉했다. 그들의 정의에 따르면, 이성은 합리성과는 아무런 관련이 없다. 이성은 오히려 본능과 감정을 충분히 표현함으로써 진리와 아름다움을 깨닫는 인간의 천부적인 능력이다. 그와 대조적으로 오성은 사회가 요구하는 협소하고 인위적인 방식으로 지성을 사용한다. 즉, 본능을 억제하고 외적으로 강제된 관습을 따른다. 따라서 '오성'에서 해방되어 '이성'을 함양하는 것이 인간의 목표여야 하며, 각 개인은 지성의 한계를 '초월'해 감정, 곧 '영혼(soul)'이 '우주와 독특한 관계'를 맺도록 노력해야 한다는 것이었다.

매사추세츠 주의 콩코드(Concord)를 중심으로 랠프 월도 에머슨이 이끄는 소규모 지식인 집단이 미국에서는 처음으로 초월주의 철학을 제기했다. 젊었을 때 유니태리언파의 목사였던 에머슨은 1832년에 목사직을 그만두고 저술 및 교육, 강연 활동에 전념했다. 에머슨은, 〈자연(*Nature*)〉(1836)이라는 글에서 자기 완성을 추구하는 개인은 자연 세계와의 영적인 교류를 위해 힘을 다해야 한다며, "숲 속에서 우리는 이성과 신념으로 돌아간다. … 맨땅 위에 서면 나의 머리는 상쾌한 공기로 씻기고 무한한 공간으로 들어 올려진다. … 모든 천박한 이기심은 사라지고 … 나는 신의 일부이자 신의 티끌이 된다"고 썼다. 그리고 다른 글에서도 더 한층 분명하게 인간의 내적 역량을 총체적으로 탐구하는 일에 몰두할 것을 주장했다.

• 랠프 월도 에머슨

에머슨 못지않게 영향력 있던 또 다른 콩코드 초월주의자는 헨리 데이비드 소로였다. 그는 '조용한 절망의 삶(lives of quiet desperation)'을 양산해낸 사회적 억압을 친구인 에머슨보다 훨씬 강하게 거부했다. 그에 따르면, 각 개인은 사회의 기대에 순응하라는 압력에 저항하고 자기 자신의 본능에 순응함으로써 자기실현에 힘을 쏟아야 한다. 그런 맥락에서 소로 자신은 불후의 명작 《월든

• 소로의 《월든》

《Walden》》(1854)에서 묘사했던 것처럼 월든 호수(Walden Pond) 가장자리에 있는 콩코드 숲에 조그만 오두막집을 짓고 매우 간소하게 2년을 홀로 살았다. 그는 물질적 안락을 지나치게 중시하는 사회에서 스스로 해방되려고 노력했다. 그리고 사회의 인위적인 제약을 거부하는 태도를 자신과 정부(政府)의 관계로 확대 해석했다. 1849년에 쓴 에세이 〈시민 정부에 대한 저항(*Resistance to Civil Government*)〉을 통해 한 개인에게 도덕에 어긋나는 행동을 강요하는 정부는 합법적인 권위를 갖지 못한다고 주장했다. '시민 불복종(civil disobedience)' 혹은 '소극적인 저항(passive resistance)'이야말로 그러한 정부에 대한 합당한 대응이며, 이는 곧 시민이 불공정한 법에 복종하지 않는다는 의미였다.

자연에 대한 옹호

자연의 힘에 대한 에머슨과 소로의 예찬이 시사하듯이 19세기 중후반에는 규모는 작지만 영향력 있는 한 미국인 집단이 자연 세계의 고결함에 새로운 자본주의적 열정이 미치게 될 영향을 우려했다. 에세이 작가 올리버 웬들 홈즈(Oliver Wendell Holmes)는 "시인과 화가를 만들어내야 할 산과 폭포가 무연탄 탄광과 수력 발전용 댐으로 변했다"고 썼다.

• 자연의 새로운 이해

초월주의자에게 자연은 농민이나 광부가 믿는 것과는 달리, 단순한 경제활동의 토대가 아니었다. 자연은 심오한 개인적 영감의 근원, 곧 인간 영혼에 내재한 진리를 깨닫게 하는 매개체였다. 초월주의자의 주장에 따르면, 진정한 영성(靈性)은 공식 종교가 아니라 자연 세계와의 영적인 교감을 통해 얻어진다. 소로는 한때 "세계의 구원은 야생의 자연에 있다"고 쓰기도 했는데, 인간이 자연과 멀어지면 인간성의 상당 부분을 상실하게 될 것이라고 믿었기 때문이다.

이러한 주장을 한 초월주의자는 20세기의 환경 운동을 예견한 최초의 미국인이라고 하겠다. 그들에게는 자연보호에 관한 어떤 과학적 근거나 종(種)의 상호 연관이라는 20세기적 개념이 없었다. 그러나 인간과 자연이 본질적으로 하나라는 것을 믿었고, 그러한 고결한 합일이 없다면 문명은 피폐해질 것이라고 생각했다. 초월주의자는 자신들처럼 자연을 '새로운 시각으로' 본다면 "자연을 관통해서 그 뒤에 영혼이 존재하는 것"을 볼 수 있다고 말했다.

유토피아에 대한 비전

초월주의는 본질적으로 개인주의 철학이었으나, 19세기의 가장 유명한 공동 생활 실험인 브룩 농장(Brook Farm)의 탄생에도 기여했다. 보스턴의 초월주의자인 조지 리플리(George Ripley)의 꿈이던 브룩 농장은 1841년에 매사추세츠의 웨스트록스베리(West Roxbury)에 실험적인 공동체로 건설되었다. 리플리에 의하면, 사회 구성원 각자의 자기 실현 기회를 충분히 허용하는 새로운 사회를 건설하기 위해 사람들이 그곳에 모였다고 한다. 그곳에서 모든 주민은 공동체의 노동을 똑같이 분담하며 따라서 모든 사람이 자기 수양에 필수적인 여가 생활도 동등하게 누릴 수 있었다. 그러나 브룩 농장은 개인의 자유라는 이상과 공동체 사회의 요구 사이에서 발생한 갈등으로 와해되고 말았다. 많은 구성원이 환상에서 깨어나 공동체를

• 브룩 농장의 실패

떠났으며, 1847년에 공동체의 중앙 건물이 불타면서 실험도 막을 내렸다.

브룩 농장 초기에 실험에 참여했던 작가 너대니얼 호손(Nathaniel Hawthorne)은 여러 소설에서 공동체 실험과 초월주의에 대한 환멸을 표현했다. 《블리스데일 로맨스(*Blithedale Romance*)》(1852)에서는 브룩 농장 자체를 통렬하게 비판했고, 특히 《주홍 글씨(*The Scarlet Letter*)》(1850)와 《일곱 박공의 집(*The House of the Seven Gables*)》(1851)에서는 개인이 사회에서 격리되는 데 치러야만 하는 대가에 대해 한결같이 열변을 토했다. 호손은 자아에 대한 초월론자의 신념을 간접적으로 비판하면서 이기심이야말로 인간 불행의 심장부에 자리한 '사탄(serpent)'이라고 주장했다.

- 뉴하모니

그러나 브룩 농장은 남북전쟁이 발발하기 이전의 몇 년 동안에 등장했던 수많은 공동체 실험 가운데 하나에 불과했다. 1825년에는 스코틀랜드 출신의 산업가이자 박애주의자인 로버트 오웬(Robert Owen)이 인디애나 주에 공동체를 세우고, '뉴하모니(New Harmony)'라고 명명했다. 뉴하모니는 모든 주민이 완전히 평등하게 일하며 생활하는 '협동 마을(Village of Cooperation)'로서 경제적으로는 실패작이었지만, 그 이상만은 계속해서 일부 미국인을 사로잡았다. 이후에도 몇 년간 여러 지역에서 열두 가지 다른 '오웬식'의 실험이 시도되었다.

뉴하모니 마을의 청사진

영국의 개혁가 로버트 오웬은 자신의 협동 생활 이론을 검증할 공동체를 세우기 위해 1820년대에 미국으로 건너왔다. 이 설계도는 오웬과 그 추종자의 거대한 계획을 보여준다. 설계도의 건축물은 일찍이 독일 이상주의자들이 사회적 실험을 한 워배시 강(Wabash River) 둔덕의 인디애나(Indiana)에 설립할 계획이었다. 건물은 결국 들어서지 못했지만, 설계도는 오웬이 공동체에 부여하려 했던 질서와 합리성을 반영하고 있다. 이 계획은 "어느 시대 어느 지역에서 실현된 것보다 거대한 신체적·도덕적·지적 유익을 영구적으로 도모할 수 있는 새로운 환경의 조합을 이루도록" 고안된 것이었다.

성 역할에 대한 재(再)정의

대부분의 새로운 유토피아적 공동체가 남성과 여성의 관계에 많은 관심을 기울였다. 일부 공동체는 성 역할을 급진적으로 재정의하려 했다.

• 재정의된 성 역할

그러한 재정의는 오네이다(Oneida) 공동체에서 중점적으로 이루어졌다. 오네이다는 1848년에 존 험프리 노이에스(John Humphrey Noyes)가 뉴욕 주 북부 지역에 건설한 이래, 19세기 유토피아 공동체 가운데 가장 오래 살아남았다. 공동체 주민이 자처했듯이 이들 오네이다 '완전주의자(Perfectionists)'는, 가족과 결혼에 대한 전통적인 개념을 거부했다. 노이에스는 모든 공동체 주민은 다른 주민 모두와 '결혼'한 것이며 영속적인 부부 관계란 이곳에 존재하지 않는다고 공언했다. 그러나 이에 경악한 비판자들이 종종 주장한 것처럼 오네이다가 그렇게 제한 없는 '자유연애'의 실험장은 아니었다. 공동체는 성행위를 세심히 감시했으며, 여성을 원치 않는 임신으로부터 보호했고 아이를 공동으로 양육했다. 때로는 친부모의 손을 거의 거치지 않고 크는 아이도 있었다. 오네이다 주민은 이를 남성의 '탐욕적' 요구와 전통적인 가족의 굴레에서 여성을 해방시킨 것이라 여겨 자부심을 가졌다.

셰이커 교도(Shakers) 사회도 전통적인 성역할을 재정의하는 데 중요한 의의를 두었다. 1770년대에 '어머니' 앤 리(Ann Lee)가 세운 셰이커 교단은 20세기까지 이어졌다(오늘날에는 소수의 추종자만 남아 있다). 그러나 셰이커 교는 19세기 중반에 특히 추종자가 많았고, 1840년대에는 북동부와 북서부 전역에 20개가 넘는 공동체를 건립했다. 이 교단의 이름은 독특한 종교의식, 곧 회중이 목청껏 소리높여 정신없이 성가를 부르고 춤을 추면서 죄를 '털어내는(shake) 의식'에서 따온 것이다.

그러나 셰이커교의 가장 독특한 특징은 교인에게 완전한 금욕의 의무를 지우고 있다는 점이다. 물론, 누구도 태어날 때부터 셰이커 교도일 수는 없으므로, 모든 교도가 자발적으로 금욕 신앙을 선택해야 했다. 셰이커교는 1840년대에 약 6,000명의 교도를 끌어모았으며 남성보다는 여성 신도가 많았다. 그들은 남녀 간의 접촉을 엄격히 제한하는 공동체에서 살았고 남녀평등을 지지했다. 셰이커 사회 안에서는 여성이 최고의 권력을 행사했다.

• 금욕 신앙

그러나 셰이커 교도는 단지 전통적인 성역할의 부담에서 벗어나려고만 했던 것은 아니었다. 그들은 미국 생활 전반이 무질서와 혼란으로 가득 찼다고 여기고, 거기서 벗어나 보호받을 수 있는 사회를 만들려고 했다. 그런 점에서 다른 비판적인 종교 집단이나 유토피아 공동체와 매우 유사했다.

모르몬 교도

구(舊) 사회 내에서 새롭고 한층 질서 있는 사회를 건설하던 노력 가운데 가장 주목할 만한 것은 아마도 모르몬교(Mormonism)로 알려진 말일 성도 예수 그리스도 교회(Church of Jesus Christ of Latter-Day Saints)의 시도일 것이다. 모르몬교는 조지프 스미스(Joseph Smith)의 노력으로 뉴욕 주 북부 지역에서 시작되었다. 스미스는 10대에 이미 하나님의 영접을 받았다고 주장했고, 불과 24세

• 조지프 스미스

이던 1830년에 《모르몬의 서(Book of Mormon)》라는 유명한 문헌을 출판했다. 그의 주장에 의하면, 몰몬은 그 문헌을 기록한 고대 예언가의 이름이다. 스미스는 하느님이 천사를 통해 자신에게 계시를 내렸고, 이에 뉴욕의 언덕에서 금색 서판을 찾아 그것을 번역했다는 주장을 폈다. 《모르몬의 서》는 아메리카 대륙에 존재했던 두 개의 성공적인 고대 문명을 이야기하는데, 그 고대인은 그리스도의 강림을 기다렸고 예수가 부활한 후 실제로 아메리카 대륙에 강림해 보상받았다. 두 문명은 그리스도의 가르침을 따르지 않아 결국 몰락했지만, 스미스는 의로운 집단인 모르몬 교도의 역사가 미국에서 새롭고 성스러운 공동체의 모델이 될 수 있으리라고 생각했다.

스미스는 1831년에 일단의 추종자를 모으면서 새로운 '성도(saints)' 공동체가 들어설 성역을 찾기 시작했지만, 15년이 넘도록 뜻을 이루지 못했다. 그들은 몇 번이고 말일 성도로 자처하며 평화로운 공동체를 세우려고 했다. 하지만 새로운 예언자라든가 새로운 성경, 신권(神權)과 같은 급진적인 교리에 의혹을 품고 있던 주변 사람에게서 끊임없이 박해를 받았다. 반대자는 모르몬교의 급격한 교세 확장은 물론, 점점 커지고 있던 정치적 힘에 주목했다. 그러던 중 스미스가 말년에 일부다처제를 도입했고, 이것이 그의 사후에 일반에 알려지면서 모르몬교를 반대하는 자에게 또 다른 비판의 초점이 되었다.

• 유타 공동체

모르몬 교도는 원래의 정착지인 미주리 주의 인디펜던스(Independence)와 오하이오 주의 커틀랜드(Kirtland)에서 쫓겨난 뒤로, 일리노이 주에 새로운 타운을 건설하고 노부(Nauvoo)라고 이름 지었다. 노부는 1840년대 초에 경제적으로 성공을 거둔 당당한 공동체가 되었다. 그러나 1844년에 스미스를 철천지 원수인 양 미워하던 적대자가 스미스에 대한 공격을 선동하는 책자를 출간하자, 스미스는 추종자에게 그 출판물을 없애라고 지시했다. 결과적으로 스미스는 체포되어 일리노이 주 카르시지(Carthage)의 감옥에 수감되었다. 분노한 군중이 감옥을 공격해 그를 총으로 쏴 죽였다. 모르몬 교도는 이내 노부를 버리고 스미스의 후계자인 브리검 영(Brigham Young)을 따라 대평원을 지나 로키 산맥을 넘었다. 이 1만 2,000명의 집단 이동은 미국 역사상 단일 집단으로는 가장 큰 규모가 이주한 사건이었다. 그들은 지금의 솔트레이크시티(Salt Lake City)를 포함해 유타(Utah) 지역 여러 곳에 공동체를 건설했다. 마침내 모르몬 교도는 영구 정착지를 세울 수 있게 되었다.

 새로운 사회조직을 건설하려던 당시 다른 실험처럼, 모르몬교 역시도 인간이 완벽할 수 있다는 신념에 기반하고 있었다. 교회의 가르침에 따르면, 신(神)도 한때는 인간이었고 따라서 모든 사람이 신에 가까이 다가가기를 열망할 수 있는 일이었다. 고도로 발달된 중앙집권적인 성직 체계 내에서, 모르몬 교도는 세속의 무질서와 불확실성으로 말미암아 혼란에 빠진 사람을 위한 피난처를 만들었다. 초기 모르몬 교도는 대부분 급변하는 사회에서 소외된 사람, 즉 당시의 물질적 성장과 사회 발전에 뒤처진 경제적 하층민이었다. 그들은 이 새로운 종교 속에서 생동감을 느낄 수 있는 강한 신념을 발견했다. 그리고 이 종교가 만들어낸 사회에서 안정과 질서를 맛보았다.

2

사회개조

새로운 개혁 움직임

개혁적 정서 속에서 주류 사회를 개조하려는 새로운 운동이 태동했다. 그런데 놀랍게도 그 지도자 및 구성원의 상당수는 여성이었다. 1830년대에는 그러한 운동이 조직적인 개혁 집단의 형태를 취했다.

신앙부흥 운동, 도덕성 그리고 질서

개혁의 종교적 토대

개혁 철학은 부분적으로 개인의 신성함을 설파한 초월주의자 같은 이들의 낙관적인 전망에서 비롯되었다. 그러나 여러 면에서 더 중요한 영향을 미친 것은 프로테스탄트의 신앙부흥 운동이었다. 이 운동은 19세기 초에 제2차 대각성 운동(Second Great Awakening)과 함께 시작되어 1820년대 강력한 사회 개혁 운동으로 발전했다.

뉴라이트(New Light) 복음주의자는, 인간은 누구나 자기 자신의 노력을 통해 구원받을 수 있다는 낙관적인 신념을 갖고 있었다. 그 결과 신앙부흥 운동은 개인의 구원은 물론, 나아가 사회 개혁 운동의 수단이 되었으며, 특히 개인의 비도덕성을 타파하는 운동을 낳았다. 당시 신앙부흥 운동의 지도자 찰스 그랜디슨 피니(Charles Grandison Finney)는, "교회는 절주(Temperance) 및 도덕 개혁(Moral Reform)이라는 문제 그리고 여러 시점에서 결정해야 할 현실의 모든 도덕적 문제에 대해 올바른 입장을 취해야 한다"고 했다.

술고래의 삶

1846년에 나다니엘 쿠리어(Nathaniel Currier)가 제작한 이 석판화는, 금주운동가가 내세운 알코올 음용의 필연적 결과를 보여준다. 순수하게 '친구와 술 한잔(glass with a friend)'하는 것에서 시작한 젊은이가 서서히 술에 취해 환락의 정점으로 올라가고, 끝내는 절망의 나락으로 떨어져 자신이 버린 아내와 아이가 슬퍼하는 가운데 자살한다는 내용이다.

　복음주의 프로테스탄티즘은 금주운동에 상당한 힘을 더했다. 금주를 주창하는 사람들은 어떤 사회적 악덕보다도 지나친 알코올의 섭취가 범죄와 무질서, 빈곤을 초래한다고 주장했다. 여성은, 남성이 가족에게 필요한 돈을 술을 사는 데 낭비할 뿐만 아니라 술에 취한 남편이 종종 아내를 구타하거나 학대한다고 비난했다. 금주운동은 이민을 경계하는 사람에게도 호소력이 있었다. 많은 토착주의자(nativists)가 이민 공동체의 폭력과 무질서를 음주 때문이라고 믿었다. 1840년경에는 금주운동이 전국적 규모의 운동으로 발전해 강력한 조직체를 갖추었고, 100만 명 이상이 독주를 끊겠다는 내용의 공식 서약서에 서명했다.

건강, 과학, 골상학

• 콜레라

이렇게 개인과 사회의 완벽함을 추구해나가는 과정에서, 일부 미국인은 건강과 지식에 대한 새로운 이론에 흥미를 갖게 되었다. 특히 1830년대와 1840년대에 콜레라가 휩쓸고 지나간 이후, 공중 보건을 위협하는 일이 발생하면서 많은 개혁 운동의 저변에 깔려 있던 불안 의식에 경종이 울린 것이었다. 인체의 대장과 소장에 극심한 박테리아균이 감염되어 발병하는 콜레라는 주로 오염된 음식이나 물을 통해 전염되었다. 19세기에는 일반적으로 콜레라 환자의 절반도 살아남지 못했다. 이따금씩 콜레라가 유행할 때마다 수천 명이 목숨을 잃었고, 어떤 도시에서는 그 결과가 아주 참혹했다. 1833년 한 해만 해도 콜레라가 돌면서 뉴올리언스 인구의 거의 4분의 1이 사망했다. 여러 시 당국이 전염병 문제를 해결하기 위해 공중 보건 위원회를 설치했으나 당시의 의료계 종사자는 박테리아에 의한 감염이라는 특성을 알지 못해 해결책을 찾을 수 없었다.

오히려 많은 미국인은 건강 증진을 위해 비과학적인 이론에 의지했다. 부유층, 특히 여성은 '물 치료'를 받기 위해 자주 온천을 찾았다. 뜨거운 물이나 차가운 물에 몸을 담그기도 하고 젖은 천으로 몸을 감싸 건강을 증진시킨다는 것이 그 치료법의 요지였다. 사실 물 치료는 이를 선전하는 사람들이 약속했던 것만큼 효과가 있는 것은 아니었지만, 약간의 치료 가치는 있었다. 당시의 물 치료는 일부 수치료법(hydrotherapy)으로 남아 오늘날에도 여전히 이용되고 있다.

새로운 식이요법 이론을 신봉하는 사람들도 있었다. 코네티컷 태생의 장로교 목사이자 헌신적인 개혁가인 실베스터 그레이엄(Sylvester Graham)은 고기 대신에 덩어리가 씹힐 정도로 빻은 밀가루로 만든 빵 그리고 야채와 과일을 섭취하라는, 오늘날의 일부 식이요법과 그리 다르지 않은 처방으로 많은 추종자를 얻었다.

현대인의 상식으로 볼 때, 무엇보다 이해하기 힘든 점은 당시에 골상학이라는 새로운 '과학'이 광범위하게 인기를 끌었다는 점이다. 골상학은 독일에서 처음 등장했는데, 《골상학 연감(*Phrenology Almanac*)》을 펴낸 오슨 파울러(Orson Fowler)와 로렌조 파울러(Lorenzo Fowler)의 노력으로 1830년대에 미국에서 유행했다. 골상학자는 두개골의 형태가 개인의 성격과 지능을 나타내는 중요한 지표라고 주장했다. 그들은 두뇌를 구성하는 다양한 영역의 크기(그들이 주장한 바로는 강도)를 계산하기 위해 두상에서 튀어나온 부분과 움푹 들어간 부분을 정밀하게 측정했다. 골상학은 삶의 다양한 위상에 대해 개인별 적성을 알아내는 방도를 제공해서 사람들이 각자의 재능에 맞추어 임의대로 직업과 책무를 선택하지 않아도 되게끔 해줄 것으로 생각되었다. 그러나 이 이론은 현재 어떠한 과학적 가치도 없는 것으로 알려져 있다.

• 골상학

의학

기술과 과학이 이렇게 급격한 진전을 이룬 시기에 의학은 뒤처지는 것처럼 보이는 때가 있었다. 이는 의학이 인간을 대상으로 하는 분야라서 실험에 어려움이 컸고, 한편으로는 다수의 부자격자(不資

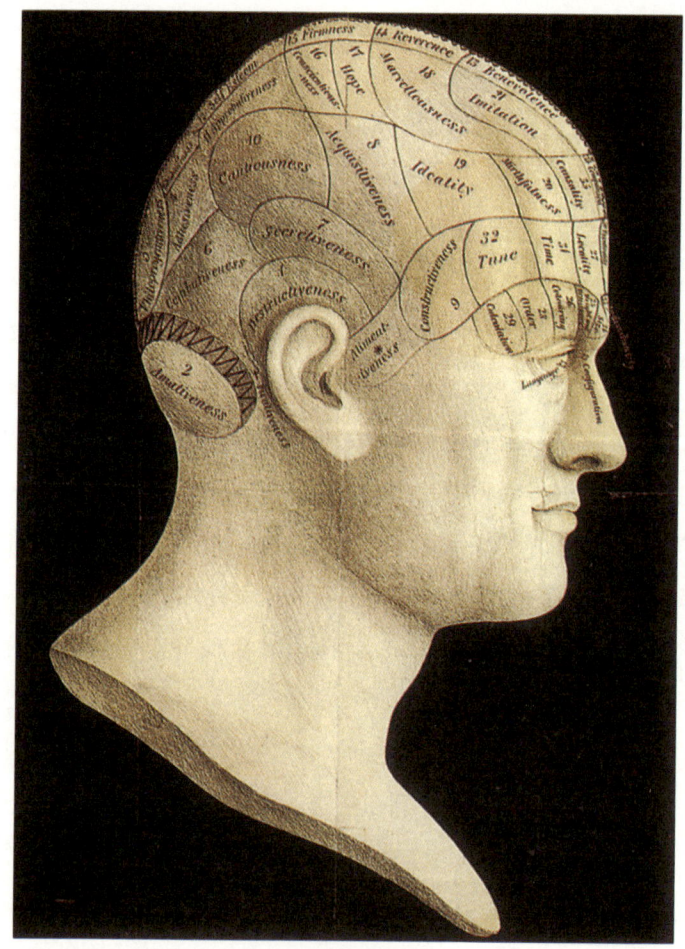

골상학

이 석판화에는 1830년대에 인기를 끌었던 골상학이라는 '과학'의 일부 개념이 드러나 있다. 미국의 골상학자는 독일의 작가 요한 슈푸르츠하임(Johann Gaspar Spurtzheim)의 개념을 끌어와서, 개인의 두상을 보면 그 성격과 재능을 이해할 수 있다고 선전했다. 즉, 뇌는 자율 기관의 집합체인데, 뇌의 각 기관이 인간의 사고나 행동의 일부 측면을 통제한다는 것이다. 이 그림에는 '정체성', '욕심', '비밀스러움', '놀라움', '희망' 등을 통제하는 뇌의 영역이 분명히 표시되어 있다. 그러나 이 이론은 어떤 과학적 근거도 없다.

格者)와 제대로 된 의학 교육을 받지 못한 사람들이 아무런 규제도 없이 의료 관련 직종에 종사했기 때문이다. 1830년대와 1840년대에 이 직종의 종사자가 되는 데 규제를 가하려는 노력이 있었으나, 의사 면허를 일종의 비민주적인 독점이라고 간주한 사람들 때문에 실현되지 못했다. 따라서 의료 관련 종사자의 위상은 여전히 낮았다.

그러나 미국의 의학이 당면했던 가장 큰 문제는 질병에 대한 기본 지식이 없다는 점이었다. 18세기의 가장 위대한 의학적 성과, 곧 에드워드 제너(Edward Jenner)가 개발한 종두법은 뚜렷한 감염 이론에서 나온 것이 아니라, 시골 사람이 사용하던 민간요법을 기가 막히게 적용한 결과였다. 마취제도 의학 박사가 처음으로 개발한 것이 아니라, 이를 뽑을 때 환자의 고통을 줄일 방법을 찾던 뉴잉글랜드의 치과 의사 윌리엄 모턴(William Morton)이 개발한 것이다. 모턴은 1844년부터 유황 에테르를 이용해 실험을 시작했으며, 곧이어 보스턴의 외과 의사 존 워런(John Warren)도 외과 환자 마취에 에테르를 사용하기 시작했다. 그러나 혁신과 실험을 불신하던 일부 전통적인 내과 의사는 이런 진전마저 완강히 거부했다.

• 과학적 의료에 대한 저항

의학 분야에서는 이처럼 과학적인 방법과 실험적인 치료가 널리 수용되지 못했기 때문에, 가장 재능 있는 의사도 질병 치료에 진전을 보기 어려웠다. 그렇지만, 남북전쟁이 발발하기 이전에도 미국에는 불완전하기는 하지만 세균 이론의 발견으로 이어질 만한 진전이 있었다. 1843년에 보스턴의 수필가이자 시인이며 내과 의사였던 올리버 웬들 홈즈(Oliver Wendell Holmes)는 수많은 '출산열'(어린이의 패혈증) 사례를 연구한 결과를 발표했다. 그는 출산열이 한 사람에게서 다른 사람에게로 전염될 수 있다고 결론내렸다. 이 감염 이론은 상당한 비판을 받았지만, 나중에 헝가리인 내과 의사 이그나즈 제멜바이스(Ignaz Semmelweis)가 치료에 성공하면서 타당성이 입증되었다. 제멜바이스는 출산열에 감염된 시신으로 작업을 하던 의대생 때문에 감염이 확산되는 것을 알아내고는, 학생에게 손을 씻은 후 실험 도구를 소독하라고 지시했다. 그러자마자 감염이 사실상 사라졌던 것이다.

교육

19세기 중반에는 보편적인 공교육 체계를 수립하려는 노력이 가장 중요한 개혁 운동의 하나였다. 1830년 당시만 해도 그러한 체계를 갖추고 있는 주(州)는 없었으나 그로부터 얼마 지나지 않아 공교육에 대한 관심이 급속도로 높아졌다.

• 호러스 만의 개혁

가장 주목할 만한 교육개혁가는 1837년에 설치된 매사추세츠 교육 위원회(Massachusetts Board of Education)의 첫 번째 책임자 호러스 만(Horace Mann)이었다. 맨과 추종자는 교육이 민주주의를 수호하게 될 유일한 방법이라고 생각했다. 교육받은 유권자는 자유 정치체제를 운영하는 데 필수적이기 때문이었다. 맨은 매사추세츠 학교 체계를 재조직하고 학년을 6개월 연장했으며, 교사 봉급을 2배로 올리고 교과과정도 확대 개편했다. 또한 새로운 전문 교사 양성 방안을 도입했다. 다른 주도 이와 유사한 방향 즉, 새로운 학교를 짓고 사범대학을 창설했으며, 많은 아이에게 처음으로 교육받을 기회를 제공하는 등 그 뒤를 이었다. 1850년대에는 모든 주가 초등학교에 세금 지원(비록 현실성은 없었지만)을 한다는 원칙을 세웠다.

하지만 공교육의 질은 여전히 격차가 심했다. 예를 들어, 매사추세츠와 같은 일부 지역의 교육자는 일반적으로 높은 수준의 교육을 받은 능력 있는 사람으로, 스스로를 전문인으로 새롭게 인식했다. 그러나 다른 지역에서는 대다수의 교사가 겨우 읽고 쓸 줄 아는 정도였고, 교육에 대한 재정 지원도 매우 제한적이었다. 게다가 인구가 매우 분산되어 있는 대부분의 서부 지역은 많은 아이가 학교교육을 받지 못했다. 남부는 흑인의 학교교육을 허용하지 않았고, 1860년 당시 취학연령에 해당하는 백인 아동 중에서도 약 3분의 1만 실제로 학교에 등록했다. 북부는 72퍼센트가 학교에 등록했지만, 이곳에서도 짧은 기간만 간헐적으로 수업에 참석하는 아이가 많았다.

• 불평등한 공교육

교육개혁가의 목표 중에는 아이에게 일련의 사회적 가치를 가르치는 것도 있었다. 근검, 질서, 규율, 시간 엄수 그리고 권위의 존중이 바로 그러한 가치였다. 예를 들어 호러스 만은 민주주의를 확장하고 개인의 기회를 확대하는 것이 공립학교의 기능이라고 했다. 또한, 사회의 질서를 세우는 데 학교가 해야 할 역할에 대해서도 언급했다. "아이를, 따라야 할 방식으로 훈련시켜라. 그러면 아이가 커서도 그 방식에서 벗어나지 않을 것이다."

교육에 대한 관심은 미국의 인디언을 교육하려는 운동이 나타난 데서도 그 정도를 알 수 있다. 일부 개혁가는 인디언도 백인 세계의 방식으로 교육받을 수만 있다면 '문명화(civilized)'될 수 있다고 믿었던 것이다. 특히 오리건 같은 극서부 지역에서 인디언을 교육하고 동화시키려는 선교사 등의 노력이 두드러졌다. 오리건은 토착 인디언과의 갈등이 그렇게 심각하지 않은 곳이었다. 그럼에도 미국의 대다수 인디언은 여전히 교육개혁의 영향력 밖에 있었다.

> 문맹률의
> 저하

비록 제한적이고 불평등하기는 했지만, 학교 개혁가가 이룩한 업적은 대단했다. 남북전쟁이 시작될 무렵에는, 미국이 전 세계에서 가장 문맹률이 낮은 나라에 속했다. 북부 인구의 94퍼센트와 남부 백인 인구의 83퍼센트(남부 전체 인구의 58퍼센트)가 글을 읽을 수 있었다.

재활

개인의 잠재력에 대한 믿음이 확산되면서 장애인을 돕기 위한 새로운 기관이 속속 생겨나 자선 제국(Benevolent Empire)이라는 거대한 자선 활동망의 일부를 형성했다. 그중에는 미국 최초의 맹인학교인 보스턴의 퍼킨스 맹인학교(Perkins School for the Blind)도 있었다. 퍼킨스 학교를 건립한 사람들은, 사회에서 가장 홀대받는 사람도 자기 자신의 내적 역량과 지혜를 발견하도록 도와줄 필요가 있다고 생각했다. 그리고 그러한 믿음이야말로 당시의 낭만주의 정신을 가장 잘 드러낸 예였다.

> 도로시아
> 딕스

그와 유사하지만 또 다른 강력한 개혁 운동도 나타났다. 범죄자와 정신병자를 위한 '수용소(asylums)'가 건립된 것이다. 미국인은 감옥과 병원 시설의 개선을 부르짖음으로써 미국 사회의 가장 두드러진 병폐를 비판했다. 오래된 감옥이나 정신병원의 수용자는 거의 인간이 살 수 없는 환경에서 생활했다. 그리하여 1820년대부터 많은 주가 새로운 교도소와 정신병자를 위한 수용소를 건립했는데, 뉴욕 주는 1821년 오번(Auburn)에 최초로 교도소를 세웠고, 매사추세츠 주에서는 개혁가 도로시아 딕스(Dorothea Dix)가 전국적인 규모로 정신병자에 대한 새로운 치료 방법을 요구하는 운동을 시작했다.

수용소 건립은 수용자들을 감화(感化)시켜 사회로 복귀시키려는 시도였다. 범죄자를 사회에서 일탈하게 만든 '방종'한 생활 태도를 고치기 위해 새로운 형태의 감옥 규율이 고안되었다. 독방 수감과 작업반에 부과되는 침묵—두 가지 모두 1820년대에 펜실베이니아 주와 뉴욕 주에서 제도화된 것이다—은 죄수에게 잘못을 깊이 생각해보고 '참회(penitence)'할 기회를 준다는 의미였다(교도소 penitentiary라는 말도 그래서 나왔다).

미국이 인디언 문제에 새로이 '개혁적으로' 접근하게 된 것도 이와 비슷한 정서 때문이었다. 즉, 인디언 보호구역이라는 개념의 밑바탕에는 수용소를 만들었던 것과 동일한 정서가 깔려 있었다. 미국의 인디언 정책은 수십 년 동안 재배치(relocation)가 주된 정책이었는데 그 취지는 간단했다. 인디언 부족을 백인 문명사회 밖으로 쫓아내는 것이었다. 그러나 일부 백인은 부차적이긴 하지만 다른 의도도 가지고 있었다. 즉, 인디언을 일정한 장소로 이주시켜 그곳에서 동화가 가능한 선까지 발전하도록 놔두려는 것이었다.

이렇듯 미국의 인디언 정책이 재배치에서 보호구역 지정으로 변화한 것은 작은 진전이었다고 할 수 있다. 교도소와 수용소, 고아원이 백인 사회 내부의 부적응자와 불행한 사람을 교육시키고 고양시킬 기회를 제공했던 것처럼, 인디언 보호구역도 소위 '인디언 종족을 쇄신할 위대한 사업'을 수행할 수 있는 한 가지 방법이었던 것이다.

• 보호구역 개념의 탄생

여성해방론의 등장

1820~30년대의 개혁 운동에 동참하게 된 여성은 대부분 그들의 참여를 제한하는 사회적·법적 제약에 분노했다. 미국 최초의 여성해방운동이 등장한 것은 이와 관계 있다. 세라 그림케와 앤젤리나 그림케(Sarah and Angelina Grimké) 자매는 능동적이고 솔직한 노예제 폐지론자로서 그러한 활동이 여성과는 맞지 않다는 남성의 공격을 무시하고 "남자와 여자는 동등하게 창조되었"으며, "남녀 모두 도덕적이고 책임감 있는 존재이기 때문에, 남자가 하는 일은 무엇이든 여자도 할 수 있다"고 주장했다. 캐서린 비처(Catharine Beecher)와 언니 해리엇 비처 스토(Harriet Beecher Stowe) 자매, 루크레시아 모트(Lucretia Mott), 엘리자베스 캐디 스탠턴(Elizabeth Cady Stanton), 수전 앤서니(Susan B. Anthony), 도로시아 딕스 등 다른 개혁가도 여성 행동의 '허용' 한계를 허물어 갔다.

〈주장과 신념의 선언〉

1840년에는 미국의 여성 대표단이 세계 노예제 반대 회의에 참석하기 위해 런던에 도착했지만, 회의 진행을 통제하는 남자들 때문에 회의장 앞에서 발길을 돌려야 했다. 이에 분노한 여러 대표가 여성의 지위를 높이는 것이야말로 개혁가로서 자신들의 첫 번째 임무라고 확신하게 되었다. 그후 수년 동안 모트와 스탠턴 등 많은 여성이 여성과 노예의 처지를 날카롭게 비교하기 시작했고, 1848년에는 뉴욕의 세니커폴스(Seneca Falls)에서 여성의 권리를 논의할 회의를 조직했다. 이 회의에서 "남성과 여성은 모두 동등하게 창조되었으며" 여성도 남성과 똑같이 확고부동한 권리를 부여받았다고 언급한 〈주장과 신념의 선언(Declaration of Sentiments and Resolutions)〉

을 공표했다. 그들은 투표권을 요구하는 가운데 여성 참정권 운동을 전개하기에 이르렀고, 이 운동은 1920년에 마침내 승리할 때까지 계속되었다.

그런데 여성해방운동에 참여한 여성 다수가 퀘이커 교도였다. 퀘이커 교는 오랫동안 남녀평등 이념을 지지해 왔으며, 여성이 목회자와 공동체의 지도자로 활동하는 것을 인정하고 실제로 장려해왔다. 〈주장과 신념의 선언〉을 초안한 여성도 스탠턴만 제외하면 모두가 퀘이커 교도였다.

여권론자는 다른 개혁 운동, 특히 노예제 폐지 운동과도 손을 잡았다. 여기서 큰 혜택을 입기도 했으나 결과적으로 손해도 입었는데, 그것은 많은 사람이 노예의 권리를 훨씬 더 중요한 문제로 여기고 여성의 요구는 부차적인 문제로 받아들였기 때문이다.

• 페미니즘의 부차적 지위

3

노예제 반대 운동

19세기 중반에도 노예제 반대 운동은 새삼스러운 것이 아니었다. 그러나 이 운동은 1830년에야 비로소 다른 모든 사회 개혁 운동을 압도할 만한 힘을 모으기 시작했다.

노예제도에 대한 반대

• 미국 식민 협회

19세기 초에 노예제도를 반대한 사람은 대부분 도덕적인 비난 이상은 하지 않는 조용하고 점잖은 사람이었다. 조직적인 반노예제 운동은 미국의 흑인을 카리브 해 지역이나 아프리카에 재정착시키려는 노력에 집중되었다. 1817년 명망 있는 버지니아 백인들이 미국 식민 협회(American Colonization Society, ACS)를 조직했고, 노예 주인에게 보상금을 주면서 점진적으로 노예를 풀어달라고 제안했다. 그러면 해방된 흑인을 미국 밖으로 이송해 새로운 사회를 건설하도록 도울 것이라고 했다. 이 단체는 개인 기부자와 연방의회, 버지니아와 메릴랜드 주 의회에서 약간의 자금을 지원받아 상당수의 흑인을 미국 밖으로 실어날랐다. 그중 일부는 아프리카 서부 해안으로 갔는데, 그곳에서 1830년에 라이베리아(Liberia)라는 나라를 세웠다. 라이베리아는 1846년에 흑인 독립 공화국이 되었으며, 수도는 몬로비아(Monrovia)인데 그 이름은 초기에 이곳으로의 정착을 관장한 미국 대통령의 이름을 딴 것이다.

그러나 미국 식민 협회는 미미한 세력에 불과했다. 왜냐하면 어떤 방안을 짠다 하더라도, 19세기 미국에는 흑인이 너무 많았기 때문에 이들을 모두 아프리카로 실어나를 수는 없었던 것이다. 그리고 미국 식민 협회는 때로 흑인 자체의 반대에 부딪치기도 했다. 당시 흑인 상당수가 이미 아프리카를 떠난 지 서너 세대가 지난 사람들로, 노예제도를 증오하기는 했지만 다른 곳으로 이민갈 생각은 없었던 것이다.

개리슨과 노예제 폐지론

남부에 노예제도가 급격히 확산되고 노예제 반대 운동이 거의 무너져가는 듯 보이던 1830년경, 그 흐름을 바꿀 새로운 인물이 출현했다. 바로 윌리엄 로이드 개리슨(William Lloyd Garrison)이었다. 1805년에 매사추세츠 주에서 태어난 개리슨은, 1820년대에 선도적으로 노예제 반대를 표방했던 신문의 발행인이자 뉴저지의 퀘이커 교도였던 벤저민 런디(Benjamin Lundy) 밑에서 일했다. 그러나 고용주 런디의 온건한 목소리를 참을 수 없어 1831년에 보스턴으로 돌아와 주간(週刊)신문 《해방자(Liberator)》를 발간했다.

• 윌리엄 로이드 개리슨

개리슨의 철학은 매우 단순하면서도 참으로 혁명적이었다. 개리슨은 노예제 반대론자에게, 노예제도가 백인 사회에 끼치는 악영향이 아니라 흑인에게 가하는 해악을 지적해야 한다고 했다. 나아가 '점진주의(gradualism)'를 거부하고 즉각적인 노예제도 폐지와 미국 시민의 모든 권리를 흑인에게까지 확대하도록 요구해야 한다고

• 개리슨의 혁명 철학

했다. 개리슨은 《해방자》 창간호에서 완고하고 비타협적인 어조로 다음과 같이 썼다. "많은 사람이 나의 과격한 어조에 반대한다는 것을 알고 있다. 그러나 가혹한 표현에는 이유가 있지 않은가? 나는 진리처럼 엄정하고 정의처럼 꺾이지 않을 것이다 … 나는 진정으로 얼버무리지 않고 변명하지 않을 것이며, 단 한 발짝도 물러서지 않을 것이다. 그리고 해방의 소리를 들을 것이다."

개리슨은 이내 북부 전역에서 엄청난 수의 추종자를 모을 수 있었다. 그리고 이들을 기반으로 1832년에 뉴잉글랜드 노예제 반대 협회(New England Antislavery Society)를 조직했고, 1년 후에는 필라델피아에서 회의를 거친 뒤 미국 노예제 반대 협회(American Antislavery Society)를 창립했다.

흑인 노예제 폐지론자

노예제 폐지론은 북부의 자유 흑인에게 특별한 호소력을 지녔다. 이들은 남부의 노예보다 더 가난하고 더한 억압 속에서 사는 사람도 있었다. 그러나 그 모든 어려움에도 불구하고, 스스로의 자유를 매우 자랑스러워했으며 아직 사슬에 매어 있는 같은 인종의 고난을 안타까워했다. 이들 상당수가 1830년대에 개리슨을 지지했으며, 그와 동시에 흑인 지도자를 추종했다.

프레더릭 더글러스

흑인으로서 가장 손꼽힐 만한 노예제 폐지론자는 프레더릭 더글러스(Frederick Douglass)였다. 더글러스는 메릴랜드에서 노예로 태어나 1838년에 매사추세츠 주로 탈출했으며, 그곳에서 노예제 반대 운동의 열성 지도자가 되었다. 영국에서 2년 동안 강연한 뒤,

도망 노예법 반대 회의

노예제 폐지론자는 1850년 8월에 뉴욕 주 카제노비아(Cazenovia)에 모여, 그 즈음 연방의회에서 통과된 법에 어떻게 대응할 것인지를 논의했다. 그 법이란 북부 주가 도망 노예를 원래의 소유주에게 돌려보낸다는 내용이었다. 일부 참석자를 찍은 이 사진에서 탁자 바로 왼쪽에 앉아 있는 사람이 프레더릭 더글러스다. 이 집회는 상당수의 흑인이 참석했다는 점에서 다른 노예제 폐지 집회와는 달랐다.

1847년에 미국으로 돌아오자마자 메릴랜드의 주인에게 돈을 치르고 자유를 샀다. 그리고 뉴욕 주의 로체스터(Rochester)에서 노예제 반대를 표방하는 신문 《북극성(North Star)》을 창간했다. 더글러스는 노예제의 파괴적인 해악을 그린 자서전 《프레더릭 더글러스의 일생(Narrative of the Life of Frederick Douglass)》(1845)을 통해서도 광범위한 명성을 얻었는데, 그는 자유만이 아니라 완전한 사회·경제적 평등을 요구했다.

노예제 폐지 반대 운동

노예제 폐지론은 엄청난 세력을 과시하며 등장했지만 동시에 상당한 반대에 부딪쳤다. 물론 남부의 백인 대부분이 그 운동에 몹시 적대적이었다. 그러나 노예제 폐지론자는 북부에서도 소수의 불만 세력에 지나지 않았다. 오히려 노예제 폐지론이 남부와 북부 사이에 파멸적인 전쟁을 초래할 것이라며 우려하는 백인이 있었고, 노예제 폐지론으로 엄청난 수의 자유 흑인이 북부로 흘러들 것이라고 걱정하는 백인도 많았다.

• 폭력적인 보복

그러한 점을 우려했던 백인이 노예제 폐지론자에게 폭력을 가하는 사태가 발생했다. 1834년, 한 무리의 폭도가 필라델피아에 있는 노예제 폐지론자의 본부를 공격해 완전히 불태워버렸고 피비린내 나는 폭동을 일으켰다. 1835년에는 보스턴 거리에서 또 다른 폭도가 개리슨을 붙잡아 목매달겠다며 위협했으나, 그는 감옥에 갇히는 것으로 죽음을 면할 수 있었다. 일리노이 주 올턴(Alton)에서 노예제 폐지론을 표방하는 신문의 편집장으로 있던 일라이자 러브조이(Elijah Lovejoy)는 폭도의 폭력에 끊임없이 시달렸는데, 끝내는 신문사를 방어하려다가 살해당했다.

많은 사람이 그처럼 심한 반대에 부딪치면서도 노예제 폐지를 계속해서 주장했다는 사실은, 노예제 폐지론자가 무심코 혹은 가볍게 정치적 입장을 결정한 사람이 아니라는 것을 시사한다. 그들은 엄청난 용기와 도덕적 강인함을 지녔을 뿐만 아니라, 때로는 많은 동시대인이 불온하다고 보았을 정도로 열성을 과시한, 강인한 의지의 소유자이며 열정적인 개혁가였다. 폭도는 미국의 백인 대부분이 노예제 폐지론에 대해 가졌던 적개심을 가장 폭력적으로 표현한 사람이었을 뿐이다.

노예제 폐지론의 분열

1830년대 중반, 노예제 폐지론은 심각한 내분에 휩싸였다. 노예제도를 지지하는 사람들이 폭력을 휘두르면서 일부 노예제 폐지론자가 좀 더 온건한 노선을 걷게 된 것이 그 한 이유였다. 또 다른 이유는, 개리슨의 급진주의가 노예제도뿐만 아니라 미국 정부 자체를 공격함으로써 프레더릭 더글러스를 포함한 많은 동지조차 충격받을 정도로 주장의 강도를 더해갔기 때문이다. 개리슨은 미국 헌법을 "죽음과 체결한 계약이자 지옥과 맺은 협정"이라고 했다. 1840년에는 여성도 완전히 대등한 입장에서 이 운동에 참여할 수 있어야 한다고 주장하기에 이르렀으며, 이 때문에 미국 노예제 반대 협회 (American Antislavery Society) 내부의 공식적인 분열이 촉진되었다. 개리슨은 1840년 이후에도 계속해서 새롭고 더욱 급진적인 입장을 표명하며 논란을 불러일으켰다. 즉, 방어 전쟁마저 거부하는 극단적인 평화주의를 주장했고, 노예제뿐만 아니라 교도소와 수용소 등 모든 형태의 억압에 반대했으며, 1843년에는 마침내 북부와 남부의 결별을 촉구하기에 이르렀다.

• 급진파와 온건파

이렇게 해서 노예제 폐지론은 1840년 이래 여러 경로를 타고 다양한 목소리를 내게 되었다. 개리슨주의자는 급진적이고 비타협적인 도덕적 입장을 고수하면서 여전히 영향력을 발휘했다. 다른 폐지론자는 장기간의 끈질긴 평화적 투쟁을 통해서만 노예제도 폐지라는 목표를 이룰 수 있다고 주장하면서 더 온건한 방향으로 활동했다. 그들은 노예주의 양심에 호소했다. 그러나 별 성과가 없자, 정치적 행동으로 방향을 선회해 북부 주와 연방정부가 노예제 폐지를 지지하도록 유도했다. 도망 노예가 지하 철도(underground railroad)라는 경로를 따라 북부나 캐나다에서 피난처를 찾도록 돕는 일에는 개리슨주의자와 행동을 함께했다. 또한 스페인 노예선 아미스타드호(Amistad)를 둘러싼 법적 투쟁을 재정적으로 후원하기도 했다. 1839년, 쿠바에 노예로 팔려갈 운명에 처한 아프리카인이 아미스타드호 승무원들에게서 배를 탈취해 아프리카로 배를 돌리려고 했다. 그러나 미해군이 그 배를 나포해 배에 탄 아프리카인을 해적이라며 잡아 가두었다. 그러나 노예제 폐지론자는, 노예무역이 불법이므로 배의 아프리카인을 자유인으로 선언하려는 법적인 노력을 기울여 마침내 그 사건은 연방 대법원에까지 이르렀다. 연방 대법원에서는 전대통령인 존 퀸시 애덤스(John Quincy Adams)가 노예제 반대 입장에 서서 변론했다. 1841년, 연방 대법원은 마침내 아미스타드호의 아프리카인은 자유인이라고 공포하고, 노예제 반대 단체는 그들이 아프리카로 돌아가는 길을 재정적으로 지원했다. 한편, 1842년에는 연방 대법원이 프리그 대 펜실베이니아(*Prigg v. Pennsylvania*) 사건에서 도망 노예를 주인에게 돌려주어야 한다는 1793년 법의 집행에 각 주가 협조할 필요가 없다고 판결했다. 이후 노예제 폐지론자는 주 관리가 도망 노예를 붙잡아 돌려보내는 일을 금지하는 '개인 자유법(personal liberty laws)'을 여러 북부 주 의회에서 통과시키는 데 성공했다. 그리고 노예제에 반대하는 협회 또한 연방의회에 연방정부가 사법권을 갖는 지역—준주(準州) 및 컬

《톰 아저씨의 오두막(Uncle Tom's Cabin)》

이 책은 남북전쟁이 발발하기 직전 몇 년 동안 북부와 남부 모두의 여론에 불을 당겼다. 소문에 의하면, 링컨 대통령은 백악관에서 스토 여사를 소개받고 "당신이 바로 이 위대한 전쟁을 일으킨 숙녀로군요"라는 말을 했다고 한다. 당시 스토 여사는 감상 소설로도 대단한 성공을 거둔 작가였다.

럼비아 특별구(District of Columbia)—에서 노예제도를 폐지할 것과 각 주 사이의 노예무역을 금지시킬 것을 청원했다.

1840년에는 켄터키 주 노예제 반대 운동의 지도자인 제임스 버니(James G. Birney)를 당수로 하는 자유당(Liberty party)이 결성되는데, 그 기저에는 노예제에 반대하는 정서가 깔려 있었다. 그러나 이 정당과 그 계승자는 결코 드러내놓고 노예제 폐지 운동을 벌이지 않았다. 대신에 노예제도를 미국의 영토 바깥으로 쫓아낼 '자유 토지론(free soil)'을 지지했다. 자유 토지론자 가운데는 흑인의 권익을 걱정하는 사람도 있었지만, 서부를 백인의 땅으로 만드는 데만 관심이 있을 뿐 노예제도에는 무관심한 사람도 많았다. 그러나 자유 토지론은 노예제 폐지론이 결코 할 수 없었던 일을 이루어냈다. 즉, 북부의 백인 인구 다수가 자유 토지론을 지지했던 것이다.

• 《톰 아저씨의 오두막》

노예제 문제를 정치적으로 해결하려는 시도에 실망한 일부 노예제 비판자는 좀 더 과감한 방식을 택했는데, 그중에는 폭력을 부르짖는 사람도 있었다. 예를 들어, 일단의 명망 있는 뉴잉글랜드의 노예제 폐지론자는 존 브라운(John Brown)이 캔자스와 버지니아에서 유혈 폭동을 일으켰을 때 자금과 무기를 대주었다. 그밖에 선전 활동을 통해 대중의 분노를 일으키려는 사람도 있었다. 가장 큰 반향을 불러일으킨 노예제 반대 선전물은, 1852년에 발간된 해리엇 비처 스토(Harriet Beecher Stowe) 여사의 소설《톰 아저씨의 오두막(Uncle Tom's Cabin)》이다. 이 소설은 출판된 지 1년도 안 돼 30만 부가 팔려 나갔고, 수없이 재인쇄되었다.《톰 아저씨의 오두막》은 엄청난 수의 새로운 청중—책을 읽은 사람뿐만 아니라 전국의 수많은 극장에서 연극으로 관람했던 사람—에게 노예제 폐지라는 메시지를 전달하는 데 성공했다. 스토 여사는 남부 전역에서 욕을 먹었지만, 북부에서는 많은 사람이 그녀를 영웅으로 대접했다. 그리고 그녀의 소설은 북부와 남부 양쪽에서 지역 갈등에 새로운 격정을 불러일으키는 촉매제가 되었다.

비록 분열되기는 했지만, 노예제 폐지론은 여전히 미국인의 삶에 강한 영향을 미쳤다. 남북전쟁 전에는 노예제도를 단번에 완전히 폐지시켜야 한다는 입장에 동조한 사람이 소수에 지나지 않았으나, 개리슨을 시작으로 신념을 가진 수천의 남녀가 노예제 폐지 운동을 전개한 30여 년 동안, 미국인은 노예제도가 미국을 얼마나 깊이 갈라놓고 있는가를 분명하게, 끊임없이 인식할 수 있었다.

결론

남북전쟁 이전, 사회가 급격히 변화하면서 미국인은 광범위한 개혁에 관심을 가졌다. 작가와 예술가, 지식인을 비롯한 많은 사람이 개인의 자유와 성취에 관한 유럽의 새로운 개념, 즉 로맨티시즘으로 알려진 일련의 사상에 매료되었다. 그러나 그들은 참다운 미국 문화를 일구는 데에도 힘을 쏟았다. 미국의 문학 및 예술 활동에는 인간 개인의 영혼을 탐구하고 자연 속에서 충만하게 표현된 개인의 신성함을 찾는, 즉 개인의 자유에 대한 점증하는 관심이 표현되었다. 미국의 문학과 예술은 명백한 사회문제에 대해서도 주의를 환기시켰던 것이다.

개혁가 역시 개인의 신성함에 대한 로맨틱한 믿음을 활용했다. 그들은 종교 부흥을 위해 몰려들었고, 금주와 같은 '도덕적' 개혁에 복무했다. 교육을 후원했고 근대적 페미니즘 최초의 성명을 한마디 한마디 분명하게 읽어내렸다. 무엇보다도 북부에서 노예제도에 항거해 집결했다. 이렇게 노예제 반대 운동이 성장함에 따라 새롭고 강력한 이론, 즉 즉각적인 노예해방을 주장하는 노예제 폐지론이 대두되었다. 그리하여 노예제 폐지 운동은 북부 대부분의 지역을 자극했고 또한 북부와 남부의 분열을 가중시켰다.

〈세계 속의 미국〉

노예제 폐지

★ ★ ★

　미국은 남북전쟁이 끝난 직후인 1865년에 헌법 수정 조항 제13조를 제정해 노예제도를 폐지했다. 그러나 노예제도를 폐지하려는 노력은 북아메리카에서 시작된 것도 끝난 것도 아니었다. 미국의 노예해방은 18세기 말에 시작되어 19세기 말까지 계속된 전 세계적인 노예제 반대 운동의 일부에 지나지 않았다.

　노예제도의 종말은 군주제와 귀족정의 종말처럼 개인의 자유와 정치적 평등이라는 새로운 개념을 지지한 계몽주의의 목표 가운데 하나였다. 계몽주의 사상이 17세기와 18세기에 서구에 퍼지고 문명이라는 개념에 인권과 개인의 자유라는 개념이 도입된 이래, 대서양 양쪽의 사람들은 노예제도를 새롭게 고찰하면서 노예제도가 이 새로운 이념과 병존할 수 있는지 묻기 시작했다. 미국을 세운 사람 몇몇을 포함해 일부 계몽주의 사상가는, 자유란 백인에게 적합한 것이지 다른 인종에게는 맞지 않는 것이라고 믿었다. 그러나 모든 인간은 똑같이 자유로울 권리가 있다고 믿는 계몽주의자도 많았다. 그리고 그들의 견해가 노예제 반대 운동의 성장 기반이 되었다.

　노예제도를 반대하는 사람이 처음에 표적으로 삼은 대상은 노예무역이었다. 노예무역은 인간을 거래하는 거대 상업으로 17세기와 18세기에 성장해 유럽과 아프리카, 카리브 해 연안, 북아메리카 및 남아메리카 대부분의 지역이 이 교역에 가담했다. 그러나 18세기 말과 19세기 초에 미국과 프랑스, 아이티에서 혁명이 일어나자 노예무역에 대한 공격이 즉시 힘을 얻었다. 그 중심 인물인 영국의 개혁가 윌리엄 월버포스(William Wilberforce)는, 영국이 노예무역에 가담하고 있다며 이를 수년 동안 공격했다. 그는 도덕적이고 종교적인 토대 위에서 노예무역을 공격했는데, 결국 아이티에서 혁명이 일어난 후에는 노예제도를 지속할 경우 더 많은 노예 반란이 일어날 것이라고 주장했다. 이어 1807년에는 영국 의회를 설득해 대영제국 전역에서 노예무역을 금지하는 법을 통과시키는 데 성공했다. 다른 여러 나라 또한 영국의 사례를 본따 노예무역을 불법화했다. 여기에는 영국의 강력한 정치적·경제적·군사적 압력이 작용했는데 1808년에는 미국이, 1814년에는 프랑스가, 1817년에는 네덜란드가, 1845년에는 스페인이 차례로 노예무역은 불법이라고 선언했다. 하지만 미국을 포함해 노예제도가 합법인 나라나 식민지에서는 노예무역이 계속되었고, 일부 불법적인 노예무역도 대서양 세계 전역에서 지속되었다. 하지만 노예 매매는 1807년 이후 서서히 감소했다. 대서양을 가로질러 노예를 실어나르던 배는 1867년에 아프리카에서 쿠바로 건너간 노예선이 마지막인 것으로 알려져 있다.

    노예무역을 끝내는 것은 노예제도 자체를 끝내는 것보다 훨씬 쉬웠다. 많은 사람이 노예를 사들이는 데에 큰 투자를 했고 농업 및 상업, 산업의 상당 부분이 노예제도에 의존했기 때문이다. 그러나 윌버포스가 노예제도에 대한 국제적인 항의를 다시 한 번 이끌면서 19세기 내내 노예제도를 폐지하라는 압력이 고조되었다. 1791년에는 아이티에서 노예 반란이 시작되었는데, 결국 노예제도뿐 아니라 프랑스의 지배도 종식되었다. 남아메리카 일부 지역에서는 1820년대에 스페인 지배 체제의 전복과 함께 노예제도도 종말을 고했다. 위대한 라틴아메리카 독립의 지도자 시몬 볼리바르(Simón Bolívar)는 노예제도의 폐지를 중요한 사명으로 여기고 자신의 군대에 동참한 노예를 해방시켰으며, 여러 나라가 헌법의 기초를 마련할 때에도 참여해 헌법에 노예제도를 금지하는 조항을 첨가해야 한다고 고집했다. 1833년에는 영국 의회가 대영제국 전역에서 노예제도를 폐지하고 노예를 해방한 노예주에게 보상금을 지급한다는 내용의 법을 통과시켰다. 프랑스는 수년간 국내 노예제 폐지론자의 비난이 그치지 않자, 1848년에 드디어 프랑스 제국 내 노예제도를 폐지했다. 카리브 해 연안에서는 스페인이 영국에 뒤이어 스페인 식민지의 노예제도를 서서히 폐지해나갔다. 푸에르토리코는 1873년에 노예제도를 폐지했다. 쿠바는 카리브 해 지역에서 가장 늦게 노예제도를 폐지한 식민지였는데, 노예의 저항이 점점 커지고 노예노동에 기반해서 운영되던 플랜테이션의 이윤이 점차 하락하자 1886년에 노예제도를 폐지했다. 1888년에는 브라질이 노예제도를 폐지했는데, 아메리카 대륙에서 가장 늦게 노예제를 폐지한 나라였다. 브라질에서는 1860년대 말에 파라과이와의 전쟁에 노예가 용맹스럽게 참전한 이래, 노예제도에 대한 군대의 입장이 바뀌기 시작했다. 결국 브라질 지식인도 노예제도가 경제적·사회적 진보를 가로막고 있다며 노예제도를 반대하기 시작했다.

미국의 경우 1820년대와 1830년대에 노예제 폐지 운동이 큰 호응을 얻었고, 영국에서 전개된 윌버포스의 운동과 같은 세계 여론의 힘이 노예제 폐지 운동의 중요한 토대가 되었다. 미국의 노예제 폐지론은 해외의 노예제 폐지 운동을 강화하는 데 기여했다. 노예에서 노예제 폐지론자로 변모한 프레더릭 더글러스(Frederick Douglass)는 국제적인 노예제 반대 운동의 주요 인물이 되었고, 1840년대와 1850년대에 영국과 유럽에서 매우 존경받는, 그리고 매우 인기 있는 연설가로 활동했다. 남북전쟁기의 미국만큼 노예제도의 폐지에 그렇게 값비싼 대가를 치른 나라는 없었다. 그럼에도 미국의 노예해방은 여전히 전 세계적인 노예해방 운동의 한 부분이었을 뿐이다.

1836	1844	1846	1848	1850	1852	1853
텍사스, 멕시코로부터 독립 선언	포크, 대통령 당선	오리건 경계 분쟁 해결/미국, 멕시코에 선전포고/윌모트 단서 조항	과달루페이달고 조약/테일러, 대통령 당선/캘리포니아 골드 러시 시작	1850년 타협/테일러 사망, 필모어가 대통령직 승계	피어스, 대통령 당선	개즈던 구매

13장
임박한 위기

'유혈의 캔자스'

캔자스에서 노예제도를 둘러싸고 벌어진 갈등은 1850년대 가장 격동적인 사건의 하나였다. 이 1855년의 포스터는 노예제 반대 세력이 집회 선전을 위해 배포한 것이다. 노예제 반대 세력은 노예제를 찬성하는 준주 의회가 노예제도에 반대하는 발언이나 글쓰기를 불법화하는 법을 통과시킨 데 항의해 집회를 가졌다. 포스터의 '무단 토지 점거자 주권(Squatter sovereignty)'은 '주민주권(popular sovereignty)'의 또 다른 표현으로, 준주 주민이 자기 지역 내 노예제도의 허용 여부를 결정할 권한이 있다는 의미였다.

1854	1855-1856	1856	1857	1858	1859	1860
캔자스-네브래스카 법/공화당 창립	'유혈의 캔자스'	뷰캐넌, 대통령 당선	드레드 스콧 판결	리컴프턴 헌법 좌절	존 브라운, 하퍼스페리 급습	링컨, 대통령 당선

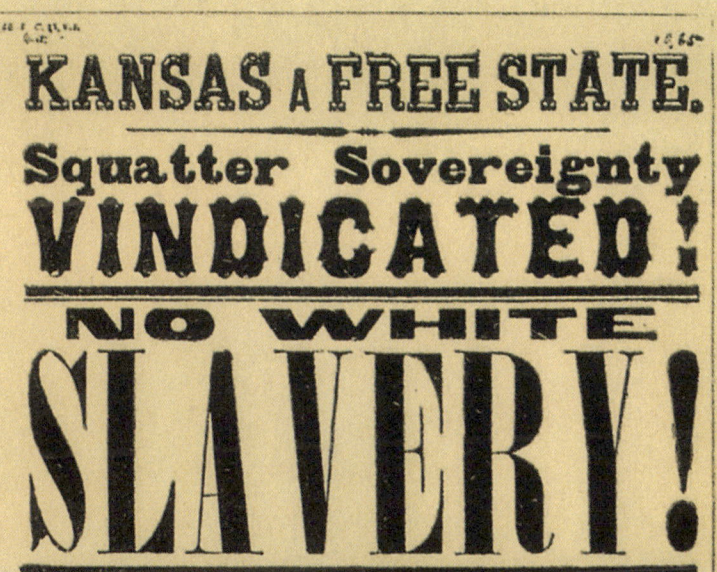

1840년대까지도 북부와 남부의 갈등은 비교적 억제되어왔다. 지역 간의 새로운 쟁점이 등장하지 않았더라면, 두 지역은 시간을 두고 평화적으로 갈등을 해결할 수도 있었을 것이다. 그러나 북부에서는 비판적이고 한층 더 강력해진 노예제 폐지 운동이 대두했고, 남부에서는 노예제도와 이를 지탱해 온 생활방식을 전투적으로 방어하려는 새로운 움직임이 일어났다. 그리고 더 중요한 것은, 안 그래도 미묘한 상황에 있는 연방을 결국은 조각내버릴 만한 일련의 분쟁이 서부에서 벌어졌다는 점이다.

1

서부를 향해

미국은 1840년대에 100만 평방마일이 넘는 새로운 영토를 차지했다. 1840년대 말이면 알래스카와 하와이 및 나중에 국경 조정을 통해 획득한 몇 군데 작은 지역을 제외하면, 현재의 영토와 다를 바 없었다. 이 같은 엄청난 영토 확장은 여러 가지 요인으로 설명할 수 있는데, 그 가운데서도 '명백한 운명(Manifest Destiny)'으로 알려진 이데올로기가 가장 중요한 요인에 속한다.

명백한 운명

'명백한 운명론'은 19세기 중반 미국의 국민주의를 특징짓는 자부심의 성장과 당시 개혁의 열기를 크게 자극했던 '완전한 사회'라는 이상을 반영하고 있다. 이는 미국이 신과 역사에 의해 방대한 땅 너머로 나라의 경계를 확장할 운명을 타고났다는 생각에 기반한 것이었다.

'명백한 운명론'은, 1840년대에 '저가 신문(penny press)'의 발행으로 과거 어느 때보다 많은 사람이 신문을 접할 수 있게 되면서 나라 전역으로 확산되었다. '명백한 운명론'을 주창한 사람 중에는 상대적으로 제한된 땅을 확장 목표로 삼은 사람도 있었으나, 캐나다와 멕시코, 카리브 해와 태평양의 섬을 아우르는 거대하고 새로운 '자유의 제국(empire of liberty)'을 마음속에 그리는 사람이 많았

• 영토 확장 야망

다. 비록 소수였지만, 그 밖의 지역마저 욕심낸 사람도 있었다. 헨리 클레이(Henry Clay)를 비롯한 일부 정치인은 영토 확장으로 인해 노예제도를 둘러싼 골치 아픈 논란이 재개될 것이라고 경고했다. 그러나 그들의 목소리는 텍사스와 오리건 문제로 시작된 1840년대의 영토 확장 열기에 묻혀 들리지 않았다.

텍사스의 미국인

• 미국인의 텍사스 이주

미국은 1820년대에 두 번이나 멕시코에 텍사스를 구매하겠다는 의사를 밝혔으나, 멕시코가 완강히 거부했다. 그러나 1824년에는 멕시코 정부가 식민화법을 제정하여 텍사스로 이주하려는 미국인의 경우 누구에게나 싼값으로 땅을 제공하고 4년간 세금을 면제해주겠다고 나섰다. 수천 명의 미국인이 텍사스로 몰려들었는데, 대다수가 텍사스에 면화 플랜테이션을 조성하려는 남부 백인과 그 노예였다. 1830년에는 텍사스에 약 7,000명의 미국인이 살았는데, 이는 텍사스 거주 멕시코인 인구의 2배가 넘는 숫자였다.

대부분의 정착민은 미국인 중개인을 거쳐 텍사스로 옮겨 왔다. 중개인은 텍사스로 더 많은 이주민을 데려오겠다는 약속을 하고 멕시코로부터 상당한 토지를 증여받았다. 이 중 가장 성공한 사람이 미주리 주에서 온 젊은 이민자 스티븐 오스틴(Stephen F. Austin)으로 그는 1822년에 최초로 텍사스에 합법적인 미국인 정착지를 건설하고, 다른 중개인과 함께 미국인 이민자를 상당수 모집했다. 그리고 그 과정에서 멕시코 정부와 경쟁할 만한 중심 세력을 형성했다. 멕시코 정부는 1830년에 더 이상의 미국인 이민을 금지시켰지만,

미국인은 계속해서 텍사스로 흘러들었다.

1830년대 중반에는 이미 멕시코 정부와 미국인 정착민 사이에 갈등이 커지고 있었다. 당시 멕시코는 산타 안나(Antonio López de Santa Anna) 장군이 사회의 혼란을 틈타 권력을 차지하여 독재자로 군림하고 있었다. 산타 안나는 주 정부의 권한을 줄이고 중앙정부의 권한을 강화했는데, 미국에서 이주한 텍사스인은 이 조치를 특별히 자신들을 겨냥한 것으로 간주했다. 그리하여 1835년, 텍사스의 미국인과 멕시코인 사이에 간헐적인 교전이 시작되었고 1836년에는 미국인 정착민이 과감하게 멕시코로부터 독립을 선포했다.

• 독립 선포

산타 안나는 대군을 이끌고 텍사스로 진군했다. 그러나 당시 텍사스의 미국인 정착민은 시시한 언쟁으로 말미암아 여러 분파로 분열되어 있었다. 멕시코 군대는 샌 안토니오(San Antonio)의 알라모 성당(Alamo mission)에 있던 미국인 수비대를 제압했다. 그 과정에서 유명한 개척자이자 테네시 주 의원이었던 데이비 크로켓(Davy Crockett)을 비롯한 일단의 텍사스 '애국파(patriots)'가 방어에 나섰으나 소용없는 일이었다. 골리아드(Goliad)에 있던 또 다른 수비대도 결과적으로 같은 운명을 맞았다. 1836년 말경에 이르러서는 이미 반란은 진압된 것처럼 보였다.

그러나 샘 휴스턴 장군(General Sam Houston)만은 그럭저럭 소규모 군대를 유지하고 있었다. 그리고 1836년 4월 21일, 산하신토 전투(Battle of San Jacinto)에서 멕시코 군대를 누르고 산타 안나를 포로로 잡았다. 산타 안나는 그들의 압력에 못 견디고 텍사스의 독립을 허용하는 조약에 서명했다.

• 산하신토 전투

텍사스의 멕시코 주민(Tejanos) 일부는 미국인과 함께 텍사스의 독립을 위해 싸웠다. 그러나 텍사스가 독립하고 얼마 지나지 않아, 그들은 어려운 처지에 놓였다. 미국인은 그들을 멕시코 정부의 앞잡이라고 생각해 신뢰하지 않았고, 끝내는 많은 멕시코인을 새로운 텍사스 공화국 밖으로 쫓아냈다. 텍사스에 남은 멕시코인은 정치적·경제적으로 종속적인 지위를 받아들여야 했다.

• 텍사스의 연방 가입 실패

텍사스의 초대 대통령인 샘 휴스턴은 맨 먼저 워싱턴에 대표를 파견해 텍사스의 연방 가입을 제안했다. 그러나 잭슨 대통령은 노예제도를 인정하는 거대한 주가 연방에 더해질 경우 지역 갈등이 가중될 것이라고 우려해 텍사스의 가입을 막았고, 1837년까지는 이 새로운 공화국을 인정하는 일조차 유보했다.

미국에게 퇴짜맞은 텍사스는 외톨이가 되었다. 그런데 미국의 성장에 주목하고 있던 영국과 프랑스가 텍사스를 미국의 성장을 억제할 만한 수단으로 여기고, 새 공화국과 연대를 강화하기 시작했다. 바로 이때 타일러 대통령이 다시 한 번 미국에 주(州) 가입을 신청하도록 텍사스를 설득하여 텍사스는 1844년에 가입을 신청했다. 그러나 노예제도를 인정하는 새 주의 편입을 우려한 북부 출신의 상원의원들이 이 요청을 기각했다.

오리건

1840년대에는 태평양 북서부 연안의 오리건 지역을 장악하는 문제가 텍사스와 더불어 주요한 정치 쟁점이었다. 영국과 미국이 모두 그 지역에 대한 통치권을 주장했는데, 양국은 이를 외교적으로 해결할 수 없게 되자, 1818년에 양국 국민이 그 지역에 대해 동등한 권

1860년의 서부 통로

이 지도는 1800년대만 해도 북아메리카 서부 대부분의 지역에 인디언을 제외하면 인구가 거의 없거나 아예 없었음을 보여준다. 정착민이 오랜 시간 서부를 탐험한 후 농장을 세우고 무역을 시작하면서 주요 통로가 개발되어 서부 여행이 용이해지고 그에 따라 동부의 밀집된 정착지와 서부의 교역이 원활해졌다. 캘리포니아에 이르는 길은 매우 많지만, 미국 영토 북쪽으로 가는 길은 거의 없다는 사실에 주목하라. 또한 주요 타운과 도시가 이들 통로를 따라 성장한 점도 주목하라.

리를 갖는다는 조약에 동의했다. '합동 점유(joint occupation)'라고 명명된 이 협정은 20년간 지속되었다.

사실, 미국이나 영국이나 조약을 체결할 당시 오리건에 별 기반이 없었다. 이미 오리건에 정착한 백인 대부분은 미국이나 캐나다의 모피 상인이었고, 가장 중요한 백인 정착지라고 해봤자 모피 교역소를 따라 여기저기 흩어져 있는 정도였다. 그러나 1820년대와 1830년대에는 미국인이 오리건에 상당한 관심을 보이기 시작했다.

1840년대 중반이면, 오리건에는 영국인보다 미국의 백인이 훨씬 많았다. 또한 미국인이 들여온 조랑말을 통해 홍역이 퍼지면서 상당수의 인디언이 사망했다. 태평양 연안을 따라 미국인 정착지가 확산되었고, 새 정착민은 미국 정부에 분쟁 중에 있는 오리건 준주를 점유하라고 촉구했다.

서부 이주

텍사스와 오리건으로의 이주는 대이동의 일부에 지나지 않았다. 1840년부터 1860년 사이에 수십만 명의 흑인과 백인이 대륙의 극서 지역으로 이주했다. 예전의 북서부(Old Northwest, 지금의 중서부) 지역에서 이주한 사람이 가장 많았다. 1850년대 초까지는 대부분이 가족 단위로 이주했고, 캘리포니아에서 금광이 발견된 후에는 미혼 남성이 대거 이 지역으로 몰려왔다. 그들은 대부분 젊었고 부자는 아니었지만 어느 정도 재산이 있었다. 가난해서 혼자 힘으로는 여행 경비를 마련할 수 없던 사람은 다른 가족과 함께 오거나 노동자 집단을 이루어 움직여야 했다. 즉, 남성은 농장이나 목장 노동자로, 여

평원 횡단

1866년에 촬영한 사진으로, 길다란 포장마차 행렬이 평원을 가로질러 몬태나(Montana)로 향하고 있다. 사진은 이주민이 자주 다니던 통로조차 그 상태가 매우 열악했음을 보여준다.

성은 가내 하인이나 교사, 어떤 경우에는 창녀로 일했다. 탄광 일이나 벌목 작업이 주된 경제활동인 지역으로 향하는 무리는 대부분 남자였다. 농장 지대로 향하는 사람은 주로 가족 단위로 이주했다.

이주자는 대체로 아이오와와 미주리에 있는 주요 정류 지점—인디펜던스(Independence), 세인트조지프(St. Joseph), 혹은 카운슬

블러프(Council Bluffs)—에 모여 고용 안내인이 이끄는 마차 부대에 합류한 뒤, 포장마차에 짐을 싣고 마차 뒤에는 가축을 이끌고서 출발했다. 주된 서부 통로는 2,000마일에 달하는 오리건로(Oregon Trail)로, 인디펜던스에서 시작해 대평원(Great Plains)을 가로지르고 로키 산맥의 사우스패스(South Pass)를 통과하는 길이었다. 그곳부터는 오리건을 향해 북쪽으로 가거나 남쪽으로 캘리포니아로(California Trail)를 따라 캘리포니아 북쪽 해안을 향했다. 인디펜던스에서 뉴멕시코까지 남서부로 연결된 산타페로(Santa Fe Trail)를 이용하는 사람도 있었다.

어느 길로 가든, 이런 육로로 이주하는 여정은 고달프기 마련이었다. 여행은 대부분 5, 6개월(5월부터 11월까지)이 걸렸는데, 언제나 눈이 오기 전에 로키 산맥을 통과해야 한다는 부담이 있었다. 그러나 이는 쉽지 않았다. 마차가 길게 행렬을 이루어 가다보면 좀처럼 속도가 나지 않았기 때문이다. 질병의 위험도 있어서, 많은 사람이 도중에 콜레라에 걸려 사망하기도 했다. 또한 마차를 끄는 말의 짐을 덜기 위해 많은 거리를 걸어서 이동했다. 해가 질 무렵 포장마차가 멈출 때면, 남성은 휴식을 취했지만, 여성은 음식을 장만하고 옷가지를 세탁해야 했으므로 일반적으로 남성보다 일이 많았다.

• 인디언의 원조

인디언의 공격을 받는 경우는 드물었다. 남북전쟁이 일어나기 전 20년 동안은 인디언과의 전투에서 사망한 사람이 400명(전체 이주자의 0.1퍼센트를 약간 넘는 숫자이다)도 채 되지 않았다. 사실, 인디언은 백인 이주민에게 위협이 되기보다는 도움이 될 때가 더 많았다. 그들은 종종 길잡이가 되어주었고 말이나 옷, 신선한 음식을 거래하기도 했던 것이다.

서부 이주민은 전통적으로 거친 개인주의자라는 이미지가 일반적이었다. 그러나 그들 대부분이 여정을 통해 매우 집단적인 경험을 했다. 이는 여정을 함께 한 사람이 전부터 함께 서부로 이주하기로 결정한 친구나 이웃, 친척인 경우가 많았고 여정 그 자체도 너무나 힘들었기 때문이다. 여행이 끝날 때까지 집단 내부에 약간이라도 갈등이 없는 경우는 드물었지만, 여정을 성공적으로 마친 사람은 대체로 협동의 가치를 배웠다.

2

팽창과 전쟁

미시시피 강 서쪽 지역의 백인 인구가 증가하면서, 워싱턴의 미국 정부는 이 지역 백인으로부터 텍사스와 오리건 및 그 외 다른 지방을 합병하라는 엄청난 압력을 받았다. 이런 영토 확장에 대한 압력은 1840년대에 미국을 전쟁으로 몰아넣었다.

민주당원과 영토 확장

1844년 대통령 선거를 준비하는 과정에서 후보 물망에 오른 헨리 클레이(Henry Clay)와 마틴 밴 뷰런(Martin Van Buren) 두 사람 모두 논란거리인 텍사스 합병 문제에 대해 입장을 표명하지 않으려고 애썼다. 휘그당 내에서는 영토 확장을 바라는 정서가 미약했기 때문에, 클레이는 언질을 회피하고도 별 어려움 없이 후보 자리를 굳혔다. 그러나 민주당의 경우에는 다수의 남부 당원이 합병을 지지했기 때문에 밴 뷰런 대신 제임스 포크(James K. Polk)를 후보로 지명했다.

포크는 14년간 테네시 주를 대표하는 하원 의원으로 활동했는데, 그중 4년은 하원 의장 자리에 있었으며 그 후에는 테네시 주지사를 역임했다. 그러나 1844년 당시에는 3년 동안 공직에서 물러나 있던 상태였다. 그런 그가 승리할 수 있었던 것은, 민주당 전당대회 때 연단에서 표명한 것처럼, "현실적으로 가장 빠른 시간 내에 오리건을

• 포크의 대통령 당선

1846년의 오리건 경계

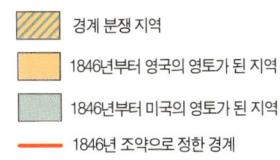

▨	경계 분쟁 지역
▨	1846년부터 영국의 영토가 된 지역
▨	1846년부터 미국의 영토가 된 지역
—	1846년 조약으로 정한 경계

오리건 지역을 둘러싼 분쟁은 미국과 영국 사이에 벌어진 마지막 경계 분쟁이었다. 오리건은 캘리포니아 북부 태평양 연안에 위치한 거대한 지역(1846년에는 아직 멕시코의 일부였다)으로, 미국과 영국은 수년 동안 그 지역에 대해 소유권을 주장해왔다. 영국은 가능한 한 남쪽으로 현재의 오리건 주까지 권리를 주장한 반면, 미국은 오늘날 캐나다의 영토가 된 지역까지 소유권을 주장했다. 오리건 경계를 둘러싼 긴장은 더러 많은 미국인이 전쟁을 요구하는 상황으로까지 높아지기도 했는데, 그중 일부는 미국이 소유권을 주장했던 최북단 지점의 위도인 "54.40도가 아니면 싸우자"라는 슬로건을 내세우기도 했다.

재점유하고 텍사스를 재합병하는 것이야말로 위대한 미국으로 가는 길이다"라는 신념을 지닌 덕분이었다. 민주당은 오리건과 텍사스 문제를 결부시켜 북부와 남부의 영토 확장주의자에게서 지지를 얻으려고 했다. 포크는 선거인단 투표에서 170대 105로 승리했다.

포크는 취임 당시 목표가 명확했고, 이를 달성하기 위한 계획도 있었다. 그의 첫 번째 목표를 달성한 사람은 임기 말의 대통령 존 타일러(John Tyler)였다. 대통령 선거 결과를 텍사스 합병 요구로 해석한 타일러 대통령은, 퇴임 전인 1845년 2월에 의회의 합병 승인을 얻어내고 그리하여 그해 12월, 텍사스는 미국의 한 주(州)가 되었다.

- 오리건을 둘러싼 타협

포크 자신은 오리건 문제를 해결했다. 포크는 위도 49도를 캐나다와 미국의 경계로 삼자는 타협안을 제시했으나, 워싱턴의 영국 공사는 이를 퉁명스럽게 거부했다. 격노한 포크는 다시 한 번 오리건 준주 전체에 대해 미국의 권리를 주장했고 이에 대서양 양쪽에서 전쟁 이야기가 흘러나왔다. 미국에서는 "54.40도가 아니면 전쟁을!"이라는 전투적인 슬로건이 등장하기도 했다(54.40도는 미국인이 오리건의 북쪽 경계로 삼기를 원했던 위도다). 그러나 양국 모두 실제로 전쟁을 원하지는 않았다. 결국 영국 정부는 포크 대통령의 원래 제안을 받아들여 49도선을 경계로 그 지역을 나누자는 제안을 해 왔고, 미국 상원은 1846년 6월 15일에 49도선을 경계로 하는 조약을 승인하게 되었다.

남서부와 캘리포니아

미국의 상원과 대통령이 오리건 문제를 해결하기 위해 기꺼이 영국의 제안에 동의했던 이유 중 하나는, 남서부에서 새로운 긴장이 대두했기 때문이다. 1845년 미국이 텍사스를 주로 편입하자마자, 멕시코 정부가 미국과 외교 관계를 단절했다. 게다가 텍사스와 멕시코 간 국경을 둘러싼 대립 때문에 상황은 더욱 악화되었다. 텍사스 사람은 리우그란데(Rio Grande) 강을 서쪽과 남쪽의 국경선이라고 주장했다. 멕시코는 여전히 텍사스 상실을 공식적으로 인정하지 않았지만, 그럼에도 경계는 항상 리우그란데 강 북쪽에 있는 누에세스(Nueces) 강이었다고 주장했다. 포크 대통령은 텍사스인의 주장을 수용해서 1845년 여름에 재커리 테일러(Zachary Taylor) 장군 휘하의 소규모 병력을 텍사스에 파견하여 혹시 있을지도 모를 멕시코의 침입에 대비해 새로운 주를 보호하도록 했다.

• 텍사스 경계 분쟁

분쟁 중인 지역의 일부는 뉴멕시코(New Mexico)였다. 그곳에는 스페인인과 인디언이 1840년대까지 거의 150년 동안 다(多)인종 사회를 이루고 살았다. 1820년대에는 멕시코 정부가 미국 상인을 그 지역으로 불러들여 지역 발전을 가속화하려고 했다. 그리고 텍사스처럼 뉴멕시코도 곧 미국인이 멕시코인보다 많아졌고, 산타페와 미주리 주 인디펜던스 간의 상업 교류도 활발해졌다.

미국인은 캘리포니아에도 점차 많은 관심을 기울였다. 이 광활한 지역에는 여러 서부 인디언 부족과 7,000여 명의 멕시코인이 살고 있었다. 그러나 점차 미국의 백인이 이 지역으로 이주하기 시작했는데, 초기에는 해상 무역상이나 태평양 고래잡이배의 선장이 물품을 교환하거나 생필품을 사기 위해 들어왔다. 그 다음에는 상점을 차린 상인이 물품을 수입해서 멕시코인과 인디언을 상대로 거래하여 많은 이윤을 남겼다. 그리고 마침내 개척 농민이 동부에서 육로를 따

• 캘리포니아

라 캘리포니아에 들어와서 새크라멘토(Sacramento) 계곡에 정착했다. 이들 새 정착민 중 일부는 캘리포니아를 미국의 영토로 끌어들이려는 야심을 품게 되었다.

포크 대통령도 곧 그와 같은 꿈을 공유하게 되어 뉴멕시코와 캘리포니아를 미국의 영토로 만드는 데 전념했다. 그는 테일러 장군 휘하의 군대를 텍사스로 급파하는 동시에, 태평양 해군 함대 사령관에게 멕시코가 선전포고를 해올 경우 캘리포니아 지역의 여러 항구를 장악하라는 비밀 지령을 내렸다. 또한 캘리포니아의 미국인들이 멕시코의 지배에 저항해서 반란을 일으키면, 미국이 동조할 것이라고 조용히 알렸다.

멕시코 전쟁

전쟁 선포

전쟁을 준비하는 듯 보였던 포크 대통령은 다시 한 번 외교적인 방법으로 눈을 돌렸다. 포크는 특사를 급파해서 멕시코인을 매수하려고 했으나 멕시코 지도자는 분쟁 중인 영토를 구매하겠다는 미국의 제안을 거절했다. 1846년 1월 13일, 포크 대통령은 그 소식을 듣자마자 텍사스에 주둔하고 있던 테일러 장군의 부대에 누에세스 강을 건너 리우그란데로 이동하라고 명했다. 하지만 멕시코인은 몇 달 동안 싸우려들지 않았다. 그러다가 마침내 일부 멕시코 병력이 리우그란데 강을 건너 미군 부대를 공격했다(이 점에 대해서는 논쟁의 여지가 있다). 1846년 5월 13일에는 상원이 40대 2, 하원이 174대 14로 전쟁에 동의함에 따라 미국은 멕시코에 전쟁을 선포했다.

휘그당 비판자는 포크 대통령이 의도적으로 계략을 써서 그 지역

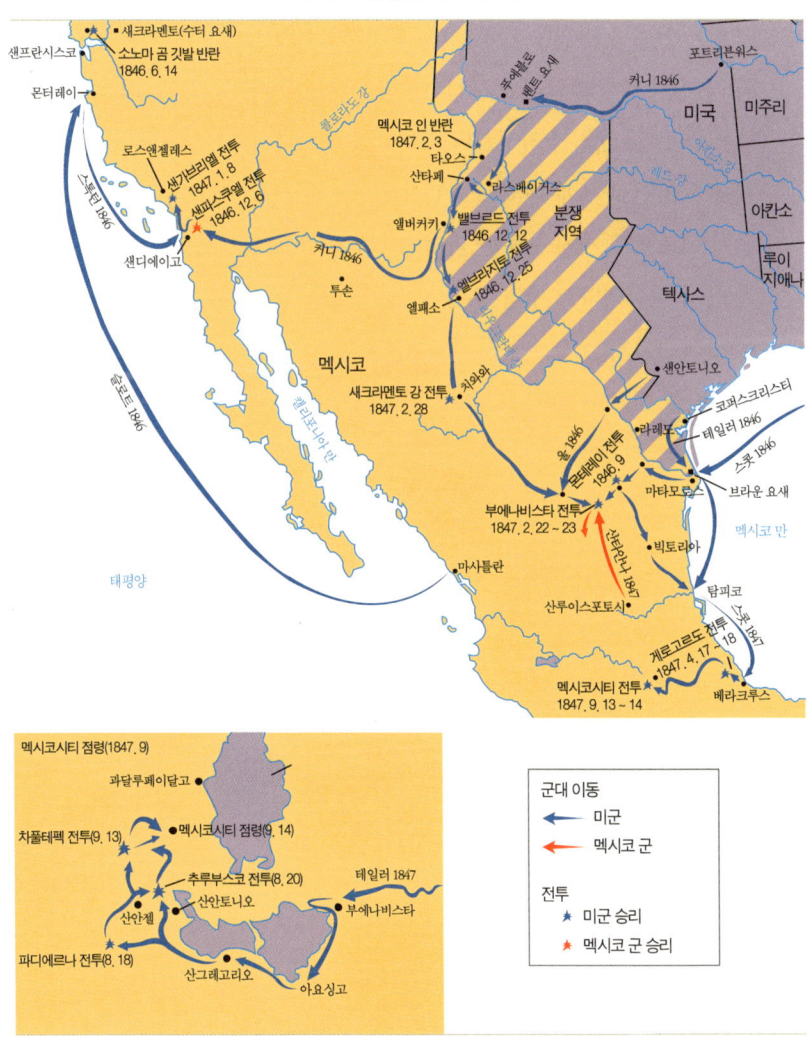

미국은 영국과의 오리건 경계 분쟁이 해결된 직후 또 다른 국경선 문제로 멕시코와 전쟁에 돌입했다. 이 지도는 전쟁 중 멕시코 군대와 미국 군대의 움직임을 보여주는데, 산타페 지역에서 남쪽으로 멕시코시티, 서쪽으로 캘리포니아 해안까지 전투가 이어졌다. 멕시코시티를 성공적으로 공략하기 위해 미국이 해군을 이용한 것과 캘리포니아 해안에 대한 또 다른 공격에 주목하라. 또한 멕시코 군대가 얼마나 많은 전투에서 패했는가에 주목하라. 멕시코가 전투에서 승리한 것은 단 한 번뿐인데, 그것은 샌디에이고 인근 샌파스쿠엘(San Pasqual)에서 벌어진 사소한 전투였다.

을 분쟁으로 몰아넣었으며, 선전포고의 구실을 만들기 위해 국경 지역에서 일어난 사건을 각색했다고 비난했다. 많은 사람이 멕시코와의 적대 관계가 자원을 소모시키고 보다 중요한 문제인 태평양 북서부에 대한 관심을 소진시킨다고 주장했다. 더욱이 반대자는 미국이 결국 오리건 문제에 대해 영국과 합의에 도달했을 때에도 포크 대통령이 멕시코 문제에 몰두한 나머지 당연히 차지해야 할 영토보다 작은 몫에 만족했다고 주장했다. 전쟁이 계속되면서 사상자와 전쟁 비용이 대중에게 알려지게 되자 전쟁에 대한 반대가 더욱 거세졌다.

 승리는 포크 대통령이 희망했던 것처럼 그렇게 빨리 찾아오지 않았다. 포크 대통령은 테일러 장군에게 리우그란데 강을 건너 몬테레이(Monterrey) 시를 선두로 멕시코 북동부 지역을 장악한 뒤, 멕시코시티로 진군하라고 명했다. 테일러는 1846년 9월에 몬테레이를 점령했지만, 철군하는 멕시코 수비대를 뒤쫓지는 않았다. 포크 대통령은 멕시코시티를 향해 진격하려는 계획을 앞에 두고 테일러 장군의 전술 능력이 부족하다며 걱정하기 시작했다. 동시에 테일러가 멕시코시티 점령에 성공한다면 강력한 정적이 될지도 모른다고 우려했다(사실 그렇게 되었다).

곰 깃발 반란

 그 사이 포크 대통령은 뉴멕시코와 캘리포니아 공격을 명령했다. 1846년 여름에 스티븐 커니(Stephen W. Kearny) 대령 휘하의 소규모 부대가 아무런 저항도 받지 않고 산타페를 점령했다. 그 뒤 커니 부대는 캘리포니아로 진군했는데, 거기서 존 프레몽(John C. Frémont)이 이끄는 중무장한 탐험대인 미국인 정착민과 미국 해군이 이미 합동으로 수행 중이던 전투에 합류했다—그 전투는 곰 깃발 반란(Bear Flag Revolt)이라고 불렀다. 커니 대령은 휘하에 이질적

산타페의 스티븐 커니

커니 대령은 1846년에 소규모 부대를 이끌고 산타페로 향했으며 아무런 저항도 받지 않고 이곳을 장악했다. 이 그림—1909년에 화가 케네스 채프만(Kenneth Chapman)이 그린 것으로 알려져 있기는 하지만 확실하지는 않다—에서는 커니가 산타페의 '오래된 궁전'에 미국 국기를 게양하고 있다. 1946년에는 이 이미지가 미국의 우표에 등장한 적도 있다.

인 미국 병력을 끌어모았고 1846년 가을에 드디어 캘리포니아 정복을 완수했다.

그러나 멕시코는 아직도 패배를 인정하려들지 않았다. 이 시점에서 포크는 미 육군의 최고사령관이자 최고의 군인이었던 윈필드 스콧(Winfield Scott) 장군과 함께 대담하고 새로운 공격을 개시했다. 스콧은 탐피코(Tampico)에서 육군을 소집했는데, 해군이 그 병력을 멕시코 해안의 베라크루스(Vera Cruz)로 수송했다. 스콧은 1만 4,000명이 채 안 되는 군대를 이끌고 멕시코 국도를 따라 멕시코 시티로 향했다. 260마일을 진군하는 동안, 미군은 단 한 번도 전투에서 지지 않고, 사상자도 적었으며 결국 멕시코의 수도를 점령했다. 그러자 멕시코에는 새로운 정부가 들어서서 미국과 평화조약을 협상할 의사를 전해왔다.

• 과달루페이달고 조약

포크 대통령은, 미국이 멕시코의 영토 대부분을 합병해야 한다는 요구에 계속해서 지지를 보내면서도 한편으로는 전쟁을 빨리 매듭 짓고 싶어했다. 그래서 니콜라스 트리스트(Nicholas Trist)를 대통령 특사로 파견하여 종전 협정을 처리하도록 했다. 1848년 2월 2일, 트리스트는 멕시코의 새 정부와 과달루페이달고 조약(Treaty of Guadalupe Hidalgo)을 합의하기에 이르렀다. 이 조약에서 멕시코는 캘리포니아와 뉴멕시코를 미국에 양도하고 리우그란데 강을 텍사스의 경계로 정하는 데 동의했다. 미국은 그 대가로 그 지역의 새로 편입된 시민이 멕시코에 요구한 배상금을 책임지는 동시에 멕시코에 1,500만 달러를 지불하겠다고 약속했다. 트리스트는 포크 대통령의 원래 요구 사항을 대부분 관철시켰지만, 멕시코 영토를 추가로 획득하려던 야망을 만족시키지는 못했다. 포크 대통령은 화가 나서 트리스트가 지시를 어겼다고 주장했지만, 곧 조약을 받아들일 수밖에 없다는 사실을 깨달았다. 당시 열렬한 팽창주의자는 '멕시코 전부(All Mexico)!'를 합병하자고 주장했으나 노예제에 반대하는 지도자는 팽창주의자의 합병 요구가 노예제도를 새 영토로 확산시키려는 음모라고 비난했다. 갈등이 악화되자, 대통령으로서는 그대로 조약을 인정하는 수밖에 다른 방도가 없었다. 포크 대통령은 트리스트 조약을 상원에 제출했고, 상원은 38대 14로 승인했다.

3
지역 갈등

제임스 포크는 대통령으로서 지역 구분을 뛰어넘는 정책을 펴고 싶었다. 그러나 지역 간 화해는 점점 더 어려운 일이 되었고, 포크는 시간이 갈수록 북부인과 서부인의 증오를 샀다. 그들은 포크의 정책이 자신의 지역을 희생해 남부의 이익을 도모하는 것이라 믿고 있었다.

노예제도와 준주(準州)

멕시코 전쟁이 한창이던 1846년 8월, 포크 대통령은 멕시코와 평화를 도모하기 위해 사용할 200만 달러를 승인해달라고 의회에 요청했다. 이때, 노예제에 반대하는 민주당원으로서 펜실베이니아 출신 하원 의원이던 데이비드 윌모트(David Wilmot)는 이 지출 예산안에 멕시코로부터 획득한 영토 어디에서나 노예제도를 금지한다는 조항을 추가했다. 이것이 이른바 윌모트 단서 조항(Wilmot Proviso)으로, 하원에서는 통과되었으나 상원에서는 부결되었다. 남부의 과격 인사들은 노예를 이주시킬 수 있는 권리(그들에게는 재산으로 취급되었으므로)를 포함해 모든 미국인이 새 영토에서 동등한 권리를 갖는다고 주장했다.

• 윌모트 단서 조항

지역 갈등이 이렇듯 심화되자, 포크 대통령은 미주리 타협안의 경계선(Missouri Compromise line)을 새 영토를 거쳐 태평양 연안

• 지역 갈등의 심화

까지 확장하고 경계선 북쪽 지역은 노예제도를 금지하고 남쪽 지역은 허용하자는 제안을 지지했다. 다른 사람들은, 원래 '무단 토지 점거자 주권(squatter sovereignty)'으로 불리다가 나중에 더 위엄 있는 '주민주권(popular sovereignty)'이라는 명칭을 얻게 되는 또 다른 타협안을 지지했다. 이 안은 각 지역 주민이 자기 지역 내 노예제도의 허용 여부를 결정한다는 내용으로 되어 있었다. 이 다양한 제안을 둘러싸고 여러 달 동안 논쟁은 계속되었다.

• 자유토지당

1848년의 대통령 선거전에서는 민주당이나 휘그당 양당이 모두 노예제 문제를 피하려 했기 때문에 한동안 노예제 논쟁이 수그러들었다. 민주당은 포크가 건강상의 이유로 재출마를 포기하자, 노(老)정객인 미시간 출신의 루이스 카스(Lewis Cass)를 후보로 지명했다. 휘그당은 멕시코 전쟁의 영웅이기는 하나 정치 경험이 전무한 루이지애나 출신의 재커리 테일러 장군을 지명했다. 그러나 노예제에 반대하는 인사들은 양당의 후보가 만족스럽지 않았다. 이러한 불만을 틈타 새로이 자유토지당(Free-Soil Party)이 등장했는데, 자유토지당이 선택한 대통령 후보는 이미 대통령을 지낸 바 있는 마틴 밴 뷰런이었다.

선거 결과 테일러가 박빙의 승리를 거두었다. 밴 뷰런은 단 한 개 주에서도 승리하지 못했지만 일반투표의 10퍼센트인 29만 1,000표를 얻었고, 자유토지당은 10명이 의회에 진출했다. 자유토지당이 중요한 정치 세력으로 등장한 것은 기존 정당이 노예제도 때문에 생긴 정치적 열정을 담아내지 못했기 때문이다. 그러나 그것은 1850년대 제2정당 체제의 붕괴로 나아가는 과정의 하나였을 뿐이다.

남서부 영토 확장(1845~1853)

미국은 1845년에 현재의 텍사스 대부분을 합병했고, 1848년에는 멕시코 전쟁으로 더 많은 영토를 획득했다. 그리고 1853년에는 멕시코에서 추가적으로 영토를 사들였다. 이로써 오늘날의 미국 국경이 완성되었던 것이다.

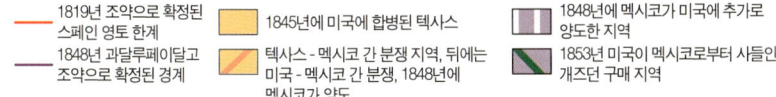

캘리포니아 골드러시

테일러가 대통령에 취임할 당시, 극서부 지역의 노예제 문제를 해결하라는 압력이 더욱 거세졌다. 캘리포니아에서 놀라운 사건이 벌어졌기 때문이다. 1848년 1월, 캘리포니아의 유력한 목장주였던 존 수터(John Sutter)가 운영하는 제재소의 현장 주임이 시에라네바다(Sierra Nevada) 산맥의 한 작은 언덕에서 금의 흔적을 발견했다. 그 소식은 몇 달이 안 돼 미국 전역, 나아가 전 세계에 퍼졌고 삽시간에 수십만 명이 금을 찾아 캘리포니아로 밀려들었다.

> '49년에 온 사람'

골드러시가 절정에 달할 무렵 캘리포니아는 거의 광적인 흥분과 탐욕에 가까운 분위기에 휩싸여 있었다. 극서부로 향하는 이주민은 대개 여정을 시작하기 전에 세밀한 준비를 하게 마련이지만, '49년에 온 사람(forty-niners)'이라는 명칭의 캘리포니아 이주민은 달랐다. 그들은 농장과 직업, 집과 가족을 버려둔 채 우르르 배에 올랐고 육로로 몰려들었다. 49년에 온 사람 대부분(약 95퍼센트)은 남자였기 때문에 그들이 캘리포니아에서 건설한 사회는 여성과 아이, 곧 가족이 없어 매우 불안정하고 변동이 심했다.

골드러시는 또한 미국 서부에 최초로 중국인 이주민을 불러들였다. 중국, 그중에서도 불모지에 사는 주민들은 캘리포니아에서 금광이 발견됐다는 소식을 접하고 흥분을 감추지 못했다. 가난한 중국인 농부가 미국에 오기란 극히 힘든 일이었지만, 젊고 모험심 있는 사람(대부분 남자)은 금방 부자가 되어 중국으로 돌아올 수 있을 것이란 생각에 이주를 결정했다. 이민 중개인이 이주 후 돈을 벌어 빚을 갚는 조건으로 이민자에게 거액의 여행 자금을 빌려주었던 것이다.

캘리포니아는 많은 남성 노동자가 골드러시에 휩쓸려 직업을 버리고 금광으로 몰려가는 바람에 심각한 노동력 부족에 시달렸다. 따라서 중국 이민자 등 일자리가 필요한 사람이 기회를 얻었다. 인디언은 이름만 노예가 아닐 뿐, 노예와 다름없이 혹심하게 착취당했다. 캘리포니아 주가 새로운 법을 제정해 '어슬렁거리거나' 고아가 된 인디언을 구인(狗引)하여 '계약(indentured)' 노동이라는 조건을 부과할 수 있도록 했던 것이다.

• 인디언 착취

골드러시는 캘리포니아의 성장에 결정적인 역할을 했지만, 다수의 이주민이 찾아나섰던 금 때문은 아니었다. 시에라네바다의 언덕에는 여기저기에 상당한 금이 묻혀 있었고, 그 금으로 부자가 된 사람도 많았으나 '49년에 온 사람' 중에 금을 발견한 사람은 극소수에 불과했다. 실망한 일부 이주민은 얼마 후 고향으로 돌아갔다. 그러나 그대로 캘리포니아에 남아 농촌이나 도시로 들어간 사람이 많았고, 이로써 캘리포니아의 농업 인구와 도시 인구가 증가했다. 예를 들어, 샌프란시스코는 골드러시 전에 인구가 1,000명이었으나 1856년에는 5만 명이 넘었다. 언제나 다양한 인구가 살던 캘리포니아는 1850년대 초반에 한결 더 다양한 인구가 모여 사는 사회가 되었다. 골드러시는 비단 미국의 백인만이 아니라 유럽인과 중국인, 남아메리카인, 멕시코인, 자유 흑인 그리고 남부 이주민과 함께 노예를 끌어들였던 것이다. 캘리포니아는 금을 둘러싼 갈등과 인종 및 종족 간 갈등이 교차하는, 매우 혼란스런 곳이 되었다.

지역 간 긴장의 고조

테일러 대통령은 준주를 주로 승격시키면 새 영토의 노예제도 문제를 해결할 수 있다고 믿었다. 새 영토가 준주로 남아 있는 한, 그 지역 노예제도의 운명을 결정할 책임은 연방정부에 있었다. 그러나 테일러 대통령은 그 지역이 일단 주가 되면 주 정부가 노예제 문제를 해결할 수 있으리라고 생각했다. 캘리포니아는 테일러 대통령의 촉구에 따라 즉시 노예제도를 금지하는 헌법을 채택했고, 테일러는 1849년 12월에 캘리포니아를 노예제 반대 주로 편입할 것을 의회에 요청했다.

- 노예제도를 둘러싼 지역 갈등

그러나 의회는 제동을 걸었다. 이는 부분적으로 노예제도를 둘러싼 여러 가지 다른 갈등이 상황을 더욱 복잡하게 만들고 있었기 때문이다. 먼저 노예제에 반대하는 세력이 컬럼비아 특별구(District of Columbia)에서 노예제도를 폐지하려는 노력을 전개했고, 북부의 여러 주가 개인 자유법(personal liberty laws)을 제정해 법원과 경찰이 도망 노예를 주인에게 돌려보내는 일을 돕지 못하게 만들었다. 그러나 대통령의 계획에 무엇보다 커다란 장애로 작용한 것은, 바로 남부 백인의 두려움이었다. 남부 백인은 북부에 노예제도가 없는 주를 새로 더하면 그 즉시 다수파가 될 것이라고 우려했다. 1849년 당시만 해도 노예제 반대 주와 노예제 존치 주는 각각 15개 주로 그 수가 같았다. 그러나 캘리포니아가 연방에 가입하면 균형이 깨질 것이고 그때까지 후보에 불과했던 뉴멕시코와 오리건 그리고 유타가 주로 승격된다면 균형은 심하게 깨질 것으로 예상되었다.

이에 따라 남부의 온건파 지도자마저 연방 탈퇴를 언급하기 시작했고 반면에 북부는 한 개 주를 제외한 모든 주가 준주에서 노예제도를 금지하자는 결의안을 채택하게 되었다.

1850년 타협

이런 전례 없는 위기를 맞이하여 온건주의자와 연방주의자는 1849년과 1850년 사이의 겨울을 보내는 동안 대타협안을 구상했다. 그 노력의 선봉에 섰던 고령의 헨리 클레이는, 지역 간 분쟁의 원인이 되고 있는 모든 문제를 해결하지 않고서는 어떠한 타협안도 지속될 수 없으리라고 믿었다. 그래서 분리 제안되었던 여러 가지 방책을 취합해 단일 법안으로 작성한 뒤, 1850년 1월 29일에 상원에 제출했다. 그 법안에는 캘리포니아를 노예제가 없는 주로서 편입하고, 멕시코로부터 취득한 나머지 땅에는 준주 정부를 설립하되 노예제도를 금지하지 않으며, 컬럼비아 특별구에서는 노예제도가 아닌 노예무역을 금지시키고, 한층 효과적인 도망 노예 송환법을 새로 제정한다는 조항이 들어 있었다. 이 해결책을 둘러싸고 7개월간 격렬한 논쟁이 지속되었다.

그러나 열띤 토론으로 6개월을 보낸 뒤 7월에 새롭고 젊은 지도자 집단이 나타나 웹스터(Webster)와 클레이(Clay), 칼훈(Calhoun)이라는 나이든 '세 거두(triumvirate)'를 대신해 논쟁의 주도권을 장악했다. 상원의 새 지도자는 기존에 하지 못했던 타협안을 만들어낼 수 있었다. 더욱이 타협안에 박차를 가한 것은, 무엇보다 타협안의 가장 강력한 장애물인 대통령의 사망이었다. 1850년 7월 9일, 테일러 대통령이 심한 위장 장애로 갑작스럽게 사망했던 것이다. 곧 뉴

클레이
타협안
논쟁

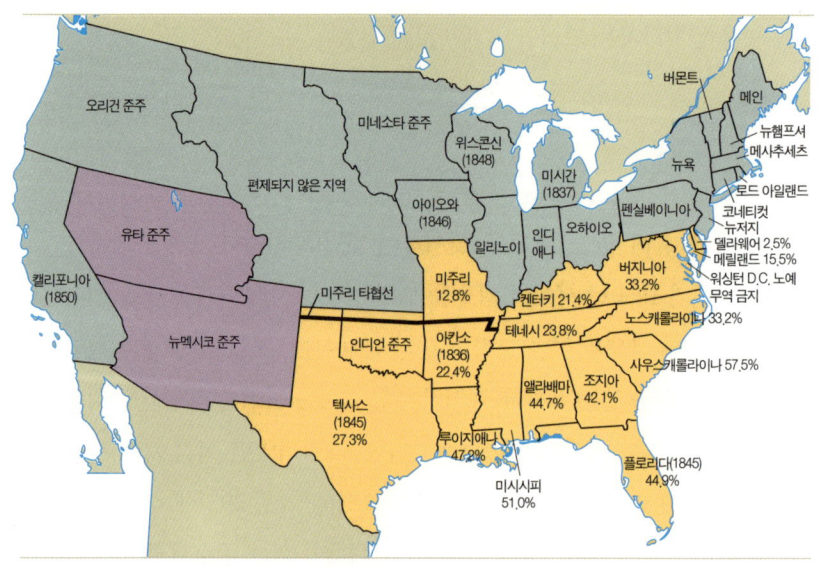

미국이 거대한 서부 토지를 획득하게 되면서, 주로 편입될 새로운 준주의 노예제도 존폐 여부가 쟁점으로 부상했다. 이 문제를 둘러싼 북부와 남부의 갈등은 1850년에 의회의 제안으로 해결을 위한 대타협에 도달했다. 이로써 캘리포니아는 노예제도가 없는 주로 연방에 가입했고, 다른 새로운 준주에는 '주민주권(popular sovereignty)' 개념이 도입되었다.

욕 출신의 밀라드 필모어(Millard Fillmore)가 대통령직을 승계했다. 그는 잘생기고 위엄 있으며 단단한 인상의 인물로 정치적 융통성이 얼마나 중요한가를 이해하고 있는 사람이었다. 필모어 대통령은 타협안을 지지했고 대통령의 영향력을 이용해 북부 휘그당을 설득했다.

새 지도자들의 실용적인 전술도 큰 역할을 했다. 일리노이 주 출신의 상원 의원인 스티븐 더글러스(Stephen A. Douglas)는, 클레이가 지역 갈등을 해결할 포괄적인 방안이라고 제시했던 '일괄안(omnibus bill)'을 파기하고 대신에 여러 가지 방안을 한 가지씩 표결에 붙이는 방법을 제시했다.

따라서 각 지역 대표는 자기 지역에 유리한 타협안을 지지하는 한편, 그렇지 않은 안건에는 반대할 수 있었다. 더글러스는 정부 채권의 매각 및 철도 건설과 같은 현실적인 사안을 타협안과 연결짓는 복잡한 뒷거래를 통해서 타협안에 대한 지지를 얻어냈다. 의회는 그의 노력에 힘입어 9월 중순에 법안을 제정하고, 대통령이 타협안의 모든 내용에 서명했다.

1850년 타협안은 이기주의의 승리였다. 하지만 연방 의원은 국민의 승리라고 예찬했다. 밀라드 필모어는 그 법안에 서명하면서, '번복할 수 없는 최종 선택'이며 지역 문제에 대한 공정한 해결책이라고 했다.

4

1850년대의 위기

1850년 타협 이후 몇 년 동안, 지역 갈등은 경제 부흥과 성장 속에서 잠시나마 잊혀지는 것 같았다. 그러나 남부와 북부 간에는 긴장이 여전했다.

불편한 휴전

1852년에는 양대 정당이 모두 1850년의 타협안을 지지했고, 지역적 열정과는 관련 없는 사람을 대통령 후보로 지명했다. 민주당은 무명의 뉴햄프셔 정치가인 프랭클린 피어스(Franklin Pierce)를 후보로 지명했고, 휘그당은 전쟁 영웅인 윈필드 스콧 장군을 선택했다. 그러나 지역 문제는 대통령 선거에 분열을 가져올 만한 영향을 미쳤고, 휘그당이 그 희생자가 되었다. 노예제에 반대하는 휘그당원들이 노예제 문제에 애매한 입장을 취한 당의 태도에 분노하여 대거 탈당했던 것이다. 당시 노예제에 반대했던 자유토지당의 대통령 후보 존 헤일(John P. Hale)은 '1850년의 타협'을 비난했는데, 휘그당을 탈당한 사람 다수가 자유토지당(Free-Soil party)으로 몰려갔다. 휘그당이 이렇게 분열해, 1852년 선거는 결국 민주당의 승리로 돌아갔다.

프랭클린 피어스는 국론을 분열시킬 만한 쟁점, 특히 노예제 문제를 가급적 언급하지 않는 것으로 화합을 유지하려고 했다. 그러나 이는 불가능한 일이었다. 북부인은 도망 노예를 쫓아서 남부인이 북부 주에 나타나기 시작한 1850년 이후, 도망 노예 송환법을 더욱 반대하게 되었다. 일부 북부 도시에서는 폭도가 도망 노예 송환법의 시행을 방해하기도 했다. 또한 많은 북부 주가 도망 노예의 송환을 금지하는 자체 법안을 통과시켰다. 남부 백인은 자신들의 승리라고 여겼던 '1850년 타협안'의 한 요소가 북부인의 무시로 무의미해져 버리자, 이제 분노와 경계의 마음으로 사태를 주시하게 되었다.

• 도망 노예 송환법에 대한 반대

'젊은 미국'

프랭클린 피어스가 지역 분쟁이 수그러들기를 바라며 선택한 방법 중의 하나는 '젊은 미국'이라고 알려진 민주당 내의 운동을 지원하는 것이었다. 젊은 미국 주창자는 미국 민주주의의 전 세계 확산이라는 문제가 노예제에 대한 관심을 전환시킬 한 방안이라고 보았다. 1848년 유럽에서 거대한 자유주의 및 민족주의 혁명이 일어나자, 그들은 미국적 모델에 기초한 정부가 들어선 공화주의적 유럽을 꿈꾸었다. 더불어 서반구에서 새로운 영토를 취득할 꿈도 꾸었다.

그러나 국가의 영토를 확장하려는 노력은 지역 갈등과 얽히지 않을 수 없었다. 피어스는 스페인으로부터 쿠바를 구매하기 위해, 1848년에 포크 대통령이 시작한 외교적 노력을 이어갔으나 별 성과를 거두지 못하고 있었다. 그러던 1854년, 피어스가 파견한 사절단 일행이 벨기에의 오스텐데(Ostende)에서 비밀문서 하나를 보내왔다. 거기에는 사건을 하나 만들어 이를 빌미삼아 쿠바를 무력으로 점령하자는 내용이 담겨 있었다. 그러나 오스텐데 성명(Ostende

• 오스텐데 성명

Manifesto)이라는 이 문건 내용이 일반인에게 새어나갔고, 노예제도에 반대하는 북부인은 미국의 행정부가 새로운 노예주를 연방에 가입시키려는 음모를 꾸몄다고 비난했다.

남부는 노예제도를 지지하지 않을 것이라 예상되는 지역이라면 어디든 영토로 취득하는 데 반대했다. 하와이 왕국은 1854년에 미 연방에 가입하는 데 동의하지만 그 조약은 상원에서 부결되었다. 조약에는 하와이 모든 섬에서 노예제도를 금지한다는 조항이 있었기 때문이다. 캐나다를 합병하려는 강력한 움직임도 부분적으로는 노예제 문제 때문에 실패했다.

노예제도, 철도 그리고 서부

그러나 애초에 갈등을 초래했던 것과 똑같은 문제, 즉 준주의 노예제 문제가 지역 갈등을 온존히 부활시켰다. 1850년대에는 백인 정착지의 경계선이 이미 미주리, 아이오와 그리고 지금의 미네소타 경계를 넘어 거대한 평원으로 확장되었다. 그곳은 한때 미국의 많은 백인이 경작에 부적절하다고 믿었던 곳이다. 하지만 이제 이 지역 대부분이 사실상 농사에 적합하다는 사실이 밝혀지면서, 북서부(Old Northwest)의 여러 주에 정착하려는 사람이 그 지역을 개방해서 준주 정부를 세워달라고 정부에 요구했다. 더불어 인디언 부족을 다른 곳으로 이주시켜 백인이 정착할 공간을 마련해달라고 했다. 이러한 요구 사항은 인디언의 권리를 침해하는 것이지만, 백인 사회 어디에서도 별 이의를 달지 않았다. 그러나 이렇게 정착지 확대에 관심이 고조되자 두 가지 쟁점이 수면 위로 떠올랐다. 바로 철도와 노예제도였다. 그리고 이 두 문제는 점차 서로 얽히면서 미국의 분열을 촉진시켰다.

이렇게 서부로 영토가 확장되자, 기존 주와 미시시피 강 너머 서부 지역 간 소통 문제가 점점 더 중요해졌다. 그 결과 여론이 대륙횡단철도의 건설을 광범위하게 지지하기 시작했다. 문제는 철도를 어디에 놓을지, 특히 철도의 동부 종착지를 어디로 정할지와 미시시피 강 동쪽의 기존 철도망과는 어느 지점에서 연결할지를 결정하는 것이었다. 북부인은 시카고를, 남부인은 세인트루이스나 멤피스 혹은 뉴올리언스를 선호했다. 이로써 대륙횡단철도는 북부와 남부 간 투쟁의 중심에 놓이게 되었다.

● 대륙횡단 철도와 노예제도

피어스 행정부의 육군부 장관인 미시시피 주 출신의 제퍼슨 데이비스(Jefferson Davis)는 남부 노선 건설을 방해해 온 한 가지 장애물을 제거했다. 남부 종착지를 낀 노선은 멕시코 영토를 통과해야 하는 문제점이 있었는데, 데이비스는 1853년에 남부의 철도 건설업자인 제임스 개즈던(James Gadsden)을 멕시코로 파견하여 멕시코 정부를 설득해 지금의 애리조나와 뉴멕시코 일부 지역을 1,000만 달러를 주고 사들였다. 이것이 이른바 개즈던 구매(Gadsden Purchase)다. 그러나 이는 지역 간 경쟁에 더욱 불을 당겼을 뿐이다.

● 개즈던 구매

캔자스-네브래스카 논쟁

일리노이 주 출신의 상원 의원이자 북서부 민주당 지도자로 유명한 스티븐 더글러스(Stephen A. Douglas)는, 당연하게도 자기 지역을 위해 대륙횡단철도를 원했다. 그는 북부 노선에 반대하는 입장의 강점도 알고 있었다. 즉, 북부 노선은 인디언이 많이 거주하는 지역을 대부분 통과하게 된다는 점이다. 그래서 1854년 1월에 아이오와와 미주리의 서부, 곧 네브래스카(Nebraska)라고 알려진 지역을 거대한 새 준주로 편제하는—아울러 백인 정착지로 개방하기 위한 법안을 제출했다.

• 캔자스-네브래스카법

더글러스는 남부가 자신이 제출한 법안에 반대하리라는 것을 알고 있었다. 왜냐하면, 그 법안은 노예제 없는 주를 새로 추가하는 것이었기 때문이다. 즉, 예정된 지역은 미주리 타협선(36°30′) 북쪽에 있어서 노예제도가 금지된 지역이었다. 더글러스는 남부인을 회유하기 위해 그 지역 의회가 노예제의 허용 여부를 자체 결정할 것이라는 단서 조항을 달았다. 이론적으로 보자면, 그 지역은 노예제 허용 문제를 스스로 결정할 수 있었다. 그러나 남부 민주당원이 더 많은 것을 요구해, 더글러스는 미주리 타협안을 명백히 철회한다는 추가 조항에 합의했다. 또한 그 지역을 네브래스카와 캔자스(Kansas) 2개의 준주로 나누자는 요구에도 동의했다. 새로운 준주 캔자스는 노예제가 있는 주로 될 가능성이 약간 더 높았으며, 법안의 최종 형태는 캔자스-네브래스카 법(Kansas-Nebraska Act)으로 알려졌다. 피어스 대통령은 법안을 지지했고 격렬한 논쟁이 이어졌다. 1854년 1월, 남부는 만장일치로 법안에 찬성했고 북부는 일부 민주당원이 찬성표를 던져 법안이 가결됐다.

• 공화당 창립

미국 역사상 어떠한 법안도 그처럼 대대적으로 일시에 불길한 결과를 초래한 적이 없었다. 이로 말미암아 휘그당은 분열되어 아예 와해되어버렸다. 북부의 민주당원도 미주리 타협안이 철회된다는 사실에 놀라 다수가 당을 떠났다. 무엇보다 중요한 것은, 그 법안을 계기로 강령이나 구성원 모두 노골적인 지역분파적 성향을 띤 새로운 정당의 탄생이 가속화되었다는 점이다. 더글러스의 법안에 반대한 두 주요 정당인은 각각 반(反)네브래스카 민주당원(Anti-Nebraska Democrats), 반(反)네브래스카 휘그당원(Anti-Nebraska Whigs)이라고 자처하기 시작했으며, 1854년에는 새로운 조직을 만들어 공화당(Republican Party)이라 칭했다. 공화당은 즉각적으로 미국 정치의 주요 세력으로 떠올랐다. 그리고 그해 선거에서 무지주의자(無知主義者, Know-Nothings)와 연합해 하원에 충분한 의석을 확보했다.

'유혈의 캔자스'

캔자스-네브래스카 법안이 통과되자마자, 백인 정착자는 캔자스로 이주하기 시작했다. 1855년 봄에는 준주 의회의 의원 선출을 위한 선거가 있었는데, 그때까지만 해도 캔자스 인구는 고작 1,500명에 불과했으나 6,000명 이상이 투표했다. 이는 일부 무장 집단이 섞인 수천 명의 미주리인이 투표를 위해 캔자스로 건너왔기 때문이다. 그 결과 노예제를 주장하는 세력이 의회의 과반수 의석을 차지했고, 캔자스 의회는 즉시 노예제도를 합법화했다. 이에 분노한 캔자스의 노예제 반대 세력은 제헌 회의에 파견할 대표를 선출했고, 선출된 대표는 토피카(Topeka)에서 만나 노예제도를 금지하는 헌법을 채택했다. 그런 다음 주지사를 선출하고 의회를 구성했으며, 이후 연방의회에 주로 승격시켜 달라는 청원을 냈다. 피어스 대통령은 이들을 반역자라고 비난하며 노예제에 찬성하는 캔자스 준주 의회에 연방정부의 전폭적인 지지를 보냈다. 몇 달 후에는 노예제를 지지하는 연방 보안관이 로렌스(Lawrence)에 본부를 차린 노예제 반대 주 지도자를 체포하기 위해 대규모 보안대를 소집했다. 보안대는 마을을 약탈했으며 '주지사' 관저를 불태우고 인쇄기도 여러 대 파괴했다. 곧바로 그에 대한 보복이 뒤따랐다.

· 포타와토미 학살

캔자스에서 가장 열렬한 노예제 폐지론자는 존 브라운(John Brown)이었다. 그는 캔자스를 노예제 없는 주로 만들기 위해 여러 명의 아들과 함께 캔자스로 이주해온 열성분자였다. 로렌스에서 사건이 일어난 후, 존 브라운은 네 아들을 포함해 6명의 추종자를 모아 하룻밤에 노예제에 찬성하는 정착민 5명을 살해했다. 포타와토미 학살(Pottawatomie Massacre)이라고 명명된 이 엄청난 사건으로 해서 캔자스에서는 민간인 사이에 갈등이 증폭됐다. 무장 집단은 간헐적으로 게릴라식 싸움을 전개했는데, 그들 일부는 이념보다 토지 획득이나 약탈에 관심이 많았다. 북부인이나 남부인 모두, 캔자스에서 일어난 사건이 상대방 지역의 공격적인 음모를 드러낸 것이라고 믿었다. 따라서 '유혈의 캔자스'는 지역 갈등의 상징이 되었다.

곧이어 미국 상원에서 또 다른 상징적 인물이 등장했다. 1856년 5월, 매사추세츠 주 출신 찰스 섬너(Charles Sumner)는 '캔자스에 대한 범죄(The Crime Against Kansas)'라는 제목의 연설을 하기 위해 일어섰다. 그의 연설은 사우스캐롤라이나 주 출신의 열렬한 노예제 옹호자인 동료 상원 의원 앤드루 버틀러(Andrew P. Butler)를 특별히 목표로 삼았다. 섬너는 그 사우스캐롤라이나인[버틀러—옮긴이]을 "다른 사람에게는 못생겨 보이지만 그에게는 항상 사랑스러우며 … 세계인에게는 더러워 보이지만 그의 눈에는 순결해 보이는 정부(情婦)〔노예제를 지칭―옮긴이〕를 선택한" 노예제도의 '돈 키호테'라고 했다.

　직접적으로 성적인 언급을 하고 있을 뿐 아니라 전체적으로 악의를 띤 이 연설에 버틀러의 조카이자 사우스캐롤라이나 출신의 하원 의원이던 프레스턴 브룩스(Preston Brooks)가 분노했다. 연설이 있은 지 며칠 후, 브룩스는 휴식 시간에 상원 회의실의 자기 책상에 앉아 있던 섬너에게 다가가 무거운 지팡이로 섬너의 머리와 어깨를 마구 때리기 시작했다. 의자에 웅크리고 있던 섬너는 분노에 차서, 책상을 마룻바닥에 고정시키는 볼트가 뽑힐 정도로 요동을 치며 일어났다. 그리고 곧 피를 흘리며 쓰러져 의식을 잃었다. 섬너는 부상이 너무 심해 그 후 4년 동안 상원으로 복귀하지 못했고, 북부 전역에서 남부의 야만성에 희생된 순교자를 상징하는 영웅이 되었다. 브룩스도 남부에서 영웅이 되었다. 그는 하원의 불신임에 따라 하원 의원직을 사임한 뒤, 사우스캐롤리나로 돌아가 재선에 성공했다.

● 폭행 당한 섬너

자유 토지 이념

　무엇이 두 지역 사이에 그처럼 깊은 적대감을 형성하도록 했는가? 두 지역의 갈등은 경제 및 지역적 이해관계가 서로 다른 때문이기도 했지만, 동시에 양측 모두의 이념이 경직되어 있었기 때문이다.

　북부는 합당한 사회구조에 대해 '자유 토지(free soil)'와 '자유 노동(free labor)'이라는 신념으로 의견이 모아졌다. 대부분의 북부 백인은 노예제도를 위험한 것으로 간주했는데, 그것은 그 제도가 흑인에게 끼친 해악 때문이 아니라 백인을 위협하는 것으로 보았기 때

● '자유 토지'와 '자유 노동'

문이다. 그들의 주장에 따르면, 미국 민주주의의 핵심은 모든 시민이 재산을 소유하고 스스로 자기 노동을 통제하며 자기 향상의 기회를 갖는다는 점이다.

이러한 시각에서 보면, 남부는 민주주의와 정반대 사회였다. 즉, 노예제도가 귀족주의를 확고히 떠받치는 폐쇄적이고 정체된 사회였던 것이다. 북부가 성장하고 번영하는 반면, 남부는 개인주의와 진보라는 가치를 거부한 채 시대에 뒤쳐져 있었다. 북부의 자유 노동주의자(free-laborites)는 더 나아가, 남부가 노예제도를 미국 전역에 확산시켜 북부 자본주의의 개방성을 파괴하고 남부의 폐쇄적인 귀족주의 체제로 대체하려는 음모를 꾸미고 있다는 주장을 폈다. 이는 노예제도의 확산에 대항해 싸우는 것은 물론, 미국의 민주주의 이념(즉, 자유노동 이념)을 모든 지역에 확산시키는 것만이 이 '노예제 지지 세력의 음모(slave power conspiracy)'를 타파할 유일한 해결책이라는 의미였다.

이러한 이념이 곧 새로 생긴 공화당의 핵심 이념이었다. 공화당원은 여기에 기반해 연방 체제 수호에 더욱 몰두했다. 지속적인 성장과 진보는 곧 자유 노동주의의 중심 이념이었기 때문에 국가의 분열 가능성은 생각할 수도 없었다.

- 노예주 세력의 음모

노예제 지지론

한편, 남부에서는 매우 다른 이념이 부상하고 있었다. 이는 남부 백인의 노예제 문제에 대한 입장이 빠르게 경직된 가운데 나온 것으로서 그 사이에 벌어진 여러 사건의 결과였다. 즉 남부 백인을 경악케 했던 1831년 내트 터너(Nat Turner)의 노예 반란과 노예제도로 유례없는 호황을 누리게 된 하남부(Deep South) 면화 경제의 성장 그리고 남부 사회를 통렬히 공격했던 개리슨파 노예제 폐지 운동의 성장 등이 그것이었다. 해리엇 비처 스토 여사가 쓴 《톰 아저씨의 오두막》의 인기는 아마도 그러한 공격이 가진 힘이 어느 정도인가를 보여주는 가장 두드러진 증거일 것이다. 그러나 그 외에도 노예제도의 폐지를 주장했던 여러 저작이 수 년 동안 남부 백인의 적개심을 불러일으켰다.

이러한 압박에 대응해, 많은 남부 백인은 노예제도를 이론적으로 방어할 채비를 갖추었다. 1832년 윌리엄앤메리 대학(College of William and Mary)의 토머스 듀(Thomas R. Dew) 교수를 시작으로, 20년 후에는 노예제 지지자가 자신들의 주장을 요약한 선집(anthology)을 발간하고 그 이념을 노예제 지지론(The Pro-Slavery Argument)이라고 칭했다. 1837년에 존 칼훈은 노예제도에 대해 언급했는데, 이를 요약해 보면 다음과 같다. 즉, 노예제는 "선, 그것도 적극적인 선(positive good)"이다. 노예제도는 노예에게 좋은 것이다. 노예는 북부의 산업 노동자보다 나은 조건에서 살기 때문이다. 노예제도는 남부 전체에도 좋은 것이다. 남부에서 두 인종이 평화롭게 함께 살 수 있는 유일한 길이기 때문이다. 나아가 국가 전체에 좋은 것이다. 노예제도에 기반한 남부 경제야말로 국가 번영의 열쇠이기 때문이다.

• 노예제도에 대한 지적 방어

남부의 노예제 지지자는 무엇보다 미국, 나아가 세계의 어떤 생활 방식보다 우수한 남부 생활 방식의 토대가 바로 노예제도이기 때문에 이를 좋은 것이라 주장했다. 남부 백인은 북부를 탐욕과 방탕,

파멸의 정신이 지배하는 사회로 보았다. 한 남부인은 "북부의 일반 대중은 사악하고 부패했으며 탐욕스러운 데다 비열하고 이기적"이라 쓰기도 했다. 공장제와 무질서한 이민자로 가득 찬, 혼잡스럽고 불결한 도시에 대한 두려움을 이야기하는 사람도 많았다. 그들은 남부를 북부가 겪고 있는 자본과 노동의 불화와는 거리가 먼, 안정되고 질서 있는 사회라고 믿었다. 그들 생각에 남부는 노동자의 복지를 지켜주며, 귀족의 세련되고 성숙한 문화생활이 보장된 세계였다. 한마디로 남부는 모든 사람이 그 속에서 만족스런 생활과 안전을 보장받는 이상적인 사회질서를 갖춘 곳이었다.

· 열등한 흑인이라는 가정

노예제도를 옹호하는 주장에는 한층 정교하게 흑인의 생물학적 열등함을 설파하는 이론도 한몫했다. 즉, 남부 백인은 흑인에 대해 시민권을 행사하기는커녕 선천적으로 자기 자신도 돌볼 줄 모르는 존재라고 주장했던 것이다.

뷰캐넌과 공황

· 1856년 선거

1856년 대통령 선거전은 이처럼 좋지 않은 상황에서 시작되었다. 민주당 지도자는 피어스 대통령과는 달리 '유혈의 캔사스' 사건과 별 연관이 없는 후보를 원했다. 그래서 최근의 분쟁이 진행되는 동안 영국 주재 공사로 안전하게 나라 밖에 있었던 펜실베이니아 출신의 제임스 뷰캐넌(James Buchanan)을 선택했다. 대통령 선거전에 처음 뛰어든 공화당은 휘그당식의 국내 개발 프로그램을 지지하는 것으로 노예제에 반대하는 이념과, 동시에 북부의 경제적 야망을 추구했다. 공화당도 민주당만큼이나 안전한 후보자를 내는 데 주력했다. 그래서 정치 경력이 전혀 없고 극서부 탐험가로서 전국적인 명성을 얻어온 존 프레몽(John C. Frémont)을 후보로 지명했다. 토착미국인당(Native American Party), 곧 무지주의당(Know-Nothing Party) 역시도 붕괴 조짐을 보이기는 했지만 전임 대통령인 밀라드 필모어를 대통령 후보로 지명했다. 필모어는 휘그당 잔존 세력의 지지도 받고 있었다.

열기가 후끈 달아올라 열광적으로 치른 선거전이 끝난 뒤, 뷰캐넌은 프레몽과 필모어를 근소한 차이로 누르고 대통령에 당선되었다. 뷰캐넌은 취임 당시 윌리엄 헨리 해리슨(William Henry Harrison)을 제외하면 역대 대통령 가운데 가장 나이가 많은 65세였다. 나이와 육체적 쇠약함 때문인지 또는 근본적으로 성격이 유약했던 때문인지, 하여간 뷰캐넌은 미국 역사상 이렇게 중요한 시점에 지독히도 소심하고 우유부단한 대통령이 되었다.

뷰캐넌이 취임한 해에 재정 위기가 닥쳤고 뒤이어 수년간 불황이 지속되었다. 북부에서는 공화당 세력이 불황 덕에 힘을 얻었는데, 실의에 빠진 제조업자와 노동자, 농민이 불황의 원인을 남부인의 탓으로 돌렸기 때문이다. 즉, 남부인이 지배하는 민주당 행정부의 불건전한 정책이 그 원인이라는 것이었다. 그들은 노예제 반대 세력과 연합해 공화당을 지지하는 것으로 좌절감을 표출시켰다.

드레드 스콧 판결

1857년 3월 6일, 연방 대법원은 대법원 역사상 가장 논란거리가 된 악명높은 판결을 내렸다. 이로써 연방 대법원은 지역 간 분쟁의 중심에 놓이게 되는데, 바로 드레드 스콧 대 샌드퍼드(*Dred Scott v. Sandford*) 사건에 대한 판결이었다. 스콧은 미주리 주의 노예로, 주인인 육군 외과 의사를 따라 일리노이 주로 왔다가 다시 노예제도가 금지된 위스콘신 준주(Wisconsin Territory)로 이주했다. 외과 의사가 사망한 후, 스콧은 1846년에 노예제가 없는 준주에 살고 있다는 것을 근거로 자신은 이미 노예신분에서 해방되었다며 의사 미망인을 상대로 소송을 제기했다. 스콧의 주장은 미주리 법에 근거한 것이었기 때문에 1850년에 스콧이 소송을 제기한 순회 법정(circuit court)은 그를 자유인이라고 선고했다. 이때 미망인의 남동생인 존 샌퍼드(John Sanford)가 스콧에 대한 소유권을 주장하면서 순회 법정의 판결에 불복하고 주 대법원에 항소해 승소했다. 스콧이 다시 연방 법원에 상고하자, 샌퍼드의 변호사들은 스콧이 미국의 시민이 아니므로 소송을 제기할 수 없다고 주장했다.

• 태니의 놀라운 판결

연방 대법원(판결문에는 샌퍼드의 이름 철자가 틀리게 기재되었다)은 의견이 나뉘어 단일한 판결을 내릴 수 없었다. 하지만 대법원 판사들의 다양한 의견은 노예제 반대 운동에 뜻밖의 패배를 안겨주었다. 다수 의견서 중 하나를 작성한 연방 대법원장 로저 태니(Roger Taney)는, 스콧이 미국 시민이 아니기 때문에 연방 법원에 소송을 제기할 수 없다고 판단했던 것이다. 태니의 주장에 따르면, 어떤 흑인도 시민권 자격이 없으며, 노예는 곧 재산이었다. 태니는 또 헌법 수정 조항 제5조는 연방의회가 '공정한 법 절차(due process of law)' 없이 재산을 빼앗는 행위를 금지하고 있다는 근거까지 제시했다. 결과적으로 연방의회는 준주에서 시민의 재산인 노예를 빼앗는 법을 통과시킬 권한이 없다고 판결했다. 이런 맥락에서 보면 미주리 타협안도 헌법에 위배되는 것이었다.

연방 법원의 판결이 자기 지역 내에서 노예제를 금지하는 것이 허용되어 있는 각 주의 권한에 도전한 것은 아니었다. 그러나 연방정부가 노예제 문제를 다룰 권한이 없다는 진술은 과감하고 놀라웠다. 남부 백인은 의기양양했다. 국가의 최고 법정이 가장 극단적인 남부인의 주장을 일부나마 인정한 것이기 때문이다. 그러나 북부에서는 여기저기서 실망의 목소리가 터져나왔다. 공화당은 자신들이 연방정부를 장악하면 연방 대법원 대법관을 '자기쪽 사람으로 구성해' 그 판결을 뒤엎을 것이라고 경고했다.

캔자스 문제

뷰캐넌 대통령은 마지못해 드레드 스콧 판결을 지지했다. 동시에 캔자스를 노예제 존치 주로서 연방에 받아들임으로써 캔자스를 둘러싼 논란을 해결하려고 했다. 여기에 부응해 노예제에 찬성하는 캔자스 준주 의회는 제헌 의회에 파견하기 위한 대표자를 선출할 선거를 요구했다. 노예제에 반대하는 주민은 의회가 선거구 경계선을 획정할 때 자신들을 차별했다고 주장하면서 참가를 거부했다. 그 결과 노예제 옹호 세력이 1857년 리컴프턴(Lecompton)에서 소집된 제헌 의회를 장악하여 노예제도를 합법화하는 주 헌법을 제정했으며, 유권자들에게는 거부할 기회를 주지 않았다. 그러나 새로운 준주 의회 구성을 위한 선거가 시행되자 노예제에 반대하는 집단이 투표에 참여해 과반수를 차지했다. 새 의회는 즉시 리컴프턴 헌법을 주민 투표에 회부했고 유권자는 1만 표 이상의 차로 그 헌법을 거부했다.

· 거부당한 리컴프턴 헌법

이 과정에서 양쪽 진영이 모두 부정한 수단과 폭력을 동원했다. 그럼에도 캔자스 주민 다수는 노예제도에 반대한다는 사실이 명백해졌다. 그러나 뷰캐넌은 캔자스를 리컴프턴 헌법에 의거해 연방으로 받아들이도록 연방의회를 압박했다. 스티븐 더글러스를 비롯한 서부의 민주당원이 대통령의 제안을 거부해, 캔자스 연방 가입안은 하원에서 통과되지 못했다. 결국 1858년 4월, 연방의회는 리컴프턴 헌법을 다시 캔자스의 주민 투표에 붙인다는 타협안을 승인했다. 만약 리컴프턴 헌법이 승인된다면 캔자스는 연방에 합류될 것이고, 반대로 거부된다면 주로의 승인은 연기될 것이었다. 캔자스 유권자는 리컴프턴 헌법을 다시 한 번 확실히 거부했다. 그리하여 캔자스는 결국 1861년 뷰캐넌 행정부의 임기가 몇 달 남지 않았을 때에야 노예제 없는 주로 연방에 가입할 수 있었다.

링컨의 등장

이처럼 지역 간 위기가 심각한 지경에 이르렀기에 1858년의 의원 선거는 특별히 중요했다. 특히 주목할 것은 일리노이 주를 대표하게 될 연방 상원 의원 경선이었다. 거기서 가장 유명한 북부 민주당 후보인 스티븐 더글러스와 일리노이 주 밖에서는 거의 알려지지 않았던 에이브러햄 링컨(Abraham Lincoln)이 맞붙었다.

· 링컨-더글러스 논쟁

링컨은 성공한 변호사로서 오랫동안 일리노이 주 정치에 참여해 왔다. 그는 일리노이 주 의회에서 여러 회기 동안 활동했으며, 연방의회에서도 한 차례 뛰어난 활동을 보였다. 그러나 더글러스와 같은 전국적 인물이 아니었기 때문에 그와 몇 차례 논쟁을 벌여 인지도를 높이려 했다. 링컨과 더글러스의 논쟁은 엄청난 청중을 끌어모으며 광범위하게 주목받았다.

논쟁의 핵심은 노예제 문제에 대한 기본적인 입장 차이였다. 링컨은 더글러스를 노예제도에 대해 어떤 도덕적 입장도 없으며 노예제도가 투표로 "부결되건 가결되건" 관심이 없는 인물이라고 주장했다. 노예제도에 대한 링컨의 반대 입장은 한결 확실했다. 링컨은 만약 흑인이 기본 인권을 향유할 수 없다고 한다면, 다른 집단—예를 들어, 이민 노동자—역시 그러한 권리를 박탈당할 수 있음을 국가가 인정하는 것이라고 했다. 또한 노예제도가 서부 준주로 확장된다면, 그곳의 가난한 백인 노동자도 지위 향상을 도모할 기회를 상실할 것이라고 주장했다.

링컨은 노예제도를 도덕적으로 잘못된 제도라고 믿기는 했지만, 노예제 폐지론자는 아니었다. 이는 부분적으로 이미 노예제도가 존재하는 지역에서 노예제도를 대체할 만한 손쉬운 대안을 생각할 수 없었기 때문이다. 북부의 백인 사이에서도 흑인이 백인과 동등한 조건에서 살아갈 준비가 되어 있지 않다는 견해가 우세했는데, 링컨 역시 그런 견해에 공감했다. 그와 공화당은 다만 노예제도의 "향후 확산을 저지"하려는 입장이었다. 따라서 이미 노예제도가 존재하는 곳에서는 노예제도를 직접적으로 공격하지 않겠지만, 그런 곳에서도 노예제도는 점차 자체 합의에 따라 소멸될 것이라고 믿었다.

그러나 더글러스 추종자는 더글러스의 입장에 충분히 만족했기 때문에 민주당이 주 의회에서 과반수 의석을 차지했다. 이로써 더글러스는 다시 한 번 연방 상원에 진출할 수 있었지만, 그런 사실이 자

• 링컨의 주장

랑거리가 되지는 못했다. 반면 링컨은 상원 의원 선거에서 패배했지만 주 안에서나 밖에서 점차 더 많은 지지를 받게 되었다. 한편, 일리노이 주 외 다른 지역에서는 선거가 민주당에 매우 불리하게 돌아갔다. 상원에서는 민주당이 다수를 계속 유지했지만 하원에서는 그렇지 못했고, 그 결과 1858년과 1859년의 의회 회기는 교착 상태에 빠졌다.

존 브라운의 급습

교수형에
처해진
존 브라운

그러나 의회 내의 갈등은 남부 전체를 분노와 공포로 몰아넣은 사건으로 말미암아 완전히 퇴색했다. 캔자스에서 유혈 사태를 일으켜 캔자스 위기에 불을 붙였던 열렬한 노예제 반대주의자 존 브라운이, 1859년 가을에 이번에는 남부에서 훨씬 더 극적인 사건을 연출했다. 브라운은 동부의 유명한 노예제 폐지론자의 재정 지원과 은밀한 격려에 힘입어, 치밀한 계획을 세운 뒤 버지니아에 있는 산간 요새를 장악하려고 했다. 그는 요새 점거를 시작으로 남부에서 노예 폭동을 선동할 수 있으리라고 생각했다. 10월 16일, 브라운과 18명의 추종자가 버지니아 하퍼스페리(Harpers Ferry)의 미국 병기고를 공격해 장악했다. 그러나 바라던 노예 폭동은 일어나지 않았고, 브라운은 바로 그 병기고에서 시민과 주 민병대, 한참 후에는 로버트 리(Robert E. Lee) 장군이 지휘하는 연방군에 의해 포위되었다. 브라운은 무리 중 10명이 죽자 항복했고, 그 즉시 반란죄로 기소되어 버지니아 주 법정에서 사형을 선고받았다. 그와 6명의 추종자는 모두 교수형에 처해졌다.

존 브라운

브라운은 (사망하던 1859년에 찍은) 이런 형식적인 사진에서조차 노예제 반대 투쟁에서 보인 대담한 행동에 불을 지핀 강렬한 정의감을 드러내고 있다.

아마도 남부 백인이 연방 내에서 안전하게 살 수 없으리라는 확신을 갖는 데 하퍼스페리 급습만큼 커다란 영향을 미친 사건도 없을 것이다. 남부인 다수가 브라운의 급습 뒤에 공화당이 있다고 생각했다(이는 틀린 생각이었다). 이는 남부인의 입장에서 보면, 바로 북부가 노예의 반란을 조장하는 데 앞장서고 있다는 의미였다.

링컨의 당선

• 민주당의 분열

1860년 대통령 선거가 다가올 무렵 민주당은 노예제도를 강력히 지지하려는 남부인과 주민주권론을 지지하려는 서부 당원 사이의 갈등으로 분열되어 있었다. 민주당 전당 대회는 4월에 사우스캐롤라이나의 찰스턴에서 열렸다. 전당대회가 주민주권론을 지지하자, 하남부 8개 주 대표가 대회장을 떠났다. 남은 대표자는 대통령 후보를 결정하지 못한 채, 결국 6월에 볼티모어에서 다시 만나기로 합의하고 대회를 해산했다. 찰스턴 때보다 참석한 대표자 수가 줄어든 상황에서 열린 볼티모어 대회에서는 스티븐 더글러스가 대통령 후보로 지명되었다. 실망한 남부 민주당원은 그사이에 리치먼드에서 모여 켄터키 출신의 존 브레킨리지(John C. Breckinridge)를 후보로 지명했다.

한편 공화당 지도자들은 북부의 경제적 열망을 남부가 가로막고 있다고 염려하는 북부의 모든 주요 이익집단을 유인함으로써 광범위한 지지를 이끌어내려고 했다. 공화당은 고율의 관세와 국내 개발, 홈스테드 법안(homestead bill, 자작농 법안—옮긴이) 그리고 연방정부의 재정 지원을 받아 태평양 철도(Pacific railroad)를 건설하는 방안 등 전통적인 휘그당 정책을 표방했다. 주 경계 내 노예제도의 존폐 여부를 결정할 수 있는 각 주의 권리 또한 옹호했다. 그러나 동시에 연방의회나 준주 의회 모두 준주 내에서 노예제도를 합법화할 권리가 없다고 주장했다. 공화당 전당대회는 에이브러햄 링컨을 대통령 후보로 지명했는데, 당시 링컨이 호소력이 있었던 데에는 여러 이유가 있었다. 그는 화려한 언변으로 점점 더 명성을 얻었고,

1860년 대통령 선거

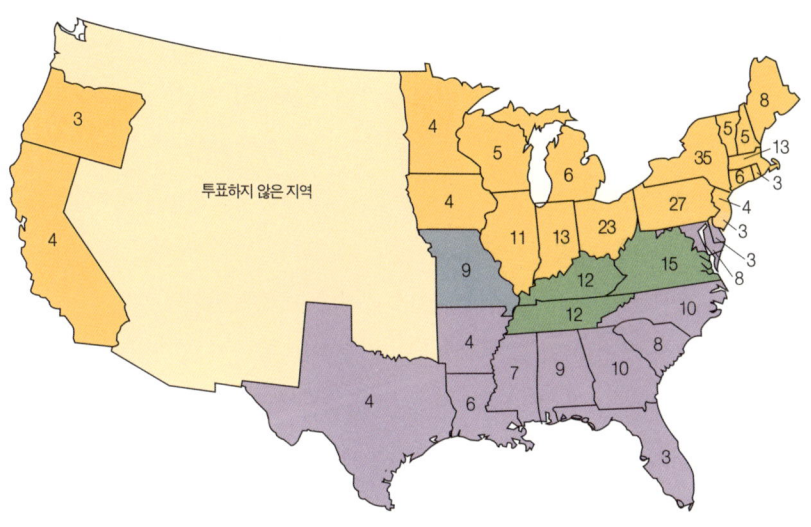

	선거인단 투표	일반투표(%)
에이브러햄 링컨(공화당)	180	1,865,593(39.8)
존 브레킨리지(남부 민주당)	72	848,356(18.1)
존 벨(제헌 연방당)	39	592,906(12.6)
스티븐 A. 더글러스(북부 민주당)	12	1,382,713(29.5)

결과적으로 남북전쟁에까지 이어진 놀라운 지역 분열이 1860년 대통령 선거 결과에 뚜렷이 드러났다. 노예제도에 반대하는 공화당 후보인 링컨은 모든 자유주에서 승리했다. 노예제도를 강력히 지지하는 남부 민주당 후보인 브레킨리지는 남부 대부분의 주에서 승리했다. 링컨은 일반 유권자 투표의 40퍼센트도 얻지 못했지만, 대통령 선거전이 4파전으로 치달으면서 선거인단 투표에서 간신히 과반수를 넘어 승리를 얻어낼 수 있었다.

노예제도에 대해서는 확고하지만 중도적 입장을 취했으며, 비교적 이름이 덜 알려져 있었기 때문에 더 유명한 (그래서 더 논란거리가 된) 다른 공화당 후보들보다 약점이 없었기 때문이다.

그해 11월, 선거 결과 링컨이 선거인단 투표에서 과반수를 얻어 대통령에 당선되었지만, 일반투표에서는 표가 분열되어 5분의 2만을 획득한 데 그쳤다. 더구나 공화당은 의회 과반수 의석을 확보하는 데 실패했다. 그렇더라도 많은 남부 백인은 링컨의 당선을 연방 내에서 자신들의 처지에 희망이 없다는 최종 신호로 받아들였다. 그리고 링컨이 당선된 지 몇 주 지나지 않아 연방 탈퇴가 시작되었다. 이는 서로 간에 공통의 기반이 없다는 사실을 확신하게 된 미국 내 두 집단 간의 장기적이고 피비린내 나는 전쟁으로 이어졌다.

● 연방 해체

결론

1812년의 전쟁에 뒤이은 수십 년간 열렬한 국민주의 의식이 많은 미국인의 삶 속으로 스며들었다. 그것이 미국 내 각 지역의 매우 다른 사회 간에 점점 더 커져만 가는 차이를 가려주었다. 그러나 1850년대에는 과거에 미국을 하나로 묶은 여러 요소가 훨씬 강하고 새로운 분열적 요소의 압력에 밀려났다.

1850년대에 지역 갈등을 불러일으킨 것은 서부 준주에 대한 국가의 정책 및 그 지역 내 노예제도 존폐를 둘러싼 싸움이었다. 새로운 주에서 노예제도를 허용해야 하는가? 그리고 노예제도 허용 여부는 누가 결정해야 하는가? 이와 같은 딜레마를 풀기 위해 타협안과 해결책을 만들어내려는 꾸준한 노력이 있었다. 1850년 타협과 1854년의 캔자스-네브래스카법 등이 그것이다. 그러나 이러한 노력에도 남부와 북부의 노예제도에 대한 입장은 여전히 요지부동이었다. 노예제도의 허용 여부를 둘러싸고 캔자스 준주에서 벌어진 심각한 싸움, 북부의 노예제 폐지론자와 남부의 노예제 옹호론자의 선동 증가, 물의를 일으킨 1857년 연방 대법원의 드레드 스콧 판결, 1850년대 내내 이어진 《톰 아저씨의 오두막》의 인기, 공개적이고 본격적으로 노예제도에 반대하는 새로운 정당인 공화당의 출현, 이 모든 것이 타협에 대한 희망을 없애고 남부를 연방 탈퇴로 밀어넣었다.

　1860년에는 어떤 정당도 국민적 지지를 이끌어낼 만한 대통령 후보를 내지 못하면서, 하나의 국민이라는 감정의 허울이 무너져 내렸다. 공화당은 일리노이 주의 에이브러햄 링컨을 대통령 후보로 지명했다. 그는 2년 전 연방 상원 의원 선거에서 노예제도를 웅변적으로 비난해 주목을 끌었던 무명의 정치인이었다. 민주당은 분열되어 북부 지구당과 남부 지구당이 각각 다른 후보를 지명했다. 링컨은 선거에서 쉽사리 승리를 낚아챘지만, 총 유권자 투표의 40퍼센트도 얻지 못했다. 그리고 링컨이 승리하자마자, 남부는 연방 탈퇴를 준비하기 시작했다.

1861

남부 연합 결성/데이비스, 남부 연합 대통령에 당선/ 섬터 요새의 갈등/제1차 불런 전투

1862

사일로 전투, 앤티탬 전투, 제2차 불런 전투 /남부 연합, 징병제 실시

14장
남북전쟁

어린 병사

윈슬로 호머(Winslow Homer)가 1864년에 그린 이 우울한 그림은 어린 북군 병사—아마도 북치는 소년인 듯싶다—를 묘사한 것이다. 북 치는 병사나 나팔수의 경우 음악을 연주하지 않을 때는 주둔지에서 이발사나 시종, 장례를 돕는 일 등 다른 일을 했다. 12, 3세의 어린 소년들이 가끔 군대에 합류해 야영 생활이라는 거친 환경 속에서 빨리 어른이 되었다.

1863	1864	1865
노예해방령/게티즈버그 전투/빅스버그 항복/북부, 징병제 실시/뉴욕시에서 반(反)징병제 폭동	월더니스 전투/셔먼 부대, 바다를 향한 진군/링컨, 대통령에 재선	리 장군, 그랜트 장군에게 항복/헌법 수정 조항 제13조

1860년 말에 이르러 그동안 연방을 하나로 묶었던 줄이 끊어졌다. 비교적 안정적이던 제2 정당 체제가 붕괴하고, 지역 분쟁을 가라앉히기보다는 오히려 더 가열시킨 새로운 정당 체제가 들어섰다. 연방정부는 이제 예전과 같이 멀리 떨어져 있는 비(非)위협적인 존재가 아니었다. 준주(territories)의 지위를 해결해야 할 필요성 때문에라도 연방정부는 지역 간 문제 해결에 직접 나서야 했다. 1860년 대통령 선거 결과 이러한 갈등이 수면 위로 떠올랐고, 이는 미국 역사상 가장 비참한 전쟁으로 이어졌다.

1
연방 탈퇴 위기

에이브러햄 링컨이 대통령에 당선되었다는 소식이 남부에 전해지자마자, 호전적인 지도자들은 연방의 종식을 요구하기 시작했다.

남부의 이탈

오랫동안 남부 분리주의의 온상이었던 사우스캐롤라이나가 1860년 12월 20일에 최초로 연방을 탈퇴했다. 링컨이 취임할 무렵에는 다른 6개의 남부 주―미시시피(1861년 1월 9일)와 플로리다(1월 10일), 앨라배마(1월 11일), 조지아(1월 19일), 루이지애나(1월 26일), 텍사스(2월 1일)―가 연방을 이탈했다. 그리고 1861년 2월에는 연방을 탈퇴한 7개 주 대표자가 앨라배마 주의 몽고메리에 모여 새로운 국가, 즉 남부 연합(Confederate States of America)을 결성했다. 1860년 12월, 제임스 뷰캐넌 대통령은 연방의회에서 어떤 주도 연방에서 탈퇴할 권리가 없지만, 설사 탈퇴한다 하더라도 연방정부가 이를 막을 권한은 없다고 말했다.

탈퇴한 7개 주는 즉시 자기 주 경계 안의 연방 재산을 장악했다. 그러나 처음에는 요새화된 연안 군사시설 두 곳을 장악할 정도의 군사력도 갖추지 못했다. 한 곳은 사우스캐롤라이나 주 찰스턴 항구의 한 섬에 자리한 섬터 요새(Fort Sumter)로, 로버트 앤더슨(Robert

• 남부 연합 결성

Anderson) 소령 휘하 소규모 병력이 지키고 있었다. 다른 한 곳은 플로리다 주 펜서콜라(Pensacola) 항구에 있는 피큰스 요새(Fort Pickens)였다. 뷰캐넌은 사우스캐롤라이나가 섬터 요새를 요구하자 이를 거부했다. 대신에 1861년 1월, 추가 병력과 보급품을 실은 비무장 상선을 섬터 요새로 보냈으나, 남부 연합군은 사격을 가해 뱃머리를 돌리게 했다. 하지만 아직 양측 모두 전쟁 시작을 선포할 준비는 되어 있지 않았다. 그리고 워싱턴의 연방정부는 다시 한 번 타협안을 만들기 위한 노력을 기울였다.

타협의 실패

• 크리텐든 타협안 부결

타협 노력은 애초에 켄터키 주 출신인 존 크리텐든(John J. Crittenden) 상원 의원이 제출한 크리텐든 타협안(Crittenden Compromise)으로 점차 의견이 모아졌다. 미주리 타협선을 복구하고 경계선을 서부를 거쳐 태평양 연안까지 확장하자는 제안이 크리텐든 타협안의 핵심으로, 경계선 북쪽은 노예제도를 금지하고 남쪽은 허용하자는 방안이었다. 남부 출신 상원 의원들은 이 계획을 기꺼이 수용할 의사가 있는 듯 보였지만, 공화당은 그렇지 않았다. 공화당에게 그 타협안은 가장 기본적인 공화당의 입장, 즉 노예제도의 확산을 허용해서는 안 된다는 입장을 포기하라는 요구나 마찬가지였기 때문이다. 따라서 공화당은 타협안을 거부했다.

링컨이 대통령에 취임하기 위해 워싱턴에 도착했을 때는 아무것도 해결된 게 없는 상황이었다. 링컨은 취임 연설에서 연방 탈퇴를 위해 병력이나 폭력을 사용하는 것은 곧 반란이며, 정부는 탈퇴한

연방 탈퇴 과정

노예제에 반대하는 공화당 후보 링컨이 대통령으로 당선되자, 11월 선거가 끝난 지 1달여 만에 사우스캐롤라이나를 시작으로 하남부의 여러 주가 연방에서 탈퇴하기 시작했다. 노예제를 채택하고 있는 지역인, 북쪽 경계 가까이에 자리한 몇 개 주는 한동안 연방에 남았다. 하지만 연방군이 섬터 요새에 다시 물자를 공급하려 하자(그리고 새로운 남부 연합군이 요새에 포격을 가하자), 상남부 역시 연방에서 탈퇴하기 시작했다. 노예제를 채택했던 메릴랜드와 켄터키, 미주리 주가 연방에 남은 것은 연방정부의 엄청난 압력 때문이지 다른 이유는 없었다.

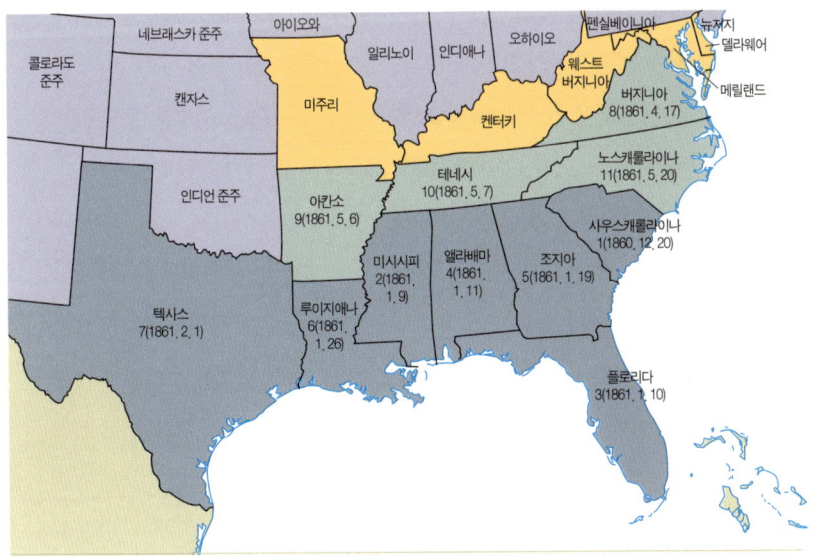

*단, 버지니아 서부 카운티는 여전히 연방에 충성했고, 1863년에 웨스트버지니아 주로 연방에 가입했다.

- 경계주(연방을 탈퇴하지 않은 노예제 존치 주)
- 섬터 요새 항복 이전에 연방을 탈퇴한 주
- 섬터 요새 항복 이후에 연방을 탈퇴한 주

숫자는 각 주가 연방을 탈퇴한 순서
( )는 연방 탈퇴 날짜

주에 있는 연방 재산 즉 섬터 요새를 "보유하고, 점유하고, 소유할" 것이라고 했다.

• 섬터 요새의 항복

그러나 섬터 요새의 연방 병력은 보급품이 얼마 남지 않은 상황이었다. 링컨은 보급품만 실은 배를 섬터 요새를 보낼 테니, 남부가 이것만 방해하지 않는다면 병력이나 군수품은 보내지 않을 것이라는 뜻을 사우스캐롤라이나 주 행정 당국에 알린 후, 섬터 요새로 구호물자를 실은 선단을 파견했다. 그러나 남부 연합정부는 찰스턴에 있던 남부 연합군 사령관 보러가드(P. G. T. Beauregard) 장군에게 섬터 요새를 장악하라고 명령했다. 앤더슨 소령이 항복하려 하지 않자 남부 연합군은 1861년 4월 12일과 13일 양일간 요새를 포격하자 앤더슨은 항복했으며 그렇게 해서 남북전쟁이 시작되었다.

거의 즉각적으로 4개의 남부 주―버지니아(1861년 4월 17일)와 아칸소(5월 6일), 테네시(5월 7일), 노스캐롤라이나(5월 20일)―가 연방에서 탈퇴하고 남부 연합에 합류했다. 남은 4개의 노예제 찬성 주―메릴랜드와 델라웨어, 켄터키, 미주리―는 워싱턴으로부터 상당한 정치적 압력을 받고 연방 쪽에 남았다.

적대적인 두 지역

• 북부의 물질적 이점

북부는 전쟁 수행에 중요한 모든 물질적 이점을 지니고 있었다. 발달된 산업 체제를 갖추고 있던 북부는 1862년에 이미 거의 모든 전쟁 물자를 자체적으로 제조할 수 있었다. 그러나 남부는 산업 발달이 매우 미진했다.

더구나 북부는 운송 체계도 남부보다 훨씬 앞섰다. 특히 철도는 양적으로나 질적으로 남부보다 훨씬 나은 수준이었다. 안 그래도 뒤쳐져 있던 남부의 철도 체계는 전쟁 중에 더욱 악화되어 1864년 초에 이르러서는 거의 붕괴된 상황이었다.

그러나 남부에도 유리한 점이 있었다. 남부의 군대는 대부분 익숙한 자기 영토 안에서 방어하는 입장이었기 때문이다. 반면 북부 군대는 적대적인 지역 주민에게 둘러싸인 채 대부분의 전투를 남부 영토에서 치러야 했다. 그래서 작전부대와 병참기지를 잇는 병참선(兵站線)도 길어질 수밖에 없었다. 또한 남부 백인이 전쟁에 보내는 지지는 거의 예외 없이 확고하고 분명했다. 그러나 북부는 전쟁 여론도 분열되어 있었고, 전쟁에 대한 지원 역시 시종일관 불안정했다. 남부가 맞이했던 여러 결정적인 어느 한 시점에서 큰 승리를 거두었더라면, 북부는 전쟁 의지를 상실했을지도 모른다. 또한 영국과 프랑스 양국의 지도자는 자국의 방직 산업이 미국의 면화에 의존했던 까닭에 남부 연합에 우호적으로 기울었다. 그래서 남부인은 당연히 두 나라 중 한 나라라도 남부 연합을 지지해주기를 바랐다.

● 남부의 이점

⟨과거를 논하며⟩

남북전쟁의 원인

★★★

　남북전쟁이 종전으로 치달을 무렵인 1865년, 링컨 대통령은 취임사에서 이 참혹한 전쟁이 시작되던 당시를 회고하며 다음과 같이 말했다. "어쨌든 모든 사람이 노예제도가 전쟁의 원인이라는 사실을 알고 있었다." 여기에 이의를 제기하는 역사가는 거의 없다. 그러나 노예제도를 전쟁의 유일한 원인이라거나 심지어 주된 원인이라고 보는 견해에 대해서는 의견이 일치하지 않는다.

　논쟁은 전쟁이 발발하기 훨씬 전부터 이미 시작되었다. 1858년, 뉴욕주 출신의 상원 의원 윌리엄 시워드(William H. Seward)는 당시 나라를 들끓게 만들었던 지역 갈등을 설명하는 두 가지 다른 해석에 주목했다. 그에 따르면, 한쪽에는 갈등을 "우발적이고 불필요하며, 이해관계가 있거나 광신적인 선동가들의 작품"이라고 믿는 사람들이 있었고, 반대쪽에는 (시워드 자신을 포함해) "서로 생각이 완전히 다르고 뿌리도 깊은 세력 간의 제어할 수 없는 갈등"이라고 믿는 사람들이 있었다.

　그중 '제어할 수 없는 갈등'이라는 주장이 1860년대부터 1920년대까지 역사가의 남북전쟁 관련 토론에서 우세를 차지했다. 어떤 역사가는 전쟁이 불가피했다고 주장하기도 했는데, 그것은 노예제도라는 주요 쟁점을 놓고 어떠한 타협의 여지도 없었기 때문이라는 견해였다. 노예제도를 강조하는 대신 농업에 기반한 남부와 그리고 산업에 기반한 북부의 경제적 차이를 지적하는 역사가도 있었다. 예를 들어, 1927년에 찰스 비어드(Charles Beard)와 메리 비어드(Mary Beard) 부부는 농장주의 이해관계와 산업가의 이해관계가 '본질적으로 적대적'이었다고 했다. 두 지역의 사회·문화적 차이를 제어할 수 없는 갈등의 근원으로 인용한 역사가도 있다. 역사가 앨런 네빈스(Allan Nevins)는 노예제도를 북부인과 남부인을 '별개의 사람'으로 만든 문화적 상이함의 한 요소에 불과하다고 했다. '가정(假定), 취향, 문화적 지향점'의 근본적인 차이야말로 두 사회가 사실상 평화롭게 공존할 수 없게 된 요인이었다는 것이다.

최근에도 '제어할 수 없는 갈등'설을 지지하는 학자가 있다. 그들 역시 문화와 이데올로기를 강조하지만, 남부와 북부의 관심사를 다른 측면에서 정의한다. 에릭 포너(Eric Foner)는 1970년에 쓴 글에서, 남부에 대한 북부의 적대감을 설명하는 데에는 노예제 폐지론자의 도덕적 관심사와 산업가의 경제적 관심사보다 오히려 북부에 광범위하게 유포되었던 '자유노동(free-labor)' 이념이 더 중요하다고 주장했다. 북부인은 노예제도가 북부로 확산될 경우 자유로운 백인 노동자의 일자리가 위협받을지도 모른다는 우려에서 노예제도를 반대한 것이라는 이야기였다.

전쟁이 불가피하지만은 않았다는 견해도 있다. 이는 1920년대에 수정주의자(revisionist)로 알려진 일단의 학자가 제기한 것이다. 제임스 랜달(James G. Randall)과 에이버리 크레이븐(Avery Craven)은 그러한 견해를 가진 대표적인 역사가였다. 그들 주장에 따르면, 북부와 남부의 차이가 전쟁을 필요로 할 만큼 컸기 때문이 아니라, 다만 '서투른 지도자 세대'가 갈등을 일으킨 때문이었다. 1978년, 마이클 홀트(Michael Holt)는 정치가의 당파적 야심을 강조하면서 수정주의 해석을 되살렸으나, 이 논쟁에 새로운 요소를 도입했다. 그는 폴 클리프너(Paul Kleppner)나 조엘 실비(Joel Silbey), 윌리엄 지냅(William Gienapp)과 더불어 남북전쟁을 '인종 문화적(ethnocultural)'으로 해석한 사람이었다. 그들은 갈등을 초래한 주된 요인인 정당 체제의 와해를 노예제 논쟁의 결과라기보다 금주나 토착주의 같은 인종 문화적 쟁점이 낳은 결과라고 강조한다. 또한 에릭 포너를 비롯한 일부 학자와는 달리, 북부의 '자유노동 이념'을 갈등의 주된 원인으로 보지 않았다. 그리고 노예제도와 그것이 준주로 확산될 가능성이 자유노동 이념을 위험에 빠뜨리지도 않았다고 한다.

2

북부의 동원

북부는 남북전쟁을 통해 크나큰 불화와 좌절, 고통을 겪었다. 그러나 그 때문에 번영과 경제성장도 경험했다. 공화당은 남부 세력이 연방의회에서 사라지자 거의 독단적인 지배권을 행사하며, 전쟁 중에도 경제 발전 증진을 위한 국가주의적 프로그램을 적극적으로 시행했다.

경제적 내셔널리즘

홈스테드법과 모릴법

서부는 1862년에 홈스테드법과 모릴법이 제정되면서 급속도로 발전했다. 홈스테드법(Homestead Act)은, 160에이커의 공유지를 청구한 후 그곳에 5년간 거주한 시민권자라면 누구라도 약간의 돈만 내고 그 땅을 구매할 수 있다는 내용이었다. 모릴법(Morrill Act)은 에이커 단위로 상당 규모의 공유지를 주 정부 소유로 이관한 다음, 주 정부가 그 토지를 팔아 얻은 수익을 공교육 재정으로 사용한다는 법안이었다. 각 주 정부는 모릴법에 근거해 주립 대학 및 대학교를 설립했다. 이들 학교는 소위 토지 증여(land-grant)를 가지고 세운 학교였다. 또한 연방의회는 일련의 관세법안을 통과시켰다. 이로써 전쟁이 끝날 무렵 관세는 미국 역사상 가장 높은 수준으로 인상되었다. 외국과의 경쟁에서 보호받기를 열망하던 국내 산업은 높은 관세 덕에 커다란 호황을 누렸지만, 농민을 비롯한 소비자는 곧

경에 처했다.

의회는 또한 대륙횡단철도의 완성이라는 꿈을 향해 움직였다. 의회는 2개의 새로운 주식회사 설립을 인가했다. 그중 유니언 퍼시픽 철도 회사(Union Pacific Railroad Company)가 네브래스카 주 오마하(Omaha)에서 서쪽으로 뻗는 철도를 건설하고, 센트럴 퍼시픽 회사(Central Pacific Company)가 캘리포니아에서 동쪽으로 뻗는 철도를 건설한 뒤, 두 철도를 중간 지점에서 연결해 철도 건설을 마무리할 예정이었다.

1863년과 1864년 사이에는 전국은행법(National Bank Acts)이 제정되어 전국적으로 새로운 은행 체계가 들어섰다. 기존 은행이든 새로 설립된 은행이든 자본이 충분하고 그 자본의 3분의 1을 기꺼이 공채(government securities)에 투자하면 이 체계에 합류할 수 있었다. 그 대가로 해당 은행은 재무부 중기(中期) 채권을 통화로 발행할 수 있었다. 이렇게 새로운 은행 체계가 갖추어지면서 화폐유통의 혼란과 불확실성이, 전부는 아닐지라도 상당 부분 제거되었다.

• 전국 은행법

경제성장을 가속화하는 것보다 더 어려운 일은 전비 조달이었다. 정부는 세 가지 방법으로 전비를 조달하려 했다. 즉, 세금을 부과하고, 지폐를 발행하는 외에 돈을 빌려오는 방법 등이 있었다. 연방의회는 거의 모든 상품과 서비스에 새로 세금을 부과했고, 정부는 1861년에 처음으로 소득세를 부과했다. 그러나 세입은 전쟁에 필요한 자금을 조달하는 데 턱없이 모자랐다. 그렇다고 연방정부가 세금을 인상할 수도 없었다. 국민의 거센 조세 저항에 부딪혔기 때문이다.

지폐 또는 '그린백(greenbacks)' 지폐를 인쇄하는 문제도 이에

• 전비 조달

못지않은 논쟁거리였다. 이 새로운 화폐는 금이나 은으로 뒷받침되는 것이 아니라, 단순히 신뢰와 정부의 신용에 기대는 것이었다. 그린백은 북군의 운명에 따라 가치가 변동됐다. 1864년 초에 전쟁이 수렁에 빠지자 그린백 1달러 지폐는 금화 1달러 가치의 39퍼센트에 불과했다. 전쟁이 끝날 무렵 전쟁에서 승리하리라는 자신감에도 그린백의 가치는 금화의 67퍼센트에 지나지 않았다.

연방정부의 가장 큰 전비 조달은 단연 공채를 통해 이루어졌다. 재무부는 일반 시민을 설득해 4억 달러 이상의 장기 채권을 매각했으나 일반인의 채권 구입액은 총 26억 달러에 이르는 정부 부채에 비하면 일부에 지나지 않았다. 정부 부채는 대부분 은행과 대규모 금융기관에서 빌린 돈이었다.

북군의 동원

1861년 초, 미국의 정규군 병력은 1만 6,000명에 불과했고 다수의 병력이 인디언으로부터 백인 정착자를 보호하기 위해 서부에 주둔했다. 그래서 북부도 남부 연합처럼 군대를 거의 새로 구성해야 했다. 링컨은 상비군을 2만 3,000명으로 늘리자고 요구했지만, 그 역시 대부분의 전투를 주 민병대가 치러야 한다는 사실을 알고 있었다. 1861년 7월에 소집된 의회가 3년(통상적인 3개월이 아니라)을 복무할 50만 명의 지원병 모집을 인가했다.

그러나 이 지원병 모집 체계로는 전쟁 열기가 드높았던 전쟁 초기에 잠시 필요한 병력을 충당할 수 있었을 뿐이다. 1863년 3월, 의회는 국민 강제징집법(national draft law)을 통과시킬 수밖에 없었다. 사실상 젊은 성인 남성 모두가 징집 대상이었다. 그러나 본인 대신 군대에 갈 사람을 고용하거나 300달러를 정부에 지불하면 병역을 피할 수 있었다.

하지만 그 관계가 소원하고 별 활동도 없는 중앙정부에 익숙해 있던 국민으로서는 징집이 낯설고 위협적일 수밖에 없었다. 징집법에 반대하는 여론이 광범위하게 형성되었고, 특히 노동자와 이민자, 전쟁 자체를 거부한 민주당원의 반대가 심했다. 이는 때때로 폭력으로 표출되기도 했는데, 1863년 7월에는 징집 반대 시위대가 뉴욕 시에서 4일간 폭동을 일으켜 100명 이상이 사망하는 사건이 발생했다. 폭도는 흑인에게 폭행을 가하고 흑인의 집과 상점, 심지어 고아원까지 불태웠다. 이는 미국 역사상 가장 피비린내 나는 폭동이었고, 연방군이 폭동 지역에 이르러 폭동은 진압됐다.

● 뉴욕 시의 징집 반대 폭동

전쟁기의 지도력과 정치

1861년 초 링컨이 워싱턴에 도착했을 당시, 많은 공화당원은 링컨을 공화당 실세에게 조종당하기 쉬운 시골 출신의 변변찮은 정치가로 생각했다. 새 대통령은 자신과 정당의 약점을 알고 있었기 때문에 공화당의 모든 분파와 북부의 다양한 의견을 대표하는 사람으로 내각을 구성했다. 그러나 주위의 유명 인사를 겁내지 않았고, 헌법의 일부 성가신 부분을 무시하면서 과감하게 대통령의 전시 권한을 행사했다. 왜냐하면 작은 일에 집착하다가 전부를 잃는 것은 어리석은 일이라고 생각했기 때문이다.

링컨은 남북의 갈등을 내부 반란이라고 주장하면서, 의회에 선전

● 대통령의 과감한 권한 행사

포고도 요청하지 않고 병력을 전장으로 파견했다. 또한 입법부의 승인 없이 정규군 규모를 확대하고, 남부에 일방적으로 해상봉쇄를 선언했다.

'독사'

링컨이 부딪힌 가장 큰 정치적 문제는 광범위한 반전 여론이었다. 민주당 내 평화 민주당원(Peace Democrats)—정적은 그들을 '독사(Copperheads)'라고 불렀다—인사가 반전 여론을 선동했다. 링컨은 군대에 명령을 내려 민간인 반전 인사를 체포하도록 하는 한편, 체포된 사람이 신속히 재판을 받을 수 있는 권리인 인신보호영장제를 정지시켰다. 처음에는 이런 방법을 북부와 남부의 경계에 있는 민감한 지역에만 사용했으나, 1862년에는 징집을 방해하거나 국가에 불충한 행위를 한 사람은 누구든 군법에 회부한다고 공표했다.

1864년 대통령 선거에 즈음해 북부는 정치적 혼란에 빠졌다. 공화당은 1862년 선거 당시 상당한 손실을 입었는데, 당 지도자들은 이에 대응해 전쟁을 지지하는 모든 집단의 광범위한 연대를 모색했다. 그들은 새로운 조직을 연방당(Union Party)이라고 칭했으나, 실상 공화당과 전쟁을 지지하는 민주당원(War Democrats) 곧 민주당 내 작은 파벌을 합친 것에 불과했다. 연방당은 대통령 링컨을 다시 대통령 후보로 지명하고, 테네시 주의 앤드루 존슨(Andrew Johnson)을 부통령 후보로 지명했다. 존슨은 테네시 주의 연방 탈퇴 결정에 반대한 바 있는 전쟁 지지 민주당원이었다.

조지 매클렐런

민주당은 유명한 전(前) 북군 장군 조지 매클렐런(George B. McClellan)을 후보로 지명한 후, 전쟁에 반대하고 정전을 요구하는 강령을 채택했다. 매클렐런은 정전에 찬성하지 않았지만, 민주당은 사람들이 전쟁에 점차 지쳐 가고 있는 점을 노려 선거전에서 분명하게 평화를 지지했다. 한동안 링컨의 재선 가능성은 희박해 보였다.

그러나 이 결정적인 순간에 북부는 여러 곳에서 군사적 승리를 거두었다. 특히 9월 초, 조지아 주 애틀랜타를 점령하면서 북부인의 사기가 진작되고 공화당의 전망도 밝아졌다. 링컨은 선거인단 투표 결과 212 대 21로 매클렐런을 누르고 안정적으로 재선에 성공했다.

노예해방의 정치

공화당은 표면적으로 단결된 듯 보였고 대부분의 경제문제에 대해서도 대체로 의견이 일치했지만, 노예제 문제만큼은 의견이 날카롭게 대립됐다. 펜실베이니아 출신의 하원 의원 태디어스 스티븐스(Thaddeus Stevens)와 매사추세츠 출신의 상원 의원 찰스 섬너, 오하이오 출신의 상원 의원 벤저민 웨이드(Benjamin F. Wade) 등이 이끄는 급진파는 즉각적이고 완전한 노예제 폐지를 위해 남북전쟁을 이용하려고 했다. 그러나 보수파는 위험스럽게 연방에 남은 일부 노예제 존속 주를 달래기 위해 좀 더 신중한 정책을 구사하려고 했다.

그럼에도 전쟁 초기부터 노예해방을 위한 기미가 보이기 시작했다. 의회는 1861년에 압류법(Confiscation Act)을 통과시켰는데, 이는 '반란'을 목적으로 동원된 (즉, 남부 연합의 군사 행동을 지원한) 모든 노예를 자유인으로 간주할 수 있다고 선언한 것이나 다름없었다. 연이어 1862년 봄에 일련의 법이 통과됨에 따라 컬럼비아 특별구와 서부 준주에서 노예제도가 폐지되었고, 노예주에게는 보상금이 지급되었다. 1862년 7월에는 공화당 급진파가 의회에서 두 번째 압류법을 통과시켰다. 그 법안은 반란을 지원한 사람의 노예를 자유

압류법

인이라고 선언했으며, 대통령에게 흑인을 군인으로 고용할 수 있는 권한을 부여했다.

전쟁이 진행될수록 북부에서는 많은 사람이 서서히 노예해방을 전쟁의 주된 목표로 받아들이기 시작하는 것 같았다. 왜냐하면 노예해방 외에는 다른 어떤 것도 전쟁이 요구하는 엄청난 희생을 정당화할 수 없다고 생각했기 때문이다. 그 결과 급진파가 공화당 내에서 점점 더 많은 영향력을 행사하게 되었으며, 그러한 변화를 모를 리 없는 대통령은 노예제에 반대하는 여론에 대한 지도력을 직접 챙기려 결심했다.

• 노예해방령

북군이 앤티텀 전투(Battle of Antietam)에서 승리한 후인 1862년 9월 22일, 대통령은 전시 권한에 따라 남부 연합의 모든 노예를 해방한다는 행정명령을 공포하겠다는 의사를 밝혔다. 그리고 1863년 1월 1일에는 남부 연합의 노예를 영구히 해방한다는 노예해방령(Emancipation Proclamation)에 공식 서명했다. 하지만 이 해방령은 연방에서 탈퇴한 적이 없는 경계 지역 노예주와 이미 연방의 통제하에 있는 남부 연합의 몇몇 지역(테네시, 웨스트버지니아 그리고 루이지애나 남부)에는 적용되지 않았다. 간단히 말해서 해방령은 연방이 통제권을 갖지 못한 지역의 노예에게만 적용되었다. 그러나 남북전쟁이 연방 수호만이 아니라 노예제도를 없애기 위한 전쟁이라는 점을 명백하고 확고하게 밝혔다는 점에서 매우 중요했다. 결국 노예해방령은 북군이 남부 대부분의 지역을 점령하면서 현실화되어 수많은 노예가 해방되었다.

해방령에 직접적인 영향을 받지 않은 지역에서도 노예제에 반대하는 정서는 강화되었다. 전쟁이 끝날 무렵, 북부 노예주 두 곳(메릴

흑인 전투부대

남북전쟁 중에 북군에 입대한 흑인 병사 대부분이 전선의 후방에서 비(非)전투 임무를 수행했지만, 이 사진에 나온 병사처럼 중요한 전투에서 용맹스럽게 싸워 커다란 승리를 일구어낸 흑인 전투부대도 있었다.

랜드와 미주리)과 북군이 점령한 남부 연합 주 세 곳(테네시, 아칸소, 루이지애나)에서 노예제도가 폐지되었다. 1865년 드디어 연방의회가 헌법 수정 조항 제13조를 승인했고 각 주가 이를 비준했다. 수정 조항 제13조는 미국 내 모든 지역에서 노예제도를 폐지한다는 내용이었다. 시행된 지 200여 년이 지난 이때에야 비로소 노예제도는 합법성을 잃고 미국에서 생명을 다했다.

• 헌법 수정 조항 제13조

흑인과 연방의 대의

자유의 몸이 된 약 18만 6,000명의 흑인이 병사나 선원, 노동자로 북군에 복무했다. 이들이 북군에 복무한 것은 입대를 위해 극복해야 했던 많은 장애물 때문이 아니라도 여러 가지 점에서 중요했다.

• 흑인의 군입대 증가

전쟁이 발발하고 초기 몇 달 동안, 흑인은 대체로 군복무에서 제외되었다. 북군이 점령한 남부 연합 몇몇 지역에서 나중에 일부 흑인 부대가 조직되는 정도였다. 그러나 일단 링컨이 노예해방령을 발하자, 군에 입대하는 흑인 숫자가 급격히 증가했고 북군은 북부뿐만 아니라 가능하면 남부에서도 흑인을 대상으로 병사와 선원을 적극적으로 모집했다.

이들 중 일부가 전투부대로 편제되었으며, 가장 유명한 부대는 아마도 매사추세츠 54보병대일 것이다. 이 부대 역시 다른 흑인 부대처럼 백인이 지휘를 맡았는데, 지휘관 로버트 굴드 쇼(Robert Gould Shaw)는 귀족적인 보스턴 가문의 일원이었다.

• 흑인 병사의 낮은 지위

그러나 대부분의 흑인 병사는 전선의 후방에서 참호를 파고 식수를 운반하는 등 허드렛일을 했다. 교전 중에 사망한 전사자는 백인보다 흑인이 훨씬 적었지만, 많은 흑인 병사가 비위생적인 환경에서 장시간의 고된 노동으로 병사했기 때문에 실제로는 백인보다 흑인의 사망률이 높았다. 흑인과 백인의 환경은 다른 면에서도 동등하지 않았다. 흑인 병사는 의회가 1864년 중반에 법을 바꾸기 전까지 백인 병사 월급의 3분의 1밖에 받지 못했다. 남군에게 잡힌 흑인 전투병은 도망 노예일 경우 주인에게 송환되거나 처형당했다. 1864년, 남군은 테네시 주에서 포로로 잡은 흑인 북부군 병사 260여 명을 살해했다.

여성과 간호 그리고 전쟁

여성은 전쟁 중 새롭고 때로는 익숙하지 않은 역할을 맡았다. 교사와 점원, 회사원, 방적공, 공원으로 남성의 빈 자리를 대신했다. 무엇보다 이전까지 남성의 독무대 분야인 간호직에 진출했다. 도로시아 딕스가 이끄는 민간 자원 봉사자 조직인 미국 위생 위원회(United States Sanitary Commission)는 야전병원에서 근무할 많은 여성 간호사를 모집했는데, 전쟁이 끝날 무렵에는 대부분의 간호사가 여성이었다.

여성 간호사는 여성이 낯선 남자를 돌보는 것이 적절치 않다고 생각하는 남자 의사의 상당한 저항에 부딪쳤다. 미국 위생 위원회는 간호직을 여성이 아내이자 어머니로서 행하는 모성적인 양육의 역할과 같은 직업, 즉 가족적인 관계로 비유함으로써 그러한 주장을 일축했다.

일부 여성은 전쟁을 자기 목표 달성의 기회로 여겼다. 엘리자베스 캐디 스탠턴(Elizabeth Cady Stanton)과 수전 앤서니(Susan B. Anthony)는 1863년에 전국 여성 애국 동맹(National Woman's Loyal League)을 공동으로 설립하고 노예제 폐지와 여성의 참정권 획득을 위해 노력했다.

● 전통적 성 규범의 강화

● 전국 여성 애국 동맹

3

남부의 동원

1861년 2월 초, 연방에서 탈퇴한 7개 주 대표자가 앨라배마 주의 몽고메리에 모여 새로운 남부 국가를 건립했다. 버지니아 주가 몇 달 후에 연방을 탈퇴하자, 남부 연합 지도자는 버지니아 주 리치먼드로 자리를 옮겨갔다.

기존의 연방과 새로운 남부 연합 국가 간에는 중요한 차이점이 있었다. 그러나 동시에 중요한 유사점도 있었다.

남부 연합정부

남부 연합 헌법은 기존의 연방헌법과 거의 다를 바 없었지만, 여러 가지 중요한 예외가 있었다. 남부 연합 헌법은 (탈퇴 권리를 제외하고는) 개별 주의 주권을 명백히 인정했다. 그리고 특히 노예제도를 승인했는데, 어느 주에서도 실질적으로 노예제 폐지를 불가능하도록 했다.

• 제퍼슨 데이비스

몽고메리에서 개최된 제헌 회의는 미시시피 주의 제퍼슨 데이비스(Jefferson Davis)와 조지아 주의 알렉산더 스티븐스(Alexander H. Stephens)를 임시 대통령 및 부통령으로 지명했고, 그 후 그들은 일반 주민으로부터 별다른 어려움 없이 6년 임기의 대통령 및 부통령으로 선출되었다. 전쟁 전 데이비스는 온건한 연방 탈퇴주의자였고, 스티븐스는 연방 탈퇴에 반대했다. 남부 연합도 북부처럼 전쟁

기간 내내 중도파 인사가 정부를 맡았다.

데이비스는 유능한 행정가였으며, 불안정한 내각의 온순한 각료는 그를 거의 간섭하지 않았다. 그러나 데이비스는 참다운 국정 지도력을 보여주지 못했다. 너무나 많은 시간을 틀에 박힌 일에 소비했고, 어떤 일을 결정할 때에도 링컨과 달리 법률과 헌법에 위배되지 않는지 꼼꼼하게 점검했다. 이는 전시 상황에 처한 신생국가의 요구에 부응하지 못한 행동이었다.

남부 연합에는 공식적인 정당이 없었으나, 그럼에도 의회정치는 물론 대중 정치도 매우 분열되어 있었다. 비록 일부지만 남부 백인 중에서도 연방 탈퇴나 전쟁을 모두 반대하는 사람이 있었다. 물론 남부 백인 대부분은 전쟁을 지지했다. 그러나 특히 전쟁이 남부에 불리하게 돌아가면서부터 북부에서 그랬던 것처럼 남부에서도 많은 사람이 남부 연합정부와 군대를 공개적으로 비판했다.

많은 남부 백인은 주(州)의 권리를 거의 신앙처럼 믿었다. 따라서 전쟁의 승리를 위해 필요하다고 할지라도 국가권력을 행사하려는 모든 노력에 사실상 저항했다. 열성적인 주(州) 주권주의자는 계엄령을 선포하고 인신보호영장제를 중단할 수 있는 대통령의 권한을 제한했다. 징병도 방해했다. 조지아 주의 조지프 브라운(Joseph Brown)과 노스캐롤라이나 주의 지뷸런 밴스(Zebulon M. Vance) 같은 주지사는 남부 연합군과는 별도로 주 자체에 병력을 보유하려고까지 했다. 그러나 남부 연합정부는 그렇게 무능하지는 않았다. 정부는 잠시동안이나마 성공적으로 '식량 징발(food draft)'을 시험 실시했고 이에 따라 군대는 행군 중에 주위 농장에서 식량을 몰수할 수 있었다. 또한 정부는 노예를 군사적인 작업에 노동자로 투입했

• 주(州) 주권 주의의 해악

다. 남부 연합은 선박과 철도 운영을 장악했고 산업에 규제를 가했으며, 기업의 이윤을 제한했다. 주(州) 주권주의 정서가 상당한 장애로 작용하기는 했지만, 남부는 중앙집권화를 향해 일련의 극적인 조치를 취해나갔다.

돈과 인력

남부 연합은 전비 조달에 엄청난 어려움을 겪었다. 남부 연합 의회는 처음에 개별 주에서 자금을 징발하려고 했다. 그러나 대부분의 주에서는 남부 연합 의회처럼 주민에게 세금을 부과하는 데 주저했다. 남부 연합 의회는 1863년에 소득세를 법제화했으나 여기서 나온 세입은 정부 총수입의 약 1퍼센트에 지나지 않았다. 돈 빌리는 일은 더욱 성과가 낮았다. 남부 연합정부가 너무 많은 양의 공채를 발행해 대중이 공채를 신뢰하지 않았고, 면화를 담보로 유럽에서 돈을 빌리려는 노력도 별 성과를 보지 못했다.

- 재앙과도 같은 인플레이션

그 결과 남부 연합은 가장 불안정하고 가장 불건전한 형태의 재원을 통해 전비를 충당해야 했는데, 바로 1861년부터 발행하기 시작한 지폐였다. 남부 연합은 1864년에 총 15억 달러에 달하는 엄청난 지폐를 발행했다. 그 결과, 극심한 인플레이션이 초래되어 전쟁 중 물가가 9,000퍼센트나 상승했다(이와 대조적으로 북부는 80퍼센트 상승했다).

- 징병법

남부 연합도 처음에는 북부처럼 지원병제를 실시해 병력을 보충했다. 하지만 1861년 말부터 북부처럼 자원입대가 점차 줄어들었기 때문에 의회는 1862년 4월에 징병법(Conscription Act)을 제정했

남부 지원병

1861년, 제1차 불런(Bull Run) 전투가 있기 직전에 젊은 남군 병사가 자신감에 차서 웃는 얼굴로 포즈를 취했다. 남북전쟁에서는 처음으로 사진사가 광범위한 기록을 남겼다.

다. 이에 따라 18세부터 35세에 해당하는 모든 백인 남성은 의무적으로 3년간 군에 복무해야 했는데, 북부처럼 군복무를 대신할 사람을 구한다면 의무를 피할 수 있었다. 그러나 징병 대리인의 비용이 비싸 가난한 백인이 이 단서 조항을 엄청나게 반대했고, 의회는 1863년에 단서 조항을 철회했다.

그렇다 하더라도 한동안은 징병 체제가 작동되었다. 이는 부분적으로 남부 대부분의 지역에서 백인 남성 사이에 전쟁에 대한 강한 열정이 폭넓게 확산되어 있었기 때문이다. 1862년 말 남부 연합군의 병력은 약 50만 명이었다. 더욱이 이 숫자는 요리와 세탁 등 잡다한 노동을 맡기려고 모집한 많은 남녀 노예는 제외된 숫자였다. 이렇게 노예와 자유 흑인 일부도 남부 연합군에 입대했는데, 그중 전투에 참가한 사람은 소수에 불과했다.

심각한 인력 부족
그러나 1862년 이후 징집병 수가 줄어들기 시작해서 1864년경에는 심각한 인력 부족에 시달렸다. 남부는 심각한 전쟁의 폐해로 고통받았고, 많은 이들이 패배할 수밖에 없다고 결론지었다. 이제 어떤 방책으로도 더 이상 사람들을 군대로 끌어모으거나 적정한 병력을 유지할 수 없게 되었다. 의회가 30만 명의 노예 징집을 승인한 것은 병력 증강을 위한 마지막 시도이자 그야말로 광적인 노력이었다. 그러나 남북전쟁은 연합정부가 이 부적절한 실험을 시도하기도 전에 끝나버렸다.

전쟁의 경제·사회적 영향

남부의 경제적 재난
전쟁으로 인해 남부의 농장주와 생산자는 북부 시장과 유리되었다. 북부가 남부 연합 항구를 봉쇄하면서 면화의 해외 수출도 훨씬 더 어려워졌다. 게다가 남부의 농장과 산업은 전쟁통에 다수의 노예 인구가 빠져 나가면서 엄청난 남성 노동력 부족에 시달렸다. 북부는 전쟁 중에 모든 상품의 생산이 증가한 반면, 남부는 3분의 1 이상 줄었다. 무엇보다 전쟁 그 자체로 농토와 마을, 도시와 철도가 황폐화되었다. 남부 사회는 전쟁이 지속될수록 물자 부족과 인플레이션이 이어지고 전사자가 늘어남에 따라 불안감이 가중되어 남부 전역에서 암거래와 매점(買占)이 증가, 징병과 식량 징발 및 과세에 대한 저항도 늘었다.

많은 여성과 일부 남성은 전쟁을 겪으면서 여성이 공적 영역에 어울리지 않는다는 기존의 생각에 의구심을 품지 않을 수 없었다. 왜냐하면 너무나 많은 여성이 전쟁 중에 가정적이지도 전통적이지도 않은 일을 해야 했기 때문이다. 또한 전쟁으로 인해 남성 인구가 감소했다. 전쟁 후 대부분의 남부 주는 여성 인구가 남성 인구보다 훨씬 많았다. 그 결과 미혼 여성이나 미망인 상당수가 직업을 가져야 했다.

아직은 노예해방이 되지 않았지만, 전쟁은 이미 노예의 삶에 광범위한 영향을 끼치고 있었다. 남부 연합 지도자는 노예법을 매우 엄격하게 강제했으나, 그럼에도 많은 노예—특히 전선 가까이에 있는 노예—가 주인에게서 도망쳐 북부 경계선을 넘어버렸다.

4

전략과 외교

북부와 남부의 사회·경제적 상황이 전쟁의 향배를 결정지었다. 그러나 두 지역의 군사·외교적 전략도 많은 것을 좌우했다.

지휘관

북군의 군통수권자는, 군대 경험이라고는 잠시 주 민병대에서 복무한 것밖에 없는 에이브러햄 링컨이었다. 그는 실수도 많이 했지만, 직무에 있어 대체로 성공적이었다. 왜냐하면 북부의 물질적 이점을 활용하는 법을 알았기 때문이다. 링컨은 남부 영토의 장악이 아닌 남군의 패배를 북군의 합당한 목표로 인식했다. 링컨이 이렇게 전략을 제대로 이해했던 것은 북부에게는 행운이었다. 북부의 많은 장군이 그렇지 못했기 때문이다.

링컨은 1861년부터 1864년까지 몇 번이고 북부의 전쟁 수행을 지휘할 총지휘관을 찾으려 했다. 처음에는 멕시코 전쟁의 노(老)영웅 윈필드 스콧 장군을 떠올렸다. 그러나 스콧은 대규모의 새로운 전쟁을 치를 준비가 되지 않았고 곧 퇴역했다. 그러자 링컨은 동부 북군의 지휘관인 포토맥 부대의 젊은 조지 매클렐런(George B. McClellan)을 최고 사령관에 임명했다. 그러나 자존심 강하고 거만한 매클렐런은 전략에 대한 이해가 너무도 부족했고, 1862년 3월에

● 율리시스 그랜트

율리시스 그랜트

1864년의 윌더니스 전투(Wilderness campaign) 중에 찍은 그랜트의 사진이다. 한 측근 인사는 그에 대해 다음과 같이 말했다. "그는 벽돌 벽을 뚫고 자기 머리를 밀어 넣을 각오가 되어 있다는 표현을 자주 했으며 실제로 그렇게 하려고 했다." 이는 쉬지 않고 가차 없이 공격하는 그랜트의 군사 철학을 적절하게 비유한 말이었다. 그렇기에 그랜트는 다른 북부 장군이 후퇴할 때 기꺼이 싸우려 했고, 남북전쟁에서 최악의 사상자를 낸 몇 개 전투를 지휘할 수 있었다.

다시 야전으로 복귀했다. 그해 대부분의 기간 동안 링컨은 최고 사령관을 임명하지 못했다. 그는 결국 헨리 핼럭(Henry W. Halleck) 장군을 그 자리에 임명했으나 핼럭은 무능한 전략가였다. 1864년 3월이 되어서야 비로소 링컨은 전쟁 지휘를 믿고 맡길 장군을 찾았다. 바로 율리시스 그랜트(Ulysses S. Grant) 장군이었다. 그랜트는 적군의 영토가 아니라 적군의 군대와 자원이 군사작전의 목표이며, 끊기있게 전투에 임해야 한다는 원칙을 가졌다는 점에서 링컨과 신념이 같았다.

연방의회 양원의 합동 조사 위원회인 전쟁 집행 위원회(Committee on the Conduct of the War)가 링컨의 전쟁 전략을 상시적으로 점검하기 시작했다. 오하이오 출신의 상원 의원 벤저민 웨이드(Benjamin F. Wade)를 위원장으로 1861년 12월에 구성된 위원회는, 끊임없이 북부 장군의 지나친 잔학성을 비판했다. 그 점에 있어 위원회의 급진파는 북부 장교 중에 은밀하게 노예제도에 찬성하는 사람이 있기 때문이라고 했다(그러나 이는 잘못된 생각이었다). 이처럼 위원회의 활동은 북부의 전쟁 수행에 종종 심각한 장애물로 작용했다.

• 데이비스의 무능한 지휘

남부의 지휘 체계는 데이비스 대통령을 중심으로 짜였는데, 데이비스는 군인이었지만 효과적인 중앙 지휘 체계를 꾸려내지 못했다. 1862년 초, 데이비스는 로버트 리(Robert E. Lee) 장군을 자신의 최고 군사 고문으로 임명했다. 그러나 사실 데이비스는 누구와도 전략 통제권을 공유할 의지가 없었다. 몇 달 후 리 장군이 야전에서 군대를 지휘하기 위해 리치먼드를 떠난 뒤로는 2년간 데이비스가 혼자서 전략을 세웠다. 1864년 2월, 데이비스는 브랙스턴 브래그

로버트 리

리는 1850년대 남부 정치의 기준으로 볼 때 온건주의자였다. 즉, 연방 탈퇴에 반대했고 노예제 문제에 대해서도 애매한 입장을 취했다. 그러나 출신지인 남부와 손을 끊을 수 없어서, 1861년부터 연방군을 떠나 남부 연합군을 이끌었다. 리는 남북전쟁기 모든 남부 백인 지도자 가운데 가장 존경받는 인물이었으며, 아직도 존경받고 있다. 애퍼매턱스(Appomattox)에서 항복한 이후 수십 년 동안, 남부 백인은 그를 '잃어버린 대의(Lost Cause)'의 상징으로 간주했다.

(Braxton Bragg) 장군을 군사고문으로 임명했지만, 브래그 장군은 기술적인 자문 이상은 제공하지 못했다.

하부 지휘 체계에서는 북부나 남부 모두 눈에 띄게 유사한 배경을 가진 사람이 전쟁을 통제했다. 양 진영의 직업 장교 다수가 웨스트포인트의 미 육군사관학교(United States Military Academy at West Point)와 애나폴리스의 미 해군사관학교(United States Naval Academy)를 졸업한 사람이었다. 아마추어 장교는 육해군을 막론하고 지원병 부대의 지휘관으로서 중요한 역할을 했다. 북부건 남부건 그들은 대체로 지역공동체의 경제·사회적 지도자였으며, 스스로 지휘할 병사를 끌어모았다. 이 체계에서는 때때로 매우 능력 있는 장교가 배출되기도 했지만 그렇지 못한 경우가 더 많았다.

해군의 역할

- 북부의 남부 봉쇄

북부는 해군력에서 압도적인 우위에 있었다. 북부의 해군은 전쟁에서 두 가지 중요한 역할을 했다. 하나는 남부 해안을 봉쇄하는 역할이었고, 다른 하나는 작전 지역에서 육군을 지원하는 역할이었다.

전쟁 초기부터 이미 북군은 남부에 대한 봉쇄를 시작해 대양을 오가는 배가 남부 연합 항구로 들어오는 것을 막았다. 그러나 한동안은 작은 배가 봉쇄를 뚫고 숨어들었다. 점차 북군은 항구 자체를 장악함으로써 봉쇄를 강화했다. 남부 연합의 수중에 남은 마지막 주요 항구 노스캐롤라이나의 윌밍턴(Wilmington)마저 1865년 초에 북군의 수중에 떨어졌다.

남부 연합은 대담하게 철갑 전함으로 봉쇄를 뚫으려고 했다. 그 전함은 예전의 연방 해군 범선 메리맥호(Merrimac)에 쇠를 입혀 만든 배였다. 수리가 끝나고 버지니아호로 이름을 바꾼 매리맥호는 1862년 3월 8일, 노퍽 항을 떠나 근처 햄프턴로즈(Hampton Roads)에서 봉쇄망을 펴고 있던 북군의 목조 전함 부대를 공격했다. 배 두 척이 침몰했고 나머지는 뿔뿔이 흩어졌다. 그러나 연방정부는 이미 자체 철갑함을 건조해놓고 있었다. 그중 하나인 모니터호(Monitor)가 버지니아호의 전격적인 급습이 있은 지 단 몇 시간 만에 버지니아의 해안에 도착했다. 이튿날, 버지니아호와 모니터호 간에 전투가 벌어졌다. 두 전함 모두 상대방 전함을 가라앉히지는 못했으나 모니터호의 등장으로 버지니아호는 공격을 멈출 수밖에 없었고, 이로써 해안 봉쇄망이 유지되었다.

• 모니터호 대(對) 메리맥호

북부 해군은 서부 전장에서 특히 더 중요했다. 왜냐하면, 서부는 거대한 함선 운항이 가능한 큰 강을 끼고 있기 때문이다. 해군은 군수품과 군대를 수송했고, 남부 연합의 군사 요지 공격에도 합류했다. 남부는 제대로 된 해군력을 갖추지 못했기 때문에 비효율적인 육지 요새에서 북부 전함의 공격을 방어할 수밖에 없었다.

유럽과 분열된 미국

남북전쟁 중에 남부 연합의 국무장관을 지낸 주다 벤저민(Judah P. Benjamin)은 지적이기는 했지만 대부분 일상적인 행정 업무에만 진력한 소극적인 사람이었다. 반면 워싱턴의 국무장관 윌리엄 슈어드(William Seward)는 시간이 지날수록 뛰어난 능력을 발휘했다. 특히 런던 주재 미국 대사인 찰스 프랜시스 애덤스(Charles Francis

• 윌리엄 슈어드

Adams)의 귀중한 도움을 받았다. 남부와 북부의 외교 역량의 차이는 전쟁에서 결정적인 요인으로 작용했다.

전쟁 초기에 영국과 프랑스의 지배층은 대체로 남부 연합에 동정적이었다. 이는 부분적으로 두 나라 모두 남부에서 상당한 양의 면화를 수입한 까닭도 있지만, 동시에 세계 무역에서 점차 강력한 경쟁자로 부상하고 있던 미국이 약화되기를 노렸기 때문이었다. 하지만 프랑스는 영국이 먼저 입장을 취하지 않는 한, 전쟁에서 어느 한편을 택하려 들지 않았다. 그리고 영국 정부는 국민의 다수가 북부를 강력히 지지했기 때문에 행동하는 데 주저했다. 영국의 북부 지지 여론은 특히 자국 내의 거대하고 영향력 있는 노예제 반대 운동에서 비롯된 것이었다. 영국에서 노예제 철폐를 주장했던 집단은 링컨이 노예해방령을 발한 후 북부를 위해 특별히 더 열심히 움직였다. 남부 지도자는, 남부 면화 수입이 영국과 프랑스 방직 산업에 결정적이라고 주장함으로써 영국의 노예제 반대 세력의 영향력이 약화되기를 원했다. 그러나 영국의 제조업자는 1861년 당시 생면이나 완제품 모두 잉여분을 쥐고 있어 미국 면화의 일시적인 수입 중단에도 버텨낼 능력이 있었다. 나중에 면화 공급량이 줄어들기 시작했을 때에도, 영국과 프랑스는 이집트와 인도 등지에서 면화를 수입했고, 적어도 일부 공장은 계속 가동할 수 있었다. 이에 못지않게 중요한 것은, 공장의 폐쇄로 직업을 잃은 50만 명의 영국인 방적공조차 계속해서 북부를 지지했다는 점이다. 결국 유럽의 국가는 남부 연합을 외교적으로 인정하지 않았으며 전쟁에도 개입하지 않았다. 남부 연합이 승리할 것 같지 않는 한, 어느 나라도 미국을 적대하려 들지 않았으므로 남부는 결코 잠재적 동맹국으로부터 지지를 이끌어내지 못했다.

그렇더라도 미국과 영국 간에는 상당한 긴장감이 감돌았으며, 때로는 적대적인 관계로까지 발전하기도 했다. 영국은 남북전쟁이 시작되자마자 중립을 선언했고, 이어서 프랑스와 다른 나라도 같은 입장을 취했다. 중립 선언은 갈등 중인 양 진영이 동등한 지위를 갖는다는 의미였기 때문에 북부 정부는 분노할 수밖에 없었다. 북부는 갈등이 단순한 국내 반란일 뿐, 합법적인 두 정부 간의 전쟁이 아니라고 주장했다.

· 미영 간의 긴장

보다 심각한 위기는 1861년 말에 시작된 이른바 트렌트 사건(Trent affair)이었다. 남부 연합 외교관인 제임스 메이슨(James M. Mason)과 존 슬라이델(John Slidell)은, 당시 무력했던 북부의 해안 봉쇄를 뚫고 몰래 쿠바의 아바나(Havana)로 들어가서는, 그곳에서 영국으로 떠나려는 영국의 증기선 트렌트호에 올랐다. 쿠바 해안에는 충동적인 기질의 찰스 윌크스(Charles Wilkes)가 지휘하는 미국의 프리깃함 산하신토호(San Jacinto)가 기다리고 있었다. 윌크스는 정부의 승인 없이 배를 정지시킨 뒤 외교관을 체포해 의기양양하게 보스턴으로 압송했다. 그러자 영국 정부는 즉각 체포된 자의 석방과 미국의 배상 및 사과를 요구했다. 링컨과 시워드는 윌크스가 해상법을 어겼다는 것을 알고 결국 영국과의 전쟁이라는 위험을 피하기 위해 간접적인 사과와 함께 외교관을 석방했다.

· 트렌트 사건

두 번째 외교 위기가 초래한 문제는 수년간 지속되었다. 큰 배를 건조할 수 없었던 남부 연합은 영국의 조선소에서 교역 파괴자(commerce destroyers)라는 별명을 가진 여섯 척의 배를 사들였다. 미국은 군사 장비를 적대국에 판매하는 행위는 중립법에 위배된다고 항의했으며, 전쟁이 끝난 후 이를 토대로 영국에 손해배상을 청구했다(이는 남부 연합이 구입한 6척의 배 가운데 하나의 이름을 따서 앨라배마 배상청구(Alabama claims)라고 부른다. 그리고 이 건을 둘러싼 갈등은 오래도록 해결되지 않았다).

5

전투와 전쟁

북아메리카의 두 적대 진영은 유럽 국가의 직접적인 개입 없이 스스로 갈등을 해결해야 했다. 갈등은 4년이라는 긴 시간 동안 피비린내 나는 전투를 치른 끝에 해결되었다. 61만 8,000명이 넘는 미국인이 남북전쟁에서 사망했다. 이는 제1차 세계대전의 사망자 수 11만 2,000명이나 제2차 세계대전의 40만 5,000명보다도 훨씬 많은 수다. 즉, 남북전쟁에서는 인구 10만 명당 2,000명 가까이 사망한 것이다. 그에 비해 제1차 세계대전의 사망자 비율은 10만 명당 109명이었고, 제2차 세계대전은 241명에 불과했다.

• 엄청난 사망자 수

전쟁 기술

남북전쟁 동안에는 전투의 성격을 바꿀 정도로 새로운 기술이 많이 선보였다.

1860년대 전쟁의 성격을 가장 분명하게 변화시킨 것은 바로 양측이 전투에서 사용한 무기였다. 가장 중요한 것은 연발총이 도입되었다는 점이다. 새뮤얼 콜트(Samuel Colt)가 1835년에 연발 권총 특허를 내기는 했지만, 군사 목적에 더욱 중요했던 것은 1860년에 올리버 윈체스터(Oliver Winchester)가 도입한 연발 소총이었다. 또한 수십 년 전에 비해 철강 기술이 진전된 결과, 대포와 대포술도 엄청나게 향상되었다.

> 치명적인
> 무기

　이전의 수백 년 동안 해온 것처럼, 전장에서 보병이 일렬로 서서 적군이 물러설 때까지 일제히 사격을 가하는 식으로 전투를 하다가는 죽음을 면할 수 없었다. 전투병은 엄호물 뒤로 몸을 낮추고 대기하는 것이 보다 적합한 전투 자세임을 재빨리 알아차렸다. 조직화된 전투 역사상 처음으로 보병대가 대형을 이루어 싸우지 않았고, 전쟁터는 더 혼란스런 곳이 되었다. 새로운 무기의 치명적인 위력을 알게 된 양측 군대는 이제 적의 포격을 막기 위해 더 정교한 요새를 쌓고 참호를 파는 데 많은 시간을 할애했다. 빅스버그(Vicksburg)와 피터스버그(Petersburg) 포위, 리치먼드 방어, 그 외 다른 많은 군사작전이 도시 근교와 적군 주위에 거대한 요새를 구축하는 방식으로 진행되었다(이것은 제1차 세계대전에서 매우 중요한 부분으로 자리잡게 되는, 거대한 참호망의 선구적인 형태였다).

　전투의 핵심은 아니지만, 무시할 수 없는 중요한 기술도 있었다. 비교적 새로운 열기구 기술이 전장에서 간헐적으로 적군의 대형을 살피는 데 사용되었다. 메리맥호나 모니터호와 같은 철갑선은 머지 않아 해상전에서 큰 위력을 발휘하게 될 것이라는 극적인 변화를 시사했지만, 남북전쟁 동안에는 큰 영향을 미치지 않았다. 또한 1860년대에는 어뢰와 잠수함 기술도 잠시 등장해 미래적 혁신 무기로 선보였지만, 남북전쟁에서 주된 역할을 하지는 않았다.

> 철도의
> 군사적
> 중요성

　그러나 상대적으로 새로운 기술인 철도와 전신은 전쟁 수행에 결정적인 역할을 했다. 특히 철도는 수백만 명의 병사를 전선으로 수송한다는 면에서 중요했다. 그렇게 엄청난 수의 병사가 걸어서 전장으로 이동한다거나 그 정도 병력을 유지하는 데 필요한 물품을 말과 마차로 수송하기란 거의 불가능한 일이기 때문이다. 철도로 인해 이 거대한 군대가 장소를 옮겨가면서 집합하고 이동할 수 있게 되었다. 그러나 철도 때문에 군대의 기동력이 제한받기도 했다. 지휘관은 목적지로 가는 직통로나 최상의 지형적 위치가 아니라 철로가 있는 곳을 중심으로 최소한 그 부근에서 전투부대를 조직해야 했다. 또한 이렇게 철로에 의존하게 되고 대규모 군대를 몇몇 장소에 집결시켜야 할 필요에 따라 지휘관은 적은 병력으로 소규모 전투를 치르기보다는 대규모 병력으로 큰 전투를 치르는 것을 더 선호하게 되었다.

철도에 비해 전신이 전쟁에 미친 영향은 제한적이었다. 능력 있는 전신 기사가 부족했고 전쟁터에 전신선을 가설하는 데에도 어려움이 따랐기 때문이다. 하지만 토머스 스콧(Thomas Scott)과 앤드루 카네기(Andrew Carnegie)가 경영하는 미국 군사 전신 회사(U. S. Military Telegraph Corps)가 1,200명이 넘는 인력을 훈련시켜 전신 기사로 고용한 뒤로는 상황이 좀 나아졌다. 또한 양측 모두 점차 군대 이동로를 따라 전신선을 부설하는 법을 알게 되었다. 그래서 야전 지휘관은 전투가 벌어지는 중에도 서로 간에 긴밀한 연락을 취할 수 있었다.

1861년의 초기 전투

북부와 남부 연합은 버지니아 북부에서 처음으로 중요한 전투를 치렀다. 어빈 맥도웰(Irvin McDowell) 장군 휘하 3만 명이 넘는 북군 부대가 워싱턴 바로 외곽에 주둔했는데, 이곳에서 약 30마일 떨어진 머내서스(Manassas)에는 보러가드(P.G.T. Beauregard) 장군 휘하에 있던 약간 적은 수의 남군 병력이 주둔했다. 북부 지도자는 여기서 만약 북군이 남군을 패퇴시킬 수 있다면 전쟁이 그 즉시 끝날 것이라고 믿었다. 7월 중순에 맥도웰 장군은 전투 경험이 없는 부대를 이끌고 머내서스로 진격했다. 보러가드 장군은 머내서스 북쪽을 흐르는 조그마한 불런(Bull Run) 강 뒤로 부대를 이동시킨 뒤 지원군을 요청했는데, 지원군은 전투가 시작되기 하루 전에 도착했다.

• 제1차 불런 전투

맥도웰 장군은 7월 21일에 벌어진 제1차 불런 전투 혹은 제1차 머내서스 전투(First Battle of Manassas)에서 남군을 쫓아버리는 데 거의 성공할 뻔했다. 그러나 북군의 강력한 마지막 공격을 막아낸 남군이 맹렬히 반격했다. 북군은 갑자기 공포에 휩싸인 채 전열이 흩어져 정신없이 후퇴했다. 맥도웰은 부대를 정비할 수 없어서 워싱턴으로 후퇴하라는 명령을 내려야만 했다. 더욱이 근처 언덕에 있던, 전투를 구경하기 위해 소풍 바구니를 손에 들고 워싱턴에서 말을 타고 달려온 많은 민간인이 도로를 따라 몰려들면서 북군의 무질서한 후퇴는 더욱 혼란스러워졌다. 북군이 패배로 무질서해진 만큼 승리로 무질서해진 남군은 북군을 뒤쫓지 않았다. 그 전투로 북군의 사기가 크게 저하되었으며, 휘하 장교에 대한 링컨 대통령의 신뢰 또한 크게 떨어졌다.

1861년, 북군은 다른 곳에서 작지만 중요한 승리를 거두었다. 세인트루이스에서 소규모 정규군 병력을 지휘하던 너대니얼 라이언(Nathaniel Lyon)은, 부대를 이끌고 미주리 남부로 이동해 미주리 주를 연방에서 끌어내려던 연방 탈퇴주의자와 맞섰다. 그러나 그는 8월 10일에 벌어진 윌슨스 크리크(Wilson's Creek) 전투에서 패배해 전사하고 말았다. 하지만 이 전투로 남군의 공격력은 심각하게 저하되었다.

그러는 동안 매클렐런 장군 휘하 북군 병력이 오하이오에서 동쪽 버지니아 서부로 이동했다. 1861년 말, 매클렐런 부대는 그 지역 산악 지방에 살면서 연방 탈퇴에 반대하고 친연방 독자 정부를 설립했었던 주민들을 '해방'시켰다. 그 주는 1863년에 웨스트버지니아(West Virginia) 주로 연방에 편입되었다.

1862년, 서부 전선

불런 전투 이후 동부 지역의 군사작전은 오랫동안 실망스러운 교착상태에 빠졌다. 최초의 중요한 작전은 1862년에 서부 전선에서 가동되었다. 거기서 북군은 미시시피 강 남부 지역을 장악하려고 했다. 북군은 양방향에서 한쪽은 켄터키에서 강을 따라 내려오고 다른 한쪽은 멕시코 만에서 위로 뉴올리언스를 향해 올라가면서 양쪽 모두 미시시피 남부로 나아갔다.

4월에 데이비드 패러거트(David G. Farragut) 휘하 철갑 및 목조 전함 부대는 미시시피 강 어귀 부근의 미약한 남부 연합 요새를 무너뜨리고 위로 뉴올리언스를 향해 항해했다. 남부 연합의 최고 지휘관은 북군이 북쪽에서 공격해 오리라고 예상했기 때문에 뉴올리언스는 사실상 무방비 상태였다. 뉴올리언스는 1862년 4월 25일에 항복했고, 이는 전쟁의 중요한 전환점이 되었다. 그때부터 미시시피 강 어귀로 통하는 남부 연합의 무역이 봉쇄되었으며, 남부의 가장 큰 도시이자 가장 중요한 금융 중심지가 북부의 손아귀에 떨어졌다.

• 뉴올리언스 점령

서부 전선의 최북단에는 앨버트 시드니 존스턴(Albert Sidney Johnston) 휘하의 남군이 테네시 주의 헨리 요새(Fort Henry)와 도넬슨 요새(Fort Donelson) 주위로 기다란 방어선을 구축해놓고 있었다. 1862년 초 그랜트 장군은 헨리 요새를 공격했는데, 육군과 함께 공격해 들어오는 철갑함선에 놀란 요새 수비대는 2월 6일, 제대로 저항해보지도 못하고 항복했다. 그러자 그랜트는 육해군 병력을 도넬슨 요새로 이동시켰다. 거기서 남군은 제법 강하게 저항했지만 2월 16일, 결국 항복할 수밖에 없었다. 이로써 그랜트 장군은 강의 수로 통제권을 확보했으며, 켄터키 및 테네시 주의 절반을 장악하고 있던 남군을 쫓아냈다.

• 사일로 전투

그랜트 장군은 이제 약 4만 명을 거느리고 테네시 강을 따라 남쪽으로 진군했다. 그는 테네시 주의 사일로(Shiloh)에서 자신의 부대와 거의 같은 규모의 남군 병력을 만났다. 바로 앨버트 시드니 존스턴과 보러가드가 지휘하는 부대였다. 그렇게 해서 시작된 전투는 4월 6일과 7일 이틀 동안 계속되었는데, 첫날 전투에서 남군은 비록 존스턴이 전사했지만 그랜트 장군을 다시 강으로 밀어냈다. 그러나 이튿날 2만 5,000명의 새로운 병사를 지원받은 그랜트가 보러가드를 격퇴함으로써 구겨진 체면을 다시 세웠다. 이렇게 사일로에서 아슬아슬하게 승리를 거둔 북군은, 미시시피 주의 코린스(Corinth)를 점령하고 남쪽으로 멀리 멤피스까지 미시시피 강 유역을 장악했다.

당시 서부의 남군을 지휘하던 브랙스턴 브래그는 테네시 동부 채터누가(Chattanooga)에서 병력을 모아 그곳을 장악하려던 북군과 대치했다. 양측 군대는 유리한 고지를 장악하기 위해 테네시 북부와 켄터키 남부에서 여러 달 동안 작전을 감행했으나 진전이 없었다. 그러다가 양측은 드디어 12월 31일부터 이듬해 1월 2일까지 머프리즈버러(Murfreesboro) 전투, 즉 스톤 강(Stone's River) 전투를 치렀

서부 전선(1861-1863)

버지니아의 북군이 계속해서 좌절을 맛보는 동안, 서부의 북군은 첫 2년 동안 커다란 승리를 거두었다. 이 지도는 남부 연합 서부 지역에서 북군이 취한 일련의 대공세를 보여준다. 해군 제독 데이비드 패러거트(David Farragut)의 철갑 함대가 1862년 4월에 남부 연합의 중요한 항구인 뉴올리언스를 점령했고, 더 북쪽에 있던 율리시스 그랜트 장군의 휘하 병력은 남군을 켄터키와 테네시 서부 지역 밖으로 몰아냈다. 그리고 이러한 전과는 사일로(Shiloh)의 승리로 이어져 드디어 북군이 미시시피 강 상류 지역을 차지하게 되었다.

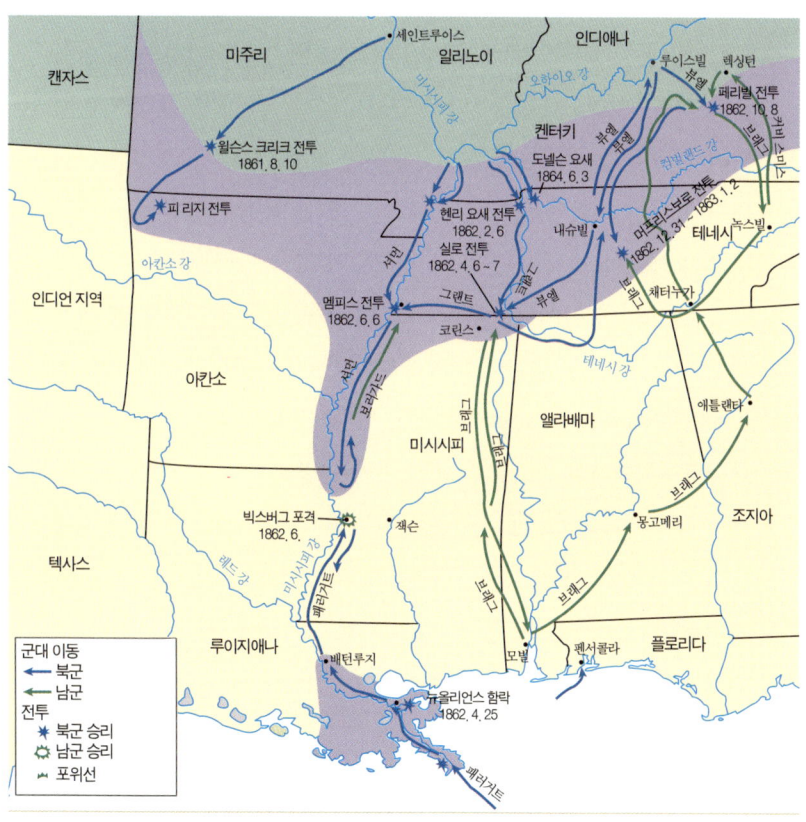

는데, 브래그는 이 전투에서 패해 남쪽으로 후퇴할 수밖에 없었다.

이처럼 1862년 말경에 북군은 서부 전선에서 상당한 전과를 올렸다. 그러나 정작 중요한 전투는 동부에서 벌어지게 되었다.

1862년, 버지니아 전선

매클렐런의 반도 전투

1861년에서 1862년 사이 겨울 동안, 포토맥 부대의 사령관 조지 매클렐런은 워싱턴 근처에서 자신의 15만 병력을 훈련하는 데 전력을 다했다. 그리고 드디어 남부 연합의 수도 리치먼드를 장악하기 위해 봄 전투를 계획했다. 그러나 리치먼드를 향해 육로로 직행하는 대신에 남부 연합의 방어선을 피할 수 있는 복잡한 우회로를 택했다. 즉, 해군이 병력 수송을 맡아 포토맥 강을 따라 내려가서 요크 강과 제임스 강 사이에 있는 리치먼드 동쪽 반도에 내려주면, 거기서부터 리치먼드로 접근해 들어가는 전략이었다. 이 합동 작전은 반도 전투(Peninsular campaign)라고 명명되었다.

매클렐런은 3만 병력을 워싱턴 방어를 위해 어빈 맥도웰 장군 휘하에 남겨두고 10만 명을 이끌고 출발했으나, 결국 링컨을 설득해

남북전쟁 첫 2년 동안 대부분의 전투가 버지니아 전장으로 알려진 이곳에서 벌어졌다. 이 지역 전투는 사실상 북쪽으로 메릴랜드와 펜실베이니아까지 확대되었다. 북군은 새로이 창설된 남군과 맞서 신속한 승리를 거두기를 기대했다. 그러나 오른쪽 지도가 보여주듯이, 남부 병력은 끊임없이 그러한 희망을 좌절시켰다. 지도 1은 1861년 후반기와 1862년 전반기에 벌어진 전투를 보여주는데, 대부분 남군이 승리했다. 지도 2는 1862년 하반기에 벌어진 전투를 보여주는데, 9월에 북군이 남군을 다시 메릴랜드에서 몰아내기는 했지만 남부인이 또 한 번 대부분의 전투에서 승리했다. 지도 3은 최대 격전지인 1863년 게티즈버그 전투를 향해 나아간 양측 부대의 이동로를 보여 준다.

버지니아 전장(1861~1863)

1. 〈1861년 7월~1862년 7월〉

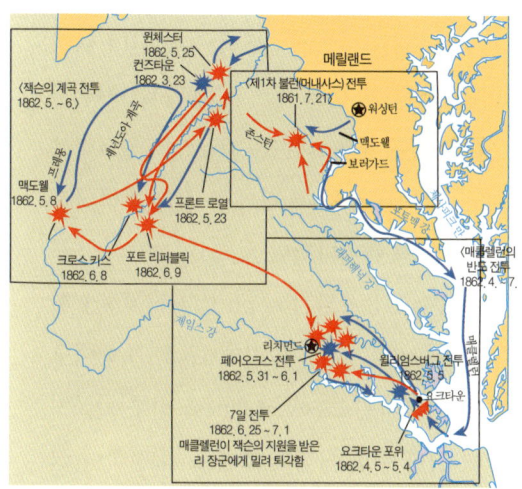

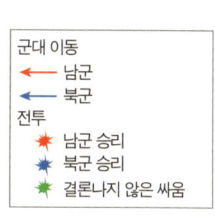

2. 〈1862년 8월~12월〉

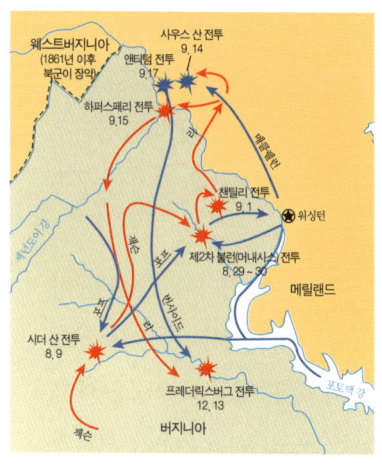

3. 〈1863년〉

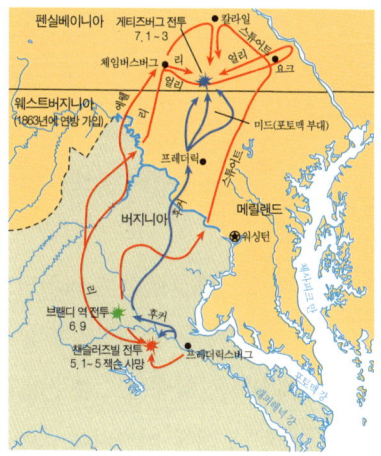

추가 병력을 지원받기로 했다. 그러나 대통령이 지원병을 파견하기 전에 '철벽(Stonewall)'이라는 별명을 가진 토머스 잭슨(Thomas J. Jackson) 휘하의 남군이 셰넌도어 계곡(Shenandoah Valley)을 통과해 북쪽으로 기습 행군을 감행했다. 마치 포토맥 강을 건너 워싱턴을 공격하려는 것 같았다. 링컨은 잭슨을 막기 위해 추가 병력 파견을 보류하고 맥도웰 부대를 유지했다. 잭슨은 1862년 5월 4일부터 6월 9일까지 벌어진 계곡 전투에서 두 개 부대로 갈라진 북군을 격파한 뒤 맥도웰에게 잡히지 않고 빠져나왔다.

그러는 동안 매클렐런은 조지프 존스턴(Joseph E. Johnston) 휘하의 남군과 리치먼드 외곽에서 이틀간(5월 31일과 6월 1일) 페어오크스(Fair Oaks) 전투—혹은 세븐파인스(Seven Pines) 전투—를 치르며 버텼다. 이때 존스턴이 심한 부상을 입어 로버트 리 장군이 그 자리를 대신했다. 리 장군은 셰넌도어 계곡에 있는 스톤월(토머스) 잭슨을 불러들였다. 두 부대를 합해 8만 5,000명의 병력이 매클렐런의 10만 병력과 맞섰고, 리 장군은 7일 전투(6월25일~7월1일)에서 새로이 공격을 감행했다. 그것은 매클렐런을 요크 강에 있는 그의 기지와 차단시킬 목적에서 감행한 공격이었다. 그러나 매클렐런은 반도를 가로질러 활로를 개척했고 제임스 강에 새로운 기지를 구축했다.

이제 매클렐런은 리치먼드에서 불과 25마일 거리에 있었다. 이곳은 전투를 재개하기에 좋은 위치였다. 그러나 매클렐런은 링컨의 계속되는 압력에도 불구하고 전진하지 않았다. 결국 대통령은 매클렐런 부대에 버지니아 북부로 돌아가 존 포프(John Pope) 휘하의 소규모 병력과 합류하라고 명했다. 대통령은 그 자신이 항상 선호했듯이 육로로 직행해서 리치먼드에 새로운 공격을 가하기를 기대했다. 포토맥 부대가 물길을 따라 반도를 떠나자, 리 장군은 매클렐런이 합류하기 전에 포프의 부대를 치기 위해 버지니아 북부 부대를 이끌고 북쪽으로 움직였다. 매클렐런은 매우 조심스러웠으나 경솔했던 포프는 매클렐런의 부대가 전부 도착할 때까지 기다리지 않고 접근해 오는 남군을 공격했다. 이어 벌어진 제2차 불런 전투 혹은 제2차 머내서스 전투(8월 29일~30일)에서, 리 장군은 포프의 공격을 되받아쳤고 포프의 군대는 워싱턴으로 도망갔다. 당시 혼란에 빠진 리치먼드를 육로로 공격하려고 구상했던 링컨은, 포프의 지휘권을 박탈한 후 다시 매클렐런에게 그 지역의 모든 연방 병력에 대한 책임을 맡겼다.

리 장군은 곧 재공격에 나서서 메릴랜드 서부를 가로질러 북쪽으로 향했고 매클렐런도 그와 대적하기 위해 움직였다. 이때 매클렐런은 리 장군이 내린 명령서의 복사본을 얻는 행운을 얻었는데, 스톤월 잭슨 휘하의 남군 일부가 나머지 부대와 떨어져 하퍼스페리(Harpers Ferry)를 공격한다는 내용이었다. 이제 남군이 재합류하기 전에 재빨리 공격에 나서야 했으나 매클렐런은 지체했고, 그사이 리 장군은 샤프스버그(Sharpsburg) 타운 근처 앤티텀(Antietam) 항구 뒤쪽으로 휘하 병력 대부분을 집합시킬 수 있었다. 9월 17일, 매클렐런의 8만 7,000명 병력이 리 장군의 5만 병력을 거듭 공격했고 양측에 엄청난 사상자가 발생했다. 그날 늦게 남부 연합 전선이 곧 무너질 것 같았을 때, 하퍼스페리에서 잭슨 휘하의 마지막 지원부대가 도착했다. 매클렐런이 한 번 더 공격을 가했더라면 남군은 와해되었을지도 모른다. 그러나 매클렐런은 리 장군이 버지니아로 후퇴

• 앤티텀 전투

앤티텀 전초전

미국민은 신문 보도를 통해서나 때로는 군대를 따라다니며 중요한 사건을 스케치한 화가의 그림을 통해 남북전쟁 과정을 이해했다. 사진사도 전쟁을 기록했으나 1860년대의 사진기는 전투 장면을 쉽게 포착할 수 없었고, 사진을 인쇄할 만한 설비를 갖춘 신문이나 잡지도 드물었다. 그래서 뉴욕 브루클린 출신의 워드(A. R. Waud)가 그린 이런 스케치에 대한 수요가 매우 높았다. 이 그림은 앤티텀 전투에서 북군 연대와 남부 기병대의 전투 장면을 묘사한 것이다.

하도록 내버려두었다. 전술상으로 앤티텀 전투는 북군의 승리였지만, 실제로는 남군 병력 대부분을 무너뜨릴 기회를 허비한 것이나 다름없었다. 11월에 링컨은 결국 매클렐런의 지휘권을 영구히 박탈했다.

 매클렐런을 대신한 앰브로즈 번사이드(Ambrose E. Burnside)는 평범한 사람이었고, 그 역시 오래가지 못했다. 그는 프레더릭스버그(Fredericksburg)에서 래퍼해녁(Rappahannock) 강을 건너 리치먼드로 진격하려고 했다. 그래서 12월 13일에 프레더릭스버그에서 리 장군의 부대에 일련의 공격을 감행했으나 손실만 입은 채 모두 실패하고 말았다. 번사이드는 커다란 병력 손실을 입고 래퍼해넉 강 북쪽 기슭으로 후퇴했으며, 자진해서 지휘권을 내놓았다. 그리하여 그 해 1862년은 북군의 좌절로 점철된 채 막을 내렸다.

1863년, 결단의 해

1863년 초, 조지프 후커(Joseph Hooker) 장군은 아직 얕잡아 볼 수 없는 포토맥 부대를 지휘하고 있었다. 포토맥 부대는 프레더릭스버그 반대편 래퍼해넉 강 북쪽에 머물렀다. 후커는 일부 병력을 이끌고 프레더릭스버그 위쪽으로 강을 건너 리 장군의 부대가 있는 마을로 향했다. 그러나 마지막 순간에 윌더니스(Wilderness), 즉 황무지라고 알려진 덤불과 잔나무만 무성한 지역으로 물러나 수세를 취했다. 리 장군은 군대를 둘로 나누어 북군에 양면 공격을 가했다. 5월 1일부터 5일까지 벌어진 챈슬러즈빌(Chancellorsville) 전투에서 잭슨 장군은 북군의 오른쪽을 공격했고, 리 장군 자신은 정면을 공격했다. 이에 후커는 가까스로 군대를 이끌고 탈출했다. 리 장군은 북군의 목표를 꺾기는 했지만 북군을 궤멸시키지는 못했다. 그리고 리의 가장 능력있는 부하 잭슨은 전투 중에 치명상을 입었다.

북군은 동부 지역 전투에서 계속되는 실패로 고통받았던 반면, 서부에서는 몇 번의 중요한 승리를 거두었다. 1863년 봄, 율리시스 그랜트 장군은 미시시피 유역 빅스버그(Vicksburg)로 돌진했다. 빅스버그는 지형상 방어에 유리했고 강 자체가 훌륭한 대포 방어막이

• 챈슬러즈빌 전투

• 빅스버그 포위

었다. 그러나 5월 들어 그랜트는 병력과 군수품을 육로와 해로를 통해 빅스버그 남쪽으로 과감하게 옮긴 다음, 지형상의 이점을 이용해 빅스버그를 후미에서 공격했다. 6주가 지난 7월 4일, 빅스버그는 항복했다. 도시가 오랫동안 포위되어 주민은 말 그대로 굶주리고 있었기 때문이다. 거의 같은 시간에 미시시피 강 인근에 자리한 남부 연합의 또 다른 군사 요지인 루이지애나의 포트 허드슨(Port Hudson)도 뉴올리언스에서 북쪽으로 진격해 온 북군에게 항복했다. 이로써 북군은 기본적인 군사 목표 중 하나를 성취했는데, 바로 미시시피 강 유역 전체를 장악한 것이다. 남부 연합은 이제 둘로 갈라져 루이지애나와 아칸소, 텍사스가 다른 남부 연합 주와 격리되었다. 미시시피 지역을 장악한 것은 전쟁의 또 다른 중요한 전환점이었다.

빅스버그를 포위하고 얼마 지나지 않아, 리 장군은 펜실베이니아 공격을 제안했다. 리는 이 작전으로 북군을 북쪽으로 유인할 수 있다고 주장했다. 더 나아가 자신이 북부에서 큰 승리를 거두게 되면 영국과 프랑스가 남부 연합을 돕게 될 것이라고 했다. 심지어 전쟁을 두려워하는 북부로서는 빅스버그 함락 전에 전쟁을 그만둘 수밖에 없을 거라고까지 했다.

1863년 6월, 리 장군은 셰넌도어 계곡에서 위쪽 메릴랜드로 이동해 펜실베이니아에 진입했다. 처음에는 후커가 그리고 6월 28일 이후에는 조지 미드(George C. Meade)가 지휘한 북군 포토맥 부대 역시 북쪽으로 이동했다. 그리하여 두 부대는 결국 펜실베이니아의 게티즈버그(Gettysburg)라는 작은 마을에서 맞부딪쳤다. 그리고 1863년 7월 1일부터 3일까지 남북전쟁에서 벌어진 전투 가운데 가장 기념할 만한 싸움을 전개했다.

빅스버그 포위 공격(1863년 5월~7월)

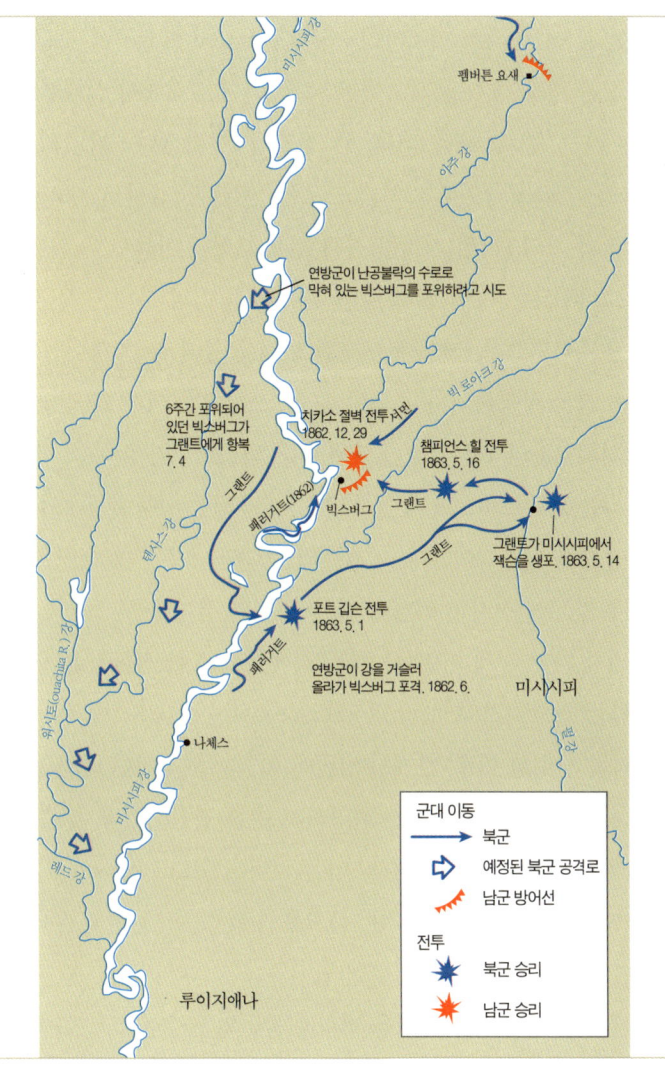

1863년 봄, 그랜트는 남부 연합의 수중에 남은 마지막 미시시피 지역을 차지하기 위해 전투를 개시했다. 그러기 위해서는 강 상류에 방어 태세를 잘 갖추고 있는 도시, 빅스버그의 남쪽 기지를 장악할 필요가 있었다. 빅스버그의 주요 방어 시설은 도시 북쪽에 있었기 때문에 그랜트는 과감하게 군대와 식량을 도시 주변으로 옮긴 후 남쪽에서 도시를 공격했다. 결국 그는 도시를 외부와 차단시켰고, 6주간의 포위 끝에 항복을 받아냈다.

미드의 부대는 마을 남쪽 언덕에 방어벽이 튼튼한 강력한 진지를 구축했다. 리 장군은 세미터리 리지(Cemetery Ridge)에 주둔 중이던 북군을 향해 공격을 개시했지만, 첫 번째 공격에서 실패했다. 이튿날, 리는 두 번째로 더욱 큰 공격을 명령했다. 피켓의 돌격(Pickett's Charge)으로 기억되고 있는 전투에서 1만 5,000명의 남군 병력이 거의 1마일 거리를 진격했다. 그러나 이들이 가로지른 지역은 그야말로 사방이 훤히 트인 곳이어서, 리의 부대는 북군의 포화에 초토화되었다. 리지에 도달한 병력은 불과 5,000명이었고, 나머지는 결국 항복하거나 후퇴할 수밖에 없었다. 이제 리 장군은 병력의 거의 3분의 1을 잃었다. 7월 4일, 빅스버그가 항복한 바로 그날에 리는 게티즈버그에서 철수했다. 이 후퇴는 남북전쟁에서 또 하나의 중요한 전환점이었다. 이때부터 약화된 남부 연합 세력은 다시는 북부 영토에 심각한 위협이 될 수 없었던 것이다.

• 게티즈버그 전투

그해가 가기 전에 이번에는 테네시에서 중요한 전환점이 생겼다. 윌리엄 로즈크랜스(William Rosecrans) 휘하 북군은 9월 9일에 채터누가를 점령한 이후, 브래그 장군이 이끌고 퇴각하던 남군을 추격하기 시작했다. 그러나 이는 현명하지 못한 결정이었다. 양측 부대는 조지아 서부에서 마주쳤고, 이어 치카모가(Chickamauga) 전투(9월 19일~20일)가 벌어졌다. 북군은 남부 연합 전선을 무너뜨릴 수 없어 다시 채터누가로 퇴각했다.

• 채터누가 전투

이제 브래그는 근처 고원을 점령해 북군의 군수품 조달로를 차단하고는 채터누가 자체를 포위하기 시작했다. 이때 그랜트 장군이 북군을 지원하기 위해 달려왔다. 병력이 강화된 북군은 11월 23일부터 25일까지 치른 채터누가 전투에서 남군을 다시 조지아로 밀어붙

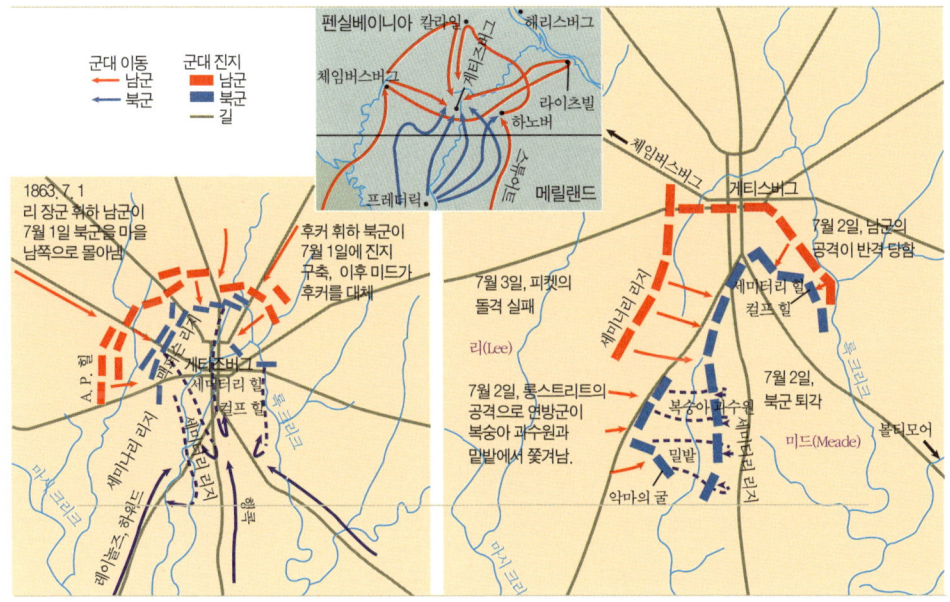

게티즈버그 전투(1863년 7월 1일~3일)

게티즈버그는 남북전쟁에서 가장 중요한 전투였다. 남군이 게티즈버그에서 승리했더라면 전쟁의 향방은 매우 달라졌을 것이다. 왼쪽 지도는 7월 1일에 리 장군이 북군을 게티즈버그 남쪽으로 몰아낸 이후 전투 초기 양측 군대의 배치를 보여준다. 오른쪽 지도는 7월 2일과 3일의 공격 양상을 보여준다. 특히 피켓의 돌격에 주목하라. 이 돌격은 용감했지만 그에 따른 대가는 너무도 컸다. 7월 3일의 돌격 실패는 이 전투의 전환점이었다. 그리고 일각에서는 남북전쟁의 전환점이었다고 주장한다.

였다. 북군은 이제 두 번째 중요한 목표를 달성했다. 즉, 테네시 강 유역을 장악한 것이다.

14장 남북전쟁 | 171

마지막 국면(1864~1865)

그랜트의 북부 전투

1864년이 시작되면서 그랜트 장군은 북군의 최고 사령관이 되었다. 그는 북부의 우세한 병력과 물질적 자원을 이용해 남부를 제압할 수 있다는 확신에 따라 이해에 두 가지의 대규모 공격을 계획했다. 하나는 버지니아에서 포토맥 부대가 리치먼드로 진격해 전투에 리 장군을 끌어들이는 작전이었고, 다른 하나는 조지아에서 윌리엄 셔먼(William T. Sherman)이 이끄는 서부 부대(Western army)가 동쪽 애틀랜타로 진격해, 당시 조지프 존스턴(Joseph E. Johnston) 휘하의 나머지 남군 병력을 격퇴시키는 작전이었다.

11만 5,000명의 막강한 포토맥 부대가 리 장군의 7만 5,000명 병력을 추격하며 버지니아 북서부의 험하고 숲이 우거진 윌더니스로 뛰어들면서 북부 전투가 개시되었다. 몇 주 동안 접전을 피해오던 리 장군은 5월 5일부터 7일까지 치른 윌더니스 전투(Battle of the Wilderness)에서 그랜트가 병력을 되돌리게 만들었다. 그랜트는 휴식이나 재정비를 위해 멈추지 않고 리치먼드를 향한 행군을 재개하여 리 장군과 다시 맞섰다. 당시 벌어진 스팟실베이니아 법원 전투(Spotsylvania Court House)에서 양측 군대는 5일 동안 피비린내 나는 격전을 치렀다. 여기서 북군은 1만 2,000여 명이 전사했고 남군도 확실치는 않지만 다수가 전사했다. 그랜트 장군은 계속 이동했으나 승리는 자꾸만 그를 피해갔다. 리 장군은 그랜트 장군과 리치먼드 사이에 군대를 배치하고, 6월 1일부터 3일 사이에 리치먼드의 북동쪽에 있는 콜드하버(Cold Harbor)에서 북군을 다시 격퇴했다.

그랜트는 이제 병력을 리치먼드 동부로 움직여 철도 중심지인 피

버지니아 전장(1864~1865)

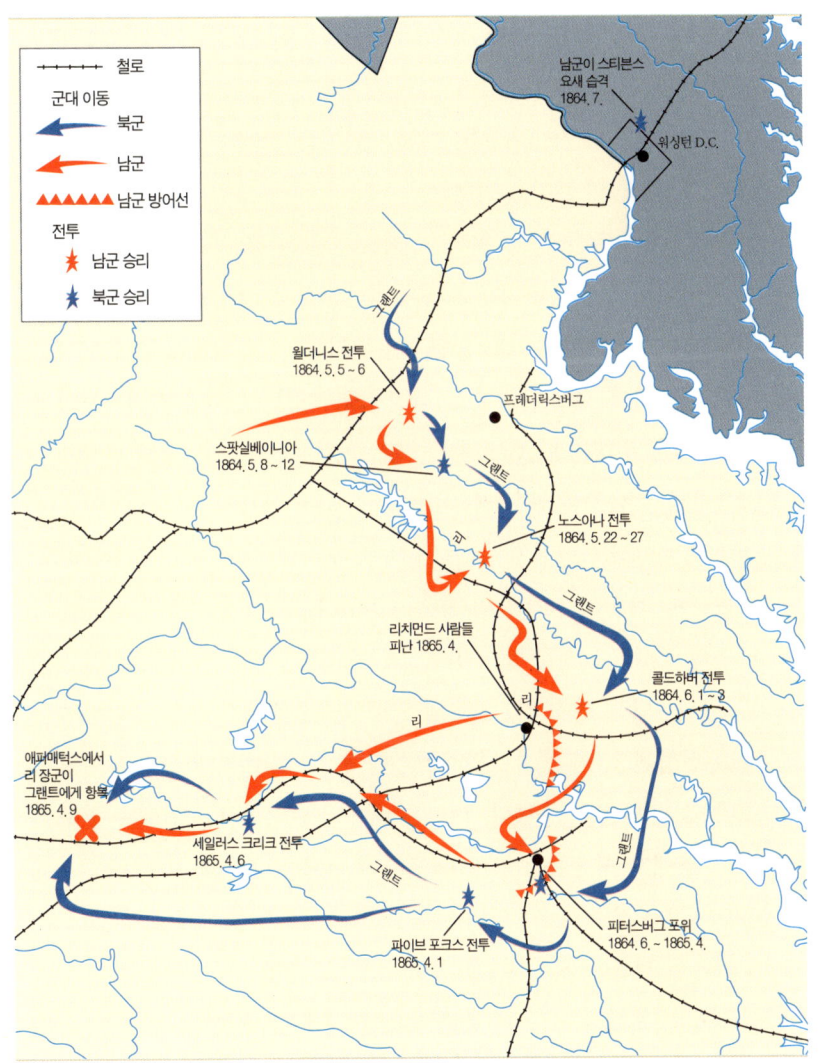

게티즈버그에서 남군이 패배(후퇴)한 이후 전쟁이 끝날 때까지 동부에서 벌어진 대부분의 전투는 버지니아에서 일어났다. 당시에는 그랜트 장군이 전체 북군의 지휘자로서 포토맥 부대도 장악하고 있었다. 남군이 버지니아 전투에서 몇 번 중요한 승리를 거두기는 했지만, 북군은 서서히 강해졌고 남군은 서서히 약해졌다. 그랜트는 북부의 가장 큰 이점인 인력과 물자의 우월성을 이용해 북군의 전략을 짜야 한다고 믿었다.

터스버그(Petersburg)를 향해 남쪽으로 나아갔다. 만약 그가 피터스버그를 장악한다면, 남부 연합의 수도와 나머지 지역의 연결 고리를 차단할 수 있을 것 같았다. 그러나 피터스버그는 강한 방어 기지를 갖춘 데다 리 장군이 피터스버그 방어를 위해 도착하자 북군의 공격은 장기간의 포위로 변했다.

한편, 조지아에서는 셔먼이 또 다른 저항에 직면했다. 하지만 다른 방향에서 진행되고 있던 저항에 비하면 치열함의 정도가 덜했다. 셔먼의 9만 병력과 존스턴 휘하 6만 명의 남군이 대치해 있다가 셔먼이 진격하자, 존스턴은 기동 작전으로 셔먼의 진격을 지연시키려 했다. 양측 부대는 단 한 차례의 실전을 치렀는데, 이는 6월 27일에 애틀랜타 북서쪽에 있는 케네소(Kennesaw) 산에서 벌어졌으며 존스턴이 여기서 인상적인 승리를 거두었다. 하지만 이 승리도 애틀랜타를 향한 북군의 진격을 멈출 수는 없었다. 9월 2일, 셔먼은 애틀랜타를 점령하고 도시를 불태웠다.

• 애틀랜타 함락

후드는 당시 테네시를 관통해 위로 이동하면서 북부를 침략하겠다고 위협했다. 이는 셔먼을 애틀랜타에서 끌어내기 위한 작전이었으나, 효과를 보지 못했다. 셔먼은 내슈빌을 강화하기 위해 지원부대를 보냈고 북군은 1864년 12월 15, 16일 양일간 치른 내슈빌(Nashville) 전투에서 후드의 남은 병력을 사실상 격퇴했다.

• 바다를 향한 진군

그사이 셔먼은 애틀랜타를 떠나 '바다를 향한 진군(March to the Sea)'을 시작했다. 셔먼의 부대는 가는 길에 즉석에서 보급품을 조달했고 자신들이 사용할 수 없는 물자는 모두 파괴했으며, 조지아 지역을 가로지르는 동안 60마일 거리를 풀을 베어 길을 내듯 주위를 황폐화시켰다. 셔먼은 남군에게 이용될 만한 전쟁 물자와 철도편

셔먼의 바다를 향한 진군(1864~1865)

그랜트가 버지니아에서 리 장군의 힘을 뺏는 동안, 윌리엄 테컴서 셔먼(William Tecumseh Sherman) 장군은 조지아를 가로질러 동쪽으로 이동했다. 셔먼은 테네시와 조지아 북서부에서 몇 번의 전투를 치른 후 애틀랜타를 장악했으며, 이후 방해받지 않고 조지아 해안의 서배너로 행군했다. 이때 군대의 행군로에 있는 마을과 농장을 의도적으로 파괴했다. 1864년 크리스마스에 서배너를 장악한 셔먼이 캐롤라이나를 가로질러 북쪽으로 이동하기 시작한 것에 주목하라. 리 장군이 애퍼매톡스에서 그랜트 장군에게 항복하고 며칠 뒤에, 더 남쪽에 있던 남군은 셔먼에게 항복했다.

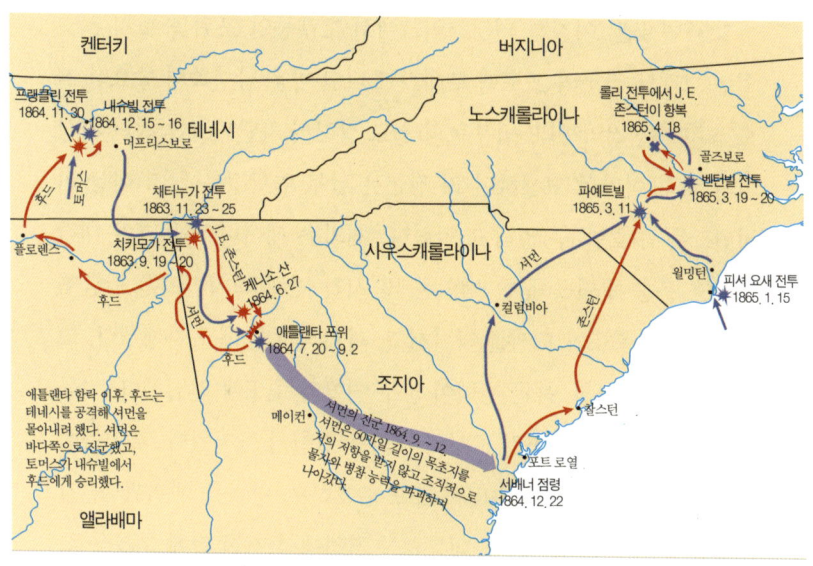

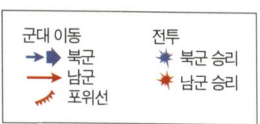

을 제거했을 뿐만 아니라, 진군로에 있는 마을과 농장을 불태워 남부인의 의지마저 꺾어버리려고 했다. 12월 20일, 셔먼의 부대는 서배너(Savannah)에 도착했고 서배너는 이틀 뒤에 항복했다. 1865년 초에도 셔먼은 사우스캐롤라이나를 가로질러 북쪽으로 이동하면서 파괴적인 행군을 계속했는데, 노스캐롤라이나의 내륙 깊이 다다를 때까지 사실상 누구도 셔먼을 방해하지 않았다. 노스캐롤라이나에서 존스턴 휘하 소규모 병력이 잠시 진군을 지연시켰을 뿐이다.

1865년 4월, 여전히 피터스버그에서 오랫동안 포위를 풀지 않고 있던 그랜트 장군의 포토맥 부대가 드디어 마을 남서쪽의 중요한 철도 교차지를 장악했다. 남부로의 철로 접근이 차단되고 엄청난 사상자와 병력 이탈로 고생하던 리 장군은 남부 연합정부에 더 이상 리치먼드를 수호할 수 없다고 알렸다. 제퍼슨 데이비스와 그의 내각 그리고 운송 수단을 구한 백인은 몇 시간 만에 리치먼드를 탈출했다. 그날 밤 폭도가 도시를 약탈했고, 파괴적인 방화를 자행했다. 그리고 다음 날 아침, 북군 병력이 남부 연합의 수도에 진입했다. 그들과 함께 링컨도 불타버린 도시의 거리를 걸어서 들어왔다. 흑인들이 '메시아', '에이브러햄 아버지'라고 환호하며 링컨을 에워쌌다. 감동적인 장면이 연출되었다. 대통령은 거리에서 자기 앞에 무릎을 꿇은, 전에는 노예였을 한 사람을 향해 이렇게 말했다. "나에게 무릎 꿇지 마시오. … 당신은 신에게만 무릎을 꿇어야 합니다. 그리고 당신이 앞으로 누리게 될 자유에 대해 신에게 감사하십시오."

애퍼매턱스 코트하우스

리 장군은 이제 약 2만 5,000명가량 남은 병력을 이끌고 서쪽으로 이동하기 시작했다. 그는 비참하지만 북부군 주위의 후퇴로를 찾아 남쪽으로 이동해 노스캐롤라이나에 있는 존스턴과 합류하기를 기대했다. 그러나 북군이 리를 추격해 도주로를 차단했다. 더 이상 피를 흘려봤자 소용없는 일임을 깨달은 리는 마침내 버지니아의 애퍼매턱스 코트하우스(Appomattox Courthouse)라는 조그만 타운에 있는 한 가정집에서 그랜트를 만나기로 했다. 거기서 4월 9일, 나머지 병력을 데리고 항복했다. 9일 뒤에는 존스턴도 노스캐롤라이나의 더럼(Durham) 근처에서 셔먼에게 항복했다.

이 기나긴 전쟁은 이제 끝이 났다. 제퍼슨 데이비스도 조지아에서 체포되었다. 남부의 일부 완강한 저항 세력은 여전히 저항했으나 오래지 않아 와해되었다.

결론

남북전쟁은 양측 모두가 큰 바람과 이상을 안고 시작한 전쟁이었다. 북부나 남부 모두 수많은 사람이 열광적으로 출신 지역의 부대에 입대해 전쟁터로 나갔다. 4년 뒤 그들 중 60만 명 이상이 사망했으며, 영원히 불구가 되거나 정신적으로 충격을 입은 사람은 더욱 많았다. '원칙'과 '이상'을 위한 전쟁―전쟁이 몇 달 이상 계속될 것이라고 생각한 사람은 거의 없었다―이, 그 이전이나 이후 미국 역사상 가장 기나긴 전쟁이자 가장 잔혹한 전쟁이 되었다.

전쟁이 발발하고 2년 동안은 남부 연합 군대가 모든 면에서 유리한 것 같았다. 남군은 자신들의 땅에서 싸웠고, 북군보다 전쟁의 대의에 더 헌신적인 듯 보였다. 남부의 지휘관은 예외없이 유능했던 반면, 북군은 한동안 실수가 많았다. 그러나 점차 북부의 이점이 드러나기 시작했다. 북부는 미국 역사상 가장 위대한 지도자 중 한 명을 정점으로 안정된 정치체제를 갖추고 있었다. 북부는 인구도 더 많았고 산업 경제도 더 발달했을 뿐 아니라, 금융 제도도 더 우월했으며 더 나은 철도 체계를 갖추고 있었다. 1863년 중반, 전쟁의 흐름이 바뀌었다. 그리고 이후 2년 동안 북군은 점차 남군을 지치게 만들었고, 1865년 마침내 승리했다.

전쟁으로 인해 북부는 산업과 철도 발달이 촉진되어 경제가 강화되었다. 반면 남부는 수백만 달러의 재산이 파괴되고 젊은 남성 인구가 고갈되어 크게 약화되었다. 남부인이 이 전쟁을 감행한 데에는 점차 커지는 북부의 영향력을 두려워한 까닭도 있었다. 그런데 역설적이게도 전쟁 그 자체가 북부의 지배력을 확인하고 강화해주었다.

그러나 무엇보다 남북전쟁은 수백만 흑인 노예의 승리였다. 링컨 대통령은 획기적인 노예해방령을 발표했고, 후에 헌법 수정 조항 제13조가 제정되어 노예제도도 폐지되었다. 또한 수많은 노예가 말 그대로 스스로 해방되어, 주인을 버리고 북부 경계를 넘어 피난처를 구했으며 때로 북군이 되어 싸웠다. 해방된 노예의 미래는 그리 녹록지 않았지만, 한때 예속되었던 350만 명이 전쟁 속에서 자유인이 되었다.

⟨세계 속의 미국⟩

국가 통합

★ ★ ★

　남북전쟁은 미국의 특별한 상황에서 기인한 사건이었다. 그리고 19세기 전 세계적 국가 통합 움직임의 일부이기도 했다. 미국은 대륙의 서부로 진출해 그 지역을 자국의 영토로 삼으려고 했다. 미국의 이러한 노력은 노예제 논란을 낳았고, 논란은 결국 남북전쟁을 초래했다. 연방을 유지하려는 노력, 즉 국가를 해체하기보다 통합하려는 북부가 연방을 탈퇴한 주에 대항해 전쟁도 불사한 주요한 동기였다. 같은 시기에 주변 여러 나라도 이러한 팽창과 통합, 통일을 향해 유사한 노력을 전개했다.

　물론 민족국가의 통합은 19세기에 전혀 새로운 일이 아니었다. 스페인과 영국, 러시아 등은 15세기, 16세기, 17세기를 거치면서 이질적인 국가와 지역을 통합해 견고한 나라를 만들었다. 그렇지만 민족주의는 19세기에 새로운 동력을 얻었다. 그것은 부분적으로 언어와 문화, 종족, 전통을 공유하고 통합한 국가가 그들 공통의 유대를 강화할 최상의 수단이라고 믿었던 사람 속에서 자라난 정서 때문이었다. 민족주의는 세계 여러 지역에서 정부의 중앙집권화가 낳은 산물이자, 그들 내부에서 거대한 영토를 통치할 능력이 발전한 결과이기도 했다. 18세기 말 미국 및 프랑스의 혁명과 뒤이은 19세기 초 나폴레옹 치하 프랑스 국민 의식의 강화는, 유럽의 다른 지역에서도 새로운 민족주의 열정을 고취시켰다.

　1848년, 민족주의 혁명의 물결이 이탈리아와 프랑스, 오스트리아를 덮쳤고, 그 속에서 많은 유럽인이 민족문화를 억압하는 제국의 권력에 도전했다. 이들 혁명은 비록 실패했지만, 19세기 유럽에서 가장 중요한 두 개 국가가 통합을 이룰 토대를 마련하는 데 기여했다.

　그중 하나가 독일이다. 독일은 19세기 초에 수많은 독립 소국으로 분열되어 있었지만, 수십 년 동안 대중 사이에 통일을 바라는 정서가 자라났다. 그림(Grimm) 형제의 동화와 같은 문학에서 가시화된 독일 국민(volk)의 새로운 역사와, 독일의 전통에 대한 새로운 이미지 구축이 그러한 정서를 자극했다. 그림(Grimm)의 동화는 독일의 민속 전통을 기록하고 대중화해 그것을 공통의 과거라는 공유 의식의 토대로 만들려는 노력이었다. 여러 개로 나뉜 독일 영방국가(領邦國家) 중에서 가장 강력한 국가였던 프러시아의 빌헬름 1세(King Wilhelm I)는 1862년에 귀족 지주인 비스마르크(Otto von Bismarck)를 수상으로 임명했다. 비스마르크는 여러 독일 영방국가에서 자라고 있던 민족주의를 강화시켰고 통일을 위한 강한 대중적 토대를 세우는 데 기여했다. 이는 그가 덴마크, 오스트리아, 프랑스에 대항해 프러시아 전쟁을 일으켜 전쟁에서 쉽게 이겼고, 그 결과 프러시아를 넘어 확장된 독일의 힘에 대한 자부심을 고취시켰기에 가능한 일이었다. 그 중에서도 1870년의 보불 전쟁(Franco-Prussian War)은 특별히 중요하다. 왜냐하면 이 전쟁은 프러시아가 프랑스의 알자스(Alsace)와 로렌(Lorraine) 지방을 차지하기 위해 싸운 것이기 때문이다. 프러시아는 그 지역 주민이 법적으로는 프랑스 시민이지만 종족과 언어상으로는 독일인이기 때문에 그 지역을 독일 '국가 공동체(national community)'의 일부라고 주장했다. 비스마르크는 독일어를 사용하는 여러 국가에서 전쟁으로 잉태된 광범위한 민족주의 정서를 이용해 1871년 독일 왕에게 새로운 제국의 황제, 즉 카이저(Kaiser)임을 선언하라고 설득했다. 그 제국은 오스트리아와 스위스에 사는 사람을 제외하면 모든 독일인을 통합한 것이었다.

유럽의 국가 통일을 향한 또 하나의 위대한 운동은 이탈리아에서 일어났다. 이탈리아는 오랫동안 여러 지역 왕국과 도시국가 그리고 바티칸이 지배하는 지역으로 나뉘어 있었다. 일부 지역은 한때 프랑스와 스페인, 오스트리아-헝가리 제국의 지배를 받기도 했다. 그러나 19세기 초, 이탈리아 민족주의자는 주세페 마치니(Giuseppe Mazzini)의 지도로 젊은 이탈리아(Young Italy) 운동을 조직했다. 이 운동은 이탈리아에서 외국의 통치를 종식시키고 이탈리아 국민을 단일국가로 통합하려는 운동이었고 국가를 일종의 가족으로, 국가의 영토를 가족의 집으로 정의했다. 마치니는 언어와 문화, 전통을 공유한 사람은 자유로이 단결해서 자치를 이루어야 한다고 믿었다. 그러나 이탈리아의 통일에 이러한 대중 민족주의의 성장보다도 더 큰 동력으로 작용한 것은 바로 야망 있는 강력한 지도자의 노력이었다. 이탈리아 반도 북서부에 자리한 피드몽-사르디니아 왕국(kingdom of Piedmont and Sardinia)은 19세기 중반 이탈리아 국가들 가운데 가장 강력했다. 그 왕인 빅토르 엠마뉴엘 2세(Victor Emmanuel II)는 1852년에 이탈리아의 비스마르크라고 할 수 있는 카미오 디 카부르(Camillo di Cavour)를 수상으로 임명했다. 카부르는 스페인과 오스트리아 군대를 이탈리아 영토에서 몰아내기 위한 노력의 일환으로 사르디니아 왕국 밖에서 활동하는 이탈리아 민족주의자와 협력했다. 먼저 북이탈리아의 독립을 쟁취한 후, 남부 민족주의 세력의 지도자 주세페 가리발디(Giuseppe Garibaldi)와 힘을 합쳤다. 가리발디는 남부의 독립을 위해 힘을 합한 다음, 1860년에 엠마뉴엘 2세 치하에 전체 이탈리아를 통일한다는 데 동의했다.

이 시기에 다른 나라도 민족국가를 세우고 존속시키며 강화하려고 애썼다. 그러나 러시아를 비롯한 일부 국가는 실패했다. 러시아는 여러 황제의 개혁 노력에도 불구하고, 그 넓고 다양한 국민 속에서 하나의 안정된 국민국가를 형성해내지 못했던 것이다. 오스트리아 제국 역시 비슷한 정도의 다양한 민족 집단을 아우르는 국가 통합을 이루어내지는 못했다. 터키의 경우, 지도자가 '유럽의 환자'라고 조롱받던 오스만 제국의 힘을 강화하려고 노력했지만 나약한 채로 유지하는 데 그쳤다. 중국도 거대한 영토를 효과적으로 통합하려는 개혁을 시도했으나 역시 실패하고 말았다. 그러나 성공한 나라도 있었다. 예를 들어, 메이지 시대 일본은 1880년대와 1890년대에 일련의 개혁을 시행해 새롭고 강력한 민족국가로 거듭났다.

미국 북부의 국민주의자가 남북전쟁에서 싸우고 승리하면서 단순히 국가의 통합을 유지한 것은 아니었다. 그들은 드넓은 지역에 퍼져나간 국민 문화와 국가 영토를 통합하는 운동의 일부가 되었다.

1863	1864	1865	1866	1867	1868	1869
링컨, 재건 계획 발표	링컨, 웨이드-데이비스 법안 거부	링컨 암살, 존슨이 대통령직 승계/해방 흑인국/재건 합동 위원회	공화당, 의원 선거에서 약진	의회의 재건 계획 실시	그랜트, 대통령 당선/존슨 탄핵안 기각/헌법 수정 조항 제14조 비준	의회, 헌법 수정 조항 제15조 승인

15장
재건과 신(新)남부

루이지애나 헌법회의, 1868

흑인 유권자들이 루이지애나 주 정치를 좌우했던 짧은 시기를 묘사한 석판화. 1868년에 루이지애나 주가 헌법회의를 열었을 때, 대의원 대부분이 흑인이었다 (그중 다수가 북부에서 태어나 루이지애나 주로 이주한 자유민). 이때 통과된 헌법은 흑인의 정치적 자유와 민권을 보장하는 것이었다. 하지만 몇 년 후에 백인 보수주의자들이 다시 주도권을 쥐고 새 헌법을 통과시킴으로써 과거의 헌법 조항을 대부분 폐지해버렸다.

1872	1873	1875	1877	1883	1890년대	1895	1896
그랜트, 재선에 성공	금융공황 및 경기 침체	'위스키 일당' 추문	헤이스, 논란이 된 선거에서 대통령으로 당선/1877년 타협으로 재건 종결	대법원이 인종 분리를 지연시킴	남부의 짐 크로우 법	애틀랜타 타협	플레시 대(對) 퍼거슨 사건

남북전쟁에 뒤이은 몇 년, 즉 미국인이 산산조각난 나라를 다시 하나로 단합시키려 했던 재건기만큼 미국 역사상 그렇게 지속적인 논쟁을 불러일으킨 시기도, 그처럼 견디기 어려운 시기도 없었다. 남부 백인에게 재건은 악랄하고 파괴적인 경험이었다. 복수심에 불타는 북부인은 그 기간 동안 피폐해진 남부에 모멸과 복수를 가했다. 반대로 재건을 옹호하는 북부인은 재건 정책이야말로 반성을 모르는 남부 연합으로 하여금 전쟁 이전의 사회로 되돌아가는 것을 막을 수 있는 유일한 방법이라고 주장했다.

당시 미국의 흑인이나 그 이후의 모든 인종에게도 재건은 중요했다. 하지만 이유는 다른 데 있었다. 재건은 남부 백인이 비난했던 것처럼 악독한 독재도, 많은 북부인이 기대했던 것처럼 철저한 개혁도 아니었다. 오히려 해방 노예의 시민권과 경제력 확보를 위한, 작지만 중요한 첫 걸음이었다. 재건기에 흑인은 참다운 평등을 구가할 만한 법적 보호나 물질적 자원을 제공받지 못했다. 향후 신남부(New South)라고 명명된 지역에서 여전히 삶을 영위했던 흑인 남녀는 수십 년 동안 계속 억압을 당했으나 거기에 저항할 힘이 거의 없었다.

하지만 이 모든 한계에도, 재건기의 흑인은 새로운 몇 가지 제도와 중요한 법적 선례를 세웠다. 이는 흑인의 생존에 보탬이 되었을 뿐만 아니라, 궁극적으로는 20세기에 펼쳐질 자유와 평등을 얻기 위한 노력의 토대가 되었다.

1

화해 문제

1865년, 종전이 거의 분명해졌을 때, 워싱턴의 누구도 무엇을 해야 할지 몰랐다. 링컨은 패전 정부와 조약을 맺겠다고 나설 수도 없는 노릇이었다. 그저 계속해서 남부 연합정부는 어떤 법적인 존재 권리도 없다고 주장할 뿐이었다. 그렇다고 남부를 단순히 연방에 재편입시킬 수도 없었다.

전쟁과 노예해방의 여파

남북전쟁이 휩쓸고 지나간 남부는 황폐해졌다. 마을은 약탈당하고 플랜테이션은 불타고 농토는 버려지고 다리와 철도는 파괴되었다. 많은 남부 백인은 노예해방령에 의거해 노예를 빼앗겼을 뿐 아니라, 남부 연합의 공채와 통화에 투자한 자본도 이제는 쓸모없게 되어 거의 모든 개인 재산을 상실했다. 전쟁 중에 25만 8,000명이 넘는 남부 연합 병사가 전사했고 수많은 사람이 부상당하거나 병든 몸으로 귀향했으며, 일부는 집을 잃고 기아에 허덕였다.

남부 백인의 상황이 크게 악화되었지만, 이제 막 속박에서 풀려난 350만 명의 남부 흑인의 상황은 훨씬 더 나빴다. 수많은 남부 흑인이 전쟁이 끝나자마자 자유로운 새 삶을 찾아 플랜테이션을 떠났다. 그러나 대부분은 갈 곳이 없었고, 입은 옷 말고는 가진 것도 없었다.

• 황폐화된 남부

상반된 자유 개념

재건은 흑인과 백인 모두에게 자유의 의미를 정의하는 투쟁이었다. 그러나 해방 노예와 패배한 백인은 자유가 무엇을 의미하는가에 대해 매우 다른 의견을 갖고 있었다.

- 흑인의 독립을 향한 열망

일부 흑인은 정부가 실질적으로 대부분의 토지를 소유한 백인에게서 토지를 빼앗아 사실상 토지가 없는 흑인에게 나눠 주는 것이 자유를 확보할 유일한 방안이라고 믿었다. 다른 흑인은, 흑인의 지위 개선을 가로막는 공식적인 장애물이 사라지기만 한다면 미국 사회에서 성공할 수 있다는 자신감의 발로에서 법적인 평등만 요구하기도 했다. 그러나 각자의 요구야 무엇이든 간에, 실질적으로 모든 해방 노예는 백인의 통제에서 벗어나려는 열망으로 단결했다. 남북전쟁 이후 남부 전역의 흑인이 백인의 제도에서 떨어져 나왔다. 백인이 지배하는 교회에서 나와 흑인 교회를 세우거나 흑인을 위한 사교 클럽과 모임을 만들고, 더러는 흑인 학교를 세우기도 했다.

대부분의 남부 백인이 생각하는 자유는 흑인의 생각과 큰 차이가 있었다. 그들의 자유란 곧 북부 혹은 연방정부의 간섭 없이 스스로의 운명을 통제할 수 있는 능력을 의미했다. 그리고 이러한 자유를 실현하기 위해 전쟁 직후 남부 사회를 전쟁 이전의 상태로 회복시키려고 애썼다. 무엇보다 자기 지역 및 남부의 자치와 백인의 우월성을 보존하기 위해 싸웠던 것이다. 이것이 그들의 자유를 위한 싸움이었다.

- 해방 흑인국

전쟁 직후 남부의 장래에 관한 문제를 해결하려는 연방정부의 노력은 적절했다. 연방군이 남부에 남아 질서를 유지하고 자유인이 된

리치먼드(1865)

1865년에 북군이 리치먼드를 장악했을 때, 이 남부 연합의 수도는 여러 달 동안 포위된 상태였고 이 사진이 보여주듯이 도시의 대부분이 폐허가 되어 있었다. 4월 4일에 링컨 대통령이 아들 테드(Tad)와 함께 리치먼드를 방문했다. 그가 황폐한 도시의 거리를 걷고 있을 때, 수백 명의 해방 노예가 폐허에서 나와 그를 지켜보았다. 북군에 복무했던 한 흑인 병사는 다음과 같이 썼다. "어떤 정복자의 승리감에 찬 행진도 링컨이 리치먼드에 입성할 때 보여준 겸손한 태도에서 드러나는 도덕적 숭고함에 비견할 수 없을 것이다. 그는 해방된 자들 가운데 있는 구원자였다. 그의 눈에서 눈물이 흐르는 것은 결코 놀라운 일이 아니었다."

흑인을 보호했으며, 의회는 1865년 3월 올리버 하워드(Oliver O. Howard) 장군의 감독 하에 육군 소속의 해방 흑인국(Freedmen's Bureau)을 창설했다. 해방 흑인국은 수백만의 해방 노예에게 식량을 나누어주었을 뿐 아니라, 남부에 학교도 건립했다. 북부의 자유 흑인 원조회(Freedmen's Aid Societies)를 비롯한 사설 단체 및 교회 단체가 남부에 파견한 선교사와 교사가 그러한 학교를 운영했다.

남부 연합군 전사자 기념비

사우스캐롤라이나의 그린우드(Greenwood) 타운 광장에 있는 이 기념비는 남북전쟁 이후 남부 전역에 들어선 전형적인 기념비에 속한다. 기념비는 전사한 병사들을 추모하는 것일 뿐 아니라, 1870년경에 이미 널리 알려지고 낭만화된 '잃어버린 대의(Lost Cause)'를 남부 백인에게 상기시키려는 것이기도 했다.

해방 흑인국은 또한 흑인이 자기 땅에 정착하도록 도왔다. 그러나 이 기관만으로는 역부족이었다. 해방 흑인국은 활동 시한이 단 1년에 지나지 않았고, 남부 사회가 직면한 수많은 문제를 효과적으로 다루기에 규모도 너무 작았다. 전쟁이 끝날 무렵, 패배한 남부를 재건하려는 다른 제안이 등장했다.

재건 계획

당시 공화당은 재건에 관한 권한을 쥐고 있었는데, 공화당 내에서도 재건의 방향을 놓고 의견이 나뉘었다. 당내 보수파는 남부가 노예제 폐지를 수용해야 한다고 주장한 반면, 연방을 탈퇴했던 주의 재가입에 대해서는 거의 조건을 달지 않았다. 그러나 펜실베이니아 출신의 하원 의원 태디어스 스티븐스와 매사추세츠 주 출신의 상원 의원 찰스 섬너가 이끄는 급진파는 훨씬 가혹한 방법을 촉구했다. 즉, 남부 백인 다수의 공민권을 박탈하고 흑인의 민권을 보호하며, 남부 연합을 도운 부유한 남부 백인의 재산을 몰수하여 그 토지를 해방 노예에게 분배하자고 했다. 또한 급진파의 너무 심한 요구에는 반대하면서 적어도 흑인의 권리에 대해서는 약간이라도 양보를 끌어내야 한다고 생각하는 온건파도 있었다.

• 태디어스 스티븐스와 찰스 섬너

링컨 대통령은 관대한 재건 정책을 선호했다. 그리고 대부분 과거에 휘그파였던 남부의 연방주의자가 남부의 새롭고도 충직한 주 정부의 중심에서 역할할 수 있을 것이라고 생각했다. 링컨은 전쟁이 끝나기 1년여 전인 1863년 12월에 재건 계획을 발표했다. 거기에는 남부 연합의 고위 관리를 제외한 남부 백인 중에 연방정부에 충성을

에이브러햄 링컨

4년간의 전쟁을 치른 대통령의 지치고 노쇠한 모습을 보여주는 이 인상깊은 사진은, 1865년에 암살당하기 불과 4일 전에 찍은 것이다.

맹세하고 노예제 폐지를 받아들인 사람을 일반 사면한다는 내용도 있었다. 그리고 어떤 주에서든 1860년 선거 당시 총유권자의 10퍼센트가 연방에 충성을 맹세하면, 그들 충직한 유권자가 주 정부를 구성할 수 있었다. 또한 링컨은 교육을 받고 재산이 있으며 북군에서 복무한 경험이 있는 흑인에게 선거권을 부여하자고 제안하기도 했다. 북부 점령 하에 있던 루이지애나와 아칸소, 테네시 등 3개의 남부 주는 링컨의 재건 계획에 따라 1864년에 친연방 주 정부를 다시 구성했다.

공화당 급진파는 링컨이 추진하는 계획의 미온성에 분노하면서, '재건된(reconstructed)' 3개 주 출신 하원 의원을 연방의회에 받아들일 수 없다고 했다. 그리고 1864년 7월, 그들은 웨이드-데이비스 법안(Wade-Davis Bill)을 만들어 의회에 제출했다.

· 웨이드-데이비스 법안

그 법안은 대통령이 남부의 각 주에 임시 주지사를 임명하라는 요구를 담고 있었다. 또한 각 주마다 백인 남성의 과반수가 연방정부에 충성을 서약하면, 주지사는 연방에 적대해 무기를 든 적이 없는 유권자가 선출한 대표자로 주 제헌 회의를 소집할 수 있도록 한다는 것과, 새로운 주 헌법에는 노예제도를 폐지하고 남부 연합의 민간 지도자와 군 지도자의 공민권을 박탈하며 주 정부의 전쟁 부채를 청산하겠다는 내용을 담아야 한다는 것이었다. 끝으로 이러한 조건이 충족되어야만 연방의회가 해당 주를 연방에 다시 받아들일 수 있다는 내용도 들어 있었다. 하지만, 흑인의 정치적 권리에 관한 문제에 있어서는 웨이드-데이비스 법안도 링컨 대통령의 제안처럼 각 주에 일임했다.

연방의회는 1864년 폐회를 며칠 앞두고 이 법안을 통과시켰지만,

링컨이 거부권을 행사했다. 그러나 공화당 내 급진 지도자의 분노가 커지자 현실적인 시각을 가진 링컨은 급진파 요구의 일부만이라도 수용해야 한다는 사실을 깨달았다.

링컨의 죽음

• 존 윌크스 부스

그 후 링컨이 어떤 계획을 만들어냈을지 이야기할 수 있는 사람은 아무도 없다. 1865년 4월 14일 밤, 링컨 대통령 부부는 연극을 보기 위해 워싱턴에 있는 포드 극장을 찾았다. 대통령 부부가 극장 좌석에 앉아 있을 때, 남부의 대의에 사로잡힌 배우 존 윌크스 부스(John Wilkes Booth)가 관람석 뒤쪽에서 들어와 링컨의 머리에 총을 쏘았다. 그리하여 대통령은 다음 날 아침 일찍 사망했다.

링컨은 순식간에 순교자가 되었다. 북부 전역이 히스테리에 가까운 감정에 휩싸였는데, 그것은 곧바로 부스가 음모의 지도자로 드러났기 때문이었다. 그의 공모자 중 한 명은 암살 당일 밤 국무장관 윌리엄 시워드에게 총을 쏴 부상을 입혔고, 또 다른 사람은 부통령 앤드루 존슨(Andrew Johnson)을 살해하기 직전에 계획을 포기했다. 부스는 메릴랜드의 시골로 말을 타고 도주했는데, 그곳에서 4월 26일에 연방군에 쫓기다가 불빛이 휘황한 시골 극장에서 사살당했다. 8명의 다른 공모자는 군사재판에서 음모에 가담한 죄로 유죄판결을 받았고, 그중 4명은 교수형에 처해졌다.

그러나 많은 북부인은 대통령 암살이야말로 패배한 남부의 지도자가 반성은 않고 더 큰 음모를 계획해서 이끌고 있다는 증거라고 보았다. 투쟁적인 기질의 공화당원은 그 후 몇 달 동안 이러한 의혹을 주저없이 공격에 이용했다.

존슨과 '회복'

중도파와 보수파를 이끌 지도력은 링컨의 계승자인 테네시 출신의 앤드루 존슨에게 돌아갔다. 존슨은 1864년에 링컨의 연방파에 합류할 때까지 민주당원이었으며, 당파적 감정이 불거지던 시기에 대통령직을 승계했다.

존슨은 대통령에 취임한 직후 재건—그는 '회복(restoration)'이라고 부르기를 더 좋아했다—계획을 발표했고, 의회가 휴회 중인 1865년 여름에 계획을 실행에 옮겼다. 존슨도 링컨처럼 충성을 맹세한 남부인을 사면해주기로 했다. 그러나 그 외에는 오히려 웨이드-데이비스 법안과 유사했다. 대통령은 각 주에 임시 주지사를 임명했고, 제헌 회의를 구성할 대표자 선출 자격을 갖춘 유권자 선발을 각 주지사에게 일임했다. 남부 주가 연방의회의 재가입 승인을 얻으려면 연방 탈퇴령을 철회하고 노예제도를 폐지하는 동시에 헌법 수정 조항 제13조를 비준하며 남부 연합과 자기 주의 전쟁 부채를 청산해야 했다.

• 존슨의 재건 계획

1865년 말엽, 연방을 이탈했던 모든 주—일부는 링컨의 계획에 따라, 일부는 존슨의 계획에 따라—가 새 정부를 수립하고 연방의회의 승인을 기다렸다. 그러나 의회 급진파는 존슨의 계획에 따른 남부의 주 정부를 인정하지 않기로 결의했다. 왜냐하면, 의회가 웨이드-데이비스 법안을 통과시켰던 1년 전보다 남부에 대한 북부의 여론이 더욱 악화된 상황이었기 때문이다. 각각의 제헌 회의에 참가한

• 냉담해진 북부의 태도

남부 대표자는 노예제 폐지를 명백히 꺼리면서 어떤 흑인에게도 선거권을 부여하려 하지 않아 많은 북부인의 분노를 샀다. 더욱이 남부의 주는 남부 연합의 유력한 지도자를 연방의회에 내보낼 대표로 선출함으로써 다시 북부에 도전하려는 것 같았다.

2

급진적인 재건

'대통령의 재건(presidential Reconstruction)'으로 알려진 존슨의 재건 계획은 1865년 12월에 의회가 소집되면서 생명을 다했다. 소집된 의회는 '회복된' 주의 의원을 받아들이지 않은 채 자체의 재건 정책을 입안하기 위해 재건 합동 위원회(Joint Committee on Reconstruction)를 창설했다. '의회가 주도하는(congressional)' 혹은 '급진적인(Radical)' 재건이 시작된 것이다.

흑인 단속법

그사이 남부에서 벌어진 몇 가지 사건이 북부의 여론을 더욱 급진적인 방향으로 몰아갔다. 1865년과 1866년 초, 남부 전역의 주 의회가 흑인 단속법(Black Codes)으로 알려진 일련의 법령을 제정했다. 이는 지역 관리에게 흑인 실업자를 붙잡아 부랑죄로 벌금을 부과하고 벌금 납부를 위해 개인 고용주에게 고용살이 보낼 수 있는 권한을 부여한다는 내용이었다. 일부의 경우, 흑인이 농장을 소유하거나 임대하는 것, 플랜테이션 노동자나 가내 하인 외의 다른 직업을 갖는 것마저 금지한 것도 있었다.

연방의회는 일단 해방 흑인국의 활동 시한을 연장하고 권한을 확대하는 법안을 통과시키는 것으로 흑인 단속법에 대응했다. 그리하여 해방 흑인국은 흑인 단속법에 의거해 강요된 노동계약을 무효로

• 존슨 대통령의 거부권 행사

만들 수 있었다. 의회는 그해 4월에 흑인을 미국 시민으로 선언하고, 시민의 권리를 보호하기 위해 주 행정에 개입할 수 있는 권한을 연방정부에 부여하는 제1차 민권법(Civil Rights Act)을 통과시켰다. 존슨 대통령은 해방 흑인국 법안이나 민권법에 거부권을 행사했지만, 의회는 대통령이 거부한 법안 각각을 재가결했다.

헌법 수정 조항 제14조

· 흑인의 시민권

1866년 4월, 재건 합동 위원회가 새로운 헌법 수정 조항을 제안하자 연방의회는 초여름에 이를 승인한 후 비준을 위해 각 주로 내려보냈다. 수정 조항 제14조는 미국 시민권에 대해 처음으로 헌법상의 정의를 내린 조항이다. 이 조항은 다음과 같은 내용을 담고 있었다. 즉, 미국에서 태어났거나 귀화한 사람이라면 누구나 자동적으로 미국 시민이며, 주 정부와 연방정부의 평등한 법적 보호를 받을 권리를 포함해 헌법에서 보장하는 모든 '특권과 면책권(privileges and immunities)'을 부여받는다. 또한 미국 시민이 되는 데에는 어떠한 다른 요구 조건도 없고 성인 남성 주민 누구에게라도 선거권을 부여하지 않는 주는 벌칙을 부과받는다(이런 내용은 당시 남성에게만 선거권을 부여하는 것이 바람직하다는 연방의회 등의 우세한 견해를 반영한 것이다). 마지막으로, 과거에 연방의회 의원이나 연방 관리로서 남부 연합을 도운 사람은 주나 연방의 공직에 나아갈 수 없으며, 그들이 공직에 진출하려면 연방의회 의원 3분의 2의 찬성으로 사면을 받아야 한다는 등이었다.

의회 급진파는, 만약 주 의회가 수정 조항 제14조를 비준하기만

한다면 해당 주는 연방에 재가입될 것임을 분명히 했다. 그러나 테네시 주만 헌법 수정 조항 제14조를 비준했을 뿐, 과거에 남부 연합에 가입했던 주 가운데 켄터키와 델라웨어를 비롯한 다른 주는 비준을 거부했다. 결국 수정 조항 제14조는 남부의 주 가운데 4분의 3의 비준을 받지 못했다.

그러나 이제 급진파는 더 자신감이 생겼고 결심이 확고해졌다. 뉴올리언스 등 여러 남부 도시에서 일어난 몇몇 유혈 인종 폭동은 급진파의 힘을 강화시켜주었다. 1866년 의원 선거에서 존슨은 보수적인 후보를 적극적으로 후원했으나 무절제한 연설로 도움이 되기보다 오히려 손해를 입었다. 유권자는 공화당을 선택했고 이로써 공화당 의원이 의회에서 압도적 다수를 차지했는데, 그 대부분이 급진파였다. 상원은 42명의 공화당 의원과 11명의 민주당 의원, 하원은 143명의 공화당 의원과 49명의 민주당 의원으로 구성되었다. 이제 공화당 의원은 대통령의 반대를 무릅쓰고 자신들의 계획을 법제화하기에 충분한 힘을 가지게 된 것이었다.

• 급진파의 우세

의회의 재건 계획

급진파는 1867년 초, 세 가지의 재건 관련 법안을 통과시켰다. 존슨 대통령은 세 법안 모두 거부권을 행사했지만, 의회가 그때마다 법안을 재가결했다. 결국 전쟁이 끝나고 근 2년이 되어서야 이들 법안을 기반으로 하나의 일관된 재건 계획을 수립할 수 있었다.

헌법 수정 조항 제14조를 비준한 테네시 주는 연방의회의 계획에 따라 즉시 연방에 재가입되었다. 그러나 연방의회는 링컨과 존슨의 계획에 따라 구성된 다른 10개의 남부 연합 주 정부를 승인하지 않고, 대신에 5개의 군사 지구로 통합했다. 각 지구당 1명의 군 지휘관이 각각의 구역을 통치하며 자격을 갖춘 사람(즉, 반란에 참여하지 않은 백인 남성과 모든 흑인 성인 남성)을 유권자로 등록하는 임무를 수행했다. 일단 등록이 완료되면 유권자는 새로운 주 헌법을 만들 제헌 회의 대표자를 선출하게 되는데, 새로운 주 헌법에는 흑인 선거권 규정 조항을 반드시 포함시켜야 했다. 그리고 유권자가 새 헌법을 비준하면, 주 정부 구성을 위한 선거를 치를 수 있었다. 그리고 그 다음에는 연방의회가 주 헌법을 승인하고, 주 의회는 수정 조항 제14조를 비준해야 했다. 이 모든 절차가 끝나고 수정 조항 제14조를 연방헌법에 첨가하는 데 필요한 만큼의 남부 주가 수정 조항을 비준하면, 과거 남부 연합 주가 연방으로 복귀할 수 있었다.

● 헌법 수정 조항 제15조

10개의 과거 남부 연합 주 가운데 7개 주(아칸소, 노스캐롤라이나, 사우스캐롤라이나, 루이지애나, 앨라배마, 조지아, 플로리다)가 1868년에 이러한 조건을 충족시켰고 연방에 재가입되었다. 남은 3개 주는 보수적인 백인 때문에 연방 재가입 시기가 지연되어 버지니아와 텍사스는 1869년에, 미시시피는 1870년에 비로소 연방에 재가입되었다. 그때는 연방의회가 재가입에 필요한 조건을 추가했는데 이것이 바로 또 하나의 수정 조항, 즉 제15조였다. 이에 따라 주 정부 및 연방정부는 "인종, 피부색 혹은 과거의 예속 경험"을 이유로 시민의 선거권을 거부할 수 없게 되었다. 그리하여 1870년에는 각 주의 수정 조항 제15조에 대한 비준도 완료되었다.

● 공직 보장법

의회 급진파는 1867년, 대통령이 자기들의 계획을 방해하지 못하도록 합법성이 모호한 2개의 법안을 통과시켰다. 하나는 공직 보장

재건(1866~1877)

이 지도는 과거 남부 연합에 속했던 주를 보여주는 동시에 그 각각의 주가 연방에 재가입된 해를 보여준다. 각 주가 전통적인 백인 보수주의 엘리트에게 정치 권력을 다시 넘기려 한 해가 언제인지도 표시되어 있다. 남부 백인은 이 과정을 '복귀(redemption)'라고 불렀다.

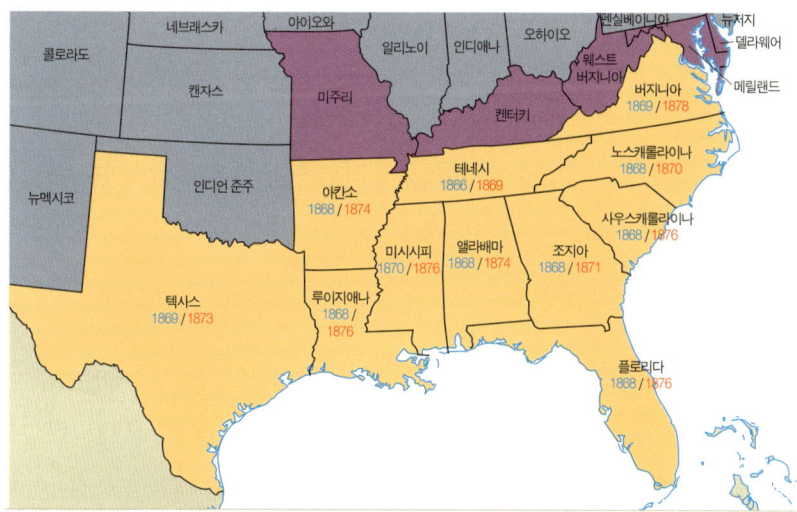

* 단, 버지니아 서부 카운티는 여전히 연방에 충성했고, 1863년에 웨스트버지니아 주로 연방에 가입했다.

- 예전 남부 연합주
- 청색연도 연방에 재가입한 연도
- 적색연도 보수적인 주 정부가 다시 들어선 연도

법(Tenure of Office Act)으로, 대통령은 상원의 동의 없이는 내각 각료를 비롯한 민간 관료를 해임할 수 없다는 내용이었다. 급진파와 손잡은 육군부 장관(Secretary of War) 에드윈 스탠턴(Edwin M. Stanton)의 직위를 보호하는 것이 이 법을 제정한 주된 목적이었다. 또 하나는 육군 통솔법(Command of the Army Act)으로, 대통령은 육군 원수(그랜트 장군)를 통하지 않고 군사명령을 내릴 수 없으며, 상원의 동의 없이는 육군 원수를 해임하거나 다른 곳으로 배치할 수 없도록 하는 것이었다.

의회 급진파는 연방 대법원의 간섭도 제거하려고 했다. 1866년 대법원이 밀리건(Ex parte Milligan) 사건에서, 민간 법정이 있는 곳에서 열린 군사 법정을 위헌이라고 판결한 데 대해 급진파는 즉시 여러 법안을 제출했던 것이다. 그중에는 의회의 법률을 무효화하는 판결을 내리기 위해서는 대법원 판사 3분의 2의 동의를 얻어야 하며 재건 관련 사건에 대해서는 대법원이 사법권을 행사할 수 없도록 하자는 내용도 있었고, 대법원 판사를 3명으로 줄이거나 심지어 대법원을 폐지하자는 내용도 있었다. 사법부는 그러한 법안이 무엇을 의미하는지를 명확히 간파했다. 그리하여 이후 2년 동안 대법원은 재건 문제와 관련된 어떠한 사건에 대해서도 재판권을 행사하지 않았다.

대통령 탄핵

존슨 대통령은 그 후로 오랫동안 급진적인 법안 통과에 심각한 장애가 되지 못했다. 그렇다고 해도 그는 재건 계획을 총책임진 행정부의 수반이었다. 그래서 급진파는 여전히 대통령을 자기들 계획에 커다란 걸림돌이 된다고 생각해서 1867년 초 존슨을 대통령직에서 몰아낼 방안을 찾기 시작했다. 탄핵의 근거를 찾는 탐색이 시작되었고 결국 그 근거를 찾은 것은 대통령이 의회의 거부에도 육군부 장관을 해임시켰을 때였다. 하원의 의기양양한 급진파가 재빨리 대통령을 탄핵하고 상원에 안건을 회부했다.

상원의 심리는 1868년 4월과 5월 내내 계속되었다. 급진파는 공화당 상원 의원에게 상당한 압력을 넣었지만 온건파가 흔들렸다. 처음 세 가지 혐의에 대한 투표에서 7명의 공화당 의원이 민주당 의원 및 무소속 의원과 합류해 존슨이 무죄라는 데 동의했던 것이다. 투표 결과는 35대 19로서, 헌법이 요구하는 재적의원 3분의 2에 단지 1표가 부족했다. 그 후 급진파는 탄핵 노력을 중단했다.

● 대통령 탄핵 기각

⟨과거를 논하며⟩

재건(Reconstruction)

★ ★ ★

재건의 성격을 둘러싼 논쟁은 유달리 치열했다. 사실 미국 역사상 그처럼 격렬하고 지속적인 열정을 불러일으킨 쟁점도 드물다.

19세기 말과 20세기에도 역사가 사이에는 상당히 비판적인 견해가 우세했다. 윌리엄 더닝(William A. Dunning)의 《정치·경제적 재건(Reconstruction, Political and Economic)》(1907)은 이 지배적인 견해를 담은 학문적 업적이다. 더닝은 재건에 대해 복수에 불타는 북부 공화당 급진파가 피폐한 남부에 가한 부패하고 억압적인 폭행으로 묘사했다. 방종한 떠돌이(carpetbaggers)가 남부에 넘쳐흘렀고 그들이 남부를 약탈했으며, 무식한 흑인이 어울리지 않게 대거 공직을 차지하는가 하면, 재건 정부는 부패에 휩쓸렸으며 엄청난 빚에 파묻혔다는 것이다. 이러한 더닝의 해석은 수세대 동안 역사학계를 지배했고 재건에 대해 《바람과 함께 사라지다(Gone with the Wind)》라는 소설과 영화에서 묘사된 것과 같은 대중적인 이미지를 형성하는 데 영향을 끼쳤다.

위대한 흑인 학자 두보이스(W. E. B. Du Bois)는 《흑인의 재건(Black Reconstruction)》(1935)이라는 책에서 최초로 대안적인 견해를 제시했다. 즉, 재건은 남부를 더욱 민주적인 사회로 만들려는 해방 흑인(그리고 그들의 백인 동료)의 노력이었고, 여러 가지로 가치 있는 사회 혁신을 가져왔다고 주장했던 것이다. 그런데 1960년대 초에 존 호프 프랭클린(John Hope Franklin)과 케네스 스탬프(Kenneth Stampp)는, 한 세대에 걸쳐 다른 학자가 연구한 결과를 토대로 더닝의 해석을 급진적으로 수정한 새로운 재건 역사를 제시했다. 재건은 비록 결함은 있었지만 남부의 인종 문제를 해결하려는 진정한 노력이었다는 점 그리고 의회 급진파는 성인(聖人)은 아니었으나 해방 노예의 권리를 보호하는 데 진실로 관심을 가졌다는 점, 더욱이 재건은 비록 일시적이긴 했지만 남부에 중요한 진보를 가져왔으며, 당시 북부 각 주 정부의 부패와 비교할 때 남부에 그보다 더한 부패를 낳지는 않았다는 점을 부각시킨 것이다. 이처럼 수정주의자는 재건이 남부 백인에게 행한 일보다는 남부 흑인을 위해 하지 못한 일을 들어 그 비극성을 제시하고 있다. 결국 흑인의 진정한 평등을 보장하기에 재건은 너무 미약한 데다 너무 단명했다는 것이다.

더욱이 최근의 일부 역사가는, 결국 재건으로 성취된 것은 거의 없다는 수정주의자의 평가에 의문을 제기하기 시작했다. 리언 리트왝(Leon Litwack)은 《폭풍 속에 너무 오래 있었다(Been in the Storm So Long)》(1979)에서, 해방 흑인이 남부 사회 안에서 어느 정도 독립성을 확보하기 위해 재건기에 제공된 보호책을 활용했다고 주장했다. 즉, 교회를 강화하고 가족이 재결합했을 뿐 아니라, 집단 노동 체계를 복구하려는 백인 농장주의 노력에 저항했다는 것이다.

에릭 포너(Eric Foner)도 《재건 : 미국의 끝나지 않은 혁명(Reconstruction : America's Unfinished Revolution)》(1988)에서, 흑인이 짧은 시간에 자유와 독립을 향해 상당한 진전을 이루어냈으며 재건 정책의 시행 과정에도 중요한 영향을 미쳤다는 점을 강조하고 있다. 또한 "시민이자 자유 노동자로서 흑인의 권리"를 확보하려는 노력에 한해서만 재건을 "실패했다고 판가름할 수 있을 뿐"이라고 주장한다. 그러나 재건은 "훨씬 더 억압적일 수 있던 여지를 봉쇄했다. … 재건 이후의 노동 체제는 전쟁 이전처럼 철저한 감독 아래 행해지는 집단 노동으로 회귀하지도 않았고, 흑인 노동력을 완전히 박탈하거나 무력화시키지도 않았으며, 1865년과 1866년에 남부 백인이 전망했던 것처럼 강압적인 도제(徒弟)제도가 구현되지도 않았다. 흑인은 20세기 남아프리카공화국에서처럼 시민권 없이 노동 예비군으로 몰리거나 이동의 자유를 법으로 금지당하지도 않았다. … 한 번 열린 경제적 기회의 문이 결코 완전히 닫힐 수는 없었다"는 주장을 제시하고 있다.

3

재건기의 남부

재건의 입안자는 의도했던 바를 이루지 못했을 수 있다. 그렇다고 해도 재건은 남부에 중요한 영향을 미쳤다.

재건 정부

'식충이'와 카펫배거

비판자는 남부의 백인 공화당원을 부를 때 경멸하는 말로 '식충이(scalawag)'와 '카펫배거(carpetbagger)'라고 불렀다. '식충이', 즉 남부 군정 부역자들은 다수가 과거 민주당 내에서 입지가 불편했던 휘그당원이거나 노예제도가 거의 존재하지 않던 산간 오지의 농민이었다. '카펫배거', 즉 '한탕주의자'들은 북부 출신 백인으로, 서부보다 남부를 더 유망한 새 개척지로 여긴 북군의 퇴역 군인이 많았다. 그들은 전쟁이 끝나자 농장주, 사업가 혹은 전문 직업인이 되기 위해 남부에 정착했다.

남부의 공화당원 중에는 노예 출신 흑인의 수가 가장 많았는데, 그들은 대부분 정치 경험이 없었기 때문에 권한을 행사하는 법을 배울 수 있는 기관을 세우려고 했다. 여러 주에서 흑인 유권자가 미래의 진로 계획을 위해 정치 집회를 열었다. 노예해방 후 흑인은 흑인 교회를 세웠는데, 그러한 종교적 독립 역시 그들이 단합하고 자신감을 갖는 데 도움이 되었다.

재건 예찬

민주당 소속인 뉴욕 태머니홀(Tammany Hall)의 도당(徒黨) 정치인을 비판적으로 그리는 등 캐리커처로 유명했던 만화가 토머스 내스트(Thomas Nast)가 남북전쟁이 끝나고 얼마 되지 않아 재건에 대한 낙관적 예찬의 이미지를 형상화한 작품이다. 고전적인 여신이 과거 남부 연합의 각 주를 연방을 상징하는 막대기 통에 넣어 합당한 위치로 되돌리고 있다. 사실 재건은 이 희망적인 이미지가 나타낸 것보다 훨씬 더 어려운 과정이었다.

흑인은 재건기 남부 정치에서 중요한 역할을 했다. 그들은 제헌 회의에서 대표자로 일했고 사실상 모든 종류의 공직에 진출했다. 1869년에서 1901년 사이에 20명의 흑인이 미국 하원에서 활약했으며 상원에서도 2명이 활약했다. 또한 주 의회를 비롯해 다양한 주 기관에서 일했다. 재건기에 남부 백인은 '흑인 지배(Negro rule)'에 불만의 소리를 높였지만, 남부의 흑인 공직자 비율은 남부 전체 인구에서 흑인이 차지하는 비율보다 훨씬 낮았다.

재건기의 각 주 정부에 대한 평가는 복합적이었다. 비판자는 언제나 재건 정부의 부패와 재정 낭비를 비난하곤 했는데, 두 가지 모두 일리가 있었다. 그러나 사실 남부의 부패는 재건 정부에만 해당하는 일은 아니었다. 남북전쟁 이전의 남부 각 정부와 전쟁 중의 남부 연합 각 정부 내에도 비록 일부이기는 하지만 부패가 만연했다. 북부의 주 정부도 부패하기는 마찬가지였다. 재건기 남부 각 주의 지출은 전쟁 이전의 미미한 예산과 비교할 때 엄청난 것이었다. 그 엄청난 지출은 전쟁 이전에는 각 주 정부가 결코 제공하지 못했던 시급한 서비스를 남부에 제공하려는 노력이었다.

교육

재건 정부의 성과 중에 가장 중요한 것을 들라면 아마도 남부 교육의 극적인 개선이라고 할 것이다. 재건 초기 남부의 교육개혁은 대부분 해방 흑인국이나 북부의 사설 자선 단체, 해방 흑인 학교의 교사 등으로서 남부로 온 많은 북부 백인 여성과 같은 외부 집단과 흑인 스스로의 노력으로 추진되었다. 남부 백인 상당수가 그러한 교육이 흑인에게 '잘못된 평등 의식'을 심어줄 수 있다며 반대했지만, 개혁가는 해방 흑인을 위해 거대한 학교 연계망을 구축했다. 1870년까지 4,000개의 학교가 설립되어 9,000명에 달하는 교사(그중 절반이 흑인이었다)가 20만 명의 학생을 가르쳤다. 또한 남부의 재건 정부는 1870년대에 포괄적인 공립학교 체계를 구축하기 시작하여 1876년에는 절반이 넘은 백인 아동과 흑인 아동의 약 40퍼센트가 (인종별로 학교가 나뉘기는 했지만) 학교에 다니게 되었다. 좀 더 상급의 교육을 제공하는 흑인 '전문학교(academy)'도 여러 개 운영되기 시작했다. 그리고 이러한 전문학교는 점차 흑인 대학이나 대학교로 성장했다.

토지 소유와 소작

남부의 토지 소유 상태를 개혁하는 것은 해방 흑인국과 의회 내 일부 공화당 급진파의 가장 야심찬 목표였다. 하지만 그러한 노력은 실패했다. 해방 흑인국은 북군이 점령했던 지역의 버려진 플랜테이션을 몰수해 1865년 6월경 약 1만 명에 달하는 흑인 가족을 정착시켰다. 그러나 그해가 끝날 무렵 남부 농장주가 돌아와 재산 반환을 요구했다. 그러자 존슨 대통령은 농장주의 손을 들어 주었고, 정부도 결국 몰수한 토지 대부분을 원래의 백인 소유자에게 돌려주었던 것이다.

토지 개혁의 위축

그렇다고 해도 남부의 토지 분배 상황은 전쟁 이후 상당히 변화했다. 백인의 토지 소유 비율은 전쟁 이전 80퍼센트에서 재건기 말엽에 67퍼센트로 급감했다. 빚을 갚지 못하거나 인상된 세금을 내지 못해 토지를 상실한 백인도 있었으며, 척박한 소유 토지를 버리고 한결 비옥한 지역으로 이주해 토지를 임대한 백인도 있었다. 반면에 같은 기간, 흑인의 토지 소유율은 사실상 전무한 상태에서 20퍼센트 이상으로 급증했던 것이다.

<small>급속한 소작 증가</small>

　대부분의 흑인과 점점 늘고 있던 백인 소수자는 재건기에도 자기 땅을 갖지 못했으며, 1860년대에 토지를 획득한 사람 일부도 1890년대경에는 그 토지를 상실하고 대신에 여러 형태로 다른 사람 밑에서 일했다. 흑인 전체 인구의 약 25퍼센트에 달한 것으로 짐작되는 흑인 농업 노동자가 단순히 임금을 받고 일했다. 그 대부분은 백인 토지 소유자의 차지인(借地人)이 되었다. 그들은 빌린 땅을 경작하고 토지 주인에게 고정 지대를 지불하거나 수확량의 일부를 내놓았다―그래서 '소작(sharecropping)'이라는 용어를 쓴다. 그러나 흑인은 차지인이자 소작인으로서 최소한 그 토지 소유주로부터 신체적으로 독립적인 존재였으며, 대부분이 그 토지를 살 희망은 없었지만 자기 땅을 경작한다는 생각으로 일했다. 그러나 소작제는 토지 소유주에게도 이익이었다. 즉, 노예를 사거나 노예의 신체적 안녕을 책임지는 데 돈을 들일 필요가 없었던 것이다.

소득과 신용

　어떤 면에서 전후의 몇 년간은 남부 흑인이 경이적인 경제적 진전을 이루어낸 시기였다. 그들이 노예였을 때 받은 물질적 혜택을 소득으로 계산해서 비교해본다면, 흑인 1인당 소득은 1857년에서 1879년 사이에 46퍼센트가 증가한 반면, 백인 1인당 소득은 35퍼센트 감소했다. 게다가 흑인은 노예였을 때보다 일도 적게 할 수 있었다. 여성과 아이가 들판에서 일하는 경우도 줄었고, 성인 남자의 경우는 일일 노동시간이 줄었다. 전체적으로 흑인 노동력은 노예 신분으로 강제 노동을 하던 때보다 재건기에 약 3분의 1정도 노동시간이 단축되었던 것이다. 이렇게 노동시간이 감소함에 따라, 흑인의 노동 시간표와 백인 농장 노동자의 노동 시간표가 대략적으로 일치하게 되었다.

그러나 이러한 이점을 제한하는 요소도 있었다. 흑인 몫의 이윤은 증가한 반면, 남부 농업의 전체 이윤이 감소하고 있었던 것이다. 전후 몇 년간의 소득 재분배도 흑인을 가난에서 구제하지는 못했다. 흑인 1인당 소득은 백인 1인당 소득(그 자체가 낮은 수준이었다)의 4분의 1에서 전쟁 직후 몇 년 동안 2분의 1로 증가했지만, 이후로는 더 이상 증가하지 않았다.

또한 흑인이나 가난한 백인은 사실상 수확물 선취 제도의 포로가 되어버렸다. 남부의 전통적인 신용기관인 '금융회사'와 은행은 전쟁 후 거의 복구되지 못했는데, 이러한 기관을 대신해 등장한 새로운 신용 체계에 문제가 있었던 것이다. 그러한 체계는 지방 시골 잡화상이 중심이었고 농장주나 독립 상인이 그 시골 가게의 소유주였으며, 흑인과 백인, 토지 주인과 소작인이 모두 이들 상점에 의존했다. 그리고 농민은 다른 노동자처럼 일정한 현금 유통을 할 수 없었기 때문에 상인에게서 필요한 물건을 대개 외상으로 구입해야 했다. 게다가 대부분의 지방 상점은 경쟁자가 없었다. 그 결과 이자율이 50퍼센트 내지 60퍼센트로 높게 책정되었고 그마저 외상 담보로 상인에게 수확물 선취권(혹은 소유권)을 내줘야 했다―그래서 일반적

• 계속되는 흑인들의 가난

• 수확물 선취 제도

으로 이 시기 남부 농업을 설명할 때 '수확물 선취 제도(crop-lien system)'라는 용어를 사용한다. 따라서 농민은 몇 년만 수확량이 적어도 결코 헤어나올 수 없는 빚의 악순환에 갇힐 수 있었으며 실제로 그러한 일이 빈번했다.

이처럼 부담스러운 신용 제도의 결과 재건 초기에 토지를 획득했던 일부 흑인은 결국 빚더미에 올라 점차 토지를 상실했고, 남부 농민은 거의 완전히 환금작물에(거의 전부가 면화에) 의존하게 됐다. 왜냐하면 면화처럼 시장성이 높은 농작물만이 자신들을 빚더미에서 벗어나게 해줄 것 같았기 때문이다. 그러나 계속되는 면화 경작은 토양의 고갈을 가져왔다. 다시 말해서, 수확물 선취 제도는 소농의 몰락뿐만 아니라 남부 농업경제의 총체적 저하를 야기한 것이다.

자유를 얻은 흑인 가족

• 가족의 재결합

그처럼 많은 흑인이 곧바로 플랜테이션을 떠난 이유는 주로 잃어버린 친척을 찾거나 가족과 재결합하고 싶었기 때문이다. 수많은 흑인이 남편이나 아내, 아이 혹은 헤어진 친척을 찾아 남부를 떠돌았다. 그리고 예전에는 법적으로 인정되지 않았던 결혼을 교회와 법으로 인정받으려고 서둘렀다.

흑인 가족 내 여성과 남성의 역할도 백인 가족 내부의 성 역할과 급속히 닮아갔다. 많은 여성과 아이가 더 이상 들에서 일하지 않았다. 들일을 노예제도의 증표라고 믿었기 때문이다. 대신에 많은 여성이 대부분 가사에 매달렸다. 하지만 아직 흑인 여성은 종종 경제적 필요 때문에 돈이 될 만한 일을 해야 했다. 그래서 가내 하인으로

옛 여주인의 방문

남부의 백인 여성이 옛 노예들을 찾아가는 모습을 상상하여 그린 이 그림은 윈슬로 호머의 1876년 작품으로서, 남부 재건 시대의 인종간 갈등을 그리고 있다. 한때는 매우 가깝게 지냈던 여성들이지만 이제는 조심스럽게 거리를 두면서 경계하는 듯 서로를 바라보고 있다. 남부 백인들은 백인과 흑인 여성을 비교적 동등하게 그렸다는 이유로 이 그림을 비판했고, 일부 남부 흑인들은 남부 도시에서 새롭게 부상 중인 흑인 전문 직업인이 아니라 가난한 농촌 흑인을 묘사했다는 이유로 비난했다. 누군가는 "호머가 그럴 생각만 있었다면 말끔하게 차려입은 흑인을 얼마든지 찾을 수 있었다"라는 글을 쓰기도 했다.

일하거나 남의 옷가지를 세탁하고 들에서 남편의 일손을 거들었다. 재건이 끝날 무렵에는 16세 이상의 흑인 여성 중 절반이 임금을 받는 일에 종사했다.

4

그랜트 행정부

1868년, 미국의 유권자는 재건기의 난관을 잘 헤쳐나갈 강하고 안정감 있는 인물을 열망했다. 그들은 율리시스 그랜트 장군에게 신뢰를 보냈다.

군인 대통령

• 그랜트,
대통령 당선

1868년 그랜트는 어느 정당에서도 후보 지명을 받을 수 있었다. 그러나 공화당의 재건 정책이 북부에서 더 인기가 있다고 믿었기 때문에 공화당의 지명을 받아들였다. 민주당은 뉴욕 주지사를 지낸 바 있던 호레이쇼 시모어(Horatio Seymour)를 후보로 지명했다. 치열한 선거전이 펼쳐졌고 그랜트가 근소한 차이로 승리했는데, 아마도 남부 공화당의 새로운 흑인 유권자 50만 명의 표가 없었다면 이기지 못했을 것이다.

그랜트는 정치 경험이 전무한 상태에서 백악관에 입성했다. 그래서 대통령직 수행이 처음부터 서툴고 비효율적이었다. 그랜트가 국무 장관으로 임명한 해밀턴 피시(Hamilton Fish)를 제외하면, 대부분의 내각 각료가 자기 업무를 제대로 수행해낼 준비가 안 된 사람들이었다. 그랜트는 열성적으로 후원해준 기존 공화당 간부에게 주로 의존했고, 행정부에서는 대부분의 전임자보다 한결 뻔뻔스럽게 엽관제가 횡행했다. 그랜트는 또한 급진적 재건 정책을 계속 지지함으로써 이미 그런 정책에 대한 환상을 버린 많은 북부인을 소외시켰다. 일부 공화당원은 그랜트 행정부 자체도 부패한 구석이 있다며 의심의 눈길을 보냈는데, 틀린 이야기는 아니었다.

그래서 그랜트의 첫 대통령 임기가 끝날 즈음에는 공화당원의 다수, 곧 자칭 자유 공화당원(Liberal Republicans)이 소위 '그랜트주의(Grantism)'에 반대했다. 그들은 1872년, 그랜트의 재선을 막을 요량으로 공화당에서 탈당해 자체적으로 대통령 후보를 지명했다. 바로 《뉴욕 트리뷴(New York Tribune)》지의 베테랑 편집장이자 발행인인 호러스 그릴리(Horace Greeley)였다. 민주당은 자유공화당원들과 연합하면 그랜트를 누를 수 있을 것이라는 희망에서 다소 꺼리면서도 그릴리를 자당 후보로 지명했다. 그러나 허사였다. 그랜트는 선거인단 투표에서 286대 66이라는 상당한 격차로 그릴리를 눌러버렸다.

• 자유 공화당원

그랜트 스캔들

1872년의 대통령 선거 기간 중에 그랜트와 관련된 정치 스캔들이 처음으로 발생해 이후 8년 동안 그랜트와 공화당을 괴롭히는데, 그것은 유니언 퍼시픽 철도 회사 건립에 일조했던 프랑스계 크레디 모빌리에(Crédit Mobilier) 건설 회사와 관련된 것이었다. 크레디 모빌리에 회사의 임원진이 유니언 퍼시픽의 주주라는 지위를 이용해 유니언 퍼시픽이 크레디 모빌리에와 사기 계약을 맺게 함으로써 유니언 퍼시픽 철도 회사로부터 수백만 달러를 사취했던 것이다. 모빌리에 회사의 중역은 조사를 막기 위해 모빌리에 주식의 일부를 연방의회 주요 인사들에게 양도했지만, 1872년 의회는 조사에 착수했고 조사 결과 당시 그랜트의 부통령이던 스카일러 콜팩스(Schuyler Colfax)를 비롯해 일부 공화당 고위급 인사가 주식을 양도받은 사실이 드러났다.

• '위스키 일당'

그랜트의 두 번째 임기 중에 또 다른 좋지 않은 일이 일어났다. '위스키 일당(whiskey ring)'으로 활동하는 양조업자가 재무부 관리 몇 명과 짜고 가짜 세금보고서를 제출해 정부의 세금을 포탈한 사실이, 그랜트 행정부의 세 번째 재무 장관인 벤저민 브리스토(Benjamin H. Bristow)에게 발각되었던 것이다. 뒤이어 하원의 조사를 통해 육군부 장관인 윌리엄 벨크냅(William W. Belknap)이 인디언 상무관(Indian-post trader)—소위 인디언 일당(Indian ring)—의 직위를 유지시켜 주는 대가로 뇌물을 받았다는 사실도 밝혀졌다. 그 외에도 몇 가지 사소한 스캔들이 추가로 발생해서 미국인은 '그랜트주의(Grantism)' 때문에 미국 정부에 부패가 만연해졌다는 인상을 갖게 되었다.

그린백 문제

더구나 1873년 공황으로 알려진 금융 위기가 닥치면서 그랜트 행정부뿐만 아니라 미국 자체가 더욱 어려운 상황에 빠졌다. 금융 위기는 주요 투자금융회사의 하나인 제이 쿡 회사(Jay Cooke and Company)가 전후 철도 건설에 투자한 돈을 환수하지 못해 도산하면서 시작되었다. 앞서 1819년, 1837년, 1857년에도 공황을 겪기는 했지만 이번 것은 그야말로 최악이었다.

채무자는 연방정부가 전비(戰費) 충당을 위해 발행한 국채를 지폐의 일종인 그린백으로 상환해달라는 압력을 넣었는데, 그렇게 한다면 화폐 유통량이 증가할 게 뻔했다. 그러나 그랜트와 대부분의 공화당원은 금 보유고에 기초한 '건전한' 통화를 원했다. 이는 은행을 비롯한 채권자에게 유리한 방안이었다. 그때까지는 남북전쟁 중에 발행한 지폐 약 3억 5,600만 달러가 유통되고 있었으며, 1873년 재무부는 공황에 대처하기 위해 더 많은 그린백을 발행했다. 그러나 1875년에 의회의 공화당 지도자는 태환법(Specie Resumption Act)을 통과시켰다. 이 법은 정부가 1879년 1월 1일을 기해 그린백 달러를 회수하고 금 가격을 안정시켜 새 증권으로 대체해주겠다는 고시였다. 채무자가 가치가 불확실한 지폐로 빚을 상환할 것이라 걱정하던 채권자는 이 법에 만족했다. 그러나 금에 기초한 화폐는 쉽게 공급량을 늘릴 수 없었기 때문에 채무자는 '상환'에 더욱 어려움을 겪었다.

> 태환법

1875년, '그린백 지지자'는 정치조직인 전국그린백당(National Greenback Party)을 창립했다. 이 정당은 광범위한 지지를 얻지는 못했지만 화폐 문제를 계속적으로 여론화하는 데 성공했다. 이렇게 적절한 통화 구성의 문제는 19세기 후반 미국 정치에서 가장 논쟁거리가 된 문제이자 지속적으로 제기된 문제 중 하나였다.

> 전국 그린백당

공화당 외교

존슨 행정부와 그랜트 행정부는 외교 분야에서 가장 큰 성공을 거두었다. 이는 대통령의 성과가 아니라 2명의 뛰어난 국무 장관인 윌리엄 슈어드와 해밀턴 피시의 공로였다.

• 알래스카 구매

열정적인 팽창주의자인 슈어드는 재건기의 정치적 요구와 존슨 대통령에 대한 공화당의 비판이 그리 심하지 않을 경우 과감하게 행동했다. 많은 사람이 조롱섞인 말로 '슈어드의 사기(Seward's Folly)'라며 비난했지만, 슈어드는 알래스카를 720만 달러에 미국에 팔겠다는 러시아의 제안을 받아들였다. 1867년에는 하와이 서쪽 미드웨이의 조그만 섬들을 미국에 병합할 책략을 꾸미기도 했다.

• '앨라배마 소송' 해결

피쉬의 첫 번째 주요 임무는 영국과의 열띤 논란을 해결하는 일이었다. 영국 정부는 앞서 남북전쟁기에 자국의 조선소에서 앨라배마호와 같은 남부 연합의 배를 건조하도록 허용했는데, 당시 미국은 영국 정부의 이러한 행위를 중립법 위반이라고 주장했다. 그리하여 영국으로 하여금 남부 연합의 배가 입힌 손해를 책임지고 배상하라고 요구했는데, 이것이 곧 '앨라배마 손해배상 청구 소송'이었다. 몇 차례의 실패 끝에 1871년 피시는 워싱턴 조약(Treaty of Washington)이라는 합의를 이끌어냈고 이로써 이 문제는 국제 중재에 부쳐졌다.

5
재건 포기

북부가 점차 자체의 정치·경제문제에 몰두하게 되면서 재건에 대한 관심이 줄어들기 시작했다. 그랜트가 임기를 마칠 무렵, 민주당은 과거 남부 연합 주 가운데 7개 주 정부를 재장악했고 나머지 3개 주—사우스캐롤라이나, 루이지애나, 플로리다—에서는 1877년에 마지막 연방 군대가 철수하고 나서야 비로소 재건이 막을 내렸다.

'복귀된' 남부 주

백인이 주 인구의 다수를 차지했던 상남부에서 공화당의 우세를 전복시키는 일은 비교적 간단했다. 1872년에는 소수를 제외한 남부 백인 모두가 선거권을 회복했으므로 남부 백인은 이제 명백한 다수로서 조직화된 후보를 선출할 일만 남았다.

흑인이 다수이거나 두 인종의 인구 비율이 거의 같은 주의 백인은 재건 체제를 무너뜨리기 위해 폭력과 협박을 사용했다. 큐 클럭스 클랜(Ku Klux Klan, 일명 KKK단—옮긴이), 흰 동백 기사단(Knights of the White Camellia) 등 비밀결사는, 흑인의 투표를 아예 몸으로 막거나 테러를 가해 협박했다. 준군사 조직인 붉은 셔츠(Red Shirts)와 백색 연맹(White Leagues)은 무장한 채 선거를 '감시'했으며, 모든 백인 남성을 강제로 민주당에 합류시키려 했다. 그

• 큐 클럭스 클랜

러나 무엇보다 강력한 것은 경제적 압력이라는 단순한 무기였다. 일부 농장주는 흑인 공화당원에게 토지를 빌려주지 않았고 상점 주인은 더 이상 외상을 주지 않았으며, 고용주는 일자리를 주지 않았다.

공화당이 지배하는 연방의회는 이러한 억압의 물결에 1870년과 1871년의 시행법(Enforcement Acts)으로 대응했다─이 법은 큐 클럭스 클랜법(Ku Klux Klan Acts)으로 더 잘 알려졌다. 이 법이 제정됨에 따라 각 주는 인종을 이유로 유권자를 차별할 수 없게 되었고 중앙정부는 연방법에 근거해 개인의 범죄를 기소할 수 있게 되었으며, 또한 대통령은 시민권 보호를 위해 연방군을 가동할 수 있게 되었다. 그랜트 대통령은 1871년에 사우스캐롤라이나의 9개 카운티에서 이 권한을 행사했다. 이 시행법은 거의 실행되지는 않았지만 큐 클럭스 클랜의 활동을 위축시켰고, 1872년경부터는 이 비밀결사의 폭력 행사 건수가 실질적으로 줄어들었다.

북부인의 관심 저하

- 민권에 대한 관심이 줄어듦

그러나 남부의 시민권에 대한 북부의 관심은 그리 오래가지 않았다. 1870년에 헌법 수정 조항 제15조가 채택되자, 일부 개혁가는 흑인을 위한 오랜 운동이 드디어 끝났다고 확신했다. 흑인은 이제 선거권을 통해 스스로를 책임질 수 있어야 했다. 찰스 섬너나 호러스 그릴리와 같은 과거의 급진파 지도자는 이제 자유공화당원으로 자칭하며 민주당과 협력했고, 때때로 흑인 신출내기 정치인의 실정(失政)을 비난했다. 남부 내에서도 많은 백인 공화당원이 민주당으로 이적했다.

1873년 공황이 닥치면서 재건에 대한 지지는 더욱 약화되었다. 민주당은 1874년 연방 의원 선거에서 1861년 이래 처음으로 하원을 장악하는 데 성공했고 그랜트 대통령은 남부의 공화당 체제를 지원하기 위한 군사력 사용을 자제했다.

1876년 말경에는 사우스캐롤라이나와 루이지애나, 플로리다 3개 주만 공화당의 수중에 남았다. 그러나 그해 주 의원 선거에서는 민주당이 이 3개 주에서도 승리했다고 주장했다. 그러나 공화당도 승리를 주장했는데, 그들은 연방 군대의 주둔에 힘입어 의원직을 유지할 수 있었다.

1877년의 타협

그랜트는 1876년 선거에 재출마하기를 희망했지만, 그 즈음 민주당의 승리와, 그랜트 대통령 관련 스캔들에 동요한 대부분의 공화당 지도자는 그랜트의 재출마를 막았다. 대신 오하이오 주지사를 세 번이나 역임했으며 행정개혁 주창자이기도 했던 러더퍼드 헤이스(Rutherford B. Hayes)를 후보로 결정했다. 민주당은 새뮤얼 틸던(Samuel J. Tilden)을 중심으로 뭉쳤다. 틸던은 뉴욕의 개혁적인 주지사로, 뉴욕 시 태머니 홀의 부패한 트위드 도당(Tweed Ring)을 전복시키는 데 힘을 보탠 사람이었다.

선거전은 치열했지만, 후보의 정강은 차이점이 거의 없었다. 그리고 11월, 선거는 명백한 민주당의 승리였다. 틸던은 북부의 여러 큰 주와 남부를 휩쓸었고 일반투표에서 헤이스 후보를 거의 30만 표 차로 따돌렸다. 그러나 총 20명의 선거인단을 둔 루이지애나와

• 선거 결과를 둘러싼 논란

사우스캐롤라이나, 플로리다, 오리건에서 투표 결과를 놓고 논란이 일어나 선거는 의혹에 빠졌다. 만약 헤이스가 문제의 선거인 표를 모두 받아낸다면 그에게도 아직은 승산이 있었다.

특별 선거위원회

헌법에는 문제가 된 선거 결과의 타당성 여부를 결정할 어떠한 방안도 없었다. 의회가 결정할 사안인 것은 분명했으나, 상하 양원 중 어느 쪽이 결정할 것인지 혹은 어떤 방법을 통해 결정할 것인지가 명확하지 않았다(당시 상원은 공화당이, 하원은 민주당이 지배했다). 각 정당은 당연히 자당에 유리한 해결책을 지지했다. 1877년 1월, 결국 의회는 교착상태에서 헤어나기 위해 상원 및 하원 의원 각각 5명과 연방 대법원 판사 5명으로 특별 선거위원회를 구성했다. 의회는 5명의 공화당원과 5명의 민주당원을 위원회로 파견했고, 사법부는 공화계와 민주계 각각 2명과 어느 당과도 관련없는 판사 데이비드 데이비스(David Davis)를 파견했다. 그러나 데이비스 판사는 일리노이 주 의회가 자신을 연방 상원 의원으로 선출하자, 위원회에서 사임했기 때문에 공화당 성향의 판사가 데이비스의 자리를 메웠다. 위원들은 정확히 자신이 지지하는 정당의 노선에 따라 투표했다. 즉, 논란이 된 표는 8대 7로 모두 헤이스의 차지가 되었던 것이다.

그러나 의회가 이렇게 교착상태에서 벗어나게 된 것은 양당 지도자가 교묘한 물밑 협상을 진행한 때문이었다. 공화당 상원 지도자는 민주당 의사 진행 방해자가 위원회의 보고를 무산시키겠다고 위협하자, 극비리에 남부 민주당 지도자와 만나 민주당이 헤이스를 지지할 만한 조건을 협의했고 남부 민주당 의원은 협력의 대가로 공화당으로부터 여러 개의 서약을 받아냈다. 즉, 적어도 남부인 1명을 헤

노예제 폐지 이후 흑인 노동

흑인은 노예제 폐지 이후 다양한 경제활동에 종사했다. 그러나 남부 백인의 차별 대우와 그들 스스로의 교육 부족으로 다수가 허드렛일에 종사했다. 이 사진의 해방 노예처럼 많은 흑인 여성이 가족 부양을 위해 백인의 옷가지를 세탁하는 '여자 세탁부(washer women)'로 돈을 벌었다.

이스 내각에 임명하고 남부 내 연방 관리 임명권을 민주당에 넘길 것이며, 남부에 광대한 국내 개발 사업을 진행하고, 연방정부가 텍사스-퍼시픽 철도를 재정 지원할 뿐만 아니라 남부에서 연방군을 철수하겠다는 등의 내용이었다. 다수의 남부 민주당 지도자는 공화당이 제시한 연방의 남부 산업 지원 계획이 남부의 경제 발전에 도움이 될 것이라고 믿었다.

헤이스는 대통령 취임사에서 남부의 당면 과제를 "현명하고 정직하며 평화로운 지역 자치 정부"를 회복하는 것이라고 선언했다. 그는 곧 연방군을 철수시켰고, 민주당이 남부의 주 정부를 장악하도록 놔두었다. 이제 대통령이 자신의 당선을 위해 양보한 남부에 보답하고 있다는 비난이 일었다. 그러나 선거를 통해 이미 너무 많은 불신이 초래되었기 때문에 대통령 선거에 재출마하지 않겠다는 헤이스의 약속도 비판자를 달랠 수 없었다.

대통령과 공화당은 남부에 흑인의 권리를 온건하게 지지할 '새로운 공화당(New Republican)' 조직을 건설하려고 했다. 그러나 남부 백인 지도자 다수가 공화당의 경제정책에는 동조했지만, 공화당 자체를 지지하는 것은 정치적으로 불가능했다. 재건에 대한 분노가 너무 컸기 때문이다. 그리고 20세기 중반까지 살아남을 '견고한' 민주당 남부가 이미 윤곽을 드러내고 있었다.

재건의 유산

재건의
영구적 성과

재건은 인간의 존엄성과 평등을 얻어내려는 흑인의 노력에 많은 보탬이 되었다. 재건기에 상당한 소득재분배가 이루어졌으며, 한결 제한적이기는 했지만 토지소유권의 재분배도 무시할 수 없는 성과였다. 무엇보다 흑인 스스로가 사회와 문화를 형성하고 조직을 새로이 창설하거나 강화하기 위해 여러모로 노력했으며, 이러한 노력이 대체로 성공했다는 점이 가장 중요하다.

당시 대다수의 사람이 믿었던 것처럼 남부의 엘리트 백인이 재건으로 재난을 입지는 않았다. 남부 백인은 파괴적인 전쟁이 끝나고 10년여 만에 남부의 여러 기관을 재장악했으며, 전통적인 지배계급도 권력을 대부분 되찾았다. 연방정부는 남부에 어떤 근본적인 경제 개혁도 실시하지 않았으며, 노예제 폐지를 제외하고는 실제로 어떤 종류의 지속적인 정치 변화도 강요하지 않았다.

결국 재건은 그 한계 때문에 중요성이 부각되었다. 왜냐하면 그 기간에 미국은 가장 오래되고 가장 심각한 사회문제, 즉 인종 문제를 해결하려는 최초의 진지한 노력에 실패했기 때문이다. 더구나 미국의 백인은 재건 과정에 너무나 환멸을 느낀 나머지, 다시 인종적 불의에 저항해 싸우는 데 거의 한 세기를 소비했다.

• 재건의 한계

그러나 흑인은 어려운 조건에도 재건기에 많은 성과를 거두었고 자부심을 가지게 되었다. 그리고 미래 세대는 두 가지 위대한 자유 헌장—헌법 수정 조항 제14조와 제15조—에 감사할 수 있었다. 헌법 수정안 제14조와 제15조는 당시에는 대체로 무시되었지만, 후일 모든 미국인에게 새로이 자유를 안겨다줄 '제2의 재건(Second Reconstruction)'의 토대가 되었다.

6

신(新)남부

논란이 된 1876년의 선거 문제를 해결하기 위해 북부 공화당과 남부 민주당이 협력한 것은, 남부에 안정적이고 영구적인 공화당을 세우는 첫 단계로 여겨졌다. 그러나 그렇게 전개되지는 않았다. 재건이 끝나고 몇 년 동안, 남부 백인은 자신들의 권리를 실질적으로 옹호해줄 유일한 정치조직으로 민주당을 선택했다. 그럼에도 남부는 어떤 면에서 1877년 대타협을 이끌어낸 사람들이 희망했던 대로 변화해나 갔다.

'구원자'

- '자치'

많은 남부 백인이 이른바 '자치'의 복원을 환영했다. 그러나 사실상 남부의 정치권력은 곧 남북전쟁 이후 어느 때보다 더욱 한 곳으로 한정되었다. 다시 한 번 남부 대부분이 강력하고 보수적인 과두정권의 통제 아래 놓이게 되었던 것이다. 그들은 '구원자(Redeemers)' 혹은 '구체제 복귀주의자(Bourbons)'로 일컬어졌다.

일부 지역의 구원자는 전쟁 전의 그 지역 지배계급과 거의 동일 인물이었다. 예를 들어, 앨라배마 주는 예전의 농장주 엘리트가 과거의 권력을 대부분 되찾았다. 그러나 대개의 경우 구원자는 새로운 계급으로 구성되었다. 바로 상인, 산업가, 철도 개발업자, 금융가 등이었다. 그들 중 일부는 과거 농장주였거나 북부의 이주민, 남부 사

1876년 대통령 선거

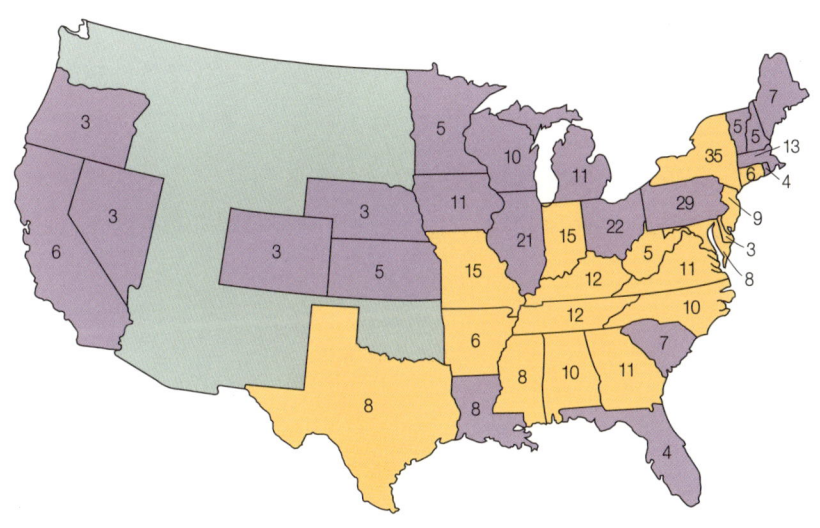

	선거인단 투표	일반투표(%)
러더퍼드 헤이스(공화당)	185	4,036,298(48)
새뮤얼 틸던(민주당)	184	4,300,590(51)

1876년 대통령 선거는 미국 역사상 가장 논란이 된 선거 중 하나였다. 1824년과 1888년, 2000년의 대통령 선거 때처럼, 일반투표에서 승리한 후보 새뮤얼 틸던이 선거인단 투표에서 단 1표 차이로 패배했다. 3월에 공식적인 대통령 취임식이 있기 하루 전까지도 누가 대통령이 될 것인가에 대한 최종 결정은 내려지지 않았다.

회의 하층에서 신분 상승한 야망 가득한 남부 백인이었다. 그들은 '자치'와 사회적 보수주의에 몰입했을 뿐 아니라 경제개발에도 많은 노력을 기울였다.

신남부의 다양한 구체제 복귀주의자 주 정부는 많은 면에서 매우 유사했다. 사실상 모든 새 민주당 체제가 세금을 인하하고 지출을 줄였으며 각 주의 업무를 과감하게 축소했다. 여러 주 정부가 잇달아 공립학교 체제에 대한 지원을 줄이거나 아예 없애버렸다.

산업화와 '신남부'

• 헨리 그래디

재건 이후 남부 백인 지도자는 남부가 왕성한 산업 경제의 본고장, 즉 '신남부(New South)'가 되기를 바랐다.《애틀랜타 헌법(Atlanta Constitution)》의 편집자인 헨리 그레이디(Henry Grady)를 비롯한 신남부 주창자는 백인의 패권에 대해서는 거의 비판하지 않았지만, 전쟁 전 남부인이 자주 비난하곤 했던 북부 사회의 특성인 절약과 근면, 진보의 미덕을 장려했다.

남부 산업은 재건 이후 눈부시게 팽창했다. 가장 눈에 띈 것은 방직 산업의 성장이었다. 과거에 남부 농장주는 면화를 외부, 즉 북부나 유럽의 제조업자에게 팔아넘기는 데 그쳤으나, 이제 남부 안에도 방직공장이 등장했다. 이 공장 다수가 풍부한 수력과 값싼 노동력의 용이한 공급, 낮은 세금과 우호적이고 보수적인 주 정부에 끌려 뉴잉글랜드에서 남부로 옮겨온 공장이었다. 그와 비슷하게 연초 처리 산업도 남부에 중요한 발판을 마련했다. 하남부, 특히 앨라배마 주의 버밍햄(Birmingham)에서는 주철 산업(나중에는 강철 산업)이 급

성장했다.

재건 후 철도 건설도 크게 늘었다. 1880년에서 1890년 사이에 남부의 철도 구간은 2배 이상 늘었다. 그리고 1886년에는 철도 궤도의 폭도 북부와 같은 기준으로 바뀌었다. 이제 남부로 향하는 화물을 남부의 경계 지역에서 다른 기차로 옮겨 실을 필요가 없었다.

• 철도의 엄청난 확장

그러나 남부의 산업 발전은 상당히 제한적이었으며, 산업화가 남부에 미친 영향도 결코 북부에 미친 영향과 비교할 수 없었다. 19세기의 마지막 20년 동안 미국 내 전체 제조업 분야에서 남부가 차지하는 비중이 2배로 증가하기는 했지만, 여전히 미국 전체의 10퍼센트에 불과했다. 남부의 1인당 국민소득도 같은 기간에 21퍼센트 증가했으나, 북부 평균 소득의 40퍼센트에 지나지 않았다. 그 이전 1860년에만 해도 북부 평균 소득의 60퍼센트가 넘었다. 그리고 가장 급속하게 발전한 영역인 방직, 제철, 철도 산업도 자본의 대부분을 북부가 출자했기 때문에 이윤도 북부로 흘러들었다.

이렇게 산업이 성장함에 따라, 남부는 처음으로 상당한 산업 노동력을 충원해야 했다. 처음부터 공장노동자는 대부분 여성이었다. 남북전쟁에서 많은 남자가 부상을 입거나 사망하면서 수많은 미혼 여성에게 직장이 절실해졌기 때문이다. 노동시간은 종종 하루에 12시간이나 일할 정도로 길었고, 임금도 북부보다 훨씬 낮았다. 산업가가 남부에 끌렸던 가장 큰 이유도 북부 노동자 임금의 절반 정도만 지급하면 노동자를 고용할 수 있었기 때문이다. 그리고 대부분의 공장 지대에서 공장주와 감독관은 공장 생활을 엄격히 통제했다. 그들은 노동자가 항의한다거나 노동조합을 결성하려는 낌새만 보여도 철저히 탄압했다. 회사 상점은 노동자에게 높은 가격으로 상품을 팔

• 노동 착취

15장 재건과 신(新)남부 | 227

"이것이 공화주의 형태의 정부인가?"

뉴욕의 예술가이자 만화가인 토머스 내스트(Thomas Nast)는 1876년 재건의 종식을 이 신랄한 만화로 풍자했다. 내스트는 《하퍼스 위클리(Harper's Weekly)》라는 잡지에 실린 이 만화를 통해 국가에 대한 실망감을 표현했는데, 그는 국가가 아직 정당한 권리를 보장받지 못한 해방 노예를 배신했다고 생각했다. 만화에는 다음과 같은 설명이 붙어 있다. "이것이 생명, 자유 혹은 재산을 보호하는 것인가? 이것이 법 앞의 평등한 보호인가?"

았고, 외상을 줄 때도 엄청난 이자율을 적용했으며, 공장주는 자기 지역에 다른 경쟁 상점이 들어설 수 없도록 막았다.

방직업과 같은 일부 산업은 사실상 흑인 노동자를 고용하지 않았으나, 연초, 주철, 목재 등의 산업은 수는 적지만 흑인을 고용하기도 했다. 따라서 일부 공업 타운은 흑인 문화와 백인 문화가 밀접하게 접촉하는 장소였다. 그러나 이러한 문화의 병존은 오히려 인종 화합을 가로막았다. 백인 지도자는 백인의 우월성을 보호하기 위해 추가 조치를 결심하게 되었기 때문이다.

임차농과 소작인

재건 후 남부의 피폐해진 농업이야말로 가장 중요한 경제 현실이었다. 1870년대와 1880년대에는 전쟁이 끝난 직후부터 시작된 과정이 더욱 가속화되었다. 남부의 많은 지역에서는 토지 임대제와 채무 노역제가 시행되었으며, 재배 작물도 한정되어 몇 안 되는 환금작물에 의존했다. 하지만 비옥한 농장 토지를 소유한 부재지주는 늘어났다. 재건기에는 아마도 남부 농민의 3분의 1 이상이 임차농(tenants)이었고, 1900년에는 그 비율이 70퍼센트까지 증가한 것으로 보인다.

임대 제도의 형태도 여러 가지였다. 농기구와 장비, 가축을 소유한 농민은 대개 지대를 매년 현금으로 지불했다. 그러나 대부분의 흑인을 포함한 많은 농민은 돈도 장비도 전혀 없었다. 지주는 그들에게 토지와 허름한 집, 몇 점의 농기구, 씨앗 그리고 가끔은 노새도 1마리 제공했는데 농민은 그에 대한 보답으로 지주에게 매년 상당

• 피폐해진 농업

량의 수확물을 약속했다. 하지만 지주나 지방 조달 상인(그들은 종 종 동일인이었다)에게 지대와 외상값을 지불하고 나면, '소작농'에 게는 내다 팔 수확물이 거의 남지 않았다.

흑인과 신남부

'신남부 신조(信條)'는 백인만의 것이 아니었다. 흑인도 진보와 자기 개선이라는 청사진에 매료당했다. 일부 흑인은 독자적인 중간 계급으로의 신분 상승에 성공했다. 그들은 갖은 노력을 다해 재산을 모았거나 또는 작은 사업을 시작했거나 전문 직업을 갖게 된 해방 노예(혹은 그 후손)였다. 새롭게 등장한 이 흑인 집단은 교육이 자기 인종의 장래를 결정짓는다고 굳게 믿고 재건기에 중요한 교육 체제로 뿌리 내린 흑인 대학과 전문 학교망을 확장시켜나갔다.

앨라배마 주의 터스키기 기술학교(Tuskegee Institute)의 설립자이자 학교장인 부커 워싱턴(Booker T. Washington)은 이러한 교육에 전념한 대표적 인물이었다. 노예 출신인 워싱턴은 버지니아의 햄프턴 학교(Hampton Institute)에서 교육을 받은 이후 가난에서 벗어났다. 그는 다른 흑인에게도 자기 개선을 위해 같은 길을 따르라고 촉구했다.

워싱턴의 메시지는 신중하고 희망적이었다. 흑인은 학교에 입학해 기술을 배우고 농업과 상업에 확고히 발디뎌야 하며, 인문교육이 아니라 실업교육을 목적으로 삼아야 하고 더 나아가 말을 세련되게 하고 옷차림을 단정히 하며 검약의 습관을 기르고 청결함을 유지해야 한다는 것이 그의 주장이었다. 한마디로 흑인은 백인 중간 계층

터스키기 기술학교(1881)

부커 워싱턴의 터스키기 기술학교는 앨라배마에서 이렇게 소박하게 시작했지만 흑인에게 기술 및 산업을 가르치는 유명한 학교가 되었다. 이 학교는 대부분의 대학이 가르치는 전통적인 인문교육 과정을 의도적으로 경시했다. 워싱턴은 인문 소양보다는 실용 기술을 익히는 것이 중요하다고 생각했다.

의 기준을 채택해야 한다는 이야기였다. 워싱턴은 그래야만이 백인도 흑인을 존중할 것이라고 했다.

1895년 워싱턴은 조지아 주에서 행한 유명한 연설에서, 향후 애틀랜타 타협(Atlanta Compromise)이라고 널리 알려져 논란거리가 된 인종 관계론의 밑그림을 그렸다. 그는 흑인은 정치적 권리를 위한 선동을 그만두고 자기 발전과 평등을 위한 준비에 전념해야 한다고 주장했다. 워싱턴은 이로써 흑인의 교육 기회를 차단하고 경제적 성취를 저지하려는 백인에게 강력한 도전장을 던진 셈이었다. 그러

• 애틀랜타 타협

나 그의 메시지는 당시 남부 각 주 정부가 구축하고 있던 인종 분리 체제에 흑인이 도전하지 않을 것임을 백인에게 확신시키려는 의도도 있었다.

'짐 크로우'의 탄생

남부의 백인 중 인종 평등 이념에 동조하는 사람은 매우 드물었다. 흑인이 해방 후에 어떤 법적·정치적 권리를 획득한 것이 있다면, 그것은 대부분 스스로의 노력과 연방정부의 중요한 지원이 이루어낸 결과였다. 그러나 외부 지원은 연방군이 남부에서 철수하고 연방 대법원이 헌법 수정 조항 제14조와 제15조의 의의를 아예 무색하게 만들어버린 1877년 이후 완전히 사라졌다. 1883년 연방 대법원은 소위 민권 관련 사건에서 헌법 수정 조항 제14조가 주 정부의 인종차별은 금지하지만, 사조직이나 개인의 인종차별에는 제재를 가하지 않는다고 판결했다.

• 플레시 대(對) 퍼거슨 사건

결국 대법원은 인종 분리를 제도화하는 주 법령마저 유효화하기에 이르렀다. 1896년의 플레시 대(對) 퍼거슨(*Plessy v. Ferguson*) 사건은 인종에 따라 기차 좌석을 분리 배치하도록 규정한 루이지애나 주 법령에 관한 재판이었다. 대법원은 여기서 시설에 별반 차이가 없다면 단순한 분리 배치만으로는 흑인의 평등권을 빼앗는 행위로 볼 수 없다고 판결했다. 커밍 대(對) 카운티 교육청(*Cumming v. County Board of Education*) 사건(1899)에서는 유사한 흑인 학교를 세우지 않아도 백인만을 위한 학교를 따로 세울 수 있다고 판결했다.

남부의 백인은 이러한 법원 판결이 있기 전부터 가능한 한 인종을 분리하기 위해 애써왔으며, 특히 흑인의 투표권을 박탈하려고 했다. 일부 주에서는 재건이 끝나자마자 흑인의 투표권을 박탈하기도 했다. 그러나 재건 후에도 상당 기간 동안 흑인이 투표권을 보유한 주가 많았다. 이는 보수적인 백인이 흑인 유권자를 통제할 수 있다고 생각하여 민주당을 장악하려는 가난한 백인 소농의 시도를 꺾는 데 흑인 유권자를 이용하려 했기 때문이다.

그러나 1890년대에는 선거권 제한이 훨씬 엄격해졌다. 이 시기에 일부 백인 소농은 흑인의 선거권을 완전히 박탈하라고 요구했다. 왜냐하면 구체제 복귀주의자가 백인 소농에게 불리하도록 흑인 표를 이용한다는 사실을 알았기 때문이다. 동시에 보수적인 지도층 다수는 가난한 백인과 흑인이 정치적으로 연합해 대항해올지도 모른다고 우려했다.

• 흑인 선거권 박탈

남부는 흑인 남성의 선거권을 박탈할 방안을 찾는 과정에서, 인종을 근거로 투표권을 박탈하는 행위를 금지한 헌법 수정 조항 제15조를 피해 갈 방법을 찾아야 했다. 1900년에 조금 앞서 이 목적을 달성할 만한 두 가지 방안이 대두했다. 하나는 인두세 혹은 어느 정도 재산 소유를 요구하는 방안이었는데, 흑인 중에 그러한 요구 조건을 충족시킬 정도로 부유한 사람이 드물었기 때문이다. 다른 하나는 '문자 해독력' 혹은 '이해력' 시험을 실시하는 방안이었다. 즉, 유권자는 헌법 구절을 읽고 해석할 수 있는 능력을 보여야 했다. 하지만 글을 읽고 쓸 줄 아는 흑인조차 백인 관리가 내는 어려운 시험을 통과하기는 힘들었다. 이 방안은 흑인뿐만 아니라 가난한 백인 유권자에게도 영향을 미쳤다. 1890년대 말 흑인 유권자는 62퍼센트나 감소했으며, 백인 유권자도 26퍼센트 감소했다.

• 짐 크로우법

이렇게 선거권을 제한하고 인종별로 학교를 분리 설립하도록 허용한 몇 가지 법도 소위 '짐 크로우(Jim Crow)법'으로 알려진 남부의 각 주 및 지방 법령의 체제에 비하면 일부에 불과했다. 20세기 초에는 이미 다양한 법령 체제를 통해 남부인의 거의 모든 생활 영역에 교묘한 인종 분리 시도가 제도화되기에 이르렀다. 흑인과 백인은 같은 철도 칸에 탈 수도, 같은 대기실에 앉을 수도 없었으며 같은 화장실을 사용할 수 없고 같은 음식점에서 먹거나 같은 극장에 앉을 수도 없었다. 흑인은 공원과 해변 혹은 피크닉 장소에도 들어갈 수 없었다. 또한 많은 병원에서 출입을 금지당했다. 이와 같은 새로운 법 구조는 이미 남부에서 광범위하게 행해지던 사회적 관행을 확인한 것에 불과했다. 그러나 짐 크로우법은 흑인이 19세기 말에 거두어들인 온건한 사회적·경제적·정치적 열매를 대부분 빼앗아버렸다.

이 과정에는 법적인 노력 이상이 투여되었다. 1890년대에는 백인이 흑인에게 폭력을 휘두르는 사건이 급증했는데, 폭력은 짐 크로우법과 함께 평등한 권리를 요구하는 흑인의 저항을 짓밟는 데 한몫했다. 최악의 폭력, 즉 백인 폭도가 흑인에게 린치를 가하는 행위가 놀라운 수준에 도달했다. 1890년대에는 미국 전체에서 매년 평균 187건의 린치가 있었는데, 그중의 80퍼센트 이상이 남부에서 발생했고 최대의 희생자는 물론 흑인이었다. 린치에 가담한 사람은 자신들의 행동을 합법적인 집행이라고 생각했다. 그리고 실제로 린치의 대상이 된 사람 중 일부는 죄를 범한 사람이었다. 그러나 린치는 백인이 테러와 협박을 동원해 흑인을 통제하는 수단에 지나지 않았다.

린치는 다른 형태의 인종적인 부당 행위와는 달리 많은 미국 백인의 양심에 충격을 주었다. 1892년, 열성적인 흑인 언론인 아이다 웰스(Ida B. Wells)는 고향인 테네시 주 멤피스에서 친구 3명이 린치를 당하자, 일련의 열정적인 비난 기사를 실으면서 국제적인 린치 반대 운동을 전개하기에 이르렀다. 이 운동은 20세기 초 북부와 남부의 백인(특히 여성)으로부터 상당한 지지를 끌어내면서 점차 힘을 결집해나갔다. 운동의 목표는 연방 차원의 린치 금지법의 제정이었다. 이는 남부의 주 정부와 지방정부가 꺼려 하는 일을 연방정부가 하도록 만들려는 것으로 린치 책임자에 대한 처벌 규정을 마련하는 일이었다.

그러나 백인이 대체로 흑인에 대한 억압을 지지했다는 사실을 고려하면 상당수 백인의 린치 반대는 예외적인 현상이었다. 사실 백인 우월주의에 대한 공감은, 남북전쟁 이전 시기처럼 재건기 이후에도 가난한 백인과 소수 구체제 복귀주의자 지배자 간의 계급적 적대감을 희석시키는 데 도움이 되었다. 남부의 정치 현실에서는 경제문제도 인종만큼 관심을 불러일으키지는 못했기 때문이다. 따라서 남부인은 인종을 막론하고 모두에게 영향을 미치고 있던 심각한 사회적 불평등에 주목하지 못했다.

결론

재건기는 미국 역사에서 매우 중요한 시기였다. 워싱턴과 남부 전역에서 치열한 정치투쟁이 전개되었고, 이는 앤드루 존슨 대통령을 탄핵하려는 노력이 실패하면서 절정에 도달했다. 그러나 오랜 유혈 전쟁 이후 국가를 재결합하려는 노력이 가져온 가장 중요한 결과는 미국 전역에서 보통 사람의 삶이 완전히 새로워졌다는 점이다.

　북부의 재건은 공화당의 힘을 강화시켰다. 북부 경제는 급속하게 팽창했고 점점 많은 북부인이 번성하는 상업 세계 속으로 빨려 들어갔다.

　남부의 재건은 백인과 흑인의 관계를 근본적으로 재조정했다. 흑인은 비록 잠시 동안이지만 정치에 적극적이고 효과적으로 참여할 수 있었다. 몇 년간 흑인이 광범위하게 투표에 참여했고 상당수가 공직에 진출했다. 그러나 백인 우월주의가 강화되면서 대부분의 흑인이 남부 정치 세계의 변방으로 밀려났고, 대체로 1960년대까지는 상황이 별로 변하지 않았다.

　달리 말해서, 남부 흑인의 삶은 극적으로 그리고 영구히 변화했다. 엄청난 수의 흑인이 플랜테이션을 떠나 일부는 타운과 도시에서 일자리를 구했고 일부는 남부를 완전히 떠났다. 그러나 흑인 절대다수는 작지만 자기 농지에서 농사를 짓기 시작했다. 그들은 토지 소유주가 된 드문 경우를 제외하면, 대부분이 백인 소유의 땅에서 임차농이나 소작농으로 일했고 그 결과는 빚더미에 몰린 경제적 예속으로 나타났다. 이는 노예제도라는 법적인 예속에 비해 단지 조금 덜 억압적일 뿐이었다. 하지만 흑인은 그러한 체제에서도 노예제에서보다 훨씬 더 확장된 범위의 사회적·문화적 활동 영역을 구축했다. 흑인 교회는 사람들로 넘쳐났다. 여러 공동체가 흑인 학교를 세웠고 이런 지역에는 흑인 대학도 들어서기 시작했으며, 일부 해방 노예는 사업을 일으켜 성공하기도 했다.

　남부의 산업과 상업을 증진시키려는 '신(新)남부' 옹호자의 끈질긴 노력은 여러 면에서 중요한 결과를 가져왔다. 그러나 남부는 대체로 과거의 모습 즉, 계급 구분이 뚜렷한 농본 사회 그대로였다. 또한 남부 백인은 흑인을 열등한 지위에 묶어두려고 애썼고, 1890년대와 20세기 초에 정교하고 합법적인 분리체계('짐 크로우'법)를 수립하기에 이르렀다. 이렇게 해서 위대한 재건의 약속인 헌법 수정 조항 제14조와 제15조는 19세기가 끝날 때까지 남부 대부분의 지역에서 생명력을 가지지 못했다.

1862	1865 -1867	1866	1869	1873	1874	1876
홈스테드법	인디언 부족과의 전쟁	서부의 소 방목업 호황 시작	대륙횡단 철도 완공	철조망 발명	블랙힐스 골드러시	리틀 빅혼 전투

16장
극서부 정복

미국의 진보(1872)

뉴욕 브루클린의 예술가인 존 개스트(John Gast)는 여행 안내서 출판업자의 요청을 받고 서부 개척에 대한 찬사를 이런 그림으로 표현했다. 이 그림에는 강인한 개척자가 진보의 여신의 보호를 받으며 프런티어를 향해 나아가고 있다. 당시 이 그림을 개작한 판화가 한 여행 안내서에 실렸고, 다른 안내서를 구독하는 소비자에게도 컬러로 된 복사판을 보너스로 주었다. 이는 19세기 말경에 철도, 토지 소유자, 농장비 생산업자 및 여행 안내서 출판업자 들이 서부 준주로 미국인 이주자를 끌어들이기 위해 광범위하게 전개했던 선전 활동의 한 사례다.

1877	1882	1885	1887	1889	1890	1893
사막 경지법	중국인 입국 불허법	마크 트웨인, 《허클베리핀》	도우스법	백인 정착민에게 오클라호마 지역 개방	운디드니 전투	터너의 '프런티어 테제'

1840년대 중반에는 동부에서 온 이주민이 상당수 서부에 정착했다. 농민과 목장인, 광부 들은 모두 서부에서 기회를 찾았다. 남북전쟁이 끝날 무렵이면 이미 서부는 동부에서 전설이 되어 있었다. 이제 서부는 더 이상 미국의 거대한 불모지가 아니라 '프런티어'였다. 정착과 문명을 기다리는 땅, 부와 탐험과 기회의 땅 그리고 방해받지 않는 개인주의의 땅이었다.

사실 19세기 중엽의 서부의 현실은 그 대중적 이미지와는 거리가 멀었다. 서부는 서로 다른 지역과 기후를 가진 땅이자 다양한 천연자원의 보고(寶庫)였다. 게다가 사람들도 광범위한 지역에 흩어져 살았다. 19세기 말에 영어권 이주민이 찾은 서부는 더 이상 텅 빈, 황량한 대지가 아니었다. 서부는 인디언, 멕시코인, 프랑스계 캐나다인, 영국계 캐나다인, 아시아인 등이 수세대 동안 가족과 함께 살아온 곳이었다.

1
극서부 사회

극서부는 사실 기후나 토양이 각양각색이었다. 미국에서 가장 건조한 지역이 있는가 하면, 가장 습하고 울창한 곳도 있었다. 가장 평평한 평원도 있고 가장 높은 산도 있었다. 그곳에 사는 사람들 역시 다양했다.

서부 인디언 부족

백인이 동부에서 대규모로 이주하기 전까지 서부에서 가장 수가 많고 중요한 인구는 인디언이었다. 그들 중에는 미시시피 강 서쪽으로 강제 이주를 당한 동부의 인디언 부족도 있었으나 대부분은 서부의 토착 부족이었다.

서부의 인디언 부족은 다양한 유형의 문명을 일구어왔다. 스페인 정착민이 도래하기 전에 이미 30만 명 이상의 인디언이 태평양 연안 지역에 살고 있었다. 세라노(Serrano), 추마시(Chumash), 포모(Pomo), 마이두(Maidu), 유로크(Yurok) 그리고 치누크(Chinook) 부족으로 어로와 수렵, 원시적인 농경으로 생계를 유지했다. 남서부의 푸에블로(Pueblos) 부족은 오랜 세월 동안 대체로 농사를 지으며 영구 정착지를 이루어 살았다.

서부에서 가장 거대한 인디언 집단은 플레인스(Plains), 즉 평원

> 평원
> 인디언

(平原) 인디언이었다. 사실 그들은 매우 다양한 부족과 언어 집단으로 구성되어 있었다. 일부는 농민으로서 어느 정도 정착 생활을 했지만, 대다수는 버펄로(buffalo)를 사냥해서 생계를 유지했다. 인디언은 부족 단위로 수는 적지만 힘이 좋은 말을 타고 버펄로 떼를 따라 초원을 가로지르며 이동했다. 버펄로 무리가 멈출 때면 일시적인 거주지로 티피(tepee)를 세웠다. 버펄로는 평원 인디언의 경제적 토대였다. 버펄로 고기는 그들의 주식이었고 가죽은 옷과 구두, 티피, 담요, 겉옷, 용기들을 만드는 데 사용했다. '버펄로의 말린 똥'은 연료로 이용했으며, 뼈는 칼과 화살촉을 만들어 썼고 그 힘줄로는 활시위를 만들었다.

> 인디언들의
> 불리한 처지

평원 인디언 전사는 백인 정착민에게 가장 무서운 적이었다. 그러나 부족의 구성이 다양해서 대개는 백인의 공격에 맞서 단결할 수 없었다. 그리하여 어떤 부족의 경우 경쟁 관계에 있는 부족 출신의 안내자나 심지어 전사의 도움을 받는 백인 세력과 대적해야 할 때도 있었다. 그러나 분열을 극복하고 효율적으로 단결한 부족도 있었다. 예를 들어, 19세기 중엽에 수(Sioux), 아라파호(Arapaho), 샤이엔(Cheyenne) 부족은 강력한 동맹을 맺어 북부 평원을 지배했다. 하지만 이러한 동맹으로도 인디언 부족의 가장 큰 약점이었던 생태적·경제적 열세를 극복할 수는 없었다. 인디언은 동부에서 들어온 전염병에 속수무책이었다. 예를 들어 1840년대에 네브래스카에 살던 포니(Pawnees) 부족은 천연두 때문에 다수가 목숨을 잃었다. 게다가 백인과 장기전을 치러야 할 경우에도 매우 불리했다. 이는 물론 백인이 경제적·산업적으로 인디언보다 훨씬 앞서 있었기 때문이다. 결국 인디언은 백인의 수와 화력에 압도당했다.

히스패닉 뉴멕시코

　극서부 대부분의 지역은 수백 년 동안 스페인 제국의 일부였고 나중에는 멕시코 공화국의 영토가 되었다. 미국이 1840년대에 극서부로까지 영토를 확장했는데, 이때 그 지역의 많은 멕시코 주민도 함께 편입시켰다.

　뉴멕시코의 스페인어권 사회의 중심은 스페인 사람이 17세기에 설립한 다양한 농장 공동체와 무역 공동체였다. 초기의 스페인 정착민 후손과 그 무렵 멕시코에서 이주해 온 사람은 주로 소와 양을 키우는 목장일에 종사했다. 미국이 멕시코와 전쟁을 치른 후에 뉴멕시코를 획득하자, 전쟁 당시 뉴멕시코에서 군대를 통솔했던 스티븐 커니(Stephen Kearny) 장군은 그 지역의 5만 명이 넘는 히스패닉계 미국인을 무시하고 대략 1,000명에 지나지 않는 영국계 미국인을 기반으로 준주 정부를 세우려 했다. 이에 따라 히스패닉계 주민과 인디언은 뉴멕시코의 새로운 미국인 지배자가 자신들의 토지를 몰수할 것이라는 공포에 휩싸였다. 그리하여 새로운 정부가 들어서기 전인 1847년에 타오스(Taos)의 인디언이 반란을 일으켜 새로운 준주의 지사를 비롯한 영국계 미국인을 살해하는 사건이 발생했다. 이 반란은 미국 육군에 의해 진압되었으며, 뉴멕시코는 이후 3년 동안 군정의 지배를 받았고 1850년에는 준주 정부가 수립되었다. 미 육군은 마침내 뉴멕시코의 나바호(Navajo), 아파치(Apache)를 비롯한 그 지역 인디언 부족을 눌렀다. 인디언 부족의 패배로 상당수 멕시코계 인구도 남서부의 다른 지역과 북으로 콜로라도까지 이주했다.

　1880년대와 1890년대 초, 남서부 지역에 철도가 건설되자마자 이

타오스 부족의 반란

지역에는 영국계 미국인의 수가 급증했으며, 철도 건설과 함께 목장, 농장, 탄광도 크게 늘었다. 남서부의 경제활동이 활발해지자 멕시코 이주민이 일자리를 찾기 위해 국경을 넘어 대거 이 지역으로 몰려들었다. 하지만 영국계 기업 경영주는 대부분의 멕시코인을 가장 불안정하고 임금이 낮은 일에 고용했다.

히스패닉 캘리포니아와 텍사스

• 앵글로 아메리칸의 쇄도

가톨릭교회가 태평양 연안 지역에 대한 선교 활동을 시작하면서 스페인 사람이 캘리포니아에 몰려들기 시작했다. 정착민과 함께 온 선교사와 군인은 회유와 강요로 연안 지역 대부분의 인디언을 스페인 공동체로 끌어모았다. 하지만 멕시코의 새 정부가 교회의 세력을 줄이기 시작한 1830년대 이후 선교촌 사회는 대체로 붕괴되었다. 그 자리에 세속적인 멕시코 귀족이 나타나서는 시에라(Sierra) 산맥 서쪽의 토양이 비옥한 거대한 영지를 차지했다. 미국이 캘리포니아를 획득한 것은 그들에게 재난이나 다름없었다. 영어를 사용하는 이주민의 숫자가 너무 많아, 그 지역 히스패닉계 주민으로 알려진 칼리포르니오스(*californios*)는 쇄도에 저항할 힘이 없었다. 영어를 사용하는 투기자는 골드러시 당시 주민을 금광에서 쫓아버리기 위해 때로는 폭력을 동원하기도 했다. 또한 부패한 뒷거래나 노골적인 강탈로 인해 많은 칼리포르니오스가 자기 토지를 상실했다.

멕시코인과 멕시코계 미국인은 점차 캘리포니아 노동계급의 하층으로 밀려났고, 로스앤젤레스 등지에의 스페인어 통용 구역인 바리오(*barrios*)에 집단적으로 거주하거나 떠돌이 농장 근로자로 일했다. 온갖 노력을 기울여 작지만 자신의 농지를 지켜온 히스패닉계 소지주도 가축을 기를 수 없었다. 왜냐하면 얼마 전까지만 해도 공유지였던 목초지가 강력한 영국계 목장주의 손에 들어갔기 때문이다.

텍사스도 미국에 합류한 이후 유사한 상황이 발생했다. 많은 멕시코계 지주가 토지를 잃었는데, 일부는 사기를 당하거나 강압에 못 이겨 싼값에 땅을 넘겼으며, 최고의 자산가로 꼽혔던 멕시코계 목장주조차 흥기하는 영국계 미국인의 거대한 목장 왕국과는 경쟁 상대가 되지 못해 땅을 잃었다. 1859년, 분노한 멕시코계 주민이 목장주 후안 코르티나(Juan Cortina)를 따라 브라운스빌(Brownsville)에 있는 감옥을 급습해 그 안에 갇혀 있던 모든 멕시코계 죄수를 풀어 주었다. 그러나 장기적으로 그러한 저항은 아무런 효과도 없었다. 남부 텍사스의 멕시코인도 캘리포니아의 멕시코인처럼 대체로 비숙련 농장 노동자나 공장 노동자로 분류되어 점차 가난한 노동계급으로 전락했던 것이다.

• 억압당하는 히스패닉

중국인의 이주

가난하거나 야망을 가진 유럽인이 새로운 기회를 찾아 대서양을 건너 신세계로 향하던 바로 그 순간에 많은 중국인도 더 나은 삶을 꿈꾸며 태평양을 건너고 있었다. 중국인 이민자가 모두 미국으로 온 것은 아니다. 많은 중국인이 하와이와 호주, 라틴아메리카, 남아프리카, 심지어 카리브 해 지역으로까지 이주했고, 일부는 노예와 비슷한 조건의 계약 노동자인 '쿨리(coolie)'가 되었다.

• 중국인
이민의 증가

　일부 중국인은 골드러시가 시작되기 전에 이미 미국의 서부로 왔지만, 1848년 이후부터 유입 인구가 폭발적으로 증가했다. 그리하여 1880년경에 이르면 20만 명이 넘는 중국인이 미국에 정착하게 된다. 이들은 거의가 자유노동자로 온 사람이었다. 한동안 미국의 백인은 중국인을 양심적이고 근면한 사람으로 생각하여 환영했다. 그러나 백인의 태도는 곧 적대적으로 변했다. 이는 부분적으로 중국인이 매우 근면해 성공하는 경우가 많았고, 이에 미국의 일부 백인이 그들을 경쟁자로 인식하기 시작했기 때문이다.

　1850년대 초에는 수많은 중국인 이민자가 금 사냥에 합류했다. 중국인은 대부분 잘 조직된 근면한 시굴자(試掘者)였으며, 한동안 제법 성공을 거둔 사람도 있었다. 그러나 중국인이 금광에서 성공할 기회는 곧 사라져버렸다. 1852년 캘리포니아 주 의회가 '외국인 광부'에게 세금을 부과함으로써 중국인을 금광에서 쫓아내려고 했기 때문이다. 이 차별법의 영향과 백인 광부의 적대감 그리고 표층 광산의 이윤 감소로 중국인은 점차 채광 유망지 밖으로 쫓겨났다.

• 대륙
횡단 철도

　중국인은 부의 원천이자 직장이던 광산에서 쫓겨나자, 대거 철도 건설 현장에 뛰어들었다. 1865년부터 1만 2,000명이 넘는 중국인이 대륙횡단철도의 건설 현장에서 일했다. 센트럴 퍼시픽 회사 노동력의 90퍼센트가 사실상 중국인 노동자로서 그 회사는 백인 노동자보다 중국인 노동자를 선호했다. 중국인은 열심히 일하면서도 요구 사항이 거의 없었고 상대적으로 낮은 임금을 받고도 기꺼이 일하려 했기 때문이다.

　센트럴 퍼시픽 회사의 건설 현장에서 하는 일은 고되고 때로는 위험하기까지 했다. 겨울에는 많은 중국인이 밤에 따뜻한 잠자리를

샌프란시스코의 중국인 가족

19세기 말, 수많은 미국인처럼 중국인도 가족과 함께 포즈를 취하고 사진찍기를 좋아했다. 그리고 그 사진을 중국에 있는 친척에게 보내곤 했다. 천덕친(Chun Duck Chin)과 그의 7살 된 아들 천잔윳(Chun Jan Yut)이 함께 포즈를 취한 이 사진은 1870년대에 샌프란시스코의 한 사진관에서 찍은 것이다. 아버지와 아들 모두 사진을 찍기 위해 특별히 중국의 전통 의상을 입었고, 사진관은 매우 전형적인 중국식 배경을 제공했다. 사진에서 아들은 닭처럼 보이는 물건을 손에 들고 있는데, 이는 아마도 중국에 있는 친척에게 자신의 가족이 부유하다는 인상을 주기 위해서였던 것 같다.

마련하기 위해 눈더미 속에 굴을 파고 그 안에 들어가 잠을 청하곤 했는데, 굴이 무너져 그 안에서 잠자던 사람이 질식사하는 사고가 자주 일어났다. 1866년 봄, 5,000명의 중국인 철도 건설 노동자들이 이런 비참한 노동조건에 항의해 임금 인상과 노동시간 단축을 요구하며 파업에 돌입했다. 하지만 그들은 회사가 보낸 파업 분쇄자(strikebreakers)에게 둘러싸여 고립되었고, 회사는 이들이 항복할 때까지 음식물을 공급하지 않았다. 파업은 실패했고 대부분의 노동자는 일터로 복귀할 수밖에 없었다.

• 차이나타운

    1869년에 대륙횡단철도가 완공되자, 수많은 중국인이 일자리를 잃었다. 일부는 농사일로 옮겨갔지만 대개 머슴노릇하는 것이나 다름없었다. 그러나 중국인은 점차 도시로 몰려들었다. 당시 가장 큰 중국인 공동체는 샌프란시스코에 있었다. 중국인 공동체는 샌프란시스코를 비롯한 서부 전역의 '차이나타운'에서 자선단체와 비슷한 기능을 하는 조직 주변을 맴돌았고, 동부 지역 여러 도시의 이민 공동체에서 정치조직이 했던 역할을 수행했다. 공동체는 종종 이름난 상인 ― '6인방(Six Companies)'으로 알려진 샌프란시스코의 대표적 상인은 도시와 주의 거대 공동체에서 자신들의 이해를 증진하기 위해 함께 일했다 ―이 이끌었는데, 이들 조직은 사실상 고용 알선인이나 노조, 쟁의 조정가 또는 외부의 박해로부터 공동체를 방어하는 수호자의 역할을 하였으며, 사회복지 사업을 펼치기도 했다. 또한 세련된 축제와 경축 행사를 마련하기도 했는데, 축제나 행사는 차이나타운의 특징이자 생활의 중요한 일부였다.

    중국인이 만든 조직 중에는 비밀결사(tong)도 있었다. 그리고 그 중 일부는 폭력적인 범죄 조직으로 아편 무역과 매춘에 개입했다.

중국인 공동체 외곽에 있는 사람은 경쟁 관계에 있는 결사끼리 폭력전을 벌일 때 말고는 비밀 결사가 존재한다는 사실조차 몰랐다.

중국인은 샌프란스시코를 비롯한 서부 여러 도시에서 대체로 지위가 낮은 일에 종사했다. 많은 사람이 평범한 노동자나 하인, 비숙련 공장노동자였다. 일부는 세탁업처럼 작은 사업을 시작했다. 그들이 세탁업을 시작한 것은 경험 때문이 아니었다(중국에는 상업적인 세탁소가 거의 없었다). 매우 적은 자본으로 시작할 수 있고 간단한 영어만 해도 되는 일이었기 때문이다. 1890년대에는 캘리포니아에서 세탁업자 3분의 2 이상이 중국인이었다.

중국인이 캘리포니아로 이주를 시작했을 당시, 그 속에는 비교적 수가 적었지만 중국인 여성도 끼여 있었는데, 사실상 이들은 모두 중국에서 매춘부로 팔려온 사람이었다. 1880년대까지만 해도 캘리포니아에 있는 중국 여성 거의 절반이 매춘부였다. 그러나 점차 미국으로 건너오는 중국 여성의 수가 증가함에 따라, 중국인 남성이 미국에서 중국인 여성과 가정을 꾸리는 경우가 점점 더 늘었다.

• 성비 균형

반(反)중국인 정서

중국인 공동체가 점차 규모가 커지고 더욱 눈에 띄게 되면서, 백인 주민 사이에 중국인을 적대시하는 정서가 점점 강해졌다. 이런 정서는 때로 폭력으로 나타나기도 했는데, 이는 중국인 노동자가 낮은 임금에도 기꺼이 일했고, 그 결과 노조원이 일자리를 빼앗기는데에 많은 백인 노동자가 분노했기 때문이다. 캘리포니아에서 중국인을 공격하는 일이 점차 정치적으로 이용할 만해지자 민주당이 개입하기 시작했다. 1878년, 아일랜드계 이민자인 데니스 커니(Denis Kearney)가 만든 캘리포니아 노동자당(Workingmen's Party of California)도 개입했는데, 이 정당은 주로 중국인에 대한 백인의 적개심을 토대로 캘리포니아에서 상당한 정치적 힘을 얻었다. 1880년대 중엽에는 태평양 연안 지역과 서부의 다른 지역에서도 반중국인 정서를 자극하는 선동과 폭력이 횡행했다.

• 중국인 배척법

1882년에는 연방의회가 점증하는 폭력과 정치적 압력에 부응해서 중국인 배척법(Chinese Exclusion Act)을 제정했다. 이에 따라 이후 10년 간 미국은 중국인을 이민자로 받아들이지 않았고, 이미 미국에 정착한 중국인도 미국 시민권을 받을 수 없었다. 더욱이 1892년에는 연방의회가 이 법을 개정해 기간을 10년 더 연장했으며, 1902년에는 아예 중국인의 이민 및 시민권 획득을 영구히 봉쇄해버렸다. 이러한 조치는 미국 내의 중국인 인구에 엄청난 영향을 미쳤다. 중국인 입국 불허법이 제정된 지 40년 만에 중국인 인구는 40퍼센트 이상 감소했다.

동부인의 이주

남북전쟁 이후 수많은 사람이 서부로 이주했다. 이는 이전의 이주 규모로는 비교할 수 없는 엄청난 수준이었다. 이전 수십 년 동안은 서부에 들어온 정착민 인구는 수천 명 단위였다. 그러나 이제는 수백만 단위가 되었다. 새로운 정착민 대다수는 미국 동부의 앵글로아메리칸 사회에서 이주해 온 사람이었으며, 외국 태생 이민자도 상당수가 있었다. 1870년부터 1900년 사이에 200만이 넘는 이민자가 서부로 몰려왔는데, 이들은 스칸디나비아인, 독일인, 아일랜드인, 러시아인, 체코인 등 주로 유럽 출신이었다.

이처럼 많은 사람이 서부로 온 데에는 여러 가지 이유가 있었다. 정착민은 금은의 매장량과 소나 양을 방목하기에 알맞은 짧은 풀로 뒤덮인 목초지, 궁극적으로는 평원과 산간 초원에 이끌렸다. 1869년 장대한 대륙횡단철도의 완공에 이어 수많은 지선(支線)이 건설된 것도 정착을 촉진했으며, 연방정부의 토지 정책도 이주 인구를 늘리는 데 한몫했다. 1862년에 제정된 홈스테드법(Homestead Act)에 따라, 이주민은 구입할 땅을 5년간 점유하면서 토지를 개간하면 싼값에 160에이커의 토지를 살 수 있었다.

홈스테드법을 지지한 사람은, 법이 시행되면 성장하고 있던 미국 경제가 부응할 새로운 시장이 창출될 것이며, 상업적 농업의 새로운 전초기지가 형성될 것이라고 믿었다. 그러나 160에이커는 동부에서는 방대한 면적이지만, 대평원에서 소나 양을 방목하고 곡물 농사를 짓기에는 너무 좁은 땅이었다. 결국 연방정부는 몇 가지 완화책을 제시했다. 1873년에 제정된 식목법(Timber Culture Act)은, 홈스테드법에 따라 토지를 매입한 사람이 그 땅의 40에이커를 할애하여 나무를 심는 경우 160에이커의 땅을 추가로 매입할 수 있게 만든 법이다. 그리고 1877년에는 사막 경지법(Desert Land Act)이 제정되었는데, 이 법은 3년 내에 자기 소유지 일부에 물을 끌어대면 1에이커 당 1.25달러에 640에이커를 살 수 있도록 규정하고 있었다. 이와 같은 여러 가지 법률에 따라 정착민은 결국 아주 싼값에 1,280에이커나 되는 거대한 토지를 소유할 수 있었다.

• 1862년 홈스테드법

● 새로운 서부 주

정착민 인구의 증가에 발맞추어 정치 기구도 들어섰다. 1860년대 중반에는 네바다와 콜로라도, 다코타, 애리조나, 아이다호, 몬태나, 와이오밍이라는 새로운 지역에 준주 정부가 이미 들어섰다. 이들 준주의 주 승인이 잇달았다. 네바다는 1864년, 네브래스카는 1867년, 콜로라도는 1876년에 주로 승인되고 노스다코타와 사우스다코타, 몬태나, 워싱턴은 이듬해에 주로 승격되며, 와이오밍과 아이다호는 1890년에 주가 되었다. 1896년에는 유타의 모르몬교 지도자가 일부 다처제를 폐기했다고 정부를 설득해, 유타도 주로 승격되었다. 19세기 말에는 애리조나와 뉴멕시코, 오클라호마만 연방에 주로 편입되지 않은 상태였다.

2

변화하는 서부 경제

무엇보다 앵글로 아메리카인과 유럽인이 대거 극서부에 정착한 것이 극서부 경제에 변화를 몰고 왔다. 이 새로운 미국인 정착민은 서부를 동부의 발달된 산업 경제에 견고하게 연결시켰다.

서부의 노동

상업 활동이 증가함에 따라, 서부의 많은 농민과 목장주, 광산업자 들은 임금노동자를 충원할 필요를 느꼈다. 그러나 인구 밀집 지역에서 멀리 떨어져 있는 이 지역에서 노동력을 구하기란 쉬운 일이 아니었다. 서부의 일부 노동자는 노동력 부족으로 인해 동부의 임금 수준보다 더 높은 임금을 받고 일했다. 그러나 노동조건은 열악했고, 작업장 안전 설비는 거의 존재하지 않았다. 또한 철도가 완공되고 농작물 추수가 끝나거나, 가축이 시장에 내다 팔리고 광산이 폐광되고 나면, 수백 명 심지어 수천 명의 노동자가 갑작스럽게 일자리를 잃곤 했다. 중국인 이민자와의 경쟁도 일부 앵글로 아메리칸과 유럽계 이민자가 일자리를 잃는 요인이었다.

서부의 노동계급의 그 구성 인자는 동부 여러 지역과 비교해볼 때 한층 다양했다. 동부와 마찬가지로 영어를 사용하는 백인이 남유

콜로라도 붐 타운(Boom town)

1890년에 광맥을 찾던 한 남자가 근처에서 은을 발견한 후, 콜로라도의 크리드(Creede)라는 타운으로 광부가 몰려들었다. 1890년대 초 한동안은 매일 150명에서 300명이 그곳에 도착했다. 크리드는 매우 좁은 협곡에 자리 잡고 있어서 길이 하나밖에 없었지만, 늘어나는 인구에 부응해 순식간에 건물이 들어섰다. 그러나 다른 붐 타운처럼 크리드의 번영도 오래가지 않았다. 1893년에 은 가격이 폭락하면서 크리드 타운도 곧 몰락해버렸다.

럽 및 동유럽계 이민자이나 흑인과 나란히 일했다. 더 나아가 중국인이나 필리핀인, 멕시코인, 인디언 들과도 함께 일했다. 그러나 노동자 집단은 인종에 따라 매우 계층화되었다. 백인 노동자는 서부 경제의 거의 모든 영역에서 관리직이나 숙련노동과 같은 상층 업무를 장악했다. 광산이나 철도 건설 현장 혹은 농업 지역에서 단순노동을 하는 사람은 압도적 다수가 유색인종이었다.

● 서부 노동계급의 다양성

그러나 서부 경제도 동부 경제와 마찬가지로 하나의 산업이 주도하는 경제가 결코 아니었다. 서부 지역에는 제각각 독특한 역사와 특징을 지닌 세 가지 주요 산업이 등장하는데 바로 광산업과 목축업, 상업적 농업이었다.

광산 붐

극서부 최초의 경제 번영은 광산업에서 시작됐다. 1860년경에 광산 붐이 일기 시작했고 1890년대까지 꽃을 피우다가 돌연 쇠퇴했다. 어떤 곳에서 금이나 은을 발견했다는 소문이 퍼지면, 1849년 캘리포니아 골드러시 때와 같은 상황이 빚어지곤 했다. 수많은 사람들이 떼지어 몰려들기 시작하면서 정착의 다음 단계로 이어졌다. 처음에는 개인 시굴자(試掘者)가 대부분 선광 냄비를 들고 얕은 개울에서 손으로 사금을 채취하지만, 이 사광(砂鑛)이 고갈되고 나면, 표층 밑으로 깊이 파고 들어가 광맥과 석영 채굴에 나설 회사가 몰려오곤 했다. 그러나 매장량이 차차 감소하면서 상업적인 광산업은 이내 사라지거나 제한된 범위에서만 계속되었으며, 그 후 목장주나 농민이 들어와 한결 더 지속적인 경제활동을 했다.

● 광산 붐

캘리포니아 골드러시를 제외한다면, 최초의 대규모 광산 붐은 남북전쟁 직전에 일어났다. 1858년에 파이크스 피크(Pike's Peak) 지역―나중에 콜로라도 준주에 편제됨―에서 금이 발견되었는데, 그 이듬해에는 5만 명이 금을 찾아 이 지역으로 몰려들었다. 거의 하룻밤 사이에 덴버를 비롯한 광산 캠프는 '도시'로 번성했다. 하지만 이 붐은 번성이 급속한 만큼이나 몰락도 빨랐다. 나중에 리드빌(Leadville) 근처에서 은이 발견되면서 새로운 부의 원천이 공급되었다.

• 컴스탁 광맥 발견

1859년 콜로라도의 붐이 아직 진행 중인 동안, 또 다른 노다지가 광부를 네바다로 끌어들였다. 워쇼(Washoe) 지구에서 금이 발견되었기 때문이다. 그러나 거대한 컴스탁 광맥(Comstock Lode)―1858년에 헨리 컴스탁(Henny Comstock)이 처음으로 발견한 광맥이다―을 비롯한 다른 와슈 광맥에서 발견된 은이 매장량도 더욱 풍부하고 금전 가치도 더 높았다. 캘리포니아인이 맨먼저 금을 찾아 와슈에 도착하여 처음부터 네바다 정착과 개발을 주도했다. 철도 교통이 닿지 않는 외딴 사막에서는 어떤 물자도 생산되지 않았기 때문에, 모든 것을 캘리포니아에서 배에 실어 버지니아시티(Virginia City)와 카슨시티(Carson City) 그리고 다른 신흥 캠프 타운으로 날라야 했다. 최초의 사광(砂鑛) 매장량이 고갈되자, 캘리포니아인과 동부 자본가들이 초기 사금 채취자로부터 개발권을 사들였다. 그리고 석영 채광이라는 어려운 작업을 이용해 더 깊이 자리한 광맥에서 은을 채취하기 시작했다. 수십 년 동안 외지에서 온 개발권자가 엄청난 이윤을 거두어들였다. 네바다 광맥은 1860년에서 1880년까지 3억 600만 달러 어치를 생산했다. 하지만 그 이후 광산은 곧 문을 닫았다.

1874년에 또 다른 주요 광맥이 발견되었다. 다코타 준주 남서부의 블랙힐스(Black Hills)에서 금이 발견되자, 금을 채취하려는 사람이 대거 이 외딴 곳으로 몰려들었다. 다른 지역처럼 블랙힐스의 광산 붐도 한동안 불타올랐다가, 표층 자원이 줄자 광부가 회사에 광산 채굴권을 넘겨주었고 그중 거대 회사인 홈스테이크(Homestake)가 이 지역을 장악했다. 다코타도 광산 제국의 붐이 일었던 다른 지역처럼 결국 농업경제가 자리 잡았다.

금은의 발견이 대중의 흥분을 가장 크게 자아내기는 했지만, 장기적으로 보아 서부의 발전에 보다 중요한 것은 눈에 덜 띄는 다른 천연자원이었다. 1881년에 윌리엄 클라크(William Clark)가 개발한 거대한 애너콘다(Anaconda) 구리 광산은 향후 수십 년간 몬태나의 주요 산업으로 자리 잡았다. 다른 지역에서는 납, 망간, 석영, 아연 광산이 상당한 성공을 거두었다.

광산촌에는 남성이 여성보다 훨씬 많았다. 젊은 남성은 특히 자기 또래의 배우자를 구하는 데 애를 먹었다. 새로운 공동체에 들어온 여성은 대개 남편과 함께 온 사람이었다. 미혼 여성이나 남편의 수입이 없는 여성은 때때로 임금을 받고 요리사나 세탁부, 술집 종업원으로 일했다. 성비가 불균형한 광산 공동체에는 언제나 상당한 규모의 매춘 시장이 존재했다.

• 성비의 불균형

일확천금을 노리고 광산촌에 몰려왔다가 실패한 수많은 사람은, 일단 붐이 지나가고 나면 종종 회사 소유의 광산에서 임금노동자로 일했다. 하지만 노동조건은 거의 최악이었다. 1870년대에는 광산 노동자 30명당 1명이 불구가 되었고, 80명당 1명이 사망했다. 19세기 말로 갈수록 이 비율이 줄어들기는 했지만, 광산업은 여전히 미국에서 가장 위험하고 작업환경도 열악한 업종의 하나였다.

소 떼 왕국

극서부 경제 변화에 또 하나의 중요한 요소는 소 방목이었다. 극서부 대평원 지역에는 소를 키우는 사람이 소 떼를 방목할 수 있는 개방 방목지, 곧 거대한 공유 목초지가 있었다.

<small>방목업의 시조 멕시코인</small>

서부에서 맨 처음 소 방목업을 시작한 사람은 멕시코인과 텍사스인이었는데, 멕시코인 방목자는 미국인이 남서부로 몰려오기 오래 전부터 이미 대평원의 소몰이꾼과 카우보이가 쓰게 될 기술과 장비를 개발했다. 바로 소 낙인 찍기와 몰기, 밧줄 걸기 등 방목 기술과 올가미 밧줄, 안장, 가죽 바지, 박차 등 소몰이꾼의 장비가 그것이었다. 그 후 텍사스의 미국인이 이 방법을 채택해 소 왕국의 최북단까지 전파했다. 텍사스는 미국에서 가장 많은 소 떼를 보유한 지역으로서 카우보이가 소 떼를 몰 때 타고 다니던 작고 근육이 발달한 야생마(브롱코와 무스탕)도 텍사스에서 나왔다.

남북전쟁이 끝날 무렵 텍사스에는 약 500만 마리의 소가 방목지를 거닐고 있었다. 동부 시장에서 수소는 조건에 관계없이 좋은 가격에 거래되었으나, 방목지에서 철도 중심지까지 소를 몰고 가려면 어려움이 많았다. 그러던 1866년 초, 텍사스의 일부 소 방목업자가 각자의 소를 합쳐 약 26만 마리를 북쪽 미주리 퍼시픽 철도상에 있는 미주리 주 세달리아(Sedalia)의 우시장으로 몰고가는 데 성공했다. 이동 중에 소를 많이 잃기는 했지만, 이로써 원거리 시장에도 소

소 왕국(1866~1887)

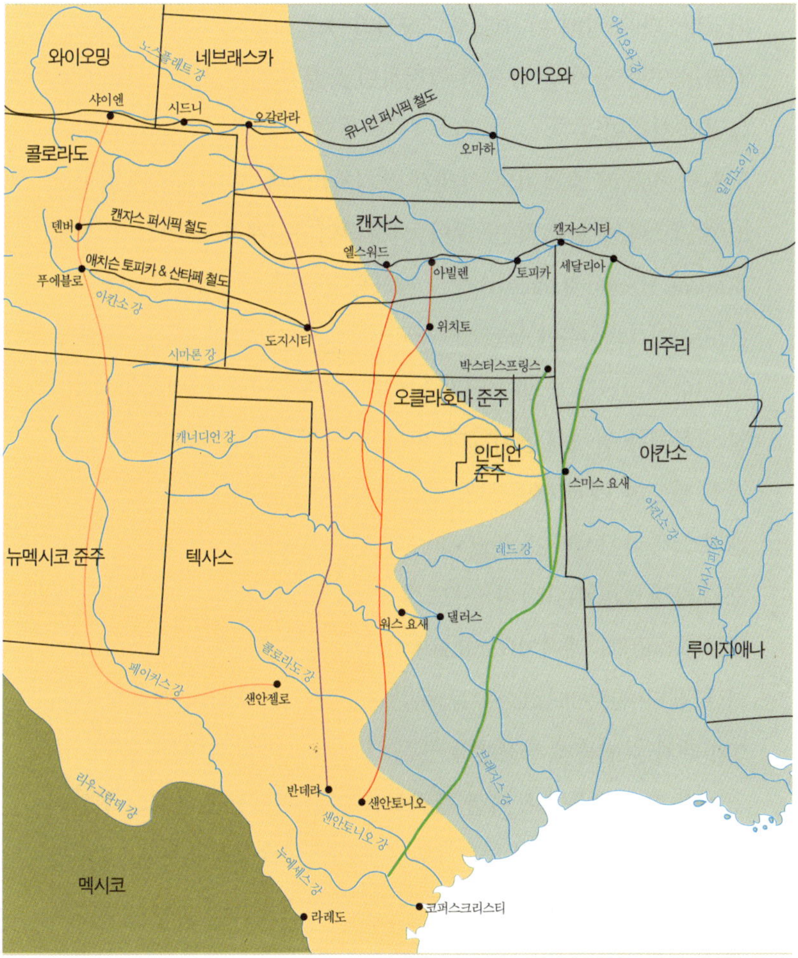

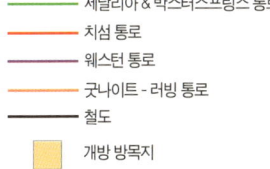

- 세달리아 & 박스터스프링스 통로
- 치섬 통로
- 웨스턴 통로
- 굿나이트 - 러빙 통로
- 철도
- 개방 방목지

소 방목과 소떼의 이동은 19세기 서부를 생각할 때 낭만적 모습 중 하나다. 그러나 동시에 동부 소고기 시장의 성장과 소 떼를 도시 시장까지 값싸게 수송할 능력이 만들어낸 냉정한 사업상의 모험이었다. 이 지도는 1860, 70년대 '소 왕국(cattle kingdom)'의 두 가지 중요한 특징을 보여준다. 하나는 거대한 '개방 방목지(open range)'이고, 다른 하나는 소 거래를 가능케 한 조밀한 도로와 철도망이다.

떼를 몰고 갈 수 있으며 가는 길에 풀을 먹일 수 있다는 사실이 입증되었다. 다시 말해 이 최초의 '장거리 소몰이'는 서부 텍사스의 고립된 소 방목업자와, 급속히 발전하던 동부도시의 시장을 처음으로 연결한 사건이었다.

일단 장거리 소몰이의 선례가 생기자, 이제 지나기에 한결 편하고 쉬운 이동로를 찾는 일이 시작되었다. 캔자스 퍼시픽 철도(Kansas Pacific Railroad)가 통과하는 캔자스 주 애빌린(Abilene)은 우시장 덕에 수년 동안 소 왕국의 철도 수송 종착지로 군림했다. 그러나 1870년대 중반에 캔자스 서부 지역의 농업이 발달하면서 개방 방목지를 잠식해 들어갔다. 따라서 소 방목업자는 다른 이동로와 시장 판로를 개척해야 했다. 철도가 서쪽으로 더욱 확장됨에 따라, 캔자스의 다지시티(Dodge City)와 위치토(Wichita), 네브래스카의 오갈라라(Ogallala)와 시드니(Sidney), 와이오밍의 샤이엔(Cheyenne)과 래러미(Laramie), 몬태나의 마일스시티(Miles City)와 글렌다이브(Glendive) 등 이 모든 곳이 소 떼의 중심지가 되어 아빌렌과 경쟁하기 시작했다.

• 방목지 전쟁

개방 방목지에서 소 떼를 방목하는 사업에는 항상 투기와 위험이 뒤따르게 마련이었다. 소 도둑이나 인디언이 소를 대량으로 훔쳐가는 일이 많았기 때문이다. 그러나 평원에 정착하는 사람이 늘면서 새로운 형태의 경쟁도 싹텄다. 캘리포니아와 오리건의 양 방목업자가 양 떼를 몰고 와서 목초지의 풀을 놓고 소몰이꾼과 경쟁했는가 하면, 동부 출신 농민('nesters')은 소유지 주위에 울타리를 쳐 소 떼의 길을 막고 개방 방목지를 조각냈다. 이러한 경쟁 집단간—양 방목업자와 소 방목업자, 방목업자와 농민—의 긴장은 일련의 '방목지 전쟁(range wars)'으로 분출되었다.

  소 방목 산업의 이윤이 높아지자, 미국의 동부와 잉글랜드 및 스코틀랜드의 자본이 대평원으로 유입되면서 목축업의 구조가 점차 기업화되었다. 1년 사이에 20개 주식회사가 와이오밍 주에서 허가를 받았는데, 그들이 가진 자본만 합해도 1,200만 달러 규모였다. 이러한 투기성 짙은 사업이 대내적으로 확장된 결과, 감당할 수 없을 만큼 엄청나게 많은 소 떼가 이미 철도와 농민의 경작 때문에 조각나고 줄어든 방목지로 몰려들었다. 몰려든 소 떼를 먹일 풀도, 소 떼를 몰고 장거리를 이동할 때 먹일 풀도 모자랐다. 1885년과 1886년, 1886년과 1887년 사이 두 번의 혹독한 겨울 그리고 그사이 찜통 같은 여름을 겪는 동안, 평원은 추위에 얼고 열에 시들었다. 수십만 마리의 소가 폐사했고, 개천이 바닥을 드러냈으며 풀이 말라 죽었다. 광대한 목장과 값비싼 투자가 한 시즌 만에 사라져버렸다.

  개방형 목장 산업은 결코 살아나지 못했다. 장거리 소몰이는 결국 영원히 사라져버렸다. 가축 시장으로 향하던 이동로에는 이제 철도가 놓였다. 그러나 기존의 소 목장은 살아남아 성장하고 번영했으며, 결국에는 전보다 더 많은 소고기를 생산했다.

개방형 목장 산업의 쇠퇴

3
서부의 로맨스

서부는 19세기 앵글로 아메리카인의 상상 속에서 특별한 장소였다. 미국의 많은 백인이 서부를 낭만적이고 개인이 참다운 자유를 경험할 수 있는 광야로 생각했다.

서부 풍경과 카우보이

'로키 산맥 화단'

미국의 백인이 그러한 인식을 갖게 된 데에는 서부의 광대한 자연 풍광도 한몫했다. 새로운 화풍을 추구한 '로키 산맥 화단(Rocky Mountain School)'의 화가―그중 가장 유명한 화가는 앨버트 비어슈타트(Albert Bierstadt)와 토머스 모런(Thomas Moran)이었다―는 새로운 서부를 웅장한 캔버스에 담아 예찬했다. 그들의 그림은 동부와 중서부를 순회하며 전시되었고, 수많은 관중이 대서부(Great West)의 풍광을 보려고 전시장으로 몰려들었다.

서부 그림에 대한 흥미가 높아지면서 그 지역 자연경관을 직접 보고 싶어하는 사람 사이에 관광 붐이 일었고 그리하여 1880년대와 1890년대에는 가장 장대한 경관을 자랑하는 서부 지역에 관광호텔이 들어서기 시작했다.

카우보이 신화

자연경관보다 더욱 흥미를 끈 것은, 많은 미국인이 서부를 연상하면서 떠올리던 거칠고 자유로운 생활양식이었다. 19세기에는 많

서부 홍보

버펄로 빌의 와일드 웨스트(Buffalo Bill's Wild West) 쇼는 미국뿐만 아니라 전 세계 여러 지역에서 인기가 있었다. 버펄로 빌은 너무나도 친근한 인물이어서 포스터에는 단지 "그가 온다"라는 말과 함께 사진만 실으면 될 정도였다. 이 포스터도 그런 식의 전형적인 포스터로, 뉴욕 브루클린에서 쇼가 열린다는 것을 알리고 있다.

은 미국인이 특히 카우보이라는 존재를 낭만시했다. 오웬 위스터(Owen Wister)의 《버지니아인(*The Virginian*)》(1902)과 같은 서부 소설은 카우보이를 전통적인 사회 제약으로부터 자유롭고 자연 친화력 있는 낭만적인 인물로 묘사했다. 심지어 폭력적인 성향조차 낭만시했다. 위스터의 소설에 등장하는 한 카우보이는 미국 대중문학에서 가장 오래 사랑받은 인물이기도 한데, 약간의 교육을 받은 사람으로 품위와 용기, 관대함이 자연스럽게 몸에 배어 있는 이 인물은 '개척자'의 미덕을 두루 갖춘 강력한 상징이 되었다. 그렇지만

《버지니아인》은 곧 미국 전역을 휩쓸게 된 문학적 유형의 가장 유명한 사례일 뿐이다. 서부 특히 카우보이의 삶을 그린 소설이나 이야기는 소년 잡지와 싸구려 통속소설, 연극, 심지어 진지한 문학에도 등장했다.

카우보이가 널리 존경받은 것은 와일드 웨스트 쇼가 미국과 유럽 전역을 순회하며 놀라운 인기를 얻은 덕분이기도 했다. 그중에서도 버펄로 빌 코디(Buffalo Bill Cody)의 쇼가 가장 성공을 거두었는데, 버펄로 빌은 과거에 조랑말을 타고 속달우편을 배달하던 기수이자 인디언 전사였다. 그는 어린이가 좋아하는 싸구려 소설의 영웅이기도 했다. 버펄로 빌 쇼와 유사한 쇼가 수십 개에 달했는데, 그중 코디의 와일드 웨스트(Cody's Wild West) 쇼는 버펄로 빌 자신의 명성을 이용한 것이었다. 그러나 이 쇼가 그토록 인기를 끌었던 이유는 무엇보다 서부와 카우보이의 삶을 낭만적으로 그렸기 때문이다. 쇼는 인디언과의 전투를 재연하고 승마술과 사격술을 보여주었다. 유명한 사격의 명수인 애니 오클리(Annie Oakley)가 대부분의 쇼에서 버펄로 빌 역을 맡았다. 버펄로 빌과 그를 모방한 쇼의 인기 때문에 '서부는 낭만적이고 매력적인 곳'이라는 대중적 이미지가 점차 굳어졌고, 이후 몇 세대를 거쳐 그런 이미지는 좀처럼 바뀌지 않았다.

프런티어라는 개념

그러나 미국인의 상상 속에서 서부가 그렇게 중요해진 것은 단순히 서부의 특성 때문만은 아니었다. 많은 미국인이 서부를 마지막 프런티어라고 여긴 까닭도 있었다. 유럽인이 아메리카 대륙에 정착하기 시작한 그 순간부터 미지의 서부라는 이미지는 항상 새로운 삶을 시작하려는 사람에게 영감이자 위안이었다.

마크 트웨인(Mark Twain)은 일련의 소설과 전기를 통해 프런티어로 향한 낭만적인 상상의 나래를 펼쳤다. 그는 《톰 소여의 모험(The Adventures of Tom Sawyer)》(1876)과 《허클베리 핀의 모험(The Adventures of Huckleberry Finn)》(1885)에서 조직 사회의 속박을 거부하고 자연과 더욱 가까운 세계로 도망치려는 주인공을 만들어냈다. 허클베리 핀의 도망 수단은 미시시피 강에 띄운 작은 뗏목에 불과했지만, 서부야말로 문명의 속박에서 벗어날 수 있는 마지막 피난처라는 시각을 반영해 자유의 열망을 드러냈다.

• 프런티어로 향한 낭만적인 시각

화가이자 조각가인 프레더릭 레밍턴(Frederic Remington) 역시 서부의 낭만을 포착했다. 위스터의 소설 《버지니아인》처럼 그의 그림과 조각은 카우보이를 모든 정상적인 '문명' 구조가 사라진, 자연 세계에서 살아가는 타고난 귀족으로 묘사했다. 레밍턴은 19세기에 가장 사랑받고 가장 성공한 예술가 가운데 한 명이었다.

시어도어 루스벨트(Theodore Roosevelt) 역시 서부의 낭만화에 기여했다. 그는 1880년대 중반에 갑작스럽게 젊은 아내를 잃고 슬픔을 이겨내기 위해 다코타의 황무지를 여행한 적이 있었다. 이것을 계기로 그는 1890년대에 백인 문명이 프런티어로 확산되는 과정을 장중하게 묘사한 4권 짜리 역사책 《서부의 승리(The Winning of the West)》를 출간했다.

프런티어에 대한 낭만적 시각을 가장 선명하고 가장 영향력 있게 진술한 사람은 역사가 프레더릭 잭슨 터너(Frederick Jackson

• 프레더릭 잭슨 터너

Turner)였다. 터너는 1893년 시카고에서 열린 미국 역사 학회(American Historical Association) 모임에서 〈미국사에서 프런티어의 중요성(The Significance of the Frontier in American History)〉이라는 제목의 인상적인 논문을 발표했다. 그는 논문에서 프런티어로 팽창한 경험이 개인주의와 애국심, 민주주의를 고무시켰다는 대담한 주장을 폈다. 미국인은 그런 경험을 기반으로 꾸준히 진보해왔고, 지금과 같은 독특한 국민이 될 수 있었다는 것이다. 그리고 "이제 프런티어는 사라졌고 그와 더불어 미국사의 첫 시기가 막을 내렸다"고 엄숙하게 결론지었다.

• '프런티어의 소멸'

미국인은 '프런티어의 소멸'이라는 생각을 받아들이면서 가장 소중히 여겼던 신화 중 하나가 사라지고 있음을 알게 되었다. 서부가 비어 있는 한, 마음만 먹으면 갈 수 있는 개방된 땅인 한 미국인들은 언제든 새로운 기회가 있다고 믿을 수 있었으나 이제 그러한 기회의 문이 막혀버렸다는, 희미하지만 불길한 의식이 생겨나게 된 것이다.

⟨과거를 논하며⟩

프런티어와 서부

★ ★ ★

　프레더릭 잭슨 터너가 1893년 미국 역사 학회에서 논문을 하나 발표한 후, 미국 서부는 중요한 학문 분야로 부상했다. 논문의 제목은 ⟨미국 역사에서 프런티어의 중요성⟩이었다. 터너는 자신의 논제를 간단히 기술했다. 백인이 서부에 정착한 것―자유 토지가 존재했다는 것, 그것이 지속적으로 감소했다는 것 그리고 미국인의 서부 정착이 진척을 보았다는 것―이야말로 미국사의 핵심적인 줄거리라는 요지였다. 미국이 서부로 뻗어나가는 과정에서 황폐한 야만의 땅이 근대 문명으로 변환되었고, 민주주의와 개인주의라는 미국인의 이념이 계속해서 거듭났다는 것이다.

　실제로 20세기 전반기에 서부에 관한 글을 쓴 사람 거의 모두가 터너의 주장 가운데 일부를 되풀이했다. 레이 앨런 빌링턴(Ray Allen Billington)의 《서부 팽창(*Westward Expansion*)》(1949)은 터너의 모델과 완전히 일치한다. 월터 프레스콧 웨브(Walter Prescott Webb)도 《대평원(*The Great Plains*)》(1931)과 《거대한 프런티어(*The Great Frontier*)》(1952)에서 남서부 백인 정착민의 용기와 독창성을 강조했다.

　제2차 세계대전 이후에는 미국 서부사를 설명한 터너의 테제를 대체하려는 진지한 노력이 시작되었다. 헨리 내시 스미스(Henry Nash Smith)는 《처녀지(*Virgin Land*)》(1950)에서 터너와 그 후학이 제시한 서부에 대한 영웅적 이미지를 검토하고, 그런 이미지는 현실을 묘사한 것이라기보다는 신화에 가깝다고 주장했다. 얼 포머로이(Earl Pomeroy)는 서부가 개인주의와 혁신, 민주주의가 부활한 장소였다는 터너의 견해에 도전하여, "보수주의와 상속재산, 연속성 역시 그에 못지않게 중요했다"고 주장했다. 하워드 라머(Howard Lamar)는 《다코타 준주(*Dakota Territory*), 1861~1889》(1956)와 《먼 남서부(*The Far Southwest*)》(1966)

라는 책에서 서부 여러 지역의 매우 다양한 특성을 강조했다.

1970년대 말에 등장하기 시작한 서부사가는 터너의 테제와 '프런티어'라는 개념에 훨씬 더 단호한 공격을 개시했다. 리처드 화이트(Richard White), 퍼트리셔 넬슨 리머릭(Patricia Nelson Limerick), 윌리엄 크로넌(William Cronon), 도널드 우스터(Donald Worster), 페기 패스코(Peggy Pascoe)와 같은 '신(新)' 서부사가를 비롯한 많은 역사가가 여러 가지 점에서 터너의 주장에 이의를 제기했다.

터너는 19세기 서부를 앵글로 아메리카인의 정착 및 미국 민주주의의 확산을 기다리는 '임자 없는 토지(free land)'로 보았지만, 신서부사가는 비어 있는 '프런티어'라는 개념을 거부했다. 대신 서부에 이미 존재했던 정교하고 매우 발달된 문명들을 강조했다. 즉, 영어로 말하는 미국의 백인은 서부에 정착한 것이 아니라 서부를 정복했으며, 보다 앞서 서부에 살고 있던 인디언과 히스패닉뿐 아니라, 자신들과 같은 시기에 서부로 이주해 온 흑인과 아시아인, 라틴아메리카인 등과도 서부를 공유했다는 주장이었다.

터너의 서부는 영웅주의와 성취, 진보의 장소였다. 그리고 용감한 백인 남성의 위업이 지배하는 곳이었다. 하지만 신역사가들이 묘사한 서부는 용기와 성공만이 아니라 억압과 탐욕, 실패가 공존한 덜 남성적이고 덜 성공적인 곳이었다. 즉, 썩어가는 유령 마을, 황량한 인디언 보호구역, 피폐한 히스패닉 지역 그리고 생태적으로 파괴된 풍경이 거대한 목장과 풍요로운 농장, 번성하는 도시 만큼이나 서부 개발의 특징이었다고 본 것이다.

터너와 그 후학이 바라본 19세기 서부는 덜 다듬어진 개인주의가 미국의 민주주의를 꽃피우고 재충전한 곳이었다. 그러나 신서부사가는 서부가 미국 및 국제 자본주의 경제와 불가피하게 얽혀 있었다는 점을 지적한다. 서부인은 시장에 접근하기 위해 정부가 보조금을 낸 철도에 의존했고 인디언으로부터 보호받기 위해 연방 군대에 의존했으며, 나중에는 농지에 물을 대고 마을을 유지하기 위해 정부 기금으로 건설된 댐과 수로에 의존했던 것이다.

  그리고 터너가 서부를 하나의 과정─19세기 말에 '프런티어의 소멸'과 함께 막을 내린 정착의 과정─으로 정의한 반면, 신서부사가는 서부를 그저 하나의 지역으로 보고 있다. 즉, 서부의 역사는 1890년에 끝난 것이 아니라 지금도 계속되고 있다는 것이다.

4
인디언 부족의 해체

많은 미국인은 서부를 백인의 문명을 기다리는 '처녀지(virgin land)'로 상상해서 그 이미지에 억지로 꿰맞추려고 노력했다. 이는 무엇보다 인디언 부족이 백인 사회의 확산에 장애물이 되지 않도록 확실한 조치를 취한다는 의미였다.

백인의 인디언 정책

전통적인 연방정부의 정책은, 인디언 부족에 대해 미국이 조약을 협상할 수 있는 각각의 독립국가이자 동시에 미국 대통령의 피보호자(그들에게 온정주의적 권위를 행사할 수 있으므로)로 간주하는 것이었다. 1860년 이전에는 인디언 주권이라는 개념에 근거해 백인과 인디언 사이에 영구적인 경계지를 세우려 했던 것이 정부의 방침이었다. 그러나 부족 주권에 대한 신념이나 인디언 부족과 맺은 조약과 합의는, 인디언 땅으로 접근하려는 백인 정착민의 압력을 이겨낼 만큼 강하지 못했다.

• '집결' 정책

연방정부는 1850년대 초에 많은 부족이 살 수 있는 하나의 거대한 집단 거주지를 세운다는 생각에서 '집결(concentration)' 정책으로 알려진 새로운 인디언 보호구역 정책을 마련했다. 1851년 정부는 모든 부족에게 각각 정해진 보호구역을 할당하고 각 부족과 조약을 맺어 이를 확인했다. 하지만 더러는 부족 내부에서 권한을 위임 받았다고 볼 수 없는, 백인이 뽑은 '대표'와 비합법적으로 체결한 조약도 있었다. 그래서 그들은 냉소적으로 '조약 추장(treaty chiefs)'이라고 불렸다. 백인은 이 새로운 정책으로 많은 혜택을 입었지만 인디언은 전혀 혜택을 입지 못했다. 집결 정책은 인디언 부족을 서로 떼어놓아 더욱 쉽게 통제하려는 정책이었다. 이 계획에 따라 정부는 인디언 부족을 각각 분리된 위치로 강제 이주시켰으며, 백인 정착민은 가장 좋은 토지를 차지할 수 있었다. 그러나 집결 정책은 인디언 정책의 근간으로는 생명력이 오래가지 않았다.

1867년 연방의회는 군인과 민간인으로 구성된 인디언 평화 위원회(Indian Peace Commission)를 창설하여 새롭고도 영구적인 인디언 정책을 담당하도록 위임했다. 위원회는 모든 평원 인디언을 두 곳의 거대한 보호구역으로 이주시키자고 제안했는데, 한 곳은 인디언 준주(Indian Territory), 즉 오클라호마(Oklahoma)에, 다른 한 곳은 다코타(Dakotas)에 설치할 예정이었다. 정부 관리는 인디언 부족과 연이어 만나면서 그 대표를 구슬리고 뇌물을 주거나 속여서까지 새로운 보호구역을 설치한다는 조약에 동의하게 만들었다.

그러나 이 '해결책'은 오히려 이전 정책보다 시행에 문제가 많았다. 보호구역을 관리한 인디언 사무국(Bureau of Indian Affairs) 관리는 정말 끝을 알 수 없을 정도로 무능하고 부패했기 때문이다. 그러나 백인이 인디언 부족의 생계 수단이던 버펄로 떼를 무자비하게 살육한 결과이기도 했다. 남북전쟁 이후 전문 사냥꾼과 아마추어 사냥꾼이 평원으로 몰려와 엄청난 수의 야생동물을 사냥했다. 심지어 여행객조차 달리는 기차에서 버펄로 떼를 향해 총을 쏘곤 할 정도였

• 버펄로 떼의 사멸

철길을 막은 버펄로 떼

한때 북아메리카 대륙에서 흔한 동물 중 하나였던 버펄로는 백인 정착민과 여행자들이 무차별하게 살육한 결과, 거의 멸종 단계에 이르렀다. 여행자들은 달리는 기차 안에서 그저 재미삼아 버펄로 떼에 총을 쏘기도 했다. 이 장면은 1880년경에 트로터(N. H. Trotter)가 그린 것이다.

다. 일부 인디언 부족—특히 블랙피트(Blackfeets) 부족—도 새로이 붐이 일고 있던 시장에 내다 팔기 위해 버펄로를 대거 사냥하기 시작했다. 1865년만 해도 최소한 1,500만 마리의 버펄로가 있었는데, 10년 뒤에는 1,000마리도 채 남지 않았다. 식량과 물자의 원천이던 버펄로 떼가 이렇게 백인의 살육으로 사라지면서, 인디언은 백인의 진입에 대해 저항할 힘을 잃고 말았다.

인디언 전쟁

1850년대에서 1880년대까지 인디언과 백인의 싸움이 끊이지 않았다. 백인이 인디언 문명에 가하는 위협이 점점 커지자, 인디언이 이에 저항했던 것이다. 인디언 전사는 주로 포장마차와 역마차, 고립되어 있는 목장을 공격했는데, 백인의 공격에 대한 보복 차원에서 이루어지는 경우가 많았다. 미육군이 전투에 한층 깊숙이 개입한 뒤로는 백인 병사를 공격하는 데 초점을 맞추었다.

• 인디언의 저항

때때로 이 소규모 전투가 크게 비화되기도 했는데, 남북전쟁 중에 미네소타 주의 동부 수(Sioux) 부족이 갑자기 반란을 일으켰던 것을 사례로 들 수 있다. 그들은 좁은 보호구역 안에 갇혀 부패한 백인 관리에게 착취당하고 있었다. 리틀 크로(Little Crow)가 이끄는 수족은 정규군과 민병대에 진압당하기까지 700명이 넘는 백인을 살해했다. 그리고 수족은 38명의 인디언이 교수형을 당한 뒤, 다코타로 추방되었다.

거의 같은 시기에 콜로라도 동부에서는 아라파호(Arapaho) 부족과 샤이엔(Cheyenne) 부족이 그 지역에 정착한 백인 광부와 갈등

• 샌드 크리크 학살

을 빚었다. 인디언이 잃어 버린 땅을 되찾기 위해 역마차 이동로와 정착지를 공격하자, 백인은 이에 대응하고자 대규모 준주 민병대를 소집했다. 콜로라도 주지사는 군대가 전투를 개시하기 전에 모든 우호적인 인디언을 보호하기 위해 군대 주둔지로 집결할 것을 촉구했다. 블랙 케틀(Black Kettle)이 이끄는 아라파호족과 샤이엔족의 한 무리가 이 부름에 응했고, 1864년 11월에 샌드 크리크(Sand Creek)의 라이언 요새(Fort Lyon) 근처에 자리 잡았다. 그들 중 일부는 전사였지만, 블랙 케틀은 백인 군대가 자신들을 공식적으로 보호한다고 믿었기 때문에 어떤 적대 의사도 내비치지 않았다. 그럼에도 치빙턴(J. M. Chivington) 대령은 자원한 민병대 병력—그들 대부분이 실직 상태의 광부였고 상당수가 만취 상태였다—을 이끌고 태평스레 지내고 있던 인디언 야영지를 공격했다. 이 공격으로 인디언 133명이 학살당했는데 그중 105명은 여자와 아이였다. 블랙 케틀은 이 학살의 혼란 속에서 간신히 목숨만 건진 채 탈출했다. 그러나 4년 후인 1868년, 블랙 케틀과 샤이엔족 일부는 백인과 전투를 벌이던 중 텍사스 경계 부근 워시타(Washita) 강에서 조지 커스터(George A. Custer) 대령에게 붙잡혔다. 백인 부대는 블랙 케틀과 그의 부족을 그 자리에서 살해했다.

남북전쟁이 끝날 무렵 백인 군대는 서부 인디언과 여러 전선에서 맞부딪쳤다. 가장 치열하고 장기적인 전투는 몬태나에서 벌어졌는데, 미육군은 당시 와이오밍 주의 래러미 요새(Fort Laramie)와 새로운 광산 중심지를 연결한 보즈먼 도로(Bozeman Trail)를 건설하려던 참이었다. 서부에 있던 수족은 백인 군대가 자신의 땅인 버펄로 방목지 중심부를 침입한 것에 분노했다. 인디언들은 위대한 추장

붉은 구름(Red Cloud)의 지휘로 병사와 건설 인부를 무차별 공격했고, 이후 그 도로는 사용할 수 없게 되었다.

그러나 단지 미국 군대만 인디언 부족을 괴롭힌 것이 아니었다. '인디언 사냥(Indian hunting)'이라는 백인 자경단의 비공식적 폭력도 인디언에게는 큰 위협이었다. 대개의 백인은 자신의 공동체를 습격한 인디언을 막는 과정에서 그들을 죽였으나, 상당수 백인은 이유를 막론하고 인디언을 말 그대로 '말살'시키려는 데 몰두했다. 인디언 말살이라는 목표는 인디언을 본래 비인간적이고 공존이 불가능한 존재로 보는 데서 나온 발상이었다. 1850년에서 1880년 사이 캘리포니아에서는 민간인이 거의 5,000명에 달하는 인디언을 살해했다. 이러한 행위는 가난이나 질병과 더불어 캘리포니아의 인디언 인구가 남북전쟁 이전의 15만 명에서 1870년 3만 명으로 줄어들게 한 주요 요인이었다.

'인디언 사냥'

1867년에 일련의 조약이 체결됨에 따라 인디언과 빚은 갈등은 일시적인 소강 상태에 접어들었다. 그러나 곧 새로운 요인이 등장해 또 다시 평화를 깨뜨렸다. 1870년대 초 대부분이 광부였던 백인 정착민 무리가 다코타 준주(Dakota Territory)의 일부 지역으로 이주했는데, 이곳은 1867년의 조약으로 인디언 부족에게 할당된 곳이었다. 인디언이 다시 들고일어났다. 북부 평원에서는 수족이 1875년에 항거해 보호구역을 벗어났다. 백인 관리가 돌아갈 것을 명했지만 인디언 전사 무리가 몬태나에 집결해 2명의 위대한 지도자인 '미친 말(Crazy Horse)'과 '앉아 있는 소(Sitting Bull)' 아래 단결했다. 미 육군은 인디언을 3열 종대로 포위하고 보호구역으로 돌려보내려고 했으며, 이 원정은 유명한 제7기병대의 대령으로서 전력은 화려하

커스터의 패배

지만 물의를 일으키곤 했던 조지 커스터가 앞장섰다. 1876년 몬태나 남부에서 벌어진 리틀 빅혼(Little Bighorn) 전투에서, 인디언은 약 2,5000명에 달하는 전례 없는 대부대를 이루어 커스터 대령 휘하 연대를 기습 포위해 몰살시켰다.

그러나 인디언에게는 단합한 전사를 하나로 유지할 만한 정치조직이나 물자가 없었다. 이내 전사는 추적을 피해 무리지어 달아나거나 식량을 찾아 흩어졌으며, 미국 군대는 그들을 하나씩 추격해 다코타로 돌려보냈다. 수족은 이내 힘을 잃고 패배를 인정하여 보호구역에 정착했다.

1877년 인디언 역사에서 가장 극적인 사건 가운데 하나가 아이다호에서 발생했다. 규모도 작고 비교적 평화로운 부족인 네즈퍼시(Nez Percé) 인디언은 1870년대까지도 오리건에서 미국과 조약 한 번 체결한 일 없을 만큼 아무런 방해도 받지 않고 지내왔다. 그러나 백인 정착민의 압력을 받은 미국 정부는 그들마저 보호구역으로 강제 이주시켰고 현실적으로 아무런 저항할 힘이 없었던 인디언은 보호구역으로 이동하기 시작했다. 그러나 술에 취해 분을 삭이지 못한 일단의 젊은이가 이주 도중 백인 정착민 4명을 살해한 사건이 일어났다.

• 조지프 추장

그 무리의 우두머리였던 조지프 추장(Chief Joseph)은 보복을 피해 달아나라고 동료를 설득했다. 미국 군대가 그들을 따라잡아 공격했지만, 화이트 버드 계곡(White Bird Canyon) 전투에서 격퇴당했다. 이후 네즈퍼시 족은 여러 방향으로 흩어졌고 대대적인 추격의 대상이 되었다. 조지프 추장은 200명의 전사를 비롯한 350명의 여성과 아이, 노인을 데리고 캐나다를 향해 움직였고 4열 종대로 늘어선 미국 병사가 이 인디언을 추격했다. 조지프 추장의 무리는 75일 동안 몇 번이고 추격자를 따돌리거나 물리치면서 거의 1,321마일 이상을 내달렸으나 결국 캐나다 국경을 바로 목전에 둔 상황에서 병사들에게 붙잡혔다. 일부는 도망쳐서 국경을 넘기도 했다. 조지프 추장을 비롯한 대다수는 지쳐 낙담해 결국 항복했다. 조지프는 미국 장군 넬슨 마일스(Nelson Miles)와 만난 자리에서 다음과 같이 말했다. "내 말을 들으시오, 장군. 나는 지쳤소. 가슴이 아프고 슬프오. 지금 태양이 떠 있는 이 자리에서부터 나는 앞으로 더 이상 싸우지 않겠소."

치리카후아 아파치(Chiricahua Apaches) 부족은 백인에 대항해 조직적인 저항을 전개한 마지막 인디언이었다. 이 맹렬한 부족은 유능한 두 추장 망가스 콜로라도스(Mangas Colorados)와 코치스(Cochise)가 이끌었다. 그러나 망가스는 남북전쟁 중에 백인 군인들의 속임수에 넘어가 항복한 뒤 살해당했고, 코치스는 1872년에 대대로 이어온 부족 땅 일부를 포함한 보호구역을 할당받는 조건으로 평화에 동의했다. 그러나 1874년에 코치스가 사망한 뒤, 그의 후계자인 제로니모(Geronimo)는 10년이 넘도록 싸움을 이어갔다. 그는 애리조나 주와 멕시코의 산간 지역에 근거지를 마련한 후 전사를 이끌고 간헐적으로 백인의 전초기지를 급습하곤 했다. 그러나 급습할 때마다 죽거나 보호구역으로 도망가는 전사가 늘면서 아파치족 전사의 수는 줄어들었다. 1886년경에 이르러 제로니모의 무리는 여자와 아이를 포함해 약 30명에 지나지 않았던 반면, 그들을 쫓는 백인은 1만 명에 가까웠다. 제로니모는 승산이 없다는 것을 깨닫고 항복했다.

아파치 전쟁은 인디언과 벌인 전투 중에서 가장 폭력적인 양상을 띠었으며, 양측 모두 잔인했다. 그러나 가장 극악한 잔혹 행위를 한 쪽은 백인이었는데 전쟁이 종식된 후에도 잔혹 행위는 계속되었다. 1890년, 수족 내부에서 종교 부흥 운동이 일어난 결과, 또 다른 비극적 갈등이 초래되었다. 종교 부흥 자체는 백인이 인디언 문명에 가한 공격이 얼마나 치명적인 영향을 미쳤는가를 상징적으로 보여 주는 것이었다. 과거 다른 부족이 시련기에 그랬던 것처럼, 이 인디언도 다수가 종교 부흥을 주도한 예언자에게 의지했다.

• '유령 춤'

이때 등장한 예언자는 열정적으로 정신적인 각성을 촉구한 파이우트(Paiute) 부족 워보카(Wovoka)인데, 그의 가르침은 네바다를 비롯해 평원 지역으로 급속히 퍼져나갔다. 이 새로운 종교 부흥은 메시아의 도래를 강조했다. 그러나 그보다도 감상적인 집단 춤(舞)인 '유령 춤(Ghost Dance)'이 아주 독특했다. 그 춤은 참가자들에게 황홀하고 신비한 환상을 불러일으켰는데, 때로는 백인이 평원에서 물러나고 버펄로 떼가 되살아오는 환영도 보았다고 할 정도였다. 수족 보호구역 내 백인 관리는 인디언이 유령 춤을 출 때마다 당혹감과 두려움을 금치 못했으며, 일부 관리는 유령 춤을 적대 행위의 서막일지도 모른다고 생각했다.

• 운디드니 학살

1890년 12월 29일, 제7기병대가 사우스다코타의 운디드니(Wounded Knee)에서 추위와 굶주림에 떨던 수족 350명을 포위하려 했다. 싸움이 시작되었고, 약 40명의 백인 병사와 200명에 달하는 인디언이 사망했다. 방아쇠를 먼저 당긴 것은 인디언 쪽이었지만, 전투는 곧 일방적인 학살로 변했다. 백인 병사가 새 무기인 자동소총을 겨누고 인디언을 눈밭에서 살육했던 것이다.

제로니모의 항복

위대한 아파치 전사 제로니모(앞줄 오른쪽에서 세 번째)가 1886년 미국 군대에 항복한 후에 그의 무리와 함께 앉아 있다. 앞줄 왼쪽에 있는 두 사람은 제로니모의 이복 형제이고, 앞줄 오른쪽의 소년은 제로니모의 아들이다.

도스법

연방정부는 유령 춤과 운디드니의 비극이 일어나기 전에도 인디언 문화의 중심인 부족 구조를 영구히 파괴하려 했다. 연방정부는 50년 가까이 시행해오던 정책을 뒤집어 인디언 부족이 보호구역 토지를 공동으로 소유하던 관행을 폐지했다. 이 새로운 정책을 지지하는 사람 가운데는 인디언을 백인 사회의 긴급한 구조가 필요한 '사라져 가는 인종'이라고 보고 자신들이 좋은 일을 하고 있다고 믿기도 했다. 이 새로운 법은 인디언으로 하여금 토지 소유주와 농민이 되어 기존의 집단적 사회와 문화를 버리고 백인 문명의 일부가 되도록 했다.

1887년의 도스 단독 토지 보유법(Dawes Severalty Act)은 토지에 대한 부족 소유권을 점차 없애는 한편, 토지를 개인 소유주에게 할당한다는 내용이었다. 가장에게는 160에이커, 미혼 성인이나 고아에게는 80에이커, 미성년 아이에게는 40에이커를 할당하게 되어 있었다. 또한 성인 소유주에게 미국 시민권을 부여하기는 했지만, 다른 시민권자와 달리 25년 동안은 자기 재산에 대해 완전한 권리를 행사할 수 없었다(이는 투기자에게 토지를 파는 것을 막기 위한 조치였다).

• 동화 장려

인디언 사무국은 도스법을 시행하는 과정에서 그 이면에 놓인 동화정책을 가혹하게 밀어붙였다. 사무국 관리가 인디언 가족을 각각의 할당 토지로 강제 이주시켰을 뿐만 아니라, 자녀를 백인이 운영하는 기숙학교로 보내라고 강요했으며, 또한 인디언의 종교 의례를 중지시키고 크리스트교의 확산과 교회 설립을 장려했다.

그러나 인디언은 이 왜곡된 변화에 적응할 준비가 되지 않았을 뿐더러 어떤 경우에는 백인의 도스법이 너무나 부패하고 부조리하게 시행되었다. 결국 정부는 도스법을 포기하고 말았다. 따라서 대부분의 보호구역 토지는 개인 소유주에게 분배되지 않았다.

5

서부 농민의 흥기와 쇠퇴

● 호황에서 파산까지

광부들의 쇄도, 소 방목업자의 제국 건설, 인디언 부족 해체, 이 모든 것이 극서부 백인 정착의 서막이었다. 남북전쟁 이전에도 농민은 평원 지역으로 이동해 목장주와 인디언의 지배에 도전했다. 한때 실개천에 지나지 않았던 것이 1870년대에는 홍수를 이룰 정도였다. 농민이 평원 지역으로 쏟아져 들어와 한때 인디언의 사냥터이자 소 떼의 개방 방목지였던 땅에 울타리를 치고 새로운 농경지를 만들었다. 1870년대 후반과 1880년대 초 한동안 서부 농민은 농업 호황이라는 결실을 거두며 번성했다. 하지만 1880년대 중반에는 농업이 쇠퇴 국면으로 돌아서고, 서부 농업경제는 오랫동안 서서히 몰락해 갔다.

평원 지역의 농사

서부에 농민이 쇄도하게 된 데에는 많은 요인이 복합적으로 작용했지만 가장 중요한 것은 철도였다. 남북전쟁 전에는 대평원으로 들어서려면 역마차를 타고 험난한 여행을 해야 했지만, 1860년대 초반에 새로운 대규모 철도망이 구축됨으로써 비로소 거대한 정착지가 들어설 수 있는 조건이 마련되었다.

대륙횡단철도의 건설은 극적이고 기념비적인 성과였다. 1869년 봄 유타 주 프로먼터리포인트(Promontory Point)에서 두 선로가 만

나면서 대륙횡단철도가 완성되었다. 그리고 뒤이어 몇 년 동안 건설된 지선(支線)이 서부에서는 더 중요했다. 워싱턴 주를 필두로 다른 여러 주 정부가 직접 재정을 지원하고 유리한 대출 조건을 제시하는가 하면 5,000만 에이커가 넘는 땅을 제공—연방정부는 이미 최고 1억 3,000만 에이커의 토지를 제공한 바 있다—하는 것으로 철도 건설을 보조했다. 사기업이 철도를 건설하고 운영하기는 했어도, 철도는 여러 면에서 공공사업이었다.

철도 건설로 인해 대평원으로의 접근이 용이해지자, 그곳에 정착해 농사를 지으려는 사람이 늘었고 철도 회사도 적극적으로 정착을 장려했다. 철도 회사는 정착자의 운임을 매우 낮은 가격으로 책정해 누구라도 서부에 갈 수 있게 만들었다. 그리고 회사에서도 매우 싼 가격에 토지를 매매했고, 투기 목적의 정착민에게도 대출을 아끼지 않았다.

· 값싼 철도 운임

백인의 농업이 대규모로 팽창한 데에는 대평원 지역의 기후가 일시적으로 눈에 띄게 변화한 것도 한몫했다. 1870년대부터 이후 수십 년 동안 평원 지역의 강우량은 평균 이상이었다. 미국의 백인은 이제 미국의 대사막이라는 대평원 지역에 대한 낡은 관념을 버리게 되었던 것이다.

이렇게 조건은 최적이라 할 만했지만, 평원에서 농사를 짓는 데에는 특별한 어려움이 있었다. 첫째는 울타리 문제였다. 농민은 토지에 울타리를 쳐야 했지만, 나무나 돌로 만든 전통적인 울타리를 구할 수 없었다. 그런데 1870년대 중반에 조지프 글리든(Joseph H. Glidden)과 엘우드(I. L. Ellwood)라는 2명의 일리노이 출신 농민이 이 문제를 해결했다. 그들은 철조망을 개발해 시장에 팔았다. 철조망은 평원 지역에서 기본 도구로 자리 잡았고, 미국 전역과 전 세계의 울타리 사업에 혁신을 가져왔다.

• 물 부족

두 번째 문제는 물이었다. 물은 강우량이 평균 이상일 때에도 부족했다. 더구나 1887년 이후 건기가 시작되면서 비옥했던 토지는 거의 사막으로 변했다. 일부 농민은 우물을 깊이 파고 쇠풍차로 물을 길어 올리거나, 소위 건조지 농법(토양의 수분을 보존하기 위해 고안된 농법으로, 토양을 얇은 덮개로 덮는 것)으로 전환하는 한편, 가뭄에 잘 견디는 작물을 심는 것으로 물 문제를 해결하려 했다. 그러나 평원 지역에서는 특별한 경우를 제외하고는 대규모 관개시설만이 위험에 처한 농업을 구할 수 있는 유일한 수단이었다. 그리고 그처럼 긴요한 대규모의 관개 사업을 실행하려면 정부의 도움이 필요했으나 주 정부나 연방정부는 관개 사업을 지원할 준비가 되어 있지 않았다.

• 역(逆) 이주

평원 지역으로 이주해 온 사람은 과거에 미국의 중서부나 동부 혹은 유럽에서 농사를 짓던 사람이었다. 1880년대 초만 해도 이들은 많은 돈을 쉽게 대출받을 수 있었다. 그러나 1880년대 후반에 건조기가 닥치면서 농민의 예상은 빗나갔다. 작물 생산비는 상승한 반면, 작물 가격은 점차 하락했다. 수만 명의 농민이 빚을 갚을 수 없어 농토를 포기해야 했다. 그 결과 역(逆)이주가 시작되어 백인 정착민은 다시 동부로 돌아갔고 한때 번성했던 공동체는 황량한 유령 마을로 변했다. 남은 사람은 그칠 줄 모르는 곡물 가격의 하락—남북전쟁이 끝날 무렵 1부셸(bushel)당 1달러 60센트에 팔렸던 밀이 1890년대에는 49센트로 떨어졌다—으로 부채에 시달렸다.

상업적 농업

19세기 말에는 대중의 신화 속에 억세고 독립심 강한 인물이었던 농민이 점차 상업적인 농민에게 자리를 내주게 되었다. 그들은 산업가가 제조업에서 하던 일을 농사에 적용하여, 전문적으로 환금작물을 경작해서 국내 시장과 세계 시장에 내다 팔았다. 또한 생필품이나 식량을 직접 만들고 경작하는 대신 상인에게서 구매했다. 이런 종류의 농업으로 성공한 농민은 보다 나은 수준의 생활을 영위했지만, 한편으로는 은행가와 이자율, 철도 및 화물 요금, 국내 시장과 유럽 시장, 세계의 공급과 수요에 의존해야 하는 상황에 처하게 되었다. 그리고 산업계의 자본가와는 달리 생산량을 조절하거나 농산물 판매 가격에 영향을 미칠 수도 없었다.

1865년에서 1900년 사이에 미국뿐 아니라 브라질, 아르헨티나, 캐나다, 호주, 뉴질랜드, 러시아 등 여러 곳에서 농업 생산량이 엄청나게 증가했다. 동시에 전화와 전보, 증기기관, 철도 등 근대적 형태의 의사소통과 수송 체계가 등장하면서 전 세계적으로 새로운 형태의 농산물 시장이 창출되었다. 1880년대 초에 전 세계적으로 농산물이 과잉생산되면서 대다수 농산물 가격이 하락하자, 600만 명이 넘는 미국의 농민 가족이 커다란 경제적 곤경에 처했다. 그 때문에 1890년대에는 미국 농토의 27퍼센트가, 1910년에는 33퍼센트가 저당잡힌 상황이었다. 1880년에는 전 농토의 25퍼센트를 소작인이 경작했고, 1910년에는 그 비율이 37퍼센트로 상승했다. 상업적 농업으로 일부 농민이 매우 부유해진 것은 사실이지만, 농업경제는 대체로 국가의 다른 영역에 비해 심각한 쇠퇴에 접어들고 있었다.

● 과잉 생산

농민의 분노

농민은 고통 속에서 무언가 잘못되었다는 사실을 느끼고 있었다. 그러나 아직 어느 누구도 국가적·세계적 규모의 과잉생산이 무엇을 의미하는지를 이해하지 못했다. 오히려 더 직접적이고 더 잘 이해할 수 있는 실질적인 문제에 관심과 분노를 집중했다. 즉, 불평등한 화물 요금과 높은 이자율, 부적절한 통화 등을 성토했던 것이다.

농민이 가장 분노한 대상은 철도였다. 철도 회사는 무엇보다 농산물에 가장 높은 요금을 부과했으며, 북동부보다 남부와 서부에 더 높은 요금을 적용했다. 또한 구매 센터의 엘리베이터와 창고 시설을 장악하고 임의적으로 보관료를 부과했다.

●
철도 회사에
대한 불만

농민은 신용을 통제하는 기관인 은행이나 대출 회사, 보험회사에도 분노했다. 서부와 남부에는 신용기관이 많지 않았기 때문에 농민들은 대출만 받을 수 있다면 어떠한 조건이라도 감수해야 했는데, 때로는 이자율이 10퍼센트에서 25퍼센트에 달하기도 했다. 그런데 많은 농민이 대출금을 상환해야 할 몇 년 사이에 때마침 농산물 가격이 하락하고 화폐가 부족해져 그 결과 통화 팽창이 일어나 농민에게 점차 중요한 쟁점으로 되었다.

●
음모에
대한 확신

세 번째는 가격 문제였다. 농민은 당시 높은 가격에 거래되던 작물을 많이 심곤 했는데, 작물을 추수할 때쯤 심은 작물의 가격이 하락하는 일이 잦았다. 농민의 이윤은 예측할 수 없는 힘에 이끌려 오르내렸다. 농민은 '중개인(middlemen)' 곧 투기자나 은행가, 지역 및 지방 관리 들이 손을 잡고 농산물 가격을 고정시켜 경작자에게 손해를 입히고 그 대가로 자신들의 이익을 추구한다는 것을 확신하게 되었다(종종 그 근거가 있기도 했다). 또한 동부의 제조업자가 농산물 가격은 낮게, 공산품 가격은 높게 유지하기 위해 음모를 꾸민다고 믿었다(그것 또한 사실무근은 아니었다). 농민은 농작물을 치열한 경쟁이 난무하는 세계시장에 내다 팔았지만, 트러스트와 사기업이 지배하고 관세로 보호받는 국내시장에서 공산품을 구매해야 했다.

농업지대의 불안

이러한 경제적인 어려움은 일련의 사회적·문화적 분노를 자아냈다. 이는 부분적으로 농촌 생활이 고립된 결과였다. 미국 일부 지역의 농촌 가족은 사실상 바깥 세상과 단절되어 있었다. 겨울철이나 나쁜 날씨가 계속되는 동안에는 외로움과 지루함으로 거의 견딜 수 없을 지경이었다. 많은 농민이 자녀에게 적절한 교육을 시킬 수 없었고, 의료 시설을 접할 수 없었으며 여가 생활이나 문화 활동을 영위하기도 어려웠다. 그들은 한 공동체의 구성원이라는 의식을 가질 만한 어떤 것도 사실상 향유할 수 없었다. 나이 든 농민은 농장을 떠나 도시로 향하는 자녀를 아픈 마음으로 지켜보았다. 또한 미국인의 삶을 지배하게 된 새로운 도시 문화가 자신들을 '시골뜨기(hayseeds)'라고 조롱하는 듯한 모욕감을 느꼈다.

이렇게 고립되고 위축된 결과 많은 농민 사이에 막연한 불안감이 싹텄고, 불만은 1890년대에 전국적인 대규모 정치 운동으로 표출되었다. 이러한 농민의 불안감은 미국의 농촌 지역에서 등장한 문학에도 반영되었다. 19세기 말에 활동한 작가는 카우보이와 서부 지역

광부의 거친 생활을 낭만적으로 그렸으나 그런 이미지는 농민과는 거리가 멀었다. 예를 들어, 햄린 갈런드(Hamlin Garland)는 일련의 장편 및 단편소설에서 농촌 사회에 대한 점증하는 환멸을 그렸다. 갈런드는 《제이슨 에드워즈(Jason Edwards)》(1891)라는 소설의 서문에서, 과거의 농업 개척지는 "황금 서부, 즉 부와 자유와 행복의 땅"처럼 보였으나, 이제 빛나던 약속은 희미해져버렸고 농촌 생활의 시련이 인간의 정신을 파멸시켰다고 했다. 그리고 소설 속의 한 인물은 다음과 같이 소리친다. "그래요, 이것이야말로 그 꿈의 실체로군요. 사막처럼 덥고 외롭고 황량한 평원 위의 오두막집 말이에요. 오, 신이여!" 억척스럽던 자영 농민은 한때 스스로를 미국 사회의 대들보라고 여겼다. 하지만 이제 흥기하는 동부 도시와 산업사회에 밀려 자신들의 지위가 추락하고 있음을 고통스레 인식하게 되었다.

결론

19세기 말, 미국인은 서부에 대해 대담한 개척자가 새 사회를 건설하고 있는 길들여지지 않은 '프런티어'로 보았다. 그러나 이 시기 서부의 현실은 이런 이미지와는 거리가 멀었다. 남북전쟁 이후 몇 년 동안 미국의 백인은 놀라운 속도로 미시시피 서쪽 광활한 지역으로 이주했다. 그리고 그들 다수는 분명 이제까지 알아온 문명과는 동떨어진 세계에 정착했다. 그러나 서부는 비어 있는 공간이 아니라, 이미 상당수 인디언이 살고 있는 곳이었다. 백인 정착민은 때때로 그들과 불편한 관계에 놓이거나 전투를 치르면서 살아갔으며, 결국에는 연방정부의 도움을 받아 그들을 밀어내어 원치 않는 땅으로 옮겨 살도록 만들었다. 일부 지역에는 상당수의 멕시코인이 있었고 다른 지역에는 수는 적지만 아시아인도 살고 있었으며, 땅과 자유를 찾아 남부를 떠나온 흑인도 있었다. 서부는 황량한 프런티어가 아니라 이미 많은 문화가 존재하는 곳이었다.

   서부는 또한 동부의 흥기하는 자본주의적 산업 경제에 밀접하게 연결되어 그 끈은 점점 튼튼해졌다. 광부가 캘리포니아와 콜로라도, 네바다, 다코타 등으로 홍수처럼 밀려든 것은 동부의 금은 수요와 나아가 철광석, 구리, 납, 아연, 석영의 수요에 부응한 것이었다. 소와 양을 방목하는 사람은 동부의 소비자와 제조업자들의 수요에 맞추어 고기와 양털, 가죽을 생산했다. 그리고 농민은 국내외의 상품 시장에 내다 팔 작물을 경작했다. 서부는 확실히 동부와는 달라 보였다. 그러나 서부의 성장은 미국 내 다른 지역의 성장과 전혀 다를 바 없었다. 그리고 동부인과 서부인이 다같이 받아들였던 낭만적인 개척자 이미지의 본질은, 서부의 문화 역시 핵심은 미국 내 다른 지역의 문화와 마찬가지로 경제 성장과 자본주의적 야망의 문화였다는 점이다.

1859	1866	1870	1873	1876-1877	1879
최초의 유정(油井) 개발	전국 노동조합 창설/ 최초의 대서양 횡단 케이블 설치	록펠러, 스탠더드 석유 회사 창립	카네기 철강 회사 설립/ 경제 공황	벨, 전화 발명/ 전국적인 철도 파업	에디슨, 전구발명

17장
최고의 산업국가

덴버의 악취 풍기는 공장

토머스 모런(Thomas Moran)은 19세기 후반 서부의 자연 풍광과 험난한 개척민 사회를 거대한 화폭에 담은 화가로 유명하다. 그러나 이 1892년의 수채화에서는 서부 생활의 잘 알려지지 않은 또 다른 측면, 즉 빠르게 발전하고 있던 지역의 제조 산업을 포착해냈다.

1881	1886	1888	1892 -1894	1901 -1903	1914
미국노동총동맹 창설	헤이마켓 폭탄 투척	벨라미의 《뒤를 돌아보면서》	홈스테드 철강 파업/공황 시작/풀먼 파업	모건, 유에스 철강 회사 창립/라이트 형제의 비행기	포드 공장, 일관작업 공정 도입

1920년대에 역사가인 찰스 비어드와 메리 비어드(Charles and Mary Beard) 부부는 19세기 말경 많은 미국인이 눈부시게 확장된 미국의 산업 경제를 보면서 느꼈을 놀라움을 표현하면서 다음과 같이 기술했다. "미국은 링컨 사후 25년 만에 생산품의 질과 양에서 세계 제일의 제조업 국가가 되었다. 영국이 100년 만에 이루어낸 것을 미국은 그 절반의 기간에 이룩했다."

사실, 미국이 최고의 산업국가로 부상한 것은 그렇게 갑작스러운 일이 아니었다. 미국은 이미 19세기 초부터 제조업 경제를 구축해왔던 것이다. 하지만 미국인들이 19세기의 마지막 30년 동안 이룩해낸 것이 이전의 모든 진보를 무색하게 만들었다고 평가한 것은 분명히 타당한 것이었다.

눈부신 성장으로 많은 미국인의 삶이 향상되고 부가 증대되었다. 그러나 이윤이 공평하게 분배되지는 않았다. 산업계의 거부와 성장하고 있던 중간계급이 미국 역사상 전례 없는 번영을 누린 반면, 노동자와 농민을 비롯한 다수는 장차 미국이 직면할 경제와 정치의 일대 위기를 이미 일상의 고통스런 시련 속에서 경험했던 것이다.

1
산업 성장의 원동력

미국의 산업 성장에 기여한 요인은 매우 다양했다. 풍부한 원료와 충분한 노동력의 공급, 기술혁신의 물결, 다재다능하고 때로는 냉혹한 일군의 기업가 등장, 기업 성장을 보조하는 데 기꺼이 힘을 쏟는 연방정부, 제조 생산품의 거래를 위한 내수시장의 확장 등 제반 요인이 미국의 산업 성장에 기여했다.

산업 기술

날로 발전하는 새로운 기술과 원료 및 생산 공정의 발달은 19세기 말 산업 성장의 주요한 원동력이었다. 가장 중요한 기술혁신 중 몇 가지는 통신 분야에서 이루어졌다. 1866년, 사이러스 필드(Cyrus W. Field)는 유럽까지 대서양 횡단 전신 케이블을 설치했다. 그 후의 10년 동안에는 알렉산더 그레이엄 벨(Alexander Graham Bell)이 최초로 상업적으로 이용 가능한 전화기를 개발했다. 1900년경에는 135만 대의 전화가 설치되었고, 1920년경에는 1,330만 대에 달했다. 그리고 이탈리아의 발명가 굴리엘모 마르코니(Guglielmo Marconi)는 1890년대에 라디오의 개발을 향해 첫걸음을 내디뎠는데, 이 기술은 이내 미국에서 빛을 보았다. 또한 1868년 크리스토퍼 숄스(Christopher L. Sholes)가 발명한 타자기와 1879년 제임스 리

• 알렉산더 그레이엄 벨

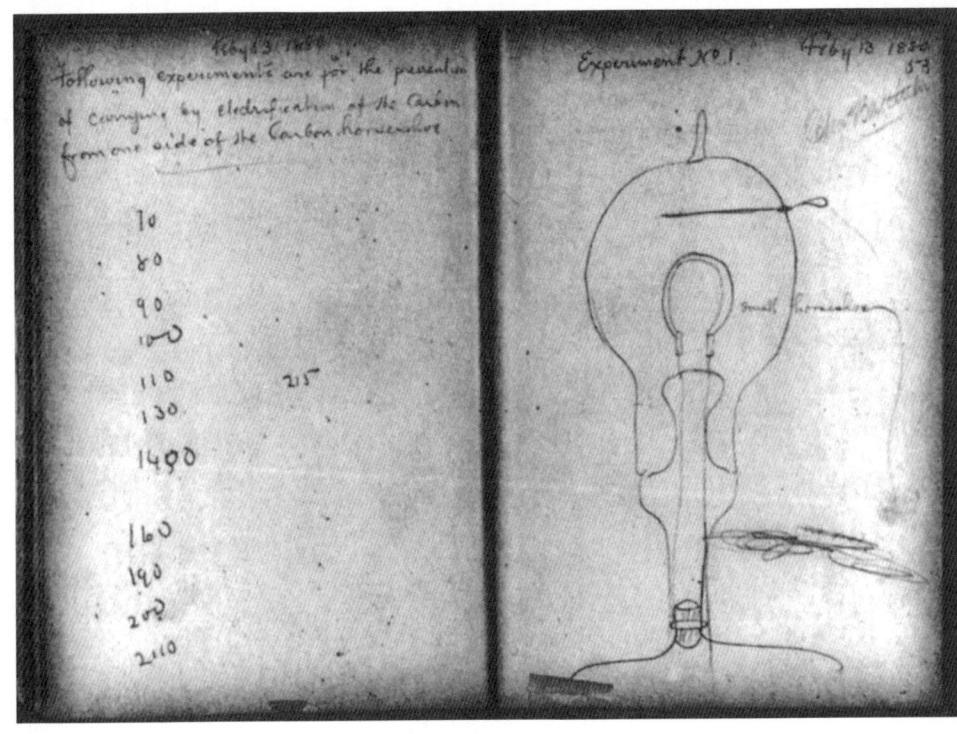

에디슨의 노트

토머스 에디슨의 노트를 펼친 것이다. 여기에는 에디슨이 백열등을 실험할 당시 그린 스케치와 메모가 있다. 에디슨은 당대의 가장 유명한 발명가였을 뿐 아니라, 과학 기술의 진보가 그 시대를 정의할 만한 특징이라고 간주되던 20세기 초에 미국에서 가장 인기 있는 영웅이기도 했다.

티(James Ritty)가 발명한 금전등록기, 1891년 윌리엄 버로스(William S. Burroughs)가 발명한 계산기는 기업 조직의 발전에 속도를 더한 발명품이었다.

무엇보다 혁명적인 기술혁신은 1870년대에 조명과 동력의 원천인 전기의 등장이었다. 전기 조명의 선구자로는 가로등용 아크등을 고안한 찰스 브러시(Charles F. Brush)와 백열등(또는 전구)을 발명한 토머스 에디슨(Thomas A. Edison)을 들 수 있다. 에디슨을 비롯한 몇몇 사람은 뛰어난 발전기를 고안한 데 이어 도시 전체에 전력을 공급할 수 있는 거대한 발전소를 건설했다. 따라서 20세기에 접어들면서 전력은 거리의 전차, 도시의 마천루를 오르내리는 엘리베이터에 상용화되었으며, 공장이나 사무실, 집에서도 일상화되었다.

• 전력의 영향

또한 고효율의 증기기관이 새로이 개발되어 거대한 배들이 이전에는 상상할 수 없을 정도로 빠른 속도를 내게 되었다. 이는 무역과 산업에 각별히 중요했다. 예를 들면, 영국은 신형 고속 화물선의 등장으로 국내에서 밀을 재배하기보다 캐나다와 미국에서 재배한 밀을 수입하는 것이 더 효율적이었다. 1870년대에는 냉장 설비를 갖춘 선박이 소개되었는데, 이로써 육류를 북아메리카 대륙은 물론이고 오스트레일리아와 아시아에서 유럽으로 수송할 수도 있게 되었다.

철 및 강철 생산기술

국가 경제가 철도와 도시 건설에 크게 의존하는 나라에서 가장 중요한 기술적 발전은 아마도 철 및 강철 생산의 혁신일 것이다. 미국의 철 생산은 19세기 내내 서서히 발전했는데, 대부분 철도 선로의 제작에 사용되었다. 그리고 강철 생산은 남북전쟁이 끝날 무렵에도 거의 발전하지 못했다. 그러나 1870년대와 1880년대에 4만 마일 길이의 새로운 철도 노선이 추가 되면서 철 생산량이 급증했고 강철

베서머 공법

생산도 머지않아 금속 산업에서 지배적인 단계로 부상하게 되었다.

강철의 등장은 그 자체가 기술적 발견의 산물이었다. 영국인 헨리 베서머(Henry Bessemer)와 미국인 윌리엄 켈리(William Kelly)는 거의 같은 무렵에 철을 훨씬 견고하고 쓰임새도 다양한 강철로 변형시키는 공법을 개발했다. 베서머의 이름을 딴 이 공법은 용해된 철에 공기를 불어넣어줌으로써 불순물을 제거해 더욱 단단한 금속으로 만드는 방법이었다. 베서머 공법은 영국인 야금학자 로버트 머시트(Robert Mushet)의 발견을 기초로 한 것인데, 머시트는 철이 강철로 변형되는 과정에 몇 가지 재료를 추가하면 강도를 더할 수 있다는 사실을 알아낸 바 있었다. 그 후 1868년에는 뉴저지 주의 제철업자 아브람 휴이트(Abram S. Hewitt)가 유럽에서 또 다른 강철 제조 공법인 평로법을 도입했다. 이러한 기술로 인해 용도나 양에서 대단위 강철 생산이 가능해졌고 그에 따라 강철은 기관차와 강철 선로, 높은 빌딩 건축에 필요한 대들보 등을 제작하는 데 사용되었다.

강철 산업은 펜실베이니아 주 서부와 오하이오 주 동부에서 제일 먼저 시작되었다. 왜냐하면 그 지역은 철광석이 풍부하고 새 강철 생산 공법이 도입되면서 새로운 종류의 연료, 특히 펜실베이니아에 풍부한 무연탄의 수요가 창출되었기 때문이다. 나중에는 새로운 기술이 개발되어 역시 펜실베이니아 서부에서 쉽게 채굴할 수 있었던 부드러운 역청탄도 이용할 수 있었다. 그 결과 피츠버그는 강철 산업계의 중심지로 급부상했다. 그러나 산업 성장 속도가 너무 빨라 이내 새로운 광맥을 찾지 않으면 안 되었다. 미시간 반도 북부 지역과 미네소타 주 메사비(Mesabi) 지역, 앨라배마 주 버밍햄 주변 지역이 중요한 철광석 생산지가 되었다. 동시에 이 지역 주변의 클리블랜드와 디트로이트, 시카고, 버밍햄 등이 새로운 강철 생산 중심지로 성장했다.

남북전쟁 무렵만 해도 철과 강철 생산을 위한 용광로는 대부분 돌로 제작된 것이었고, 대개는 건설 비용을 절감하기 위해 언덕의 한쪽면에 기대어 설치하기 마련이었다. 그러나 1870년대 이후 용광로의 설계가 달라졌다. 즉, 원통형으로 철제 뼈대를 세우고 그 골격을 따라 벽돌을 쌓아 용광로를 만들었는데, 이 큼직한 신형 용광로는 높이가 75피트나 되었고 1주일에 500톤 이상을 생산할 수 있었다.

• 새로운 송풍 용광로

강철 산업이 확산되자 이에 부응해 새로운 운송 체계도 등장했다. 오대호 지역은 호수를 오가며 광석을 실어 나르는 증기 화물선이 있었기에 강철 생산이 가능했다. 석유를 수송할 선박이 필요해지고 더욱 강력한 신형 증기기관이 개발됨에 따라, 이번에는 더 무겁고 더 많은 양의 화물을 실어 나를 수 있는 화물선이 고안되었다. 광석 하역 작업도 이전에는 인부가 직접 배에서 광석을 내리거나 말을 이용했기 때문에 속도도 느리고 일도 너무나 힘들었지만, 이제는 선주들이 신형 증기기관을 사용하게 되어 작업 속도가 훨씬 빨라졌다.

• 새로운 운송 체계

떠오르는 철강 회사와 철도의 관계는 한층 더 밀접해졌다. 강철 제조업자는 철도에 선로와 각종 철도 차량의 부품을 제공했고, 철도는 완성된 강철의 시장이자 수송자의 역할을 했다. 그리고 이내 더 가까운 관계로 발전했다. 예를 들면, 펜실베이니아 철도 회사의 경우 문자 그대로 펜실베이니아 철강 회사를 설립했던 것이다.

철강 산업에서 기계의 마찰을 줄이기 위해 기름을 쳐야 했으므

• 석유 산업의
대두

로 19세기 후반에는 또 다른 중요한 신규 산업 곧 석유산업이 출현했다(그때까지는 아직 석유가 주요 연료로는 인식 되지 못했다). 그래서 펜실베이니아 주 서부에 유전이 존재한다는 사실도 한동안 그저 그런 평범한 사실에 불과했다. 그러나 펜실베이니아의 실업가 조지 비슬(George Bissell)이, 1850년대에 석유의 가용성, 곧 램프 안에서 탈 수 있으며 석유에서 파라핀이나 나프타, 윤활유 등을 추출해낼 수 있다는 사실을 밝혀낸 이후, 석유의 상업적 가치를 새로이 인식하게 되었다. 비슬은 자금을 끌어들여 석유 굴착 작업에 착수해, 1859년에는 비슬의 고용인 중 한 사람인 에드윈 드레이크(Edwin L. Drake)가 펜실베이니아 주의 타이터스빌(Titusville) 근처에 최초의 유정(油井)을 건설했다. 이곳은 얼마 지나지 않아 한 달에 500배럴의 석유를 생산했다. 석유 수요가 급증하자, 석유 사업가는 이내 펜실베이니아 주와 오하이오 주, 웨스트버지니아 주 등지에서 또 다른 유전 개발에 착수했다.

비행기와 자동차

자동차의 발명은 미국에 가장 광범위한 영향을 끼친 기술혁신 가운데 하나다. 자동차 개발에는 두 가지 기술이 결정적인 역할을 했다. 하나는 휘발유의 탄생인데, 이는 19세기 말 석유에서 윤활유와 연료유를 분리해내는 추출 공법이 미국에서 개발된 결과였다. 다른 하나는 1870년대 초에 프랑스와 독일, 오스트리아의 설계자가 개발에 착수한 '내연기관'이었다. 그들이 개발한 내연기관은 연소 가스의 팽창력을 이용해 피스톤이 작동하도록 고안되었다. 이에 앞서

1860년대 중반에 독일인 니콜라우스 아우구스트 오토(Nicolaus August Otto)는 가스를 동력으로 삼아 '4기통' 엔진을 만들었는데, 이것은 말하자면 자동차 엔진의 선구격인 셈이다. 그러나 오토는 그것을 기계에 장착하는 방법, 곧 가스관을 엔진에 연결하는 방법은 개발하지 못했다. 나중에 자동차 엔진을 완성한 사람은 예전에 오토 밑에서 일하던 고트프리트 다임러(Gottfried Daimler)였다.

미국의 자동차 산업은 이러한 과학 기술의 획기적인 진전으로 급속하게 발전했다. 1903년 찰스 두리에이와 프랭크 두리에이(Charles and Frank Duryea) 형제는 미국 최초로 휘발유로 움직이는 자동차를 만들었고 3년 후에는 헨리 포드(Henry Ford)가 처음으로 그의 명성을 드높이게 된 유명한 차를 선보였다. 1895년만 해도 미국의 도로를 질주하는 차가 단지 4대에 불과했지만, 1917년에는 거의 500만 대에 달했다.

· 헨리 포드

인간이 하늘을 날 수 있는 수단을 모색한 것은 문명만큼이나 오래된 일이다. 하지만 미국과 유럽의 기술자, 과학자, 땜장이(tinkerer) 등이 여러 가지 방법으로 비행 장치를 실험하기 시작한 19세기 말까지도 이는 전적으로 허망한 일이었다. 열기구를 조종하는 사람은 비행선을 유용한 운송 수단으로 만들 방법을 찾았던 적도 있고 연과 글라이더를 가지고 실험한 사람도 있었다.

오하이오 주에서 자전거 가게를 운영하던 윌버 라이트와 오빌 라이트(Wilbur and Orville Wright) 형제가 공중에서 내연기관으로 추진력을 얻어 날 수 있는 글라이더를 만들기 시작했다. 그리고 실험을 시작한 지 4년 만에 오빌 라이트는 노스캐롤라이나 주 키티호크(Kitty Hawk) 근처에서 기념비적인 시험비행에 성공했다. 이 비

· 라이트 형제

행기는 자체의 동력으로 이륙해 착륙하기까지 12초 동안 120피트를 날았다. 라이트 형제는 1904년 가을 무렵에 23마일 이상 날 수 있을 정도로 이 비행기를 개량했고, 다음 해에는 몇 명의 승객을 태우고 비행했다.

미국이 실제로 하늘을 날 수 있는 비행기를 처음으로 제작한 나라임은 분명하지만, 항공 기술의 발판을 마련하지는 못했다. 초창기 비행기 설계상의 진전은 대부분 프랑스가 이룬 것인데, 프랑스는 정부가 직접 나서서 비행기의 연구와 개발에 상당한 자금을 지원했다. 반면 미국 정부는 라이트 형제의 비행이 있은 지 12년이 지난 1915년에야 비로소 국립 항공학 자문위원회(National Advisory Committee on Aeronautics)를 설립했다. 미국의 비행기는 제1차 세계대전 중에 유럽에서 위용을 자랑할 정도로 발전했으나 찰스 린드버그(Charles Lindbergh)가 뉴욕에서 파리까지 단독 비행에 성공해 미국을 비롯한 전 세계를 흥분시켰던 1920년대까지도 좀처럼 비행이 상업화될 기미는 없어 보였다.

연구와 개발

• 기업의 연구와 개발

새로운 산업 기술이 급속히 발전해감에 따라, 많은 기업가가 산업상의 급격한 변화에 발맞춰 자체 연구를 후원하게 되었다. 제너럴 일렉트릭(General Electric) 회사는 기술 경쟁이 두려웠던 나머지 1900년에 처음으로 기업 연구소를 설립했다. 이렇게 연구실 및 개발실이 등장한 시점은 정부가 연구에 대한 지원을 줄인 시점과 궤를 같이 한다. 기업들은 정부의 지원이 줄어들면서 전통적인 방식의 지원이 끊어지게 된 것을 알게 된 기존의 숙달된 연구원들을 끌어들일 수 있었다. 또한 연구 기금의 출처가 분산됨으로써 연구 방향도 이전처럼 정부가 결정한 대로 따르지 않고 다양하게 진행할 수 있게 되었다.

이에 따라 과학자와 기술자 사이에 간극이 생기기 시작했다. 대학 안팎에 있는 기술자는 점차 기업의 연구 및 개발 일정에 묶였고, 많은 과학자는 이러한 지식의 '상업화'를 여전히 경멸하며 즉각적인 실용적 응용이 불가능한 기초 연구에 매달리기를 좋아했다. 그럼에도 미국의 과학자는 유럽의 과학자보다는 훨씬 더 실용적인 연구에 몰두했으며, 일부는 시간이 지나면서 실용 연구만이 아니라 기초 연구도 후원하기 시작한 기업의 연구 및 개발실 기술자와 제휴했다.

생산 과학

자동차를 비롯한 여러 산업이 성장한 데에는 생산 기법의 변화가 핵심적인 역할을 했다. 20세기로 접어들 무렵, 많은 산업가가 '과학적 경영'이라는 새로운 원리를 받아들이게 되었다. 이 새로운 경영 원리는 흔히 '테일러주의(Taylorism)'라고 불렀는데, 이 이론을 주도한 프레더릭 윈슬로 테일러(Frederick Winslow Taylor)의 이름에서 따온 것이다. 테일러뿐만 아니라 테일러를 존경하는 많은 사람이 과학적 경영을 기계화 시대의 요구에 맞게 인간의 노동력을 운용할 수 있는 방식이라고 주장했다. 하지만 과학적 경영은 고용주의 작업장 통제력을 강화하는 방식이기도 했다. 테일러는 고용주에게 작업을 세분화하는 방향으로 생산과정을 재조직해야 한다고 강변했다.

'테일러주의'

그렇게 하면 생산 속도가 빨라지고 노동자도 쉽게 교체할 수 있으며, 따라서 어느 특정 고용인에 대한 경영자의 의존도도 줄여나갈 수 있다는 것이었다. 나아가 훈련받은 전문가가 적절히 운영하기만 한다면, 현대적 기계를 사용하는 노동자는 단순 작업을 더 빨리 할 수 있어서 생산 효율성도 훨씬 증대될 것이라고 주장했다.

• 일관작업 공정

산업 시대 생산공정에서 일어난 가장 중요한 변화는 대량생산과 더불어 등장한 이동식 일관작업 공정이었다. 이는 헨리 포드가 1924년에 자신의 자동차 공장에 도입한 방식으로, 특정 장소—특정 작업으로 전문화된 노동자가 이동식 벨트를 따라 움직이는 자동차를 하나하나 조립해나가는 공장—이자 하나의 개념이었다. 이 개념은 부품의 완벽한 호환성이 필요했다. 제너럴 모터스(General Motors) 회사도 동일한 개념을 채택해 1906년에는 영국의 한 자동차 공장에서 이를 시연해보이기까지 했다. 제너럴 모터스 측은 당시 3대의 캐딜락을 해체해서 엔진을 분해한 다음 부품을 서로 뒤섞어놓았다. 그런 뒤 여러 명의 기계공이 이것을 완벽하게 재조립해 시동을 걸고 도로로 몰고 나갔다. 자동차 산업 역시 다른 기술을 필요로 했다. 특히 일관작업 공정을 가동할 때 공장에 조명을 밝히거나, 기계에 먼지가 끼어 작업이 방해받는 일이 없도록 환기 장치들을 작동하는 데 막대한 전력을 이용했다. 포드는 가히 혁명적이라 할 일관작업 공정을 도입함으로써 노동자의 임금을 인상하고 노동시간을 줄이게 된 반면, 생산 단가는 모델 티(Model T)의 경우 1914년 950달러에서 1929년에는 260달러로 줄일 수 있었다. 일관작업 공정은 이내 다른 많은 산업에도 일반화되었다.

일관작업 공정

미시간 주 하이랜드파크(Highland Park)에 있는 포드 자동차 회사 공장의 노동자가 아래쪽에서 일정한 위치로 이동한 차대(車臺, chassis)에 차체를 내려 맞추고 있다. 이것이 일관작업 공정의 마지막 단계다. 일관작업 공정은 헨리 포드가 착안한 이래 (이 사진을 찍은) 1914년경에는 다른 산업에도 이미 일반화되었다.

철도의 확장과 주식회사

그런데 19세기 후반에 들어서는 산업 발전의 중요한 원동력은 철도의 확장인데 철도는 여러 면에서 경제성장을 촉진했다. 산업가는 확장된 철도를 통해 원거리 시장과 원료 공급지로 접근할 수 있었다. 철도는 미국의 가장 거대한 사업이었으며, 새로운 형태의 근대적 주식회사도 철도 사업에서 등장했다. 또한 철도는 미국의 가장 거대한 투자자였다. 즉, 철도 부설 및 장비 제작에 자체적으로 막대한 경비를 지출함으로써 경제성장을 고취한 주역이었다.

_{정부
보조금의
중요성}

1860년만 해도 철도 노선의 총길이는 3만 마일에 불과했으나 1900년에는 19만 3,000마일로 늘어났다. 연방정부와 주 및 지방정부의 보조금 그리고 외국 차관 및 투자 등이 이러한 확장에 결정적인 역할을 했다. 또한 이에 못지않게 중요한 점은, 거대한 철도 기업연합이 출현했다는 사실이다. 그중 상당수 기업연합을 한두 명의 개인이 지배했는데, 코넬리어스 밴더빌트(Cornelius Vanderbilt)와 제임스 힐(James J. Hill), 콜리스 헌팅턴(Collis R. Huntington) 등 산업 거물이 그들이었다. 그들이 이룩한 업적(또한 월권)은 미국의 경제력이 상당 부분 집중화되어 있다는 사실을 상징했다. 그러나 철도의 발전은 산업 거물을 낳았다는 점보다는 근대적 주식회사라는 새로운 기구의 성장에 기여했다는 점에서 더 큰 의미를 찾을 수 있다.

미국에는 식민지 시대 이래 다양한 형태의 주식회사가 존재했으나, 근대적 의미의 주식회사가 주요 세력으로 등장한 것은 남북전쟁 이후였다. 그때가 되면 철도 부호나 다른 산업가도 어느 한 사람의 힘으로 그런 대규모 사업에 자본을 조달하기가 힘들다는 사실을 깨달았다.

'유한책임'

1830년대와 1840년대에 많은 주가 주식회사법을 통과시켰고 이로써 기업 조직은 대중에게 주식을 매각해 자금을 조성할 수 있게

1870~1890년의 철도망

이 지도는 19세기 후반 급속히 확장된 철도망을 보여준다. 북동부와 중서부는 1870년에 이미 그물 같은 철도망이 형성되어 있었다(붉은 선으로 표시된 것). 초록색 선은 1870년에서 1890년 사이에 새로이 확장·건설된 철도망으로 남부와 미시시피 강 서쪽 지역을 뒤덮고 있다.

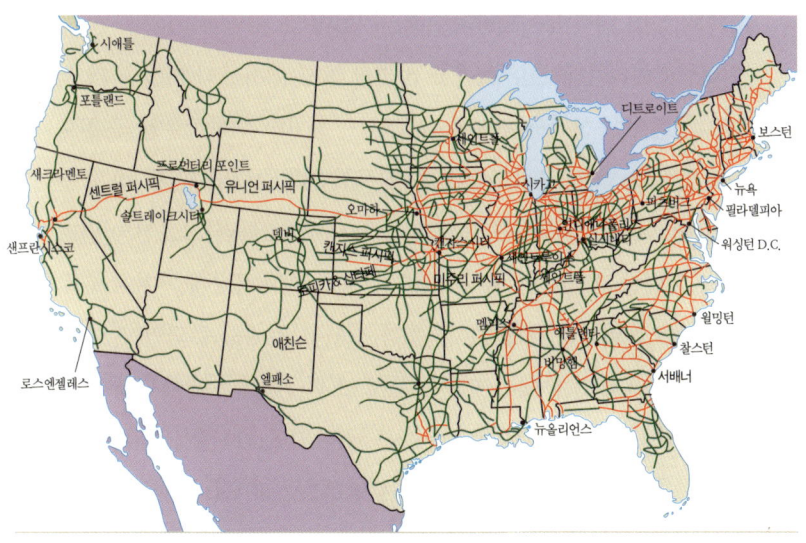

운행 중인 철도
— 1870년경
— 1890년경

되었으며, 남북전쟁 이후 그러한 방식을 채택하는 기업이 줄을 이었다. 주식을 이전보다 더욱 매력적으로 만든 것은 투자가는 이제 '유한책임(limited liability)', 즉 투자한 금액만큼만 위험을 감수하면 된다는 점이었다. 투자가는 투자한 금액의 상한선을 넘는 주식회사의 어떤 채무에 대해서도 책임질 의무가 없었다. 이렇게 해서 광범위한 대중에게 주식을 매각할 수 있게 되자, 기업가는 막대한 자본을 끌어들여 대규모 사업에 착수할 수 있었다.

• 유에스 철강의 탄생

펜실베이니아의 철도 회사를 비롯한 철도 회사들이 가장 먼저 새로운 형태의 주식회사 조직을 채택했다. 하지만 주식회사는 곧 철도 산업을 넘어 다른 분야로 빠르게 확산되었다. 철강 산업의 대표 주자인 앤드루 카네기(Andrew Carnegie)는 스코틀랜드 출신 이민자로, 처음에는 소규모로 시작해 1873년에는 피츠버그에 자기 소유의 제철소를 설립했다. 그리고 곧 철강 산업을 지배하게 되었다. 카네기는 동료인 헨리 클레이 프릭(Henry Clay Frick)과 함께 탄광을 사들이고 미네소타 주 메사비(Mesabi) 철광 지역 일대를 임대했으며, 오대호 지역의 철광석 운반선단을 운영하고 철도 회사를 손에 넣었다. 카네기는 자신이 벌어들인 돈만이 아니라 주식을 팔아서 막대한 기업 인수 자금을 조달했다. 그리하여 1901년에는 4억 5,000만 달러를 받고 은행가 피어폰트 모건(J. Pierpont Morgan)에게 회사를 매각했다. 모건은 카네기의 기업과 다른 여러 기업을 합병해 유에스 철강 회사(United States Steel Corporation)를 설립했는데, 140억 달러짜리 이 회사는 미국 강철 생산량의 거의 3분의 2를 통제했다.

다른 산업에서도 유사한 발전이 있었다. 거스타버스 스위프트(Gustavus Swift)는 비교적 소규모였던 정육업체를 거대한 전국적 규모의 주식회사로 발전시켰다. 그리고 아이작 싱어(Isaac Singer)는 1851년에 재봉기 특허를 받아 싱어 회사(I. M. Singer and Company)를 설립했는데, 이 회사는 제조업체로서는 처음으로 설립된 근대적 주식회사 중 하나였다.

거대한 전국적 규모의 기업체는 한층 더 체계적인 관리를 필요로 했다. 그 결과 주식회사의 운영자는 일련의 경영 기법을 도입했다. 이 경영 기법은 책임의 체계적인 분담과 신중하게 고안된 관리의 위계제, 현대적 원가계산법, 무엇보다 새로운 부류의 기업 실무진, 즉 노동자와 소유주 사이에 형성된 지배층인 '중간 관리자(middle manager)'에 의존하는 것이었다. 이처럼 관리능력이 효율적으로 향상됨에 따라 근대적 주식회사의 또 다른 주요한 특징, 즉 기업합동(consolidation)이 가능해졌다.

기업가들은 주로 두 가지 방법을 통해 거대한 합동 기업을 형성했다. 첫째는 '수평적 통합(horizontal integration)'으로, 업종이 같은 일군의 회사를 하나의 주식회사로 결합하는 방법이다. 다양한 철도 노선을 하나의 회사로 통합한 것이 일례다. 둘째로는 1890년대에 대중화된 방법으로 '수직적 통합(vertical integration)'이란 개념이다. 이것은 다양한 업종에 종사하는 여러 기업을 하나로 묶어 가장 중요한 기능을 수행하는 회사에 통합하는 것이다. 제철소뿐 아니라 광산, 철도, 그 밖의 기업을 통제하게 된 카네기 철강 회사가 바로 수직적 통합의 본보기였다.

19세기 말, 가장 유명한 기업 제국은 존 록펠러(John D. Rockefeller)의 스탠더드 석유 회사(Standard Oil)였다. 록펠러는 남북전쟁 직후 클리블랜드에 정유 공장을 차리고 곧바로 경쟁 기업

• '수평적 통합'과 '수직적 통합'

을 제거해나가기 시작했다. 즉 그는 다른 부유한 자본가와 제휴하고 조직적으로 경쟁 관계에 있는 정유 회사를 사들였다. 록펠러가 1870년에 오하이오 주에 창립한 스탠더드 석유 회사는 단지 수년 만에 피츠버그와 필라델피아, 뉴욕, 볼티모어에 있는 공장뿐 아니라 클리블랜드에 있는 25개의 정유 공장 중 20개를 손에 넣었다.

• 스탠더드 석유 회사

그때까지 록펠러는 오직 수평적으로만 회사를 확장했다. 그러나 곧 수직적으로 확장하기 시작했다. 일단 자체적으로 석유통 제조 공장과 화물 창고, 송유관을 건설했다. 스탠더드 석유 회사는 자체의 화물차가 있었고, 판매 조직도 자체적으로 발전시켰다. 록펠러는 1880년대에 이르러 이미 많은 미국인이 독점의 대표적인 상징이라고 여길 정도로 석유 산업 내부에서 막강한 지배력을 구축했다.

록펠러와 여타 기업가는 '살인적인 경쟁(cutthroat competition)' 이야말로 현대 경제에 있어 최악의 저주라고 믿었고, 이에 대처하려면 기업합동을 하는 수밖에 없다고 생각했다. 대부분의 기업가는 자유로운 기업 활동과 경쟁적인 시장을 믿는다고 주장했으나 사실은 모든 이에게 불안과 파멸을 가져올지도 모를 심한 경쟁을 두려워했다.

기업합동을 향한 움직임이 가속화되면서 이를 뒷받침할 만한 새로운 수단이 등장했다. 철도 회사는 이른바 기업연합 협정(pool arrangement)을 시작으로 합동을 모색했는데, 이 협정은 여러 철도 회사가 운임료를 안정시키고 시장을 나눠먹기 위해 맺은 비공식적인 합의였다. 이 협정은 나중에 카르텔(cartel)로 알려졌다. 하지만 한 산업에서 극히 일부의 회사라도 협조를 꺼린다면 기업연합 협정은 깨어지게 마련이었다.

기업연합 협정이 별다른 성과를 거두지 못하자 새로운 기업합동 기술이 등장했다. 1880년대 초 스탠더드 석유 회사를 필두로 은행가 모건이 완성한 '트러스트(trust)'가 합병 기술의 가장 성공적인 모델로 자리 잡았다. 트러스트 협정으로 개별 주식회사의 주주는 트러스트 자체에서 몫을 배당받는 조건으로 해당 주식을 소규모 수탁자 집단에게 위탁했다.

그렇기 때문에 트러스트 증서를 가진 사람은 수탁인의 결정에 직접적인 영향력을 행사하지 못하고 단지 기업합동에서 나온 이익의 극히 일부를 자기 몫으로 배당받게 될 뿐이었다. 반면 수탁자는 문자 그대로 단지 몇몇 회사를 소유했을 뿐이지만, 다수의 회사를 효과적으로 통제할 수 있었다.

1889년, 뉴저지 주의 법인 조직법 개정을 계기로 기업합동의 세 번째 형태가 탄생했다. 당시 뉴저지 주는 한 회사가 다른 회사를 매입하는 것이 가능하도록 법을 개정했는데, 다른 주도 곧 뉴저지 주의 선례를 따랐다. 이로써 트러스트는 불필요해졌고 실질적인 기업합병이 가능해졌다. 예를 들면, 록펠러는 재빨리 스탠더드 석유 회사를 뉴저지 주로 옮기고 그곳에서 '지주회사(持株會社, holding company)'를 설립했다. 이 지주회사가 스탠더드 석유 회사 트러스트 내 다양한 구성원의 주식을 사들여서 트러스트에 속한 주식회사들에 대해 직접적이고 공식적인 소유권을 확립하게 되는 중앙 기업체였다.

19세기 말경에는 미국 내 기업의 1퍼센트가 제조업의 33퍼센트 이상을 통제할 수 있었다. 그 극소수의 사람은 모건과 같은 뉴욕의 은행가나, 그 자신이 주요 은행을 통제할 수 있는 힘을 가진 록펠러

'지주 회사'

와 같은 산업 거부 등이었다. 이 시대는 이러한 극소수의 수중에 엄청난 권력을 쥐어준 경제조직 체계가 등장한 때였다.

이 시대의 산업 거부는 경제성장에 실질적으로 기여했음은 분명하다. 반면에 그들은 이 시기 최대의 대중적 논쟁, 즉 20세기로 이어질 경제 및 정치권력의 집중을 둘러싼 격렬한 논쟁의 불씨를 지피기도 했다.

2

자본주의와 그 비판자

대기업의 등장에는 비판이 따르게 마련이었다. 농민과 노동자는 이 새로운 기업 세력의 성장 때문에 자신의 운명을 스스로 통제할 수 없게 될지도 모른다고 생각했다. 중간 계급에 속한 비판자는 새로운 산업 거물이 낳을 부패를 지적했다. 그리하여 새로운 기업 경제를 옹호하려던 산업가에게 점점 더 많은 비판이 쏟아졌다.

적자생존

자본주의라는 새로운 원리는 개인주의라는 오랜 이념에 확고히 근거해 있었다. 자본주의 옹호자는 이 새로운 산업 경제 때문에 개인 향상의 기회가 줄어드는 게 아니라 오히려 모든 개인이 성공할 기회, 거대한 부를 획득할 기회를 갖게 될 것이라고 믿었다.

• 개인주의 사상

그러한 주장에는 한 가닥 진실의 요소가 있기는 하지만, 미미한 요소에 지나지 않았다. 남북전쟁 이전 미국에는 백만장자라고 할 만한 사람이 극히 드물었는데, 1892년경에는 백만장자가 4,000명이 넘었다. 그들 가운데 일부—카네기와 록펠러를 비롯한 소수—는 사실 아무것도 없는 상태에서 '자수성가한 사람(self-made men)'이었다. 그러나 새로운 산업 거부 대부분은 이미 엄청난 재산과 특권을 가진 상태에서 그 일에 뛰어든 사람이었다. 그들이 권세와 명성을 얻은 것은 자기들의 말처럼 무작정 열심히 일만 했거나 재능을 타고난 때문이 아니었다. 그들의 부와 명성은 무자비함과 때로는 뿌리깊은 부패의 결과였다.

• 사회 진화론

그럼에도 대부분의 경제 거물은 고된 노동과 야망 그리고 검약을 통해 부와 권세를 얻었다고 주장했다. 성공한 사람은 그럴 만한 자격이 있으며, 실패한 사람은 게으르고 어리석거나 신중하지 못하는 등 이유가 있다는 것이 그들의 주장이었다. 그러한 가설이 바로 19세기 후반에 등장한 대중사회 이론, 즉 찰스 다윈(Charles Darwin)의 진화에 관한 법칙 및 종(種) 끼리의 자연 도태에 관한 법칙을 인간 사회에 적용한 사회진화론(Social Darwinism)이었다. 사회진화론자들은 오직 적자(適者)만이 진화의 과정에서 살아남듯이 인간 사회에서도 시장경제에 가장 적합한 개인만이 생존하고 번영한다고 주장했다.

영국의 철학자 허버트 스펜서(Herbert Spencer)는 이 이론을 처음으로 주창한 사람이자 가장 중요한 옹호자였다. 스펜서의 이론에 따르면, 사회는 부적합한 자를 제거하고 강자와 재능있는 자를 살아남게 함으로써 이득을 얻는다. 미국 지식인 중에도 스펜서의 이론을 지지하는 사람들이 나왔는데, 몇몇은 정말이지 탁월했다. 그중 가장 주목할 만한 인물이 예일 대학의 윌리엄 그레이엄 섬너(William Graham Sumner)로서, 그는 강의와 논문, 그리고 1906년에 출간한 유명한 저서 《사회적 관행(Folkways)》을 통해 스펜서의 이론과 유사한 이론을 발전시켰다.

• 대기업 부의 합리화

사회진화론은 기업 경영자에게 호소력이 있었다. 그들의 눈에 사회진화론은 자신의 성공을 정당화하고 장점을 증명해주는 이론처럼 보였기 때문이다. 그러나 사회진화론은 기업 경제의 현실과 많은 관련이 있는 이념은 아니었다. 그 무렵 기업가는 경쟁의 미덕과 자유로운 시장을 찬양하면서도 경쟁에서 스스로를 보호하고 자연스레 작동하는 시장을 거대한 기업연합의 통제하에 두기 위해 무던히도 애를 썼다. 사실, 맹렬한 경쟁이야말로 미국의 기업가가 가장 두려워하고 제거하려고 노력한 대상이었다.

부(富)의 복음

일부 기업가는 사회진화론이라는 냉정한 철학을, 어떤 면에서는 그에 못지않게 이기적이지만 약간은 온화한 사상, 곧 '부의 복음'이라는 사상으로 완화하려고 했다. 이런 사상을 주창한 사람은 대부호에게는 거대한 권력뿐만 아니라 그에 못지않는 책임도 있다고 주장했다. 그런 면에서 대자산가는 부를 사회의 진보를 위해 사용하는 것이 그들 스스로의 의무였다. 앤드루 카네기는 1901년 《부의 복음(Gospel of Wealth)》에서 이러한 신조에 대해 상세하게 서술했는데 그 요지는, 부유층은 필요 이상의 모든 소득을 공동체의 행복을 위해 쓰일 '신탁 기금(trust funds)'으로 간주해야 한다는 것이었다. 카네기는 많은 대산업가 가운데 유일하게 자기 재산의 상당 부분을 자선사업에 기부한 사람이었다.

• 부의 복음

개인의 부가 공공의 축복이라는 개념은 또 다른 유명한 개념, 즉 막대한 부는 모든 사람에게 유용하다는 개념과 병존하는 것이었다. 침례교 목사였던 러셀 콘웰(Russell H. Conwell)은 1880년에서 1900년 사이에 '다이아몬드가 가득 묻힌 땅(Acres of Diamonds)'

이라는 주제의 똑같은 강연을 6,000번을 넘게 해 이러한 사상의 가장 유명한 대변인이 되었다. 콘웰의 강연은 주로 집 뒤뜰에서 일확천금의 기회를 잡은 사람에 관한 이야기—그중에는 자신의 땅을 일구던 중에 밭에서 어마어마한 다이아몬드 광산을 발견한 평범한 농부의 이야기도 있었다—였는데, 콘웰은 이 이야기가 사실이라고 했다. 또한 (부정확하게도) 미국의 백만장자 대다수가 경제 사다리의 제일 아랫단에서 시작해 성공의 길로 나아갔다고 주장했다.

> 호레이쇼 앨저

호레이쇼 앨저(Horatio Alger)는 이러한 성공 신화의 가장 유명한 제창자였다. 앨저는 본래 매사추세츠 주의 한 작은 타운의 목사였으나 동성애와 관련된 추문으로 인해 설교단에서 추방당한 인물이었다. 그는 뉴욕으로 이주해 그곳에서 유명한 소설, 예를 들면 《가난한 딕(Ragged Dick)》, 《구두닦이 톰(Tom the Bootblack)》, 《빠져 죽을 것이냐 헤엄쳐 나올 것이냐(Sink or Swim)》를 비롯해 모두 100편이 넘는 소설을 집필했다. 소설의 기본 줄거리는 언제나 똑같았다. 예컨대 아마도 고아인 듯한 한 소년이 도시의 험난한 길거리에서 신문을 돌리거나 성냥을 팔면서 인생의 역경을 헤쳐나간다. 어느 날 소년의 정열과 신념이 한 부유한 남자의 눈에 띄게 되고, 남자는 소년에게 처지를 개선할 기회를 준다. 소년은 정직함과 매력, 근면과 적극성을 발휘해 사회에서 성공한다는 식의 내용이었다.

앨저 소설의 목적은 이중적이었다. 앨저는 "정열과 야망, 정직한 목표를 지닌 사람이 성공하는 사례를 제시해서 독자에게 유익한 영향을 끼치기를" 원했다. 동시에 광범위한 중산계급 독자에게 "친구도 없이 떠돌아다니는 어린이의 삶과 경험은 어디든 우리가 사는 도시에서도 찾을 수 있다"는 점을 보여주고 싶어했다.

신문팔이 소년 이야기

앨저 소설은 그가 살아있을 때보다 1899년 그가 사망한 이후 한층 더 인기를 끌었다. 이 사본은 앨저가 쓴 많은 '누더기에서 부자로'식의 이야기 중 하나로, 뉴욕 신문팔이 소년의 출세기다. 이는 앨저 작품의 전형이었다.

그러나 아마도 앨저의 의도는 책이 성공을 거둔 이유와는 거의 아무런 관계도 없었을 것이다. 19세기 후반과 20세기 초반 대다수 미국인은 앨저의 소설을 읽고, 의지를 가지고 열심히 일하기만 하면 출세할 수 있으며 누구나 '자수성가한 사람'이 될 수 있다고 믿었기 때문에 거기에 빠져들었던 것이다. 앨저 숭배자는 산업주의(industrialism)에 대한 앨저의 경고는 무시한 채, 앨저의 소설을 순전히 자유방임적 자본주의와 부의 축적에 대한 예찬으로 간주했다.

대안적 시각

이와 같은 경쟁에 대한 찬양과 엄청난 부를 정당화하는 다른 편에는 기업의 윤리성과 때로는 자본주의 자체에 도전하는 대안적 철학을 제시하는 집단이 있었다.

사회학자 레스터 프랭크 워드(Lester Frank Ward)의 저작에 드러난 철학이 바로 그런 것 중 하나였다. 워드는 《역동적 사회학(Dynamic Sociology)》(1883)을 비롯한 여러 저작에서, 문명이란 자연도태가 아니라 사회를 원하는 대로 형성할 능력이 있는 인간의 지성이 지배하는 것이라고 주장했다. 섬너는 환경을 개조하려는 국가의 간섭을 쓸데없는 짓이라고 믿었던 반면 워드는 능동적인 계획을 세우는 적극적인 정부야말로 사회의 가장 큰 희망이라고 생각했다.

개혁을 위해 한결 급진적인 접근 방식을 택한 사람도 있었다. 일부 불만분자는, 1870년대에 창설되어 서인도제도 출신 이민자인 대니얼 드 리언(Daniel De Leon)이 여러 해 동안 이끌어온 사회주의 노동당(Socialist Labor Party)에서 안식처를 찾았다. 드 리언 개인은 산업도시에서 어느 정도 지지를 받았지만, 사회주의 노동당은 결코 주요 정치 세력이 되지 못했고 선거에서도 8만 2,000표를 넘지 못했다. 사회주의 노동당 내 일부 파벌은 노동조직과 더욱 끈끈한 연대를 열망하며 불만을 표시했고, 결국 당에서 나와 1901년에 미국 사회당(American Socialist Party)을 결성했다. 사회당은 사회주의 노동당보다 생명력이 길었다.

같은 급진주의자였지만 좀 더 폭넓은 지지를 획득한 사람도 있었다. 캘리포니아에서 작가이자 사회운동가로 활동했던 헨리 조지

'근대의 (철도) 거인'

'제독(Commodore)'으로 알려진 코넬리어스 밴더빌트는 1860년대에 여러 대규모 철도 회사의 합병을 주도해 미국 최고의 부자가 된 사람이었다. 그의 이름은 막대한 재산만이 아니라 많은 미국인의 시각에서 보면 과도한 기업 권력의 대명사였다. 이 만평이 암시하듯이, 밴더빌트는 자신의 제국에 다리를 벌리고 서서 제국의 각 부분을 조종했다.

(Henry George)가 그런 인물에 속했다. 그의 분노가 잘 드러난 《진보와 빈곤(*Progress and Poverty*)》은 1879년에 출간되어 미국 출판 역사상 비소설 부문 최고의 베스트셀러 중 하나가 되었다. 조지는 사회문제의 원인이 소수 독점가가 지가(地價) 상승으로 재산을 불리는 데 있다고 비난했다. 지가 상승으로 얻은 소득은 토지 소유주의 노력의 열매가 아니라, 단지 해당 토지 주변 사회의 성장이 낳은 '불로소득(不勞所得)'이며, 이 소득은 당연히 공동체의 재산이라는 것이었다. 그래서 조지는 다른 모든 세금을 대신해 토지에 '단일세'를 부과하자고 제안했다. 결국 지가 상승으로 얻은 소득을 국민에게 되돌려준다는 방안이었다. 그는 단일세를 시행하면 독점이 파괴되고 부가 한결 평등하게 분배되어, 빈곤이 타파될 것이라고 주장했다.

에드워드 벨러미(Edward Bellamy)도 대중성에서 조지 못지않았는데, 그의 《뒤를 돌아보면서(*Looking Backward*)》는 이상향을 그린 소설로, 1888년에 출간되어 100만 부 이상 팔렸다. 이 책은 1887년에 최면에 걸려 잠에 빠진 뒤 서기 2000년에 깨어난 한 보스턴 청년의 경험을 그렸다. 새로이 눈뜬 청년이 만난 사회는 가난과 정치, 악덕이 없는 새로운 질서가 지배하는 사회였다. 그리고 이 사회는 그간 평화적으로 서서히 진화해왔는데, 19세기 말의 대규모 트러스트는 그사이 규모가 더욱 커져 서로를 통합하다가 결국은 하나의 거대 트러스트를 형성했고 정부가 이 트러스트를 통제함으로써 산업경제의 풍부한 산물을 모든 국민에게 평등하게 분배하게 되었다. '형제애적 협동(fraternal cooperation)'이 경쟁을 대체하고, 계급도 소멸된다는 내용이었다. 벨러미는 이러한 상상 저변에 깔려 있는 철학을 '산업국유화론(nationalism)'이라고 명명했다.

독점 문제

미국인 가운데 자본주의 자체에 문제를 제기한 이들의 관점을 공유한 사람은 비교적 드물었다. 그러나 시간이 갈수록 점점 더 많은 사람이 독점의 성장에 깊은 관심을 갖게 되었다.

19세기 말 다양한 집단이 독점과 경제 집중을 공격하기 시작했다. 그들은 독점이 인위적으로 물가 상승을 조장한다고 비난하면서 경쟁이 없다면 독점 산업이 마음 내키는 대로 가격을 책정할 것이라고 했다. 특히 철도 회사는 일부 노선에 매우 높은 운임을 부과했는데, 이는 해당 노선에 경쟁자가 없어 승객은 선택의 여지 없이 그 돈을 낼 수밖에 없다는 사실을 그들이 알고 있기 때문이라는 것이었다. 더욱이 당시에는 인위적인 물가 상승이 경제 불안정을 부추겼다. 지속적인 과잉생산 때문이었다. 1873년부터 변덕스러울 정도로 경기가 오르내렸으며, 5년 내지 6년마다 경기가 후퇴해, 갈수록 지난번보다 더 악화되었다.

● 경제 집중에 대한 도전

3
노동자의 시련

19세기 말 대부분의 노동자는 생활 수준의 실질적인 향상을 경험했다. 그러나 이는 열악하고 때로는 위험한 작업환경에서 시키는 대로 일하며 점점 무력해지는 자신을 발견한 가운데 얻은 대가였다.

이민 노동력

• 노동계급의 급속한 팽창

산업 노동력은 19세기 말에 극적으로 팽창했다. 이는 두 부류의 이주민이 산업도시로 대거 몰려들었기 때문이다. 하나는 미국의 농촌 출신으로, 농촌 생활에 환멸을 느꼈거나 파산 때문에 공업 타운과 도시로 계속해서 몰려왔다. 또 한 부류는 남북전쟁 이후 수십 년간 해외(주로 유럽 출신이지만 아시아나 캐나다 등지)에서 들어온 엄청난 이민자였다. 이 시기에는 지난 어느 때보다 많은 이민자가 미국으로 들어왔다. 1865년에서 1915년 사이에 2,500만 명이 미국 땅에 발을 디뎠는데, 이전 50년 동안 유입된 인구의 4배가 넘는 숫자였다.

1870년대와 1880년대에는 이민자 대다수가 영국, 아일랜드, 북유럽 출신이었으나 19세기 말에는 이민의 주 공급지가 바뀌어 남부 및 동부 유럽인(이탈리아인, 폴란드인, 러시아인, 그리스인, 슬라브인 등)이 미국으로 대거 이주하여 산업 노동자가 되었다.

새로운 이민자는 그들 조국의 빈곤과 압제에서 벗어나 새로운 기회를 찾을 수 있으리라는 기대에서 미국을 찾았다. 철도 회사는 서부의 자사 토지로 이민자를 끌어들이려 애썼고, 이를 위해 해외에 오해의 소지가 큰 광고 전단을 배포하기도 했다. 산업가는 노동계약법(Labor Contract Law)에 의거해 적극적으로 이민노동자를 모집했다. 이 법에 의하면, 고용주는 노동자에게 운임을 미리 지불하고 나중에 그들의 임금에서 지불한 운임을 제하는 방식으로 이민노동자를 채용할 수 있었다. 노동계약법은 1885년에 폐기되었지만, 그 뒤에도 고용주는 종종 그리스 및 이탈리아인 노동자 십장(padrones) 등 외국 태생 노동 중개인의 도움을 받아 여전히 비숙련 노동자의 이민을 조장했다. 외국 태생 노동 중개인은 대개 자국의 노동자를 모집하기 마련이었다.

• 노동계약법

이 새로운 집단이 속속 도착하면서 안 그래도 역동적이던 노동계급 내에 민족 간 긴장이 고조되었다. 뉴잉글랜드 방직공장에서 상대적으로 높은 임금을 받고 일했던 영국 및 아일랜드 출신 이민노동자가 저임금을 받는 폴란드인, 그리스인, 프랑스계 캐나다인으로 대체되기 시작했다. 이탈리아인, 슬라브인, 폴란드인 들은 광산 업계에서 주요 노동 공급원으로 부상했다. 중국인과 멕시코인은 캘리포니아와 콜로라도, 텍사스 주의 광산이나 농장, 공장에서 영국계 미국인 및 아프리카계 미국인 노동자와 경쟁했다.

• 점증하는 민족 간 긴장

임금 및 노동조건

20세기에 접어들 무렵 미국 노동자의 평균 소득은 1년에 400달러에서 500달러 정도였다. 이는 많은 사람이 적정 수준의 안락함을 유지하는 데 필요한 최소액이라고 믿었던 600달러에 못 미치는 액수였다. 그렇다고 노동자가 직업적으로 안정되었던 것도 아니다. 모든 사람이 산업 경제의 경기 등락으로 피해를 입기 일쑤였고, 일부는 기술 발전 때문에 일자리를 잃기도 했다. 일자리를 지킨 사람들도 불경기 때에는 갑작스럽게 상당액의 임금을 깎이고는 했다. 달리 말하면, 가난하지 않은 노동자는 거의 없었다.

열악한
노동조건

미국인 노동자 역시 여러 가지 어려움이 많았다. 농업적인 생활양식에 익숙해 있던 1세대 노동자는 근대적 산업 노동에 적응하는 데 어려움을 겪었다. 엄격하고 단조로운 시간표에 맞춰 지루하고 반복적인 작업을 수행하기란 견디기 힘든 일이었다. 예전에는 가치 있는 작업으로 인정받았던 것을 이제는 기계에 빼앗겨버린 숙련 장인에게 새로운 체제는 비인간적이고 야비한 것이었다. 대부분 공장 노동자가 하루에 10시간, 1주일에 6일을 일했다. 철강 산업 노동자는 하루 12시간을 일하기도 했다. 산업재해도 빈발했다.

고용주는 공장 일에 숙련노동자를 고용할 필요성이 줄어들자, 여성과 아동을 채용하는 일이 많아졌다. 이들은 성인 남성보다 한결 낮은 임금을 주고도 고용이 가능했기 때문이다. 1900년경에는 전체 제조업 노동자의 20퍼센트가 여성이었다. 여성은 모든 산업에 노동자로 진출했고, 가장 열악하다고 여겨지는 일부 직종도 예외는 아니었다. 그러나 대부분은 힘든 육체 노동이 아니라 비(非)숙련 및 반(半)숙련 기계 노동을 주로 하는 몇 개 산업에 집중되었다. 여전히 방직 산업이 여성 공장노동자에게는 최대의 고용처였다(가정부 일은 전체 여성에게 가장 흔한 직업이었다). 여성은 같은 직종에서 일하

방추(紡錘)를 조정하는 소년

조지아 주의 면직 공장에서 소년들이 거대한 직조기의 움직임에 맞춰 이리저리 방추를 조정하는 사진인데 일부는 맨발이다. 아동 노동자 상당수는 같은 공장에서 일하는 여성의 자녀였다. 사진은 루이스 하인(Lewis Hine)의 작품이다.

는 남성의 임금보다 훨씬 적게 받았는데, 이는 최저생계비에도 훨씬 못 미치는 액수였다.

최소 170만 명의 16세 이하 어린이가 공장이나 농장에 고용되었다. 10세 이상 15세 이하 전체 여자아이 중 10퍼센트와 남자아이 중 20퍼센트가 직업을 갖고 있었다. 19세기 말에는 38개 주가 여론의 압력에 못이겨 아동노동법을 제정했다. 그러나 아동노동자의 60퍼센트는 이 법의 효력이 닿지 않는 농업 관련 일에 고용되어 있었다. 그리고 공장에 고용된 어린이에게도 이 법은 단순히 최소 고용 연령을 12세로, 일일 최대 노동시간을 10시간으로 한정한 것에 불과했

아동 노동

으나 고용주는 이마저도 어떤 때는 제대로 지키지 않았다.

노동조합의 등장

노동자는 전국 단위의 노동조합을 건설해 열악한 노동조건에 맞서 싸우려고 했다. 그러나 19세기 말에는 이런 노력이 별다른 성공을 거두지 못했다.

● '몰리 매과이어'

미국에도 남북전쟁 훨씬 이전부터 소규모의 숙련노동자 집단을 대표하는 직능별 조합(craft unions)이 있었다. 그러나 개별 노동조합만으로는 경제에 커다란 힘을 발휘할 것이라 기대할 수 없었다. 그리고 1870년대 불황을 거치면서 노동조합은 설상가상으로 광범위한 대중적 적대감이라는 또 다른 문제에 직면했다. 고용주와의 논의가, 때로 격렬하고 폭력적인 양상을 띨 때마다 대중은 즉자적으로 노동자를 탓할 뿐, 고용주를 비난하는 경우는 드물었다. 펜실베이니아의 서부 무연탄 지대에서 '몰리 매과이어(Molly Maguire)'가 등장했을 당시 미국의 중간계급은 특히 더 놀랄 수밖에 없었다. 이 호전적인 노동조직은 석탄 광산주에 맞서 쟁의를 일으킬 때 가끔 폭력을 행사했고 심지어 살인을 저지르기도 했다. 그러나 몰리 매과이어 측이 도발했다고 알려진 폭력 사건의 상당수가 사실은 광산주가 고용한 정보원과 대리인이 의도적으로 유발한 것이었다. 광산주는 노동조합을 무자비한 방법으로 억압할 구실이 필요했기 때문이다.

● 1877년 철도 파업

그러나 몰리 매과이어를 둘러싼 민감한 분위기는 1877년 철도 파업 중에 나라 전체가 히스테리에 가까운 흥분에 휩싸이면서 무색해져버렸다. 철도 파업은 동부의 철도 회사가 10퍼센트의 임금 삭감안을 발표하면서 시작되어 곧 전쟁에 근접하는 수준으로 확대되었다. 파업 노동자는 볼티모어-세인트루이스 구간의 철도 운행을 방해하고, 각종 장비를 파괴했으며, 피츠버그를 비롯한 여러 도시에서 폭동을 일으켰다. 주 민병대가 소집되었고 7월에는 헤이스 대통령이 연방군에 웨스트버지니아 주의 혼란을 진압하라고 명령했다. 볼티모어에서는 노동자와 민병대가 충돌하여 시위자 11명이 사망하고 40명이 부상했다. 필라델피아에서는 주 민병대가 철도 건널목을 봉쇄하려던 수천 명의 노동자와 그들의 가족에게 발포해 20명을 사살했다. 파업이 몇 주 후 결국 실패로 돌아가기까지 사망자만 해도 100명이 넘었다. 철도 대파업은 미국에서 처음으로 발생한 전국 단위의 대규모 노동 쟁의였다.

노동기사단

1869년 유라이어 스티픈스(Uriah S. Stephens)의 지도로 창설된 노동기사단(Noble Order of the Knights of Labor)은 진정한 의미의 전국적 노동조직을 창설하려는 최초의 노력이었다. '땀흘려 일하는' 사람이라면 누구나 이 노조에 가입할 자격이 있었다. 이는 모든 노동자, 대다수의 사업가와 전문직 종사자, 그리고 실질적으로 모든 여성—공장노동자건 가내 하인이건 전업주부건 간에—이 가입 대상이라는 의미였다. 그러나 법률가나 은행가, 주류 판매인, 전문 도박사만은 가입 대상에서 제외했다. 노동기사단은 하루 8시간 노동제와 아동노동의 폐지를 주창했지만, 사실 장기적인 경제개혁에 더 큰 관심이 있었다. 즉 노동자 스스로가 경제의 상당 부분을 통제하게 될 새로운 '협동 체제(cooperative system)'가 '임금제(wage system)'를 대신하기를 희망했던 것이다.

• 테렌스 파우덜리

노동기사단은 여러 해 동안 비밀스런 친목 조직에 불과했으나, 1870년대 후반, 테렌스 파우덜리(Terence V. Powderly)의 지도로 공개 조직을 표방하면서 놀라운 성장을 보였다. 1886년경에는 전체 조합원 수가 70만 명을 넘어섰다고 주장하기도 했다. 1880년대에는 노동기사단과 연합한 지방 노조나 회합이 파우덜리의 소망을 무시한 채 일련의 철도 및 기타 파업을 감행하기에 이르렀다. 그러나 이 파업이 실패하자 노동기사단의 명성이 실추했고, 1890년에는 조합원 수가 10만 명으로 줄어들었다. 그리고 몇 년 지나지 않아 조직은 와해되고 말았다.

미국노동총동맹

노동기사단이 쇠퇴하기 전에 이미 노동기사단에 버금가는 또 다른 조합이 태동했다. 1881년, 수많은 직능별 노조 대표가 모여 미국-캐나다 직능별 노동조합 연맹(Federation of Organized Trade and Labor Unions of the United States and Canada)을 결성했다. 5년 후 이 조직체는 태동기부터 간직해 온 명칭, 즉 미국노동총동맹(American Federation of Labor, AFL)을 취했다.

• 새무얼 곰퍼스

미국노동총동맹은, 모든 이들을 위한 거대 단일 노조라고 하는, 노동기사단의 이상을 거부하면서 주요 숙련 노동자를 대표하는 자치적인 직능별조합의 연합체를 표방했다. 미노련의 막강한 지도자

새뮤얼 곰퍼스(Samuel Gompers)는 노동자의 당면 문제, 예를 들면 임금이나 노동시간, 노동조건 등에 집중했다. 미국노동총동맹의 첫 번째 목표는 전국적으로 하루 8시간 노동제를 쟁취하는 것이었다. 그리하여 1886년 5월 1일까지 각 주 정부가 이를 받아들이지 않을 경우 총파업을 벌이자고 호소했다. 바로 그날, 온 나라는 노동시간 단축을 위한 파업과 시위로 들끓었다.

    노동계 및 급진 세력의 중심지였던 시카고에서는 이미 매코믹 수확기 회사(McCormick Harvester Company)에서 파업이 진행 중이었다. 시 경찰이 파업 노동자를 쉴 새 없이 공격하며 괴롭히자, 노동계 및 급진 세력의 지도자는 5월 1일에 헤이마켓 광장(Haymarket Square)에서 항의 집회를 소집했다. 그러나 경찰이 운집한 군중에게 해산을 명했을 때, 누군가가 폭탄을 투척해 경찰 7명이 사망하고 그 외에도 67명이 부상을 입었다. 이틀 전에도 파업 노동자 4명을 사살한 적이 있던 경찰은 이번에도 군중에게 발포를 감행하여 또다시 4명을 사살했다. 보수적이고 재산을 소중히 여기는 미국인은 이에 경악하여 분노를 누르지 못하고 징벌을 요구했다. 시카고 관리는 마침내 8명의 아나키스트를 붙잡아 그들을 살인죄로 기소했다. 그들이 누군가를 시켜 폭탄을 투척하도록 사주했고, 그러한 사실은 자백을 통해 밝혀졌다는 것이었다. 8명의 희생양 모두 놀라울 정도로 불합리한 재판을 거쳐 유죄 판결을 받았다. 7명이 사형 선고를 받은 가운데, 1명이 자살하고 4명이 사형되었으며 2명은 종신형으로 감형되었다.

    헤이마켓 폭탄 투척 사건은 대부분의 중간계급 미국인에게 사회 혼란과 급진주의에 대해 경종을 울린 상징적인 사건이었다. 대부분

• 헤이마켓 폭탄 투척 사건

• 노동계에 대한 불신

의 아나키스트는 비교적 평화를 지향하고 있었음에도 '아나키즘(Anarchism)'은 이제 대중의 뇌리에 테러리즘과 폭력을 상징하는 단어가 되어버렸다. 이후 30년 동안 아나키즘은 미국인의 머릿 속에 가장 두려운 개념이 되어 망령처럼 떠돌았다. 아나키즘은 미국노동총동맹을 비롯한 여러 노동조직의 목표에도 끊임없이 장애물로 작용했고, 특히 노동기사단의 피해가 컸다. 그들은 급진주의자와 거리를 두려고 많은 애를 썼지만, 1890년대의 폭력적 파업이 종종 보여주던 것처럼 항상 아나키즘이라는 비난을 면키 어려웠다.

홈스테드 파업

철강 노동자 연합 노조(Amalgamated Association of Iron and Steel Workers)는 미국에서 가장 강력한 직능별 노조였다. 이 노조의 조합원은 고용주가 선호하던 숙련노동자였기 때문에 오랫동안 작업장에서 상당한 세력을 행사했다. 그러나 1880년대 중반에 철강 생산공정에 새로운 생산 기기가 도입되자, 숙련노동자의 일거리가 사라졌다. 철강 산업을 지배하게 된 카네기 체제에서 철강 노동자 연합 노조는 이 회사의 3대 주요 공장 가운데 하나인 피츠버그 근교의 홈스테드(Homestead) 제철소에서만 유일하게 거점을 유지할 수 있었다.

• 헨리 클레이 프릭

1890년경 카네기와 그의 핵심 대리인인 헨리 클레이 프릭은 연합 노조가 "사라져야 한다"고 결론내리고, 이후 2년여 동안 반복해서 홈스테드 제철소 노동자의 임금을 삭감했다. 처음에 노조는 현 수준이라면 파업에 돌입하더라도 성공할 가능성이 작다는 사실을 알고 회사의 방침에 묵묵히 따랐다. 그러나 1892년 사측이 회사의 결정을 노조와 논의하는 것조차 중지한 채 또 다른 임금 삭감을 수용하라며 이틀의 말미를 제시하자, 드디어 파업에 돌입했다.

프릭은 뜻밖에도 공장 문을 닫고 비노조원을 고용하기 위해 핑커턴 탐정 회사(Pinkerton Detective Agency)에 300명의 요원을 요청했다. 혐오스런 핑커튼 요원은 악명높은 파업 분쇄자였다. 1892년 7월 6일, 그들이 바지선을 타고 강을 통해 공장에 접근하자, 파업 노동자는 강에 휘발유를 부어 불을 붙인 다음, 총과 다이너마이트로 무장한 채 부두에서 핑커튼 요원과 맞섰다. 대접전이 벌어졌다. 몇 시간 동안 3명의 핑커튼 요원과 10명의 파업 노동자가 죽고 다수가 부상을 입는 접전을 벌인 끝에 핑커튼 요원이 굴복해서 거칠게 타운 밖으로 끌려나갔다.

하지만 노동자의 승리는 일시적인 것이었다. 펜실베이니아 주지사가 회사의 요청에 따라 약 8,000명에 달하는 주 방위군(National Guard) 분견대 전체를 홈스테드로 파견했다. 그리하여 파업분쇄자가 군대의 보호를 받는 가운데 생산이 재개되었다. 그리고 한 급진주의자가 프릭을 암살하려던 일이 발생하여 여론도 파업 노동자에게 반감을 품게 되었다. 노동자는 서서히 자신의 일자리로 떠밀려 돌아갔고, 마침내―파업이 시작된 지 4개월 만에―연합 노조는 굴복했다. 1900년경이면 이미 북동부 지역의 모든 주요 제철소가 연합 노조와 결별한 상황이었다. 연합 노조의 노조원 숫자도 1891년에는 최고 2만 4,000명(가입 자격이 있는 모든 철강 노동자의 3분의 2)에 달했으나, 10년 뒤에는 7,000명에도 미치지 못했다.

• 정부의 개입

풀먼 파업 진압

클리블랜드 대통령의 지시에 따라 1894년의 대대적인 철도 파업을 진압하기 위해 소집된 미육군 제15 보병대 C중대가 일리노이 주 록아일랜드 근처에 서 있는 특별 호송 열차 앞에서 포즈를 취했다. 이 파업은 시카고 외곽의 풀먼 객차 회사 노동자가 임금 삭감과 임대료 인상에 항의해 일터를 떠나면서 시작되었다. 풀먼 노동자의 파업은 다른 철도 노동자뿐 아니라 심지어 일리노이 주지사 존 피터 앨트젤드로부터도 지지를 받았다. 이 주지사는 열차 운행을 지속시키기 위해 주 민병대를 소집하라는 요구를 거부한 사람이었다. 그러나 클리블랜드 대통령은 파업 노동자에게 일말의 동정심도 없었으며, 우편물 수송을 보호한다는 구실로 대통령으로서 권한, 즉 연방 군을 소집해 파업을 분쇄했다.

풀먼 파업

1894년에 일어난 풀먼 파업은 홈스테드 파업에 비해 폭력의 정도는 덜했는지 몰라도 규모는 더 큰 쟁의였다. 풀먼 객차 회사(Pullman Palace Car Company)는 침대차 및 식당차를 제작해서 철도 회사에 납품하는 업체였는데, 객차를 제작하고 수리하는 공장은 시카고 근교에 있었다. 회사는 공장 주변을 600에이커에 달하는 풀먼 타운으로 조성한 뒤 고용인에게 산뜻하고 잘 정돈된 주택을 임대해주었다. 회사 사주 조지 풀먼(George M. Pullman)은 풀먼 타운을 산업 노동자의 제반 문제에 대한 모범적인 해결책이라고 생각했다. 그러나 많은 거주자는 회사의 통제(그리고 높은 임대료)에 분노했다. 1893년에서 1894년 사이의 겨울에 풀먼 객차 회사는 임대료를 인하하기는커녕 불경기로 인해 회사의 이윤이 저하되었다면서 임금을 25퍼센트나 삭감했다. 노동자들은 파업에 돌입했고, 유진 데브스(Eugene V. Debs)가 이끄는 호전적인 미국 철도 노조(American Railway Union)에 풀먼 회사가 제작한 객차와 장비를 취급하지 않음으로써 자신들을 지원해달라고 호소했다. 이에 따라 며칠 만에 27개 주 및 준주의 철도 노동자 수천 명이 연달아 파업에 돌입하게 됨으로써 시카고에서 태평양 연안에 이르는 철도 수송이 마비되었다.

일리노이 주지사인 존 피터 앨트겔드(John Peter Altgeld)는 대다수의 선출직 정치가들와 달리 노동자와 그들의 불만에 대해 공공연하게 공감을 표시했던 인물이었다. 그는 민병대를 소집해 자신들을 보호해달라는 고용주의 요청을 거절했다. 그러자 철도 운영자는

• 미국 철도 노조

앨트겔드를 제쳐둔 채, 파업 때문에 기차 우편물 수송이 차질을 빚고 있다는 구실을 들어 연방정부에 육군 정규 부대를 파견해달라고 요청했다. 1894년 7월, 그로버 클리블랜드(Grover Cleveland) 대통령은 2,000명의 연방군을 시카고 지역에 파견하라고 지시했고 연방법원은 노조에 파업 중지 명령을 내렸다. 그러나 데브스와 그의 동료는 법원의 명령을 무시했고, 그 때문에 체포·수감되었다. 연방군의 보호 아래 새로운 노동자가 고용되었으며, 노조 지도자가 연방 감옥에 수감되면서 파업은 급속히 붕괴되었다.

노동 세력 약화의 원인

• 노동계의 미약한 승리

노동자의 전투적인 조직화 노력에도 1890년대는 실질적으로 소득을 거두지 못한 시기였다. 산업 노동자의 임금은 거의 오르지 않았다. 노동계 지도자가 노동 입법의 차원에서 노동계약법의 폐지, 정부 고용인에 한한 하루 8시간 노동제 확립, 직장에서 상해를 입은 일부 노동자에 대한 보상 등 미미한 승리를 거두었을 뿐이다. 하지만 이마저 대부분은 시행되지 못했다. 노동계급은 광범위한 파업과 항의, 다른 형태의 크고 작은 저항을 전개했지만 실질적 소득은 거의 없었다. 19세기 말에 이르러 노동자의 정치력이나 작업장에 대한 통제력은 이전 40년간보다 오히려 더 열악해진 상황이었다.

• 노동 세력 약화의 원인

노동자는 여러 가지 이유 때문에 더 많은 소득을 얻는 데 실패했다. 주요 노동조직이라 해도 당시 산업 노동의 규모에 비하면 미미한 수준에 지나지 않았다. 예를 들면, 가장 중요한 노동조직이라 할 수 있었던 미국노동총동맹(AFL)은 비숙련 노동자를 배제했다. 그들과 더불어 대부분의 여성이나 흑인, 그 즈음에 미국에 들어온 이민자도 배제했다. 노동조합이 약화된 데에는 노동계 내부의 분열도 적잖은 몫을 했다. 상이한 민족 및 인종 집단 사이의 긴장이 노동자의 단결을 방해했다.

노동 세력 약화의 또 다른 원인은 노동 세력 자체의 성격 변화에도 있었다. 이민노동자는 대개 어느 정도 돈을 벌면 고향으로 돌아갈 것이라는 생각으로 미국에 왔다. 이렇게 미국에서 장기적인 미래를 그리지 않았기에 조직화를 꺼렸던 것이다. 다른 노동자는 이 직장에서 저 직장으로, 이 도시에서 저 도시로 끊임없이 옮겨 다녔기 때문에 제도적 유대를 가진다거나 실질적 힘을 발휘할 만큼 한 자리에 오래 머물지 않았다.

19세기 말, 노동자가 성과를 거두지 못한 것은 특히 그들이 맞선 상대가 엄청난 부와 권력을 거머쥔 기업 조직이었기 때문이기도 했다. 이들 기업 조직은 일반적으로 자기의 특권에 도전하려는 노동자의 어떠한 노력도 분쇄하려고 들었다. 그리고 홈스테드 파업과 풀먼 파업이 시사하듯이 기업은 일반적으로 지방·주·연방 당국의 지원을 받았다. 이들 당국은 "질서를 유지하고" 노동 소요를 분쇄하기 위해 요청을 받는 대로 기꺼이 군대를 파견했다.

새로운 노조가 창설되고 파업과 저항의 파도가 때로는 온 나라를 휩쓸었음에도, 19세기 말의 노동자는 전반적으로 성공적인 조직을 창출하거나 자신들의 이익을 지키는 데 실패했다. 새로 등장한 산업 경제 내부의 세력 다툼에서는 자본이 거의 모든 점에서 우위를 점한 듯 보였다.

자본의 힘

결론

    남북전쟁 이후 40년 동안 미국은 산업화 도상에 있던 나라 가운데 최전방에 있었다. 물론, 미국은 여전히 방대한 농업 지역을 포함하고 있었다. 그럼에도 미국의 경제는 사회 및 문화와 더불어 근본적으로 변모했다.
    미국의 산업과 철도는 신기술과 새로운 형태의 기업 경영, 새로운 노동력의 공급에 힘입어 비약적으로 성장할 수 있었다. 미국의 도시는 공장제를 기반으로 성장했다. 그리고 꾸준히 몰려오는 이민자가 성장하는 산업 경제의 필요한 일자리를 메웠다. 그 결과 나라의 부가 꾸준히 증대했고 많은 이들의 생활수준이 향상되었으며, 신흥 갑부가 탄생했다.
    그러나 산업화의 열매는 공평하게 분배되지 못했다. 지역적으로나 인구 규모로나 방대한 지역―주로 남부―과, 많은 사람―주로 소수자, 여성, 새로이 도착한 이민자―은 경제성장에서 그다지 혜택을 입지 못했다. 산업 노동자는 견디기 힘든 노동조건을 참아내야 했으며 소규모 상인이나 제조업자는 거대한 신종 기업합동에 속수무책이었다.
    산업가는 자신들의 권세를 합리화하기 위한 이론적 근거를 만들어, 누구에게나 얻을 것이 있다고 대중을 설득하는 데 힘을 기울였다. 그러나 많은 미국인은 여전히 근대 자본주의에 대해 회의적 눈길을 보냈고, 노조 설립을 위해 투쟁한 노동자와 트러스트를 비난한 개혁가, 신세계를 꿈꾼 사회주의자 등 일부는 새로운 경제 질서를 다양한 영역에서 강하게 비판했다. 19세기 후반 미국은 산업화로 인해 진보와 고통을 동시에 경험했다. 산업화의 결과를 둘러싼 갈등이 그 시대의 특징이었다. 그리고 이후 20세기 첫 10년 동안에도 미국은 똑같은 갈등을 경험했다.

1869	1870	1871	1872	1876	1882	1884	1890	1891
최초의 대학 간 미식축구 경기	뉴욕 시 최초의 고가철도 개통	보스턴과 시카고의 대화재	시정 보스트위드 기소	야구 내셔널리그 결성	연방의회, 중국인 이민 제한	시카고에 최초의 '마천루' 건설	리스의 《나머지 절반의 사람들이 사는 법》 출간	농구 경기 탄생

18장
도시의 시대

밀워키(Milwaukee)(1900)

19세기 중엽의 미국인은 극서부의 극적인 풍광을 담은 커다란 그림을 보고 놀라움을 금치 못했다. 그러나 20세기 초의 미국인은 적어도 도시의 새로운 경관, 예를 들면 높은 건물과 신기술, 인상적인 설계 등에 흥미를 느꼈다. 이 채색 사진에 담긴 밀워키 중심가는 이 시기 미국 도시 중심가의 전형이라 하겠다. 이 사진은 특히 인상적인 거대한 건물에 초점을 맞추어 전차와 전선 같은 도시적 경이로움을 보여주고 있다. 이런 광경은 종종 우편엽서에 담기기도 했다.

1894	1895	1897	1901	1903	1906	1910
이민 제한 동맹 결성	크레인의 《붉은 용맹 훈장》	보스턴 시, 미국 최초로 지하철 개통	야구 아메리칸리그 결성	최초의 월드시리즈 개막	샌프란시스코의 지진과 대화재/싱클레어의 《정글》	미국 대학 스포츠 협회(NCAA) 창립

상공업의 성장은 일일이 열거할 수도 없을 만큼 미국 사회의 모습을 많이 바꾸어놓았다. 그러나 가장 큰 변화는 도시의 규모 확장과 영향력 증대라는 측면이었다. 미국은 농본 공화국으로 시작했지만, 19세기 말에는 도시의 국가로 변모하고 있었다.

1
새로운 도시의 성장

사람들이 농촌에서 도시로 대거 이동하는 현상이 특별히 미국에서만 일어난 일은 아니었다. 그러나 미국의 도시화는 유달리 잡음이 많았다. 미국의 도시인구는 남북전쟁 이후 반 세기 만에 7배가 증가했다. 그리고 인구조사에 의하면, 미국은 1920년에 처음으로 인구 2,500명 이상인 '도시' 지역의 인구가 전체 인구의 절반을 넘어섰다.

그렇지만 도시의 성장에 인구의 자연 증가가 차지하는 비율은 극히 낮았다. 이민이 없었다면 도시가 그토록 빠른 속도로 성장하지는 못했을 것이다.

인구의 이동

그토록 엄청난 규모의 미국인이 쇠퇴하고 있던 동부의 농업 지대를 떠난 것에서 볼 수 있듯이, 19세기 후반은 전례 없는 지리적 이동의 시대였다. 떠난 사람들 가운데 일부는 새로이 개발된 서부의 농장 지대로 이주했다. 그러나 그에 못지않은 규모가 동부 및 중서부의 도시로 이주했다.

1880년대에 농촌을 떠나 산업 도시로 향한 사람 중에는 남부 출신 흑인도 있었다. 그들은 남부에서 직면했던 빈곤과 부채, 폭력, 억압에서 탈출하는 동시에 도시에서 새로운 기회를 잡으려 했다. 그러나 흑인을 채용하는 공장은 드물었고, 전문직에 진입할 기회는 아예

• 전례 없는 지리적 이동

꿈도 꿀 수 없었다. 도시의 흑인은 대체로 요리사나 수위, 하인 같은 서비스 직종에 종사하게 마련이었다. 그런 일자리는 대개 여성의 일로 간주되었기 때문에 흑인 도시 거주자는 종종 남성보다 여성이 많았다.

• 남부 및 동부 유럽 이민

그러나 19세기 말 도시인구가 증가하게 된 것은 무엇보다 엄청난 수의 새로운 해외 이민자가 도착했기 때문이다. 일부는 캐나다와 라틴아메리카, 중국과 일본에서 온 이민자였다. 중국인과 일본인은 특히 서부 해안 지대에 몰려 있었다. 하지만 유럽 출신 이민자가 가장 많았다. 1880년 이후 남부 및 동부 유럽에서 엄청난 인구가 이 이민 물결 속에 섞여들기 시작했다. 1890년대 무렵 전체 이민자 중 절반 이상이 남부 유럽 출신이었다.

이민 초기 단계에 미국으로 들어온 유럽 출신의 새로운 이민자 대부분(특히 독일인과 스칸디나비아인)은 최소한 어느 정도 돈을 갖고 있었고 교육도 약간은 받은 사람이었다. 그들 대부분이 대서양 연안 주요 항구도시(그중 뉴욕이 유입 인구가 가장 많았는데, 유명한 엘리스 아일랜드의 이민국을 거쳐 왔다)로 들어와 이후 서부로 향했다. 하지만 19세기 말에 도착한 대부분의 신이민자는 농장을 구입할 만한 돈도 없었을 뿐더러 전문직에 진입할 교육도 받지 못한 사람이었다. 따라서 대다수가 남북전쟁 이전에 미국에 들어온 가난한 아일랜드계 이민자처럼 산업 도시에 정착했다. 그리고 그곳에서 대개 비숙련 노동자로 일했다.

전체 이민(1860~1900년)

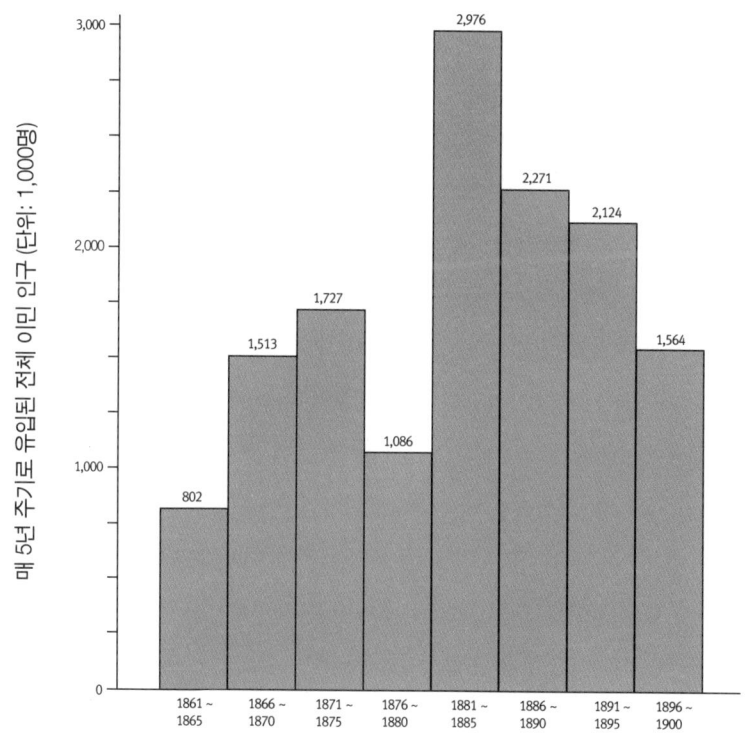

이민자는 19세기 후반, 특히 1880년대와 1890년대에 최고치를 기록하면서 1,000만 명 이상이 미국으로 들어왔다. 이 도표는 매 5년 간격으로 이민 유형을 보여준다.

소수민족의 도시

<small>다양한 이민 인구</small>

1890년 무렵에는 주요 도시인구의 대부분이 이민자였다. 예를 들면 시카고 인구의 87퍼센트, 뉴욕 인구의 80퍼센트, 밀워키와 디트로이트 인구의 84퍼센트가 이민 온 사람이었다. 그에 못지않게 놀라운 사실은 새로운 이민 인구의 다양성이었다. 이 시기에 대량 이민을 경험한 다른 나라의 경우, 새로운 이민자의 출신지는 대개 한두 나라가 지배적이었다. 그러나 미국은 어느 한 나라도 지배적이지 않았다.

새로운 이민자는 대부분 농촌 출신이었다. 그래서 그들이 도시 생활에 적응하는 과정은 종종 고통스러웠다. 일부 소수민족 집단은 좀 더 쉽게 적응하기 위해 도시 내부에 유대가 긴밀한 소수민족 공동체를 형성했다. 이웃은 이들 공동체를 종종 '이민 빈민가(immigrant ghettoes)'라고 불렀다. 소수민족 공동체는 새로운 이민자에게 친숙한 것을 많이 제공해주었다. 이민자는 공동체 속에서 모국어로 발행되는 신문과 모국어 영화를 상영하는 극장, 모국 식품을 파는 상점, 모국의 과거와 연결시켜주는 교회와 친목 단체 등을 찾을 수 있었다. 또한 모국과 긴밀한 유대를 유지할 수도 있었다. 그들은 모국에 남아 있는 친척과 연락을 주고받았다. 이러한 환경에서 일부(아마도 초기에 3분의 1 정도)는 오래지 않아 고향으로 돌아간 반면, 어떤 이들은 고향에 남은 가족을 미국으로 데려오기도 했다.

<small>종족 유대의 중요성</small>

소수 민족 공동체의 문화적 응집력이 모국과 떨어져 있는 데서 오는 이민자들의 고통을 완화해준 것은 분명하지만, 이민자가 미국의 경제생활에 흡수되는 데 어떠한 역할을 했는지는 답변하기가 어렵

유럽인 이민자의 출신지(1860~1900년)

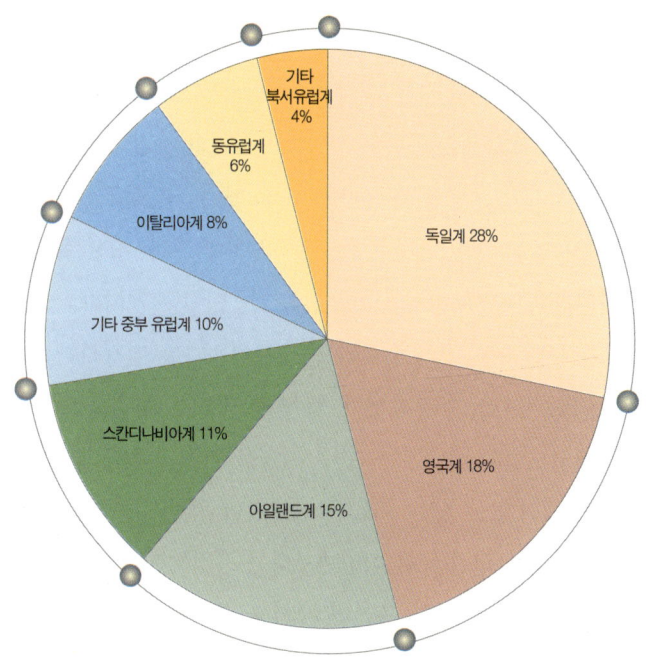

이 파이 모양의 그래프는 19세기 후반 유럽인 이민자의 출신지를 보여준다. 이전부터 이민이 끊이지 않았던 지역(영국, 아일랜드, 독일, 스칸디나비아) 출신이 여전히 가장 많았으나, 20세기 초에는 새로운 지역(특히 남부 및 동부 유럽) 출신 이민자가 대거 유입되기 시작했다는 사실을 알 수 있다. 그 외 지역―멕시코, 중앙아메리카 및 남아메리카, 아시아―에서도 이민자가 상당수 미국으로 몰려들었다.

다. 일부 소수민족 집단(특히 유대계와 독일계)은 다른 집단(예컨대 아일랜드계)보다 경제적으로 한층 빠르게 성장했다. 이에 대해 한 가지 설명할 수 있는 것은, 이민자 집단이 여러 소수민족과 이웃해 살다 보면 예전 사회의 문화적 가치를 강화하게 마련이라는 점이다. 그러한 가치가 교육에 높은 가치를 두었던 유대인처럼 경제적 진전과 특히 잘 맞아떨어졌을 경우, 그 민족 집단의 자기 정체성은 집단 구성원이 각자의 운명을 개선하는 데 도움이 되었을 것이다. 만약 다른 가치―공동체의 결속 유지, 가족의 유대 강화, 질서 유지 등―가 우세했다면, 진전 속도는 그다지 빠르지 않았을 것이다.

그러나 이민자의 삶이 얼마나 순조로웠는가를 결정하는 데에는 다른 요인도 못지않게 중요했다. 토착 백인 사이에 강한 인종적 편견을 불러일으켰던 이민자는, 무슨 재능을 가졌건 간에 출세하기가 어려웠다. 제법 쓸모 있는 기술을 가졌거나 약간의 자금을 갖고 온 백인 이민자는 그렇지 못한 이민자보다는 사정이 나았다. 그리고 시간이 지날수록 같은 지역 출신이 세력을 떨치게 된 도시에 살았던 이민자―예를 들면, 뉴욕과 보스턴의 아일랜드계 이민자 또는 밀워키의 독일계 이민자―는 자신들의 정치력을 발휘하는 법을 배우면서 우위를 점해 갔다.

동화와 배척

다양한 이민 공동체 간에는 물론 차이점이 많았다. 하지만 실질적으로 모든 집단에 공통점이 존재했다. 대부분의 이민자가 도시에서 삶을 영위했고, 젊었다. 새로운 이민자 절반 이상이 15세 이상 45

세 이하의 청장년층이었다. 그리고 그들 공동체 대부분이 내부적으로 인종적 결속력과 또 다른 강력한 힘, 즉 동화하려는 욕구가 맞부딪쳐 갈등을 겪어야 했다.

새로운 이민자 상당수가 신세계에 대한 낭만적인 환상에 젖어 미국에 왔다. 그리고 설사 미국과의 첫 접촉에서 환멸을 느꼈을지라도, 대개는 진정한 '미국인'이 되리라는 꿈을 버리지 않았다. 이민 제2 세대는 예전 방식과 결별하기 위해 각별히 애쓰는 듯보였다. 특히 젊은 여성은 혼처를 정하려 하거나 (혹은 결혼을 방해하거나) 일자리를 갖는 것에 반대하는 부모에게 반항하기도 했다.

토착 미국인은 온갖 방법을 동원해 이민자를 동화시키려고 했다. 공립학교에서는 아이에게 영어로 가르쳤고, 고용주도 종종 노동자에게 직장에서 영어를 사용하라고 강요했다. 소수민족과 관련이 없는 대부분의 상점에서는 이민자가 미국적 기준에 맞추어 음식, 의복, 생활양식을 선택할 수밖에 없게끔 주로 미국산 물품을 판매했다. 교회 지도자는 종종 토착 미국인이거나 교구민에게 미국적 방식에 적응하라고 장려했던 동화된 이민자였다. 일부는 이민자의 종교를 이 새로운 나라의 기준에 더욱 적합하게 개혁하자는 의견에 찬성하기도 했다. 예를 들어, 19세기 말 미국의 유대교 지도자는 (독일의 유대교 지도자가 그랬던 것처럼) 자신들의 신앙을 기독교 국가의 지배 문화에 대해 덜 '외래적'인 것으로 만들기 위해 독일에서 개혁 유대교(Reformed Judaism)를 들여왔다.

이들 새로운 이민자도 초기 이민자와 마찬가지로 엄청난 수가 미국으로 들어왔고, 그들 중 상당수가 이전 방식에 집착해서 독특한 공동체를 형성해나갔다. 이에 따라, 일부 토착 미국인 사이에 두려

조장된 동화

이민 제한 동맹

움과 적의가 싹트기 시작했다. 토착주의(nativism)가 대두해 이민에 정치적으로 대응하도록 만든 것이었다. 독학으로 변호사가 된 헨리 바우어스(Henry Bowers)는 1887년에 미국인 보호 협회(American Protective Association)를 창립해 이민 중지에 전념했다. 보고에 의하면, 1894년 무렵 이 협회는 북동부와 중서부 전역에 지부를 설립했고, 그와 더불어 회원이 50만 명에 달했다. 같은 해, 5명의 하버드대 졸업생이 보스턴에서 한결〔상류층으로 구성된—옮긴이〕품위 있는 조직인 이민 제한 동맹(Immigration Restriction League)을 창설했다. 그들은 문맹 테스트와 그 밖의 기준을 통해 '적격자'와 '부적격자'를 구분해서 이민자를 걸러내자고 제안했다.

정부는 전에도 이미 이민에 대한 대중의 관심에 부응했던 적이 있다. 의회는 1882년에 중국인들을 배척했고, '부적격자'—죄수, 빈민, 정신이상자—의 입국을 거부했으며, 입국이 허가된 사람에게도 일인당 50센트의 세금을 부과했다. 그리고 1890년대에는 이민 금지 대상을 확대하는 내용의 법을 마련했다.

• 값싼 이민 노동

그러나 이들 법에 따라 입국을 거부당한 외국인은 소수에 불과했으며, 한층 야심찬 이민 제한 계획은 의회에서 별다른 진전을 보지 못했다. 이는 이민이 급속한 성장 일로에 있던 미국 경제에 값싸고 풍부한 노동력을 공급했으며, 그래서 많은 사람이 이민 없이는 미국의 산업 (그리고 사실상 농업) 발전이 불가능하다고 주장했기 때문이다.

⟨과거를 논하며⟩

전 지구적 이민

★★★

19세기와 20세기 초반 미국 사회를 크게 변모시켰던 거대한 이민 물결은 미국에만 독특한 것이 아니었다. 미국의 이민 물결은 모든 대륙에 영향을 미친—역사상 유례가 없는—거대한 전 지구적 인구 이동의 일부였을 뿐이다. 대이주는 연관된 2가지 요인, 즉 인구 증가와 산업화의 산물이었다.

유럽의 인구는 19세기 후반에 이전 이후의 어느 시대보다도 빠르게 증가했다. 즉, 1850년에서 제1차 세계대전이 발발하기 전까지 유럽의 인구는 거의 2배로 증가했다. 이는 경제성장으로 더 많은 사람을 먹여 살릴 수 있게 되었고 농업의 효율성과 생산성 향상으로 사람을 쇠약하게 만들곤 했던 대기근이 종식되었기 때문이다. 그럼에도 급격한 인구 증가는 유럽 여러 지역의 자원을 고갈시켰으며, 특히 농촌 사람은 토지에만 의존해 살아가기에는 이제 인구가 너무나 많아져 먹고살기가 힘들어졌다. 따라서 많은 사람이 토지가 한층 풍부한 세계의 다른 지역으로 이주하기로 결심했다.

인구 증가와 동시에 산업화가 진행되면서 수백만 인구가 시골에서 도시로 이주했다. 자기 나라의 도시로 이주하는 사람도 있었지만, 경제적으로 더 발전된 다른 나라의 산업도시에 이끌리는 경우가 더 잦았다. 이민사가들은 인구 이동을 설명하면서 '미는' 요인(사람들로 하여금 고향을 떠나게 하는 압력)과 '당기는' 요인(새로운 토지의 매력)에 대해 언급한다. 19세기의 많은 이주민을 '미는' 요인은 고향의 빈곤과 불충분한 토지였다. 혹은 정치적이며 종교적인 억압인 경우도 있었다. '당기는' 요인은 다른 지역이나 나라의 토지나 산업도시에서 일자리를 획득할 가능성이었고, 해외에서 더 많은 자유를 누리리라는 기대가 그런 요인으로 작용한 경우도 있었다. 또한 훨씬 빠르고 한층 저렴하며 한결 수월한 운송, 특히 철도와 증기선이 이러한 대규모 이주에 기여했다.

1800년에서 제1차 세계대전이 발발할 때까지 5,000만 명의 유럽인이 바다 건너 새로운 나라로 이주했다. 이들의 출신지는 유럽 거의 전 지역을 망라했다. 그러나 (이주가 절정에 달한 때인) 19세기 말에는 대부분이 남부 및 동부 유럽의 가난한 농촌 지역 출신이었다. 19세기 말 이민자 중에는 이탈리아와 러시아, 폴란드 출신이 가장 많았다. 또한 이들 중 거의 3분의 2가 미국으로 왔다. 그러나 다른 2,000만 명은 다른 나라로 이주했다. 영국 및 아일랜드 출신 이민자 상당수는 겉으로 보기에 비어 있던 대영제국의 다른 지역, 즉 캐나다나 오스트레일리아, 뉴질랜드, 남아프리카 등지로 이주했다. 이탈리아인은 다수가 아르헨티나를 비롯한 남아메리카 지역으로 이주했다. 이들 이민자 상당수가 이들 나라의 비어 있는 땅으로 이주했고, 산업화로 가능해진 새로운 영농 기계를 이용해 농사를 지었다. 그리고 오스트레일리아와 뉴질랜드, 아르헨티나, 남아프리카, 미국 등 여러 지역에서 토착민을 쫓아내고 자신들의 사회를 건설했다. 이 모든 지역의 흥기하는 산업도시에 정착해서 독특한 인종 및 민족 공동체를 형성한 사람들도 많았다.

그러나 이 시기에 유럽인만 움직이고 있던 것은 아니다. 아시아와 아프리카, 태평양 여러 섬에서도 엄청난 수－대개는 가난하고 절망에 처한 사람－가 더 나은 삶을 찾아 고향을 등졌다. 대다수는 자력으로 해외로 나갈 여비를 마련할 수 없었기 때문에 (17세기에 미국으로 이주한 많은 영국인 이민자와 비슷하게) 음식과 숙소, 운임을 미리 제공받는 대신 계약 노동자(indentured servant)로 새로운 땅에서 일정 기간 묶여 있을 것에 동의했다. 중국과 일본, 아프리카와 태평양 여러 섬, 무엇보다 인도 등지를 순회하며 계약 노동자를 모집하는 사람을 많이 볼 수 있었다. 수십만 명에 달하는 인도인 계약 노동자는 아시아 및 아프리카의 프랑스와 영국 식민지에서 플랜테이션 노동자로 일했다. 중국인 노동자는 쿠바와 하와이의 플랜테이션과 말레이 반도와 페루, 남아프리카, 오스트레일리아의 광산, 캐나다와 페루, 미국의 철도 건설 현장에서 일했다. 아프리카인 계약 노동자는 상당수가 카리브 해 지역으로 이주했으며, 태평양의 여러 섬의 사람들은 태평양의 다른 섬이나 오스트레일리아로 이주하는 경향이 있었다.

    유럽인은 대개 자발적으로 새로운 땅을 찾아 나섰고, 그들 대부분은 계약 노동이 불법이었던 미국으로 이주했다. 그러나 비(非)유럽인은 자기 뜻과 다르게 고향을 등진 경우가 많았고, 미국으로 이주한 숫자도 상대적으로 적었다. 이러한 비유럽인의 이민은 유럽 제국의 성장에 일정한 역할을 했고, 제국 체제, 즉 제국의 계약 노동 모집원, 해군력, 법, 경제적 필요성 때문에 가능했다. 더불어 이들 다양한 형태의 이민은 인류 역사상 최대 규모의 인구 이동 중 하나였으며, 미국뿐 아니라 전(全) 지역을 변모시켰다.

2

도시 풍경

도시는 놀라운 대비를 보여주는 장소였다. 도시에는 거의 상상이 안 될 정도로 크고 화려한 집과 형언하기 어려울 정도로 지저분한 판잣집이 공존했다. 도시는 이전 세대가 경험하지 못한 편리함과 사회의 능력으로 해결하기 힘들어 보이는 문제를 함께 안고 있는 공간이었다.

공적 장소의 탄생

18세기와 19세기 초 도시의 성장은 전반적으로 무계획적이었다. 그러나 19세기 중반에는 개혁가와 도시계획자, 건축가 등이 도시를 한층 질서 있게 만들어가기 시작했다.

• 센트럴 파크

19세기 중반의 가장 중요한 혁신 중 하나는 도시에 거대한 공원이 조성되었다는 사실이다. 도시공원은 사람과 건물이 빽빽하게 들어찬 도시의 풍광을 개선하려던 도시 지도자의 욕구가 반영된 것이다. 그들은 도시에 공원이 들어서면, 도시민이 자연을 다시 접함으로써 도시 생활의 긴장에서 벗어나 건강과 원기를 회복할 것이라고 여겼다. 도시민의 피난처라는 공원 개념을 가장 성공적으로 주창한 사람은 1850년대 말에 뉴욕의 센트럴파크를 함께 설계한 조경 설계자 프레더릭 로 옴스테드(Frederick Law Olmsted)와 캘버트 보크스(Calvert Vaux)였다. 옴스테드와 보크스는 의도적으로 가능한 한 도시 같아 보이지 않을 공적 공간을 조성했다. 그들은 일부 유럽 도시의 공통적인 질서 있고 형식에 얽매인 공간 대신에 완전히 자연 그대로인 것처럼 보이는 공간을 만들었다. 센트럴파크는 개장 초에 이미 세계에서 가장 대중적이고 칭송받는 공공장소 가운데 하나라는 평을 얻었다.

도시에는 커다란 공원만이 아니라, 도서관이나 미술관, 자연사 박물관, 극장, 콘서트홀이나 오페라극장 같은 거대한 공공건물도 들어섰다. 뉴욕의 메트로폴리탄 미술관(Metropolitan Museum of Art)은 19세기 말에 모습을 드러낸 거대한 미술관 중에서도 그야말로 가장 크고 가장 유명한 미술관이었다. 도시마다 마치 교육과 지식의 중심지는 도시임을 확인해주는 양, 호화로운 신축 도서관이 들어섰다.

도시 부유층은 자기들 도시에 웅장한 미술관과 콘서트홀, 오페라극장, 때로는 공원까지 조성하도록 배후에서 압력을 행사하고 후원했다. 이는 무엇보다 그들의 물질적·사회적 갈망이 커졌기 때문이다. 부유층은 자신들의 기대에 맞는 쾌적한 공공시설이 들어선 도시를 원했다. 주요 문화시설의 중요한 후원자가 되는 것은 사회적 명성을 쌓는 데도 특별히 효과적이었다.

도시의 규모가 커지고 그러한 열망도 증대됨에 따라, 도시 지도자는 도시를 자기들이 바라던 방향으로 개조하기 위한 기념비적 사업에 착수했다. 일부 도시는 낡은 주택 지구와 거리를 쇄신하고 한결 인상적인 신축 건물이 즐비한 웅장하고 위풍당당한 대로를 신설하기 시작했다. 1893년 시카고에서 열린 컬럼비아 박람회(Columbian Exposition)는 도시를 재정비하려는 이러한 노력에 영

대니얼 버넘

감을 불어넣어준 각별히 중요한 사건이었다. 이 박람회는 콜럼버스가 처음으로 아메리카로 항해한 지 400년이 되는 해를 기리기 위해 개최한 만국박람회였다. 엄청난 관중이 운집한 박람회장 중앙에는 기하학적인 산호 호수 주위로 신고전주의적 건물이 좌우 대칭으로 늘어선 '거대한 백색 도시(Great White City)'가 전시되었다. 백색 도시를 설계한 건축가 대니얼 버넘(Daniel Burnham)은 이 전시를 계기로 '도시 미화(city beautiful)' 운동을 주도했는데, 이는 미국 내 무질서한 도시 생활에 같은 형태의 질서와 조화를 부여하려는 운동이었다. 그러나 이런 일을 계획한 사람이 사유지 주인과 복잡한 도시 정치라는 장애물을 극복하고 꿈을 적잖이 이루어낸 경우는 매우 드물었다.

· '백 베이'
　도시를 재정비하려는 노력은 단지 기존의 모습을 재설계하는 데에만 초점을 맞춘 것이 아니었다. 때로는 완전히 새로운 도시가 탄생하기도 했다. 1850년대 말 보스턴은 드넓은 갯벌을 하나하나 메워 '백 베이(Back Bay)'라는 주택 지구를 형성하기도 했다. 이 간척 사업은 그때까지 미국에서 행해진 공공사업 중 가장 큰 규모의 공사에 속했다. 그러나 보스턴만 이런 사업을 한 것이 아니다. 시카고는 도시가 점점 팽창하자 미시간 호수를 기점으로 방대한 지역을 매립했고, 어느 지점에서는 늪지대로 인한 도시 전체의 피해를 줄이기 위해 아예 길 자체를 높이기도 했다. 그러나 뉴욕을 비롯한 일부 도시는 한정된 공간이라는 문제를 해결하는 방법으로 보스턴이나 시카고처럼 새로운 땅을 만들기보다 인접한 땅을 병합하는 방식을 선택했다. 많은 도시가 이런 방법을 따랐다. 따라서 1890년대 이후 미국에는 경계가 확장된 도시가 많아졌다.

주택 장만

도시는 매일같이 쏟아져 들어오는 수많은 새 거주자에게 주택을 제공하는 문제로 고민했다. 부유한 사람에게 주택은 걱정거리가 아니었다. 값싼 노동력 때문에 건축비가 줄었으므로 수입이 그리 많지 않은 사람도 주택을 보유할 수 있었다. 일부 엄청난 부자는 도시 심장부―뉴욕의 5번가, 보스턴의 백 베이와 비컨 힐(Beacon Hill), 필라델피아의 소사이어티 힐(Society Hill), 시카고의 레이크 쇼 드라이브(Lake Shore Drive), 샌프란시스코의 놉 힐(Nob Hill) 등지―의 궁전 같은 저택에서 살았다.

중간 부유층 상당수는 변두리의 지가가 비교적 낮은 곳의 주택을 보유했다. 즉, 도시 중심가와 철도나 전차로 연결된 새로운 교외 주택 지구에 정착했다. 예를 들면, 1870년대의 시카고는 도시 중심가와 철도로 연결된 교외 주택 지구가 100여 곳에 달했다. 부동산 개발업자는 전원에 대한 향수를 불러일으킬 만한 교외 주택 지구를 형성하거나 개발하기에 애썼다. 특히 교외의 부촌은 마치 장원처럼 보이도록 설계된 잔디밭, 정원수, 주택 등이 눈에 띄었다. 한결 수수한 주거 지구는 교외로 나오면 땅을 가질 수 있다는 점을 강조하려고 애썼다.

그러나 대부분의 도시민은 도시에서 집을 장만할 여력도, 그렇다고 교외로 이사할 여유도 없었다. 대신에 도시 중심가에 세들어 살았다. 집주인은 최소한의 공간에 가능한 한 많은 세입자를 수용하려고 애썼다. 예를 들어 맨해튼에서는 1894년의 평균 인구밀도가 1에이커당 143명이었는데, 이는 당시나 이후의 미국이나 유럽 도시와

• 철도로 연결된 교외

공동주택의 세탁소

뉴욕을 비롯한 여러 도시의 공동주택에 사는 이민 가정은 가능한 한 모든 방법을 동원해 생계를 꾸렸다. 사진에서 자녀과 함께 있는 여성은 집에서 할 수 있는 돈벌이(이 경우는 세탁일)를 찾았던 많은 노동계급 어머니의 전형이었다. 커다란 통과 다른 사람의 빨랫감으로 꽉 찬 이 방은 유아용 침대와 종교적 그림에서 분명히 알 수 있듯이 이 가족의 집이기도 했다.

비교해 보아도 훨씬 높은 수치였다. 찰스턴, 뉴올리언스, 리치먼드 같은 남부 도시의 흑인은 예전에 노예가 살던 다 쓰러져 가는 숙소에서 살았다. 보스턴의 이민자는 값싼 3층짜리 목조 가옥—'3층 갑판선(triple deckers)'—에 입주했다. 볼티모어와 필라델피아에서는 신이민자가 빽빽히 들어찬 비좁은 벽돌집으로 몰려들었다. 그리고 뉴욕과 기타 여러 도시의 이민자는 공동주택에 거주했다.

'공동주택(tenement)'이라는 용어는 본래 단순히 많은 가구가 세들어 사는 건물을 의미했지만, 19세기 말에는 특별히 빈민가를 지칭하는 용어가 되었다. 1850년 공동주택이 처음으로 들어섰을 때, 사람들은 빈민을 위한 집짓기가 커다란 진전을 본 것이라며 환영했다. 그러나 대부분의 공동주택이 방에 창문도 없고 배관이나 난방시설도 거의 없거나 아예 없는 초라한 집이었다. 덴마크 출신의 이민자로 뉴욕에서 활동한 신문기자이자 사진작가인 제이콥 리스(Jacob Riis)는 1890년에 출간한 《나머지 절반의 사람들이 사는 법(How the Other Half Lives)》에서, 공동주택에 대한 깜짝 놀랄 만한(어떤 사람들은 일부러 그렇게 표현했다고 주장했다) 묘사와 사진으로 미국의 많은 중간계급에게 충격을 주었다. 그러나 개혁가들은 빈민가 주택을 대신할 새로운 주택을 전혀 생각해보지도 않고, 단지 허물어버리는 것으로 이를 해결하려고 했다.

• 제이콥 리스

도시의 운송과 건축 기술

도시가 성장하자 운송 체계도 기념비적으로 발전했다. 매일 도시의 이쪽에서 저쪽으로 이동해야 하는 많은 사람을 위해 대량 수송 체계의 발전이 필요했기 때문이다. 남북전쟁 이전에도 일부 도시는 궤도를 따라 말이 끄는 합승 마차를 도입해 운영했다. 그러나 합승 마차의 속도로는 이동량을 감당할 수 없었기 때문에 많은 도시에서 새로운 형태의 대량 운송 체계를 개발했다. 1870년 뉴욕 시는 최초로 고가철도를 개통했다. 거리 위로 설치된 크고 육중한 철근 구조물 위로 증기기관차가 시끄러운 소리를 내며 빠르게 지나다녔다. 뉴욕, 시카고, 샌프란시스코 등은 지하에 설치된 케이블이 쉬지 않고 움직이며 동력을 제공하는 케이블카도 실험했다. 버지니아 주의 리치먼드 시는 1888년 처음으로 전기로 움직이는 시내 전차(trolley car)를 도입했고, 보스턴 시는 1897년에 미국 최초로 지하철을 개통했다. 그와 동시에 여러 도시가 도로와 다리 건설에 새로운 공법을 도입했다. 뉴욕의 브루클린 다리(Brooklyn Bridge)의 완공은 1880년대에 이루어진 위대한 기술상의 경이로움이었다. 이 다리는 존 뢰블링(John A. Roebling)이 설계한 것으로, 교각 사이에 강철 케이블을 인상적으로 드리운 현수교였다.

• 마천루

도시는 밖으로 뻗어나갔을 뿐 아니라 위로도 치솟았다. 1884년 시카고에—비록 나중의 기준으로 보면 비교적 낮은 10층짜리 건물이었지만—최초의 현대식 '마천루(skyscraper)'가 건설되어 도시 건축의 새 장(章)을 열었다. 몇 가지 관련 분야의 기술적 발전으로 새로이 등장한 건축술이 마천루의 탄생에 결정적인 역할을 했다. 우선 과거의 금속보다 훨씬 큰 장력(張力)을 지탱할 수 있는 신종 강철 대들보가 등장했고, 승객용 엘리베이터가 발명되어 개발되었다. 그리고 또 하나는 도시를 대화재로부터 보호할 방법이었다. 19세기 후반만 해도 도시의 건물은 목조건물이었다. 그래서 화재가 발생하면 엄청난 참화로 번지곤 했다. 이러한 참화를 막을 방법이 모색되었는데, 무엇보다 건물의 주요 뼈대를 강철로 세우는 방법이 개발되어 도시를 화재로부터 안전하게 지킬 수 있게 되었다. 일단 고층 건물을 세울 수 있는 기술이 도입되자, 더욱 높은 건물을 짓는 데에 장애물은 거의 없었다. 시카고에 처음으로 마천루가 형성된 이후, 20세기에는 경이로울 정도로 위대한 건축물이 들어섰다. 예를 들면, 뉴욕에는 크라이슬러(Chrysler) 빌딩과 엠파이어 스테이트(Empire State) 빌딩이 들어섰고, 시카고에는 라살레(Lasalle) 빌딩이 건조되었다. 그리고 1945년 이후에는 미국을 비롯한 전 세계의 도시에 강철과 유리로 만든 엄청난 수의 마천루가 형성되었다.

3

도시 생활의 긴장

도시는 점점 혼잡스러워졌으나, 그에 맞는 적절한 공익사업이 부재했다. 이 때문에 심각한 위험 요소가 양산되었다. 범죄와 화재, 질병, 빈곤 등 모든 것이 대도시 공공 기관의 능력에 과중한 부담으로 작용했고, 정부나 사설 기관은 한동안 이러한 문제에 제대로 대처하지 못했다.

화재와 질병

도시가 직면한 한 가지 심각한 문제는 화재였다. 주요 도시에서 잇따라 화재가 발생했고 거대한 중심가가 거의 파괴되다시피했다. 시카고와 보스턴은 1871년 '대화재'로 고통을 겪었다. 여러 도시가 유사한 재앙을 경험했다. 대화재는 정말이지 끔찍한 경험이었다. 하지만 도시 발전이라는 측면에서 보면 중요한 사건이기도 했다. 대화재는 화재에 강한 건물과 전문적인 소방서의 발전을 촉진시켰다. 또한 여러 도시가 재건이 불가피하게 되어 신기술의 구현과 건축상의 혁신이 가능했다. 현대적인 고층 건물이 들어선 미국 도시의 중심가 일부는 대화재의 폐허 위에 솟아오른 것이다.

> 불충분한 위생 설비

화재보다 더 위험한 것은 질병이었다. 이는 특히 위생 설비가 미비한 빈민 지역에서 위험 요소로 작용했다. 한 빈민 구역에서 발생한 전염병은 쉽게 다른 구역으로 확산되기도 했다(실제로 그런 일이 빈번했다). 지방자치단체의 관리 중에 부적절한 오물 처리와 식수 오염이 장티푸스와 콜레라 같은 전염병을 일으킬 수 있다는 사실을 인식한 사람은 거의 없었다. 20세기까지도 적절한 오물 처리 체계가 없는 도시가 많았다. 1870년대에 수세식 화장실과 하수처리 시설이 등장하기 시작했지만, 계속해서 하수가 개방된 도랑이나 개울로 흘러들어 도시의 상수도를 오염시키는 한, 오물 문제는 해결될 수 없었다.

환경오염

19세기 말과 20세기 초 대다수 미국인은 환경 과학이라는 현대적 개념을 알지 못했다. 그러나 그 시절에도 도시의 환경오염은 생활을 방해하는 눈앞의 현실이었다. 빈번한 대화재, 질병과 전염병의 위험, 엄청나게 북적거리는 노동계급의 주거 지역 등 모든 것이 산업화와 급속한 도시화가 초래한 환경문제의 본보기였다.

생활 쓰레기와 산업 쓰레기의 부적절한 처리는 모든 대도시의 공통된 현상이었다. 제대로 처리되지 않은 쓰레기는 강과 호수를 오염시켰고 도시 상수원을 위태롭게 만드는 경우도 잦았다. 가축—말은 19세기 말까지도 주요한 운송 수단이었으며, 빈민 지역에서는 소, 돼지를 비롯해 여러 가축을 집에서 사육했다—역시 환경문제에서 빼놓을 수 없는 원인 제공자였다.

공기 역시 오염되었다. 물론 미국이 당시 런던과 같이 무연탄 연소로 생긴 대기오염, 즉 스모그가 도시를 뒤덮을 정도로 심각한 문

대기오염

제를 겪은 것은 아니다. 그러나 사무실과 가정집 등 건물에 설치된 난로나 화덕, 공장에서 뿜어대는 물질이 지속적으로 공기를 오염시켜 때로는 그 정도가 심각했다. 도시의 호흡기 질환 및 관련 질병의 발병률은 농촌 지역보다 현저하게 높았으며, 19세기 말에는 발병 속도도 더욱 빨라졌다.

20세기 초 개혁가는 도시환경을 개선하기 위해 적극적인 활동을 펼쳤고, 그 가운데 몇 가지 주목할 만한 성과를 거두었다. 상수원 보호를 위해 새로운 하수 및 배수 체계가 마련되었다. 1910년경이면 미국 대부분의 대도시가 주민의 상수원을 보호하고 과거에 오염된 물로 인해 발생했던 엄청난 세균성 전염병을 막기 위해 종종 엄청난 비용을 들여 하수 처리 시설을 구축했다. 실제로 예전에 멤피스(Memphis)에서는 유행성 황열병이 발생해 5,000명이 목숨을 잃기도 했다.

• 공중 보건 사업

1912년 연방정부는 공중 보건 사업국(Public Health Service)을 신설하여 의류 산업 등의 직종에 산재한 결핵, 빈혈, 이산화탄소 중독과 같은 직업병 예방을 담당하게 했다. 이 사업국은 모든 공장에 유효한 공통의 보건 기준을 마련하려 했지만, 강제집행 권한이 없었기 때문에 영향력이 제한적일 수밖에 없었다. 1970년에 신설된 현재의 직장 보건 및 안전 관리국(Occupational Health and Safety Administration)은 바로 이 공중 보건 사업국 초기 노력의 유산이라고 할 수 있다. 이로써 정부는 고용주에게 안전과 건강을 고려한 작업장을 요구할 수 있게 되었다.

도시의 빈곤과 범죄, 폭력

도시가 팽창하자 무엇보다도 광범위하고 때로는 절망적인 빈곤이 발생했다. 공공 기관과 사설 자선단체가 구호 사업을 벌이기도 했지만, 이들은 전반적으로 재정이 빈약했다. 구호 기구 중에는 보조가 크면 의존성도 커진다고 믿었던 중간계급이 운영하는 조직도 있었다. 대부분의 구호 기구는 스스로의 힘으로 살아갈 수 없었던 '당연히 도움을 받아야 할 빈자'로 구호를 제한하려고 애썼다. 자선 기구들은 '도움받을 만한 사람'과 '도움받을 필요가 없는 사람'을 구분하기 위해 세밀한 '조사'를 했다. 어떤 자선 단체—예를 들면 1879년에 미국에서 활동을 개시한 구세군(Salvation Army)—는 노숙자나 끼니를 거르는 사람에 대한 구호보다는 종교 부흥주의에 더욱 집중했다.

중간계급은 특히 빈민층 어린이 수가 증가하고 있다는 사실에 경각심을 높였다. 그들 가운데 일부는 고아나 가출 어린이였다. 개혁가들은 다른 어떤 집단보다도 때때로 '부랑아(street arabs)'로 불렸던 이들을 주목했다. 비록 아무런 지속적인 해결책을 세우지는 못했지만.

빈곤과 혼잡은 범죄와 폭력을 낳았다. 미국의 살인 사건 발생 건수는 19세기에 급속하게 느는데, 1880년 인구 100만 명당 25건에서 19세기 말에는 100건을 넘어섰다. 이는 부분적으로 일부 비도시 지역의 높은 폭력 수준이 반영된 수치였다. 예컨대 미국 남부는 린치와 살인이 특히 많았으며, 서부는 한곳에 뿌리내리지 못하고 떠돌아다니는 사람이 많고 일자리도 불안정한 신흥 공동체(목장 마을, 광

• 범죄율의 증가

산촌 등)에서 폭력 행위가 빈번했다. 그러나 도시의 범죄율 역시 만만찮았다. 토착 미국인은 범죄를 이민 집단의 폭력적인 성향 탓이라고 믿고 싶어, 다양한 소수 민족 공동체에서 갱단이나 범죄 조직을 그 근거로 언급했다. 그러나 도시의 토착 미국인도 범죄 행위에 관해서는 이민자 못지않은 듯 보였다. 이렇게 범죄율이 증가함에 따라 도시의 경찰력도 규모가 더욱 커지고 전문성도 강화되었다. 하지만 경찰력 자체가 부패와 만행을 낳았는데, 이는 특히 그 자리가 종종 정치적 후원을 통해 채워졌기 때문이다.

도시 폭동을 우려한 일부 중간계급은 한층 더 실질적인 보호 체계를 구축할 필요성을 느꼈다. 이에 도시 방위군 집단이 부촌 초입에 위풍당당한 방위군 본부를 건설했으며, 폭동에 대비해 다량의 무기와 탄약을 비축했다. 그러나 실제로 폭동은 일어나지 않았다.

《시스터 캐리》

도시는 강한 매력과 커다란 흥분을 자아내는 장소였다. 하지만 소외된 인간의 공간이자 일부에게는 타락과 착취의 장소이기도 했다. 시어도어 드라이저(Theodore Dreiser)는 소설 《시스터 캐리(Sister Carrie)》(1900)에서 시골에서 도시로 올라와 살아갈 방도를 찾지 못한 (드라이저 소설의 여주인공인 캐리와 같은) 미혼 여성의 처지를 보여줌으로써 도시 생활의 어두운 단면을 폭로했다. 캐리는 처음에 시카고의 신발 공장에 취직했지만 보수도 받지 못한 채 심신이 지쳐버렸고, 결국에는 약탈로 먹고사는 남성들에게 수탈당하는 '죄' 짓는 생활로 흘러들었다.

정치 파벌 조직과 정치 보스

새로운 이민자들에게는 미국의 도시 생활에 적응하도록 도와줄 제도가 절실했다. 대도시 중심부에 자리 잡은 저소득층 주민에게는 정치 '파벌 조직'(political 'machine')이 주요 원조 집단이었다.

도시의 정치 파벌 조직은 도시의 무질서한 성장이 빚어낸 권력의 공백에 존재 기반을 두었다. 또한 거대한 이민 공동체라는 잠재적 유권자 세력의 산물이었다. 이러한 것이 얽힌 상태에서 '시정(市政)' 보스가 등장했다. 보스가 주로 하는 역할은 단순했다. 자기 조직을 위해 표를 모으는 일이었다. 이는 자기 선거구민의 충성심을 얻는다는 의미였다. 이를 위해 보스는 선거구민에게 이따금씩 식료품 한 바구니나 석탄 한 봉지 같은 일종의 구호물자를 돌렸고, 사소한 범죄로 구금된 사람을 유치장에서 빼내오는 일에 개입하기도 했다. 가능하다면 실직자를 위해 일자리를 찾기도 했다. 무엇보다도 후견제를 통해 많은 지지자에게 보답했다. 예를 들면, 시 정부나 (이따금씩 조직의 선출직 관리가 장악한) 경찰과 같은 시정 기관, 혹은 새로운 교통 체계를 구축하거나 운영하는 일에 자리를 마련해주었고, 정치조직 내부의 승진 기회를 제공하기도 했다.

정치조직은 돈 버는 수단이기도 했다. 정치가는 다양한 형태의 뇌물과 증회(贈賄)를 통해 자신과 동료의 재산을 불렸다. 어느 정치가는 새로운 도로나 전차선이 깔릴 곳을 미리 알아내어 인근 땅을 사들인 다음, 공사가 끝나 재산 가치가 올랐을 때 되팔아서 이윤을 남기기도 했다. 하지만 비밀스런 뇌물도 있었다. 공직자는 공공시설 건설 계약을 따주는 대가로 청부업자로부터 리베이트를 받고, 공공

• 시정 보스의 기능

• 윌리엄 트위드

시설의 운영권을 팔기도 했다. 부패 행위로 가장 악명 높았던 시정 보스는 1860년대와 1870년대 뉴욕 시 태머니홀파(Tammany Hall, 1789년에 결성된 민주당 내 한 파벌―옮긴이)의 보스 윌리엄 트위드(William M. Tweed)였다. 그는 조직이 뇌물을 받아챙긴 사업에 투여된 공공 기금을 남용해 1872년에 감옥에 가고 말았다.

도시 정치조직에 경쟁자가 없는 것은 아니었다. 개혁 집단은 빈번하게 시정 보스의 부패를 성토해 대중의 분노를 끌어냈으며, 때로는 조직에 속한 정치인을 관직에서 몰아내는 데 성공하기도 했다. 하지만 개혁 조직은 대개 정치조직으로서 그다지 생명력이 길지 않았다.

4

대량 소비의 대두

19세기 후반에는 독특한 중간계급 문화가 미국인의 생활 전반에 강력한 영향력을 행사하기 시작했다. 성장 속도가 그다지 빠르지 않거나 전혀 성장하지 못한 사회 집단도 있었지만, 새로운 도시 소비문화의 대두에 영향받지 않은 집단은 거의 없었다.

소득 및 소비의 유형

산업 시대에는 매우 불균등하기는 했지만 거의 모든 사람의 소득이 증가했다. 새로운 경제가 낳은 가장 돋보이는 결과는 거대한 부의 창조였다. 하지만 사회 전반으로 볼 때 가장 중요한 결과는 아마도 중간계급이 성장하고 점점 더 번성했다는 점일 것이다. 1890년에서 1910년 사이에 점원, 회계원, 중간 관리자, 기타 '화이트 칼라' 노동자의 봉급이 평균 3분의 1 정도 인상되었다. 특히 의사, 변호사 같은 전문직 종사자는 직업에 대한 명성과 더불어 수익 면에서 극적인 향상을 경험했다. 이 시기에는 노동계급의 소득도 증가했다. 하지만 중간 계급에 비해 수준도 낮고 인상 속도도 더뎠다. 1890년에서 1910년 사이에 철강 산업 노동자의 시간당 임금이 3분의 1 정도 인상되었다. 그러나 신발·섬유·제지 산업과 같이 주로

● 소득의 증가

여성 노동력을 이용하는 산업은 남부 대부분의 산업과 마찬가지로 임금 상승 폭이 한결 작았다. 아프리카계 미국인, 멕시코인, 아시아 인도 다른 노동자에 비해 임금 인상 속도가 훨씬 더뎠다.

• 기성복

소득이 증가하면서 새로운 소비재 시장이 창출되었다. 적절한 가격에 상품을 내놓을 수 있는 새로운 제조 및 판매 기법이 등장함에 따라 처음으로 많은 소비재 상품을 거래하는 대량 소비 시장이 형성되었다. 기성복의 등장은 그러한 변화의 좋은 예다. 19세기 초만 해도 미국인은 대부분 옷을 직접 만들어 입었다. 그러나 재봉틀의 발명과 더불어 남북전쟁(그리고 전쟁으로 인한 군복 수요)이 의류 제조업을 자극하면서 거대한 기성복 산업이 대두했다. 19세기 말경에는 거의 모든 미국인이 상점에서 옷을 사입었다. 그 결과 [예전에 비해] 훨씬 많은 사람이 옷맵시에 관심을 갖게 되었다. 예를 들어, 여성들이 패션에 대해 관심을 갖는 것은 얼마 전까지만 해도 어느 정도 돈 있는 사람만 누리는 사치였다. 그러나 이제는 중간계급, 심지어 노동계급 여성도 독특한 옷맵시를 꾸미는 데 신경을 썼다.

음식을 구입하고 장만하는 일 역시 새로운 소비주의의 핵심이었다. 1880년대에 통조림 깡통이 개발되어 대량생산되면서 여러 가지 음식과 연유(煉乳)를 깡통에 담아 판매하는 새로운 거대 산업이 등장했다. 냉동 화물열차가 등장해 상하기 쉬운 음식도 원거리 수송이 가능해졌다. 인공적으로 얼린 얼음을 대량으로 판매하면서 많은 가정이 아이스박스를 갖추게 되었다. 이러한 변화로 식품의 질도 개선되어 건강이 증진되었다. 그리하여 20세기 초반 불과 20년 사이에 평균수명이 6년이나 늘었다.

몽고메리 워드 백화점

1880년경 시카고 번화가에 등장한 몽고메리 워드 백화점의 광고 전단이다. 이 전단을 도안한 사람은 전단지 아래쪽의 '어마어마한 점포(enormous establishment)'라는 문구처럼 백화점에 엄청나게 다양한 상품이 진열되어 있다는 점을 드러내려고 백화점 외벽을 뜯어낸 모습을 담았다.

연쇄점, 우편 주문 상점, 백화점

판매 기법의 변화 역시 미국인의 상품 구매 방식을 바꾸어 놓았다. 새로운 '연쇄점(chain store)'은 경쟁 관계에 놓여 있던 소규모 지방 상점보다 일반적으로 싼값에 다양한 상품을 제공할 수 있었다. 대서양-태평양 차 회사(Atlantic and Pacific Tea Company, A & P)는 1870년대부터 전국에 잡화점을 개설하기 시작했다. 울워스(F. W. Woolworth) 회사는 포목상 연쇄점을 개설했다. 시어스-로벅(Sears and Roebuck) 회사는 매년 방대한 상품 목록을 발송하는 것으로 거대한 우편 주문 판매 시장을 구축했다.

• 마셜 필드

대도시에는 거대한 백화점이 등장해 구매 습관을 바꾸고 쇼핑을 더욱 유혹적이고 매력적인 행위로 변화시키는 데 일조했다. 마셜 필드(Marshall Field)는 시카고에 미국 최초의 백화점을 개장했다. 백화점은 경이로움과 흥분을 자아내도록 의도적으로 고안된 장소였다. 뉴욕, 브루클린, 보스턴, 필라델피아 등 여러 도시에 유사한 상점이 등장했다.

여성 소비자

대량 소비의 대두는 특히 미국의 여성에게 엄청난 영향을 끼쳤다. 여성의 옷맵시는 남성보다 훨씬 더 빠르게 극적으로 변화했고, 이러한 변화는 더욱 빈번한 구매를 조장했다. 여성은 대체로 가족을 위해 음식을 구입하고 장만했다. 그래서 새로운 식료품은 먹는 방식뿐 아니라 여성이 음식을 구입하고 요리하는 방식에도 변화를 가져왔다. 통조림과 냉장은 식단이 더욱 다양해졌다는 의미이자, 예전처럼 식품을 구입한 날에 바로 먹어야 할 필요가 없다는 의미였다.

 소비자 경제는 판매원이나 종업원 같은 새로운 여성 직업군을 창출했을 뿐만 아니라, 소비자보호운동이라는 새로운 운동을 잉태했다. 여기에서 여성은 그야말로 결정적인 역할을 했다. 1890년대에 플로렌스 켈리(Florence Kelley)의 지도로 전국 소비자 연맹(National Consumers League)이 결성되었는데, 이 단체는 소매상과 제조업자에게 임금 인상과 노동조건 개선을 강제하기 위해 소비자로서의 여성의 힘을 동원했다.

● 전국 소비자 연맹

5

소비사회의 여가

소비의 성장은 여가 시간에 대한 관심의 증대와 밀접한 관련이 있다. 도시의 중간 계급 및 전문직 종사자는 저녁 시간, 주말, 심지어 유급휴가 등 일하지 않는 여분의 시간이 많았다. 공장 노동시간도 줄었다. 1860년에는 주당 평균 70시간에 달하던 노동시간이 1900년에는 60시간도 되지 않았다. 영농이 기계화됨에 따라 농민도 자유로이 쓸 수 있는 시간이 많아졌다. 미국인의 생활은 노동시간과 여가 시간이 뚜렷이 구분되는 방향으로 점차 변화했고, 이로 인해 새로운 형태의 기분 전환거리와 오락이 모색되었다.

여가의 재(再)정의

'여가(leisure)'라는 개념도 다시 정의되었다. 이전에는 여가를 가치 있는 것이라고 생각하는 미국인은 그다지 많지 않았다. 반대로 여가를 게으름이나 나태와 동일시하는 사람은 많았다. 그러나 19세기 말에 여가를 재정의하는 작업이 시작되었다. 경제학자 사이먼 패튼(Simon Patten)은 여가에 대한 새로운 관점을 명확히 표현한 최초의 지식인에 속한다. 그는 《번영의 이론(*The Theory of Prosperity*)》(1902), 《문명의 새로운 토대(*The New Basis of Civilization*)》(1910) 등에서, 문명의 정상적 상태는 물질적인 결핍이라는 오래된 가설에 도전했다. 그의 주장에 따르면, 예전 사람이 절약이나 극기, 자제에 높은 가치를 부여한 것은 결핍에 대한 두려움 때문이었다. 그러나 근대 산업사회의 신(新)경제는 모든 이의 필요만이 아니라 욕망까지도 충족시키기에 충분한 부를 창출해낼 수 있다고 했다.

미국인은 점차 여가를 삶의 통상적인 한 부분으로 받아들이게 되었다. 그리하여 재미있을 만한 새로운 경험을 찾기 시작했다. 특히 도시에서 대중오락에 대한 수요가 높아지면서 구경거리와 레크리에이션, 기타 활동이 혼합된 오락거리가 등장했다.

대중오락은 이따금 계급이나 인종, 또는 성(性)의 간극을 메워 주기도 했다. 그러나 동시에 날카롭게 구분지었다. 술집과 일부 스포츠 행사는 주로 남성의 영역이었다. 쇼핑과 찻집이나 간이식당 가기는 여성적인 여가 활동이었다. 극장이나 선술집, 클럽 등은 종종 특정 소수민족 공동체나 특정 노동 집단이 모이는 특별한 곳이었다. 도시공원과 같이 여러 계급이 마주칠 수밖에 없는 공공장소에서는 종종 무엇이 이 장소에 적합한 행동인가를 놓고 상당한 갈등이 일어나기도 했다. 일례로 뉴욕 시의 엘리트층은 센트럴파크에서 조용하고 '품위 있는' 활동 이외의 것을 금하려고 애썼던 반면에, 노동계급은 공공장소를 스포츠와 오락을 위한 공간으로 사용하고 싶어했다.

관중을 위한 스포츠

흥밋거리를 찾는 과정에서 가장 중요한 오락으로 등장한 것은 조직화된 관중 동원력이 있는 스포츠, 특히 야구였다. 야구와 매우 유사한 어떤 경기, 곧 크리켓에서 파생한 '라운더즈(rounders)'는 19

● 야구

세기 초 영국에서 일부 대중에게 사랑받았다. 그런데 이를 변형시킨 경기가 1830년대 초 미국에서 등장했고, 남북전쟁 막바지에 그 경기에 대한 관심이 빠르게 고조되었다. 아마추어나 준프로 팀, 클럽만도 200개가 넘었는데, 그중 상당수가 전국 단위의 협회에 가입해 일련의 표준 경기 규칙을 선언했다. 경기가 인기를 얻게 되자 경기를 매개로 수익을 얻을 기회가 생겼다. 처음으로 봉급을 받았던 팀은 1869년에 창단된 신시내티 레드 스타킹스(Cincinnati Red Stockings)였다. 다른 도시에서도 프로야구팀이 출범했고, 1876년에는 그 팀들이 내셔널리그(National League)로 한데 모였다. 곧이어 경쟁 리그도 탄생했다. 아메리칸 협회(American Association)였다. 이 협회는 끝내 와해되었지만, 이를 대신해 1901년 아메리칸리그(American League)가 등장했다. 그리고 1903년에는 최초의 근대 월드시리즈(World Series)가 출범했고, 이 경기에서 아메리칸리그의 보스턴 레드삭스(Boston Red Sox)가 내셔널리그의 피츠버그 파이어리츠(Pittsburgh Pirates)를 꺾었다. 그 무렵에는 야구가 이미 중요한 사업이자 국민적 관심사가 되어 있었다.

야구는 노동계급 남성에게 엄청난 호소력이 있었다. 그 다음으로 인기 있던 운동경기인 미식축구는 처음에 남성 중에서도 좀 더 엘리트층에 가까운 사람의 관심을 끌었다. 이는 부분적으로 미식축구가 대학에서 시작되었기 때문이다. 미국 최초의 대학 간 미식축구 경기는 1869년에 벌어진 프린스턴 대학 대(對) 러트거스(Rutgers) 대학의 경기였다. 그러나 초기의 대학 간 경기는 오늘날의 경기와는 단지 간접적인 관련만 있을 뿐, 사실 오늘날 럭비라고 알려진 운동경기에 더 가까웠다. 그러나 1870년대 말에 경기가 표준화되는 과정에서 오늘날의 형태로 윤곽이 잡혔다.

농구는 1891년 매사추세츠 주 스프링필드(Springfield)의 한 지방 대학에서 체육 감독으로 일하던 캐나다인 제임스 네이스미스 (James A. Naismith) 박사가 창안한 경기다. 권투는 오랫동안 주로 도시의 하층민 사이에서 인기를 끌었던 평판 나쁜 운동이었다. 그런데도 1880년대에 더욱 인기를 끌었고 일부 지역에서는 평판이 좀 나아지기도 했다.

• 농구의 창안

이 시대 주요 스포츠에 참가한 사람은 대부분 남성이었다. 그러나 여성이 중요한 참가자인 경기도 여럿 있었다. 골프와 테니스는 남녀를 막론하고 비교적 부유한 사람 사이에서 급격하게 확산되었다. 자전거와 크로케〔우리나라에서는 일본식 영어를 따라 '게이트볼'이라고 함—옮긴이〕 역시 1890년대에 남성뿐 아니라 여성 사이에서도 광범위한 인기를 누렸다. 여자대학도 좀 더 격렬한 운동경기, 예를 들면 육상, 조정, 수영, 농구 등을 학생에게 소개하기 시작했다 (그중 농구는 1890년대 말에 도입되었다).

음악, 극장, 영화

도시에서는 거대한 잠재력을 지닌 시장의 요구에 부응해 다른 형태의 대중오락이 발달했다. 많은 소수민족 공동체가 자체적으로 극장을 운영했다. 도시 극장은 새롭고 독특한 미국적 오락 형식인 뮤지컬코미디와 가벼운 희가극(vaudeville)을 소개했다. 뮤지컬코미디는 유럽의 희극적 오페레타에서 점차 발전한 것이고, 희가극은 프랑스식 모델에서 따온 공연 형식이었다. 특히 희가극은 20세기 전

• 희가극

반기에도 가장 사랑받은 도시 오락이었다. 희가극은 다양한 연기자(음악가, 코미디언, 마술사, 요술사 등)로 구성됐고, 초기에는 제작 비용도 저렴했다. 희가극의 경제적 잠재력이 상승함에 따라, 일부 흥행주는 한층 더 정교한 구경거리를 무대에 올렸다. 흥행주 중 가장 유명한 사람은 뉴욕의 플로렌츠 치그펠트(Florenz Ziegfeld)였다.

희가극은 흑인 연기자에게 문호가 개방된 몇 안 되는 오락 매체 중 하나였다. 흑인 연기자는 이미 19세기 후반에 흑인 관객을 위해 발전시킨 흑인 순회 극단(minstrel show)의 요소를 희가극에 도입했다. 순회 극단의 가수 중 일부는—가장 유명했던 앨 졸슨(Al Jolson)을 포함해—두터운 분장(또는 '흑인 분장')을 한 백인이었지만, 대다수는 흑인이었다. 흑백 양 인종의 악사는 농장에서 부르던 복음 성가와 민요, 도시의 흑인 공동체에서 부르던 재즈나 래그타임(ragtime)을 기본으로 음악을 연주했고, 연기자는 일반적인 백인의 편견에 맞추어 비천한 흑인의 전형을 연기함으로써 흑인을 조롱했다.

• 그리피스

가장 중요한 형태의 대중오락은 영화였다. 토머스 에디슨 등이 1880년대에 활동사진 기술을 발명한 직후, 당구장이나 동전으로 즐길 수 있는 거리의 오락장, 놀이 공원 같은 데서 핍쇼(peepshow, 구멍을 통해 들여다보는 구경거리)를 즐기던 사람들이 짧막한 영화를 볼 수 있게 되었다. 이내 더 큰 영사기가 발명되어 거대한 스크린에 영상을 투영할 수 있게 되자 많은 사람이 극장에서 영화를 관람할 수 있게 되었다. 1900년 무렵에는 많은 미국인이 이들 초기 영화, 즉 줄거리 없이 주로 기차나 폭포 또는 기타 장관을 보여주는 영화에 매혹되었다. 위대한 그리피스(D. W. Griffith)는 무성영화《국가의 탄생(*The Birth of a Nation*)》(1915), 《불관용(*Intolerance*)》

5센트 극장(nickelodeon)(1905)

웅장한 영화관이 등장하기 전, 도시민은 규모도 작고 입장료도 5센트에 불과하지만 매일 다른 영화를 볼 수 있었던 '5센트 극장'에 몰려들었다. 상영 영화 중에는 매일 새로운 사건이 등장하며 줄거리가 이어지는 연속극도 있어서 관객이 극장을 다시 찾게끔 만들었다.

(1916) 등으로 활동사진의 새 시대를 열었다. 그리피스는 영화 제작에 (비록 악명 높은 인종주의 영화였지만) 진지한 구성과 정교한 제작 방식을 도입했다. 활동사진이야말로 최초의 진정한 대중오락 매체였다.

대중적 여가와 개인적 여가의 유형

    19세기 말 20세기 초 대중오락에서 특별히 놀라운 점은 오락을 즐기는 대중의 속성이었다. 많은 미국인이 오락거리뿐 아니라 다른 사람을 구경할 수 있는 장소에서 여가 시간을 보냈다. 수많은 뉴욕의 노동계급 시민이 댄스 홀이나 희가극 극장, 콘서트 홀에서 저녁 시간을 보냈다. 물질적으로 좀 더 여유 있는 뉴욕 시민은 다른 사람을 쳐다보는(그리고 다른 사람이 자신을 쳐다보는) 게 전부인 센트럴파크에서 오후를 즐겼다. 영화 관객은, 마치 스포츠 팬이 경기만이 아니라 운집한 관중에 이끌리는 것처럼, 비단 영화 자체만이 아니라 호화로운 신설 '영화 궁전(movie palaces)'에서 관객이 뿜어내는 열기에 매혹되었다.

- 코니 아일랜드

    대중오락의 인기를 가늠하는 데에서 가장 놀라운 사례는 아마도 코니아일랜드(Coney Island)일 것이다. 코니아일랜드는 인기 있던 브루클린의 한 해변에 건설된 놀이 공원이자 행락지였는데, 믿을 수 없을 정도로 멋진 곳으로 유명했다. 코니아일랜드 안에서도 사람들의 발길을 가장 많이 끈 곳은 1903년에 개장한 루나파크(Luna Park)였다. 루나파크에는 곳곳에 놀이 기구와 곡예가 산재했으며, 이국적인 풍경와 홍미진진한 모험을 아주 멋들어지게 재현해놓은

루나파크에서 온 우편엽서

코니아일랜드를 방문한 사람은 친구와 친지에게 곧잘 우편 엽서를 보내곤 했다. 수백만 통에 달하는 이 엽서가 놀이 공원의 가장 효과적인 선전 도구였다. 이 엽서도 그중 하나로, 여러 해 동안 코니아일랜드에서 가장 인기를 끌었던 휘황찬란한 루나파크 입구를 담고 있다.

곳도 있었다. 뿐만 아니라 일본식 공원, 곤돌라 사공이 있는 베니스식 운하, 중국식 극장이 있었고, 모의 달나라 여행을 할 수 있는 곳이나 불타는 건물과 지진 같은 재난을 재현해놓은 곳도 있었다. 1년 뒤에는 한 경쟁사가 드림랜드를 개장했는데, 약 113미터 높이의 탑을 세우고 3단 곡예와 전차 경주를 즐길 수 있는 곳, 그리고 《걸리버 여행기》에 나오는 소인국 마을도 만들어 루나파크를 능가하려고 애썼다. 이 시기에 코니아일랜드의 인기는 정말이지 대단했다. 수천 명이 해변에 줄지어 들어선 커다란 리조트 호텔에 묵었고, 수만 명의 인파가 도시에서 기차와 (1920년 이후에는) 지하철을 타고 이 곳으로 몰려와 하루를 즐겼다. 1904년에는 루나파크 한 곳에만 입장객이 하루 평균 9만 명에 달했다.

사람들이 코니아일랜드의 매력에 빠졌던 이유는, 당시 미국인의 생활 전반을 지배했던 점잔빼는 행동 규범에서 잠시나마 벗어날 수 있었기 때문이다. 사람들은 코니아일랜드의 놀이 공원에서 종종 예의범절이란 걸 잊고 다른 곳에서라면 당혹스럽거나 부적절해 보일지도 모를 상황을 즐겼다. 뜨거운 공기가 솟구쳐 여자들의 치마가 머리를 덮을 정도로 날려 올라간다든가, 물과 고무로 만든 노로 광대에게 연신 두들겨 맞는다든지, 놀이 기구를 타면서 낯선 타인과 몸이 닿을 수밖에 없는 상황이 되어 성적 자유를 암시하는 상황에 빠진다든가 하는 등의 일이었다.

- '10센트짜리 소설'

그러나 대중오락이라고 해서 모두가 공개적이지는 않았다. 많은 사람이 소설이나 시를 읽으며 혼자서 여가를 즐겼다. 추리소설, 서부 개척 이야기, 과학적인 모험을 담은 대하소설, '도덕적 향상(moral uplift)'을 주제로 한 소설 등 염가로 제본되어 널리 발행된 소위 '10센트짜리 소설'이 남북전쟁 이후 인기를 얻었다. 출판사는 감상적인 연애 소설도 출간했는데, 이는 동물이나 자라나는 어린이에 관한 책처럼 광범위한 여성 독자층을 확보했다. 대부분의 독자가 여성이었던 루이자 메이 올컷(Louisa May Alcott)의 《작은 아씨들(Little Women)》은 200만 부 이상이 팔려나갔다.

대중매체의 기술

　미국의 출판 및 언론계는 남북전쟁 이후 수십 년간 중대한 변화를 겪었다. 1870년에서 1910년 사이에 일간신문의 판매 부수만도 (300만 부 이하에서 2,400만 부를 넘어설 정도로) 거의 9배나 늘었는데, 같은 기간 인구 증가율의 3배에 달하는 것이다. 그리고 신문마다 기준은 크게 달랐지만, 미국의 언론계는 직업적 정체성을 갖추기 시작했다. 기자의 봉급이 인상되었고, 많은 신문이 의견 개진과 뉴스 보도를 분리하기 시작했으며, 신문 자체가 중요한 사업이 되었다.

　이렇듯 출판 및 언론 분야에 변화가 일어나게 된 것은 상당 부분 새로운 통신 기술의 결과였다. 예를 들어, 전신의 발달로 전국 단위의 통신사가 등장해 국내외 뉴스와 특종을 나라 전역의 신문사에 공급했다. 뿐만 아니라 1900년 전후로 내부 전신망을 갖춘 주요 신문사 체인이 등장했다. 그중에서 윌리엄 랜돌프 허스트(William Randolph Hearst)가 소유한 신문사가 가장 막강했다. 허스트는 1914년경 9개의 신문과 2개의 잡지를 통제했다. 또한 새로운 인쇄 기술이 개발되어 한층 정교한 편집과 채색 그림 인쇄가 가능해졌으며, 19세기 말에는 신문이나 잡지 같은 인쇄 매체에 사진도 실을 수 있게 되었다. 출판업자는 이런 발전에 힘입어 이야기를 더욱 생생하게 전달할 수 있었을 뿐 아니라, 더 많은 광고주를 끌어들일 수 있었다.

• 윌리엄 랜돌프 허스트

전화

• 벨 시스템

통신상 가장 중요한 신기술은 1876년 알렉산더 그레이엄 벨(Alexander Graham Bell)이 최초로 실증해 보인 전화였다. 초창기 전화는 비교적 실용성이 적은 장치였다. 전화 가입자는 통화하려는 사람이 누구든 그 사람과 직통 회선을 설치해야 했다. 그러던 1878년, 코네티컷 주 뉴헤이븐에 처음으로 '교환대'가 설치되어 한결 실용적인 전화 사용이 가능해졌다. 일단 교환대가 설치되자, 전화 가입자는 중앙 전화국으로 연결된 회선 하나만 있으면 다른 가입자 누구와도 통화할 수 있었다. 신종 직업, 즉 '교환원'이 등장했다. 당시 미국 전역의 전화 서비스를 관장했던 벨 시스템(Bell System)은 젊은 백인 여성을 교환원으로 고용했다. 이는 상냥한 여성의 목소리가 전화선을 타고 들려오면 고객도 전화 이용에 좀 더 매력을 느끼게 될 것이고, 전화 이용시 수반되던 빈번한 기술적 문제에서 오는 불편함도 덜 짜증스럽게 느끼리라는 기대 때문이었다. 처음에는 전화 신호가 너무 약해서 몇 마일 떨어진 사람과는 거의 통화하기가 어려웠다. 기술자는 통화 범위를 확장하기 위해 거리가 멀어짐에 따라 주기적으로 신호를 강화하는 '중계 장치(repeater)'를 만들었다. 그러나 1914년이면 중계 장치는 이제 실제적인 대륙 간 회선을 구상할 정도로 기능이 향상되었다.

초기의 전화는 거의 전적으로 상업적 도구였다. 1891년 뉴욕 및 뉴저지 지역의 7,400명에 달하는 전화 가입자 가운데 6,000명이 사업 및 기관 가입자였다. 심지어 가정용 전화 가입자조차 의사나 기업 관리자인 경우가 많았다.

20세기 초에 전화 가입자가 증가하면서 벨 시스템—공식 명칭은 미국 전신 전화 회사(American Telephone and Telegraph, AT&T)—이 미국에서 가장 막강한 주식회사 중 하나이자 진정한 독점 기업으로 부상했다. 모든 전화 설비를 독점적으로 구축하고 소유한 다음, 이를 가입자에게 임대한다는 이 회사 경영자의 초기 결정이 이러한 성공의 핵심이었다. 이로써 AT&T는 장비와 전화 사업 자체를 모두 관장할 수 있었고, 2가지 분야 모두에서 어떠한 경쟁자도 배제할 수 있었으며, 제휴 지방 전화 회사를 효과적으로 통제할 수 있었다. 이렇게 미국의 전화 체계는 하나의 효율적인 카르텔 아래 놓이게 되었다.

6

도시 시대의 고급문화

도시 및 산업의 대두와 더불어 등장한 대중문화에도 중대한 변화가 있었지만, '고급문화(high culture)'의 영역에도 무시할 수 없는 변화가 일어났다. 사실 '지식인 취향의 문화(highbrow culture)'와 '저속한 문화(lowbrow culture)'를 구분짓는 것은 산업 시대에 시작된 현상이었다. 19세기 전반 대부분의 문화 활동은 계급을 막론하고 모든 사람을 겨냥했다. 그러나 19세기 말, 엘리트는 도시 대중의 여흥과는 매우 다른 문화적·지적 활동을 발전시켜나갔다.

도시의 문학과 미술

• 사실주의 문학

미국의 문학계에서 도시 사회의 현실을 재현해내려는 움직임이 강하게 일어났다. 스티븐 크레인(Stephen Crane)에게서 이러한 사실주의 경향의 초기 모습을 발견할 수 있다. 크레인은 아마도 《붉은 용맹 훈장(*Red Badge of Courage*)》(1895)이라는 남북전쟁에 관한 소설로 가장 잘 알려져 있지만, 1893년 도시의 빈곤과 빈민의 삶을 우울하게 묘사한 《매기 : 거리의 소녀(*Maggie : A Girl of the Streets*)》를 출간해 화제를 모았다. 시어도어 드라이저와 프랭크 노리스(Frank Norris), 업턴 싱클레어(Upton Sinclair)도 비슷하게 사회문제를 주제로 끌어들였다. 남부 출신의 작가 케이트 쇼팽(Kate Chopin)은 전통적인 결혼의 억압성을 탐색한 충격적인 소설 《각성

(*The Awakening*)》을 1899년에 출간한 뒤 대중에게 모욕을 당했다. 《각성》은 개인적인 성취를 위해 가족을 버린 한 젊은 아내이자 어머니를 그린 소설이었다. 윌리엄 딘 하우얼스(William Dean Howells)는 《사일러스 래펌의 등장(*The Rise of Silas Lapham*)》을 비롯한 작품에서 자신이 보기에 평범한 미국인의 생활양식에 깃든 천박함과 타락을 묘사했다.

19세기 내내 미국의 예술은 유럽의 미술만 못해 보였다. 그러나 1900년 무렵에는 미국의 많은 예술가가 구세계의 전통에서 벗어나 새로운 양식을 실험했다. 윈슬로 호머(Winslow Homer)는 뉴잉글랜드의 해변 생활과 기타 토속적 주제를 화폭에 담은 활기 넘치는 미국인이었다. 제임스 맥닐 휘슬러(James McNeil Whistler)는 동양적 주제를 처음으로 미국과 유럽의 예술계에 소개한 서양 예술가 중 하나였다.

20세기 초에는 일부 미국인 예술가—뛰어난 초상화가인 존 싱어 사전트(John Singer Sargent)가 미국에서 아마도 가장 잘 보여준 양식인—는 전통적인 아카데믹 양식과 결정적으로 결별했다. 이른바 애시캔 화단(Ashcan School)의 구성원은 놀라운 자연주의 작품과 당대 사회 현실을 꾸밈없이 묘사한 작품을 생산했다. 존 슬론(John Sloan)은 미국 도시 빈민가의 음울함을 묘사했고, 조지 벨로스(George Bellows)는 프로 복싱에 관한 그림과 데생에서 당대의 활력과 폭력을 포착했으며, 에드워드 호퍼(Edward Hopper)는 현대 도시의 황량함과 쓸쓸함을 탐색했다. 애시캔 화단의 화가는 표현주의와 추상을 이해한 최초의 미국인이었다. 1913년에 유명한 '아모리 쇼(Armory Show)'가 뉴욕 시의 무대에 오르는 데 일조한 일은

• 애시캔 화단

에드워드 호퍼의 〈오토맷〉(1927)

20세기 초 주목받는 미국 화단의 일원이던 에드워드 호퍼는 예전 미술가들의 특징적 주제였던 부와 권력의 세계가 아니라 현대 도시의 무자비하고 단호한 세계를 연대순으로 그리기로 선택했다. 호퍼의 작품은 도시 생활의 쓸쓸함을 잘 묘사한 것이 특징인데, 뉴욕 시 한 '오토맷(자동판매 음식점)'의 한때를 그린 이 작품에도 그런 특징이 드러나 있다.

그들이 새로운 형식에 얼마나 관심을 많이 가졌던가를 보여주는 사례였다. 이 쇼에는 프랑스 후기인상파와 몇몇 미국 현대 화가의 작품이 전시되었다.

진화론의 영향

19세기 말의 가장 중요한 지적 발전을 꼽으라면 아마도 영국의 박물학자 찰스 다윈(Charles Darwin)을 연상시키는 진화론이 광범하게 수용된 점일 것이다. 다윈은 인간 종(種)이 생명의 초기 형태에서 '자연도태'의 과정을 거쳐 진화해온 것이라고 주장했다. 진화론의 맥락에서 보면, 역사란 신의 계획에 의해 움직이는 것이 아니라, 가장 잔인하거나 가장 운 좋은 경쟁자가 지배해온 맹목적인 과정이었다.

교육자, 신학자, 심지어 많은 과학자도 처음에는 진화론을 부정했다. 그러나 19세기 말에는 도시의 전문직 종사자와 식자층 대다수가 진화론을 수용했다. 중간계급 프로테스탄트 종교 지도자조차 상당수가 진화론을 받아들였고, 이 이론과 조화를 이루기 위해 신학에 중대한 수정을 가했다. 당대 미국의 대다수 도시민에게는 보이지 않았지만, 다윈주의의 등장 이후 진화론과 같은 새로운 사상을 받아들인 새롭고 범세계적인 도시 문화와, 여전히 근본주의적인 종교 신앙과 오래된 가치에 젖어 있던 한결 전통적이고 지방적인 일부 농촌 지역의 문화 사이에 커다란 틈이 생기고 있었다. 따라서 19세기 말에는 새로운 과학적 발견과 조화를 이룬 자유주의적 프로테스탄티즘과 더불어 조직적인 프로테스탄트 근본주의가 대두했다.

다윈주의는 또 다른 새로운 지적 조류를 낳았다. 그중 하나는 월

• 진화론에 대한 저항

'실용주의'

리엄 그레이엄 섬너 등이 주창한 사회진화론(Social Darwinism)이었다. 산업가는 미국 사회 내 자신들의 유리한 지위를 정당화하기 위해 사회진화론을 열정적으로 이용했다. 그러나 그러한 지적 조류들 중에는 한결 정교한 철학도 있었다. 그중 하나가 바로 '실용주의(pragmatism)'라고 알려진 이론이었다. 초기의 찰스 퍼스(Charles S. Peirce)나 후기의 존 듀이(John Dewey)도 이 이론의 발전과 전파에 중요한 역할을 했지만, 하버드 대학의 심리학자였던 (그리고 소설가 헨리 제임스의 형제인) 윌리엄 제임스(William James)야말로 이 새로운 이론을 가장 탁월하게 선전한 학자였다. 실용주의자에 따르면, 현대 사회는 상속된 이상과 도덕적 원리가 아니라 과학적 탐구가 안내하는 바에 의존해야 하며, 만약 작동하지도 않고 경험이라는 시험도 견디지 못하는 사상이나 제도라면 (심지어 종교적 신앙까지도) 타당하지 않다고 주장했다.

과학적 탐구에 대한 유사한 관심은 사회과학에도 영향을 미쳤다. 에드워드 로스(Edward A. Ross)와 레스터 프랭크 워드(Lester Frank Ward) 같은 사회학자는 사회·정치 문제의 해결에 과학적 방법을 적용하자고 촉구했다. 프레더릭 잭슨 터너(Frederick Jackson Turner)와 찰스 비어드(Charles Beard) 같은 역사가는 정신적인 이상보다는 경제적 요인이 역사 발전에서 지배적 힘이었다고 했다. 존 듀이는 전통적인 지식을 기계적으로 학습하기보다는 유연하고 민주적인 학교교육을 더 강조하는 새로운 교육안을 제안했다.

또한 다윈주의에 담긴 함의(含意)는 인류학의 발전을 촉진했고, 일부 학자에게 다른 문화를 새로운 방법으로 연구하도록 장려했다. 예를 들면, 미국의 일부 백인은 비록 백인 사회의 문화와 현저히 다르지만 인디언 사회도 존중할 만하고 보존할 가치가 있는 자체의 규범과 가치를 지닌 응집력 있는 문화라고 보기 시작했다.

보통 교육의 확산

전문 기술과 과학 지식에 대한 수요가 높아지면서 자연스럽게 교육에 대한 수요도 높아지고 변화되었다. 따라서 19세기 말 미국은 각급 학교와 대학교가 급속하게 확산되고 개혁된 시대였다.

무상 공립 초등 및 중등교육이 확산된 것은 그 일례였다. 1900년 경부터 의무교육법이 31개 주 및 준주에서 효력을 발휘했다. 그러나 교육은 아직 보편적이라고 하기에는 까마득했다. 농촌 지역은 공교육 재원 조달에서 도시 산업 지역보다 한참 뒤처져 있었다. 남부는 여전히 많은 흑인이 어떤 학교에도 전혀 취학할 수 없었다. 그러나 많은 백인 남녀의 교육 기회는 대단히 확대되었다.

• 무상 공립 학교 교육의 확산

교육개혁가는 인디언 부족의 교육 기회도 확대하려고 노력했다. 이는 인디언이 '문명화하고' 백인 사회에 적응하도록 도우려는 노력의 일환이었다. 1870년대에 개혁가는 (본래 흑인 대학이었던) 햄프턴 기술학교(Hampton Institute)에 입학할 인디언을 모집했다. 1879년에는 펜실베이니아 주에 칼라일 인디언 산업학교(Carlisle Indian Industrial School)를 열었다. 대개의 흑인 대학처럼 칼라일 학교도 실용적인 '산업' 교육을 강조했다. 그러나 이러한 개혁은 결국 실패했다. 이 개혁이 애초에 의도한 수혜자에게 인기가 없었기 때문이다.

대학교와 과학 및 기술의 발전

19세기 후반에는 대학(college)과 대학교(university) 역시 급증했다. 이들 기관은 특히 1862년에 발효된 모릴 토지 공여법(Morrill Land Grant Act)으로 혜택을 받았다. 이 법에 따라 연방정부는 각 주에 대학 설립을 위한 공유지를 기증했다. 19세기 후반에 69개의 '토지 무상 불하' 대학이 설립되었다. 캘리포니아, 일리노이, 미네소타, 위스콘신의 주립 대학교 체제도 이때 구축된 것이다. 기업 및 금융계의 거두가 수백만 달러를 기부한 대학도 있었다. 록펠러와 카네기를 비롯한 거부는 컬럼비아, 시카고, 하버드, 노스웨스턴, 프린스턴, 시러큐스, 예일 등에 아낌없이 기부했다. 또 다른 박애주의자는 새로운 대학교를 설립하거나 이전의 대학을 재조직했다. 이로써 그들은 자신의 성(姓)—밴더빌트, 존스홉킨스, 코넬, 듀크, 툴레인, 스탠퍼드 등—을 영구히 세상에 남겼다.

• 고등 교육의 경제적 영향

이들을 비롯한 많은 대학이 19세기 후반 이후 미국의 경제 발전에 결정적인 역할을 했다. 공유지를 무상으로 불하받은 교육기관은 특별히 '농업과 기계공학' 분야의 지식 발전을 위임받았다. 따라서 이들 교육기관은 처음부터 단지 추상적인 지식만이 아니라 농민과 제조업자에게 실제로 이용될 수 있는 지식을 발견하는 데 전념했다. 이들 교육기관은 대규모 주립 대학교로 발전함에 따라, 전통을 유지하면서 위대한 기술 및 과학적 발견의 산실이 되었다. 그리고 이것이 미국의 상공업 발전에 크게 기여했다. 이즈음에 등장한 사립 대학교도 동일한 목적에 상당 부분 기여했다. 1865년에 설립되어 이내 미국 최고의 공과대학이 된 매사추세츠 공과대학(Massachusetts

Institute of Technology), 1876년에 개교해 의학 분야에서 상당한 진전을 이룩한 존스홉킨스 대학, (나중에 록펠러 대학교가 된) 뉴욕 주의 록펠러 의학 연구 대학(Rockefeller Institute for Medical Research)과 카네기 대학(Carnegie Institution)이 바로 그런 곳이었다. 20세기 초에는 역사도 더욱 오래되고 한결 전통적인 대학조차 지식 자체의 진보를 위해서가 아니라 당대의 현실적 문제에 직접적으로 응용할 수 있는 연구를 진행하면서 사기업이나 정부와 관계를 맺기 시작했다.

의학

20세기 초에는 의료 문화나 의료를 위한 과학적 토대도 급격하게 변화했다. 대부분의 의사가 특정 증상에는 근본적인 원인이 있다는 것, 즉 증상이 질병 자체는 아니라는 새로운 의학적 가설을 받아들이기 시작했다. 또한 새로운 기술이나 개선된 기술, 곧 엑스레이, 성능이 향상된 현미경, 기타 실험실 진단 장비를 이용하기 시작했다. 이런 장비를 이용해 다양한 질병을 분류하고 구별해내는 작업이 가능해졌다. 실험실 테스트를 통해 티푸스균과 이질균 같은 감염체를 확인할 수 있었다. 이런 테스트 자체는 의사의 질병 치료에 당장 도움이 되지는 않았으나, 효과적인 치료법을 개발하는 데에는 결정적인 첫걸음이었다. 그와 동시에 제약(製藥) 연구가 진행되어 몇 가지 중요한 신약이 생산되기 시작했다. 1899년 최초로 아스피린이 합성되었다. 혈액 속의 병균을 퇴치해줄지 모를 화학 약품을 실험한 연구자도 있었다. 이에 따라 지금도 암 치료에 널리 이용되고 있는 다양한 형태의 화학요법이 개발되었다. 1906년 미국의 외과 의사 크라일(G. W. Crile)은 치료에 처음으로 수혈을 이용했다. 수혈은 수술에 혁명을 가져왔다. 과거에는 환자가 종종 수술 도중에 피를 너무 많이 흘려 치명적인 위험에 빠지기도 했다. 하지만 수술 도중 수혈이 가능해지면서 더 오랜 시간 한결 세심하게 수술할 수 있게 되었다.

• 세균 이론의 수용

19세기 말에 질병이 병균 때문에 일어난다는 이론이 광범위하게 수용된 것은 중요한 함의(含意)를 담고 있다. 의사는 병균에 노출된다고 해서 반드시 병에 걸리지는 않는다는 사실을 재빨리 알아채고서 환자와 환자가 아닌 사람을 결정하는 또 다른 요인을 찾기 시작했다. 전반적인 건강 상태와 병력, 섭생과 영양, 결과적으로는 유전적 소인 등이 당시 그들이 결과적으로 밝혀낸 병의 요인이었다. 또한 질병 확산에는 감염이 결정적이라는 사실도 깨닫게 되었다. 이제 의사는 의료 장비를 소독하고 수술용 장갑을 사용했다. 그밖에 환자의 의료 환경에도 청결을 기했다.

• 사망률의 감소

20세기 초 미국의 내과 및 외과 의사는 일반적으로 세계 최고로 인정받았다. 따라서 여러 나라에서 의학 교육을 받으려는 학생이 미국으로 몰려들기 시작했다. 의학 지식과 교육이 발전함에 따라 위생 및 공중 보건이 개선되었고, 미국 대부분의 지역에서 질병 감염율과 사망률도 현저히 감소했다.

여성 교육

남북전쟁 이후 여성의 교육 기회가 상당히 확대되었다. 그럼에도 남성에 비하면 여전히 훨씬 뒤쳐졌고, 흑인 여성은 아예 기회가 없었다.

대부분의 공립 고등학교는 기꺼이 여성을 받아들였지만, 그 이상의 교육은 받을 기회가 훨씬 적었다. 남북전쟁이 끝날 무렵 미국에는 남녀공학 대학이 단지 3개에 불과했다. 그러나 남북전쟁이 끝나고 몇 년 지나지 않아 중서부의 많은 토지 무상 불하 대학 및 대학교와 코넬이나 웨슬리언(Wesleyan) 같은 사립 대학교가 여학생의 입학도 허가하기 시작했다. 그러나 남녀공학은 속속 들어서고 있던 여자대학에 비하면 이 시대 여성 교육에서 그다지 결정적이지 않았다. 1836년 매사추세츠 주 중부 마운트 홀리요크(Mount Holyoke) 대학이 여성 '신학교(seminary)'로 출범했고, 1880년대에 어엿한 대학(college)이 되었다. 동시에 완전히 새로운 여자대학, 예를 들면 배서(Vassar), 웰슬리(Wellesley), 스미스(Smith), 브린모어(Bryn Mawr), 웰스(Wells), 고셔(Goucher) 등이 등장했다. 규모가 큰 사립 대학교 중 일부는 대학 구내에 여성을 위한 별도의 단과대학을 창설했다―예를 들면 컬럼비아 대학교의 바너드(Barnard)와 하버드 대학교 내의 래드클리프(Radcliffe) 등이 그것이다.

• 여자대학

여자대학의 설립은 미국 현대 여성사에서 무시할 수 없는 현상이었다. 예컨대 가정 밖에서 독특한 여성 공동체가 등장한 것이기 때문이었다. 대부분의 교수진과 관리자가 (일반적으로 미혼) 여성이었다. 그리고 대학 생활은 이후 교육 받은 여성 사이에 여학생 클럽과 참여의 정신을 불러일으켰다. 이는 나중에 중요한 결과를 낳았다. 대부분의 여자대학 졸업생이 결국 결혼을 하기는 했지만, 대학을 나오지 않은 동년배 여성보다 훨씬 늦은 나이에 결혼했다. 더욱이 그

• 여성 공동체의 등장

중 25퍼센트 이상은 아예 결혼하지 않고 독신으로 자기 일에 전념했다. 일부 여성은 이런 여성 고등교육의 발전을 통해 분명하게 해방을 경험했다. 즉, 급속하게 변화하는 도시 산업사회에서는 아내와 어머니의 역할 외에도 수행할 역할이 있다는 점을 확신하게 되었다.

결론

19세기 후반 미국 도시의 놀라운 성장은 커다란 위업과 동시에 엄청난 문제를 가져다주었다. 도시는 학문과 예술, 상업의 중심지가 되었다. 또한 기술·운송·건축·통신 분야에서 커다란 진전을 이루었다. 도시민과 방문객은 도시에서 매우 다양하고 눈부신 경험을 했다. 그래서 점점 더 많은 사람이 시골을 떠나 도시로 이주했다.

그러나 도시는 혼잡스럽고 불결하며 질병과 타락이 만연한 곳이기도 했다. 각종 서비스가 보조를 맞추기 힘들 정도로 인구가 급격하게 팽창하자, 이 시기 미국 대부분의 도시가 상수도 공급, 하수 처리, 도로 건설, 대중교통 운영, 화재 진압, 범죄 방지, 질병의 예방이나 치료 등과 같은 기본적 문제를 해결하기 위해 씨름했다. 그러나 대개는 임시방편에 불과했다. 상당수의 시 정부가 정치 파벌에 장악당한 채 그 보스의 손에 좌지우지되었다. 그래서 종종 비능률과 부패의 온상이 되었다. 그러나 한편으로는 시정부를 가장 필요로 했던 노동계급과 이민자 출신의 선거구민에게 비공식적인 방법으로 실질적인 서비스를 제공했다. 또한 거대한 공공사업, 예컨대 대개는 사설 개발업자와 손을 잡고 공원이나 박물관, 오페라하우스, 극장을 세우는 일을 감독했다.

도시에는 새로운 산업 시대가 낳은 대부호 가문에서 방대한 노동계급에 이르기까지 놀라울 정도로 다양한 인종 및 소수민족 집단, 계급이 뒤섞여 살았다. 특히 대부분이 이민자였던 노동계급은 국적에 따라 엄격하게 나뉜 주거 지역에 발디딜 틈없이 들어찼다. 도시에는 새로운 형태의 대중문화도 등장했다. 상점과 의상실은 물론, 무엇보다 거대한 백화점 등 소비주의의 신전이 들어섰다. 그리고 대중적 레크리에이션과 오락의 광장, 예를 들면 공원, 극장, 운동장, 놀이 공원 뿐만 아니라 나중에는 영화관도 등장했다.

도시민만이 아니라 멀리서 지켜보던 사람도 도시 생활을 염려했다. 그러나 사실 미국의 도시는 시간이 지날수록 성장이 초래한 엄청난 문제에 대해 적절하고 성공적으로 적응했으며, 완전히 정직하고 효율적이지는 못했지만 적어도 생존하고 성장하는 데에는 무리가 없을 정도로 스스로를 통제하는 방법을 배워갔다.

1867	1880	1881	1883	1884	1887	1888
전국 농민 공제조합 결성	가필드, 대통령 당선	가필드 암살됨/아서, 대통령직 승계	펜들턴법 제정	클리블랜드, 대통령 당선	주간(州間) 통상법 제정	벤저민 해리슨, 대통령 당선

19장
교착상태에서 위기로

황금의 십자가를 진 브라이언

윌리엄 제닝스 브라이언이 민주당 전당대회에서 '황금의 십자가' 연설을 한 직후에 그려진 만화가 그랜트 해밀턴의 그림. 브라이언은 이 유명한 연설 덕분에 훗날 대통령에 지명되기에 이른다. 연설의 가장 강력한 이미지인 가시관과 황금 십자가는 성경에도 등장하는 이미지로서, 금 본위제가 노동계층에 주는 부담을 상징한다.

1890	1892	1893	1894	1896	1900
셔먼 트러스트 금지법 제정/ 셔먼 은 매입법 제정/ 매킨리 관세법 제정	클리블랜드, 재선에 성공/ 인민당 창당	경제 불황 시작/셔먼 은 매입법 철회	콕시의 군대	매킨리, 대통령 당선	금본위제법 제정

19세기 후반 미국이 겪고 있던 엄청난 변화는 미국의 전통적 사회구조뿐 아니라 정치제도마저 긴장하게 만들었다. 산업화와 도시화가 미국에 상당한 진보를 가져다준 것은 사실이지만, 그 속에서 그에 못지않은 무질서와 실망이 자란 것도 사실이다. 미국인은 이제 정부가 안정과 사회정의를 모색하는 데에서 지도력을 발휘하리라고 기대했다. 하지만 이 시기 내내 미국 정부는 당면한 새로운 도전에 제대로 대처하지 못했다. 전례 없는 딜레마에 직면한 미국 정부는 눈에 띄게 소극적이었고 도무지 갈피를 잡지 못했다. 정부 지도자는 대부분 평범한 정치인처럼 보였다. 정부는 때로 미국의 가장 심각한 문제와는 아무런 관련이 없는 문제에 골몰하기도 했다. 이렇듯 미국의 정치체제는 극적인 변화에 직면해 적극적인 지도력을 발휘하기보다는, 재건 시대 이후 거의 20년 동안 경직된 교착상태에 빠져 있었다. 즉, 미국에서 일어나고 있는 놀라운 변화를 그저 바라보기만 할 뿐, 변화에 영향을 미칠 만한 아무런 일도 하지 않았다. 그 결과 미국에 남은 것은 어떠한 배출구도 없이 자라나 곪아버린 일련의 문제와 불만뿐이었다. 이런 환경에서 미국이 1890년대에 국가적 위기에 빠진 것은 어쩌면 예고된 일이었다.

1
균형의 정치

오늘날의 눈으로 보면, 19세기 말 미국 정치체제의 성격은 여러 가지 면에서 역설적으로 보인다. 2개 정당은 둘 중 어느 한쪽도 다시 누리지 못할 활력과 안정을 구가했다. 그러나 그에 비해 연방정부는 어떠한 중요한 일도 해내지 못했다. 사실, 당대의 미국인은 특별한 쟁점에 관심이 있어서가 아니라 광범위한 지역적·종족적 혹은 종교적 정서 때문에 정치 활동에 참여했다.

정당 체제

19세기 후반 정당 체제의 가장 놀라운 양상은 그 체제가 두드러지게 안정돼 있었다는 점이다. 재건 시대 말기부터 1890년대 말까지 유권자는 거의 정확히 반반씩 공화당과 민주당으로 양분되어 있었다. 16개 주는 철저하고 일관되게 공화당이었고, (대부분이 남부 주였던) 14개 주 역시 굳세고 일관되게 민주당이었다. 오직 5개 주만이 어느 한쪽으로 확실히 기울지 않아 성향이 불분명했는데, 전국적 규모의 선거가 있을 때면 투표자 수에 입각해 바로 그 5개 주 유권자가 대부분 선거 결과를 결정짓는 경우가 많았다. 공화당은 당시 대선에서 2번을 제외하고 모두 승리했다. 그러나 선거의 승리가 확실한 주도권을 보장하지는 않았다. 1876년부터 다섯 차례에 걸쳐

안정과 교착상태

치른 대통령 선거 결과를 분석해보면, 민주당과 공화당 후보 간의 일반투표 표 차이는 평균 1.5퍼센트에 지나지 않았다. 의회 의석 수 비율도 이와 비슷하게 안정적이었다. 공화당은 대개 상원을 지배했고 민주당은 대체로 하원을 지배했다.

높은 투표율

양당이 이렇듯 균형을 이룬 만큼이나 놀라운 것은 양당에 대한 대중의 충성도 역시 높았다는 점이다. 대부분의 미국인이 다음 세대가 이해하기 힘든 열정과 열성으로 자신들의 당적(黨籍)에 충실했다. 1860년에서 1900년 사이에 실시된 대통령 선거에서 투표율이 평균적으로 전체 유권자의 78퍼센트를 넘었다(최근 몇 십년간 50퍼센트를 약간 웃돈 것에 비하면 상당한 수치다). 심지어 대통령 선거가 없는 중간 선거철에도 60퍼센트에서 80퍼센트에 이르는 유권자가 연방 의원 후보와 지방 후보에게 투표하기 위해 선거에 참여했다. 그러나 그야말로 거대한 잠재적 유권자 집단은 이 시기에 선거권이 없었다. 대부분의 주가 여성에게 투표를 허용하지 않았고, 특히 남부는 거의 모든 흑인과 상당수 가난한 백인에게 투표권을 주지 않았다. 그러나 남부를 제외하면 백인 성인 남성에게는 선거권 제한이 거의 없었다. 놀라운 투표율은 진실로 대중에 기반한 정치를 상징하는 듯 보였다.

양당에 대한 이 놀라운 충성도를 어떻게 설명할 것인가? 확실히 양당은 중요한 공공의 문제에 대해 독특한 자기 입장을 취하지는 않았다. 양당이 그런 경우는 극히 드물었다. 정당에 대한 충성도는 다른 요인 때문이었다. 아마도 지역이 가장 중요한 요인이었을 것이다. 남부 백인에게 민주당에 대한 충성은 의문의 여지 없는 신념의 문제였다. 남부 백인은 민주당에 대한 충성을 '재건'에 맞서 승리를 거두고 백인의 지배권을 보존할 수단으로 보았다. 북부인의 공화당에 대한 충성도 그에 못지않게 열렬했다. 그들에게 링컨의 정당은 노예제도와 반역에 대항한 방벽이었다.

종교나 종족의 차이도 지지 정당을 결정한 중요 요인이었다. 민주당은 대다수 가톨릭 유권자와 새로운 이민자, 그리고 대다수 가난한 노동자를 끌어들였다. 공화당은 북부 프로테스탄트와 유서 깊은 가문의 구성원, 그리고 상당수 중간계급에게 호소력이 있었다. 정당이 뚜렷하게 다른 입장을 취한 몇 안 되는 실질적인 문제 중 하나는 이민자 관련 문제였다. 공화당은 이민 제한 조치를 지지하는 한편, 많은 사람이 이민 공동체를 훈련시키는 데 도움이 될 것이라고 믿었던 금주 관련 입법을 선호하는 경향이 있었다. 가톨릭교도와 이민자는 이를 자신들과 자신들의 문화에 대한 공격으로 보았고, 따라서 민주당은 그들의 입장을 지지했다.

● 정당에 대한 충성도의 문화적 토대

당시에는 정당에 가입하는 일이 일반적으로 경제적 이해관계에 따른 것이라기보다 문화적 성향에 좌우되었다. 개인은 부모가 지지하기 때문에, 혹은 자기 지역과 교회 또는 종족 집단이 지지하는 정당이기 때문에 특정 정당에 입당했다. 대다수는 강한 집념과 열정을 갖고 자신의 당에 충성했다.

중앙정부

민주·공화 양당이 실질적 문제를 피해갈 수 있었던 것은 연방정부가 거의 아무런 일도 하지 않았기 때문이다. 워싱턴의 연방정부는 우편물을 배달하고, 연방 군대를 유지하며, 대외 정책을 수행하고,

● 약한 연방정부

19장 교착상태에서 위기로 | 399

관세 및 세금 징수를 책임졌다. 그러나 불가피하게 추가적인 책무를 이행해야 했을 때에는 이를 수행해낼 다른 책임이나 기구가 거의 없었다.

한 가지 중요한 예외는 있었다. 남북전쟁이 끝날 무렵부터 20세기 초까지 연방정부는 남북전쟁에 참전했던 북군 출신 퇴역 군인과 미망인에게 매년 지급되는 연금 체계를 관리했다. 한때는 북부의 (흑인과 백인) 남성 시민 과반수를 비롯해 많은 여성이 연금 혜택을 누렸다. 일부 개혁가는 이 연금제도를 영구적이고 보편적인 제도로 만들려고 했지만, 뜻을 이루지 못했다. 이는 부분적으로 이 연금이 정당의 생색내기와 부패로 넘쳐난 때문이었다. 다른 개혁가—'좋은 정부'의 신봉자—은 독직과 부패, 정당 지배와 싸우기 위한 하나의 방편으로 연금제도의 폐지를 기대했다. 그리고 남북전쟁 세대가 모두 사망했을 때 이 연금제도도 그들과 더불어 사라졌다.

다른 측면에서 보면, 19세기 후반의 미국은 대체로 근대적인 중앙정부가 없는 사회였다. 가장 강력한 전국적 규모의 정치기구는 2개의 정당이었다. 그러나 양당 지도자는 기본적으로 정책이 아니라 관직, 즉 선거에서 승리하고 후견제를 관리하는 데 관심이 있었다.

대통령과 후견제

정당 보스의 권세는 대통령의 권한에 중대한 영향을 미쳤다. 대통령이라는 자리는 커다란 상징적 중요성은 있지만, 그 자리를 차고앉은 사람은 정부의 임명직을 분배하는 일 말고는 할 수 있는 일이 너무나 적었다. 신임 대통령과 그의 몇 안 되는 참모진은 처리해야 할 임명 건수만도 거의 10만 건에 달했다. 심지어 임명권 행사도 대통령은 제한된 범위 내에서만 운용할 수 있었다. 왜냐하면 자당 내 다양한 파벌의 비위를 거슬리는 일을 피해야 했기 때문이다.

러더퍼드 헤이스(Rutherford B. Hayes, 1877~1881) 대통령 재임기에 나타났듯이, 때때로 그러한 일이 불가능하다는 것이 판명되기도 했다. 헤이스의 임기 말에 공화당은 두 파벌, 즉 뉴욕 주의 로스코 콘클링(Roscoe Conkling)이 이끄는 강건파(Stalwarts)와 메인 주의 제임스 블레인(James G. Blaine)이 우두머리인 혼혈파(Half-Breeds)가 당권 장악을 놓고 경쟁하고 있었다. 강건파와 혼혈파 사이의 분쟁은 아무런 실질적인 근거가 없었다. 수사학적으로만 보면, 강건파는 전통적이고 전문적인 조직 정치(machine politics)를 선호한 반면, 혼혈파는 개혁을 선호했다. 그러나 사실 두 집단은 모두 후견제라는 떡에서 더 큰 몫을 챙기는 데 관심이 있었다. 헤이스는 두 파 모두를 만족시키려고 애썼으나, 둘 중 어느 쪽도 만족시키지 못한 채 임기를 끝내고 말았다.

후견제를 둘러싼 쟁투는 헤이스의 불행한 대통령 재임기 동안 다른 모든 일에 그늘을 드리웠다. 헤이스가 처음이자 마지막으로 실질적인 발의, 즉 공무원제를 창설하자고 제안했을 때조차 어느 당도 이를 지지하려 들지 않았다. 그리고 재선에 출마하지 않을 것이라는 초기의 성급한 발표도 정책 추진력을 한층 더 약화시키기만 했다.

공화당은 1880년 대선에서 대통령직을 간신히 유지할 수 있었다. 이는 부분적으로 그들이 강건파와 혼혈파 양쪽을 다 포함하는 후보 단일화에 동의했기 때문이다. 장시간의 당대회가 막다른 골목에 이르고서야 공화당은 오하이오 주 출신의 노련한 하원 의원이자 혼혈

● 강건파와 혼혈파

파인 제임스 가필드(James A. Garfield)를 대통령 후보로, 강건파이자 콘클링의 심복인 뉴욕 출신의 체스터 아서(Chester A. Arthur)를 부통령 후보로 지명했다. 민주당은 전국적인 지지도 없고 남북전쟁에서도 그리 빛을 발하지 못한 군사령관 출신의 윈필드 스콧 핸콕(Winfield Scott Hancock) 장군을 대통령 후보로 지명했다. 가필드는 비록 일반투표에서는 매우 근소한 차이밖에 내지 못했지만, 1879년 경기 침체에서 벗어난 덕분에 선거인단 투표에서 결정적인 승리를 거두었다.

· 가필드의 암살

가필드는 공직 임명에서 강건파를 배제하고 공무원 개혁에 지지를 표명하는 것으로 대통령직을 시작했다. 그러나 곧 콘클링을 비롯한 강건파 모두와 추악한 공적 다툼에 휘말렸다. 이 다툼은 결코 해결되지 못했다. 1881년 7월 2일, 그러니까 취임한 지 넉 달 만에 가필드가 총에 맞았기 때문이다. 워싱턴의 기차역에 서있는 동안 분명히 정신착란을 일으킨 총잡이(그는 관직을 얻는 데 실패한 사람이었다)가 가필드에게 두 발의 총탄을 쏘았다. 총잡이는 그 자리에서 "나는 강건파다. 그리고 아서가 이제 대통령이다!"라고 외쳤다. 가필드는 거의 석 달 동안 사경을 헤매다가 결국 사망하고 말았다.

· 펜들턴법

가필드를 승계한 체스터 아서는 헌신적이고 노련하고 공개적인 엽관 운동가이자 로스코 콘클링의 가까운 동지로서 정치 생애를 보내온 인물이었다. 하지만 대통령이 되고부터는 전임자들인 헤이스와 가필드처럼 독자적인 길을 걸으려 했고 심지어 개혁을 추진하려고 했다. 아서는 강건파의 실망을 무릅쓰고 가필드가 임명한 대부분의 관리를 유지했으며 공무원 개혁을 지원했다. 1883년, 의회는 마침내 최초의 연방 공무원법인 펜들턴법(Pendleton Act)을 통과시켰다. 이 법은 일부 연방의 일자리를 후견제가 아니라 경쟁적인 필기 시험을 통해 채운다는 내용이었다. 처음에는 공무원직에 포함된 관직이 극히 적었지만 점차 범위가 확대되어 20세기 중반에는 대부분의 연방 피고용인이 공무원 신분을 갖게 되었다.

클리블랜드, 해리슨 그리고 관세

1884년의 불미스런 선거에서 공화당 대통령 후보는 메인 주 출신의 상원 의원 제임스 블레인이었다. 블레인은 열정적인 찬양자에게는 '깃털 장식을 단 기사(Plumed Knight)'로 알려졌으나 그 외 수많은 미국인에게는 보기 흉한 정당정치의 상징으로 비친 인물이었다. 비판자로부터 조롱조로 '머그웜프(mugwumps)'로 불리던 일단의 '자유주의적 공화당원'은, 후보 지명에 불만을 품고 이제 공화당을 탈당해 정직한 민주당을 지지할 것이라고 선언했다. 민주당은 뉴욕 주의 '개혁적인' 주지사 그로버 클리블랜드(Grover Cleveland)를 후보로 지명했다.

인신공격이 난무한 선거전에서 당락을 결정지은 것은 아마도 마지막 순간에 벌어진 종교 논쟁인 듯싶다. 선거전 막판에 한 프로테스탄트 목사의 대표가 뉴욕 시에 있는 블레인을 방문했는데, 여기서 그들의 대변인인 새뮤얼 버처드(Samuel Burchard) 박사가 민주당을 '술과 로마 가톨릭, 반역'의 당이라고 언급했다. 그러나 이때 블레인은 버처드의 경솔한 언동을 좀체로 말리지 않았다. 민주당은 재빨리 블레인이 가톨릭교회에 대한 모독을 용인했다는 소식을 퍼뜨렸다. 클리블랜드가 선거에서 근소한 차이로나마 승리한 것은 아마

• 클리블랜드 당선

공화당 내부의 소요

'좋은 정부'의 신봉자인 공화당 개혁파는 당이 1884년에 대통령 후보로 제임스 블레인을 지명하자 아연실색했다. 전직 하원 의장이자 연방 상원 의원, 국무 장관을 역임한 블레인은 신중한 개혁을 요구했던 공화당 내 분파인 혼혈파의 지도자였다. 그러나 오래도록 교활한 정치적 술책을 부려왔고 끊임없이 이름 뒤에 추문을 꼬리표처럼 달고 다녔기 때문에 개혁파 사이에서도 논쟁을 불러일으켰다. 정치 잡지인 《퍽(Puck)》지에 실린 조지프 케플러(Joseph Keppler)의 이 만평은 공화당 지도자가 '대자보'와 블레인의 후보 지명에 뒤따른 불길한 결과에 전율하고 있는 모습을 보여준다. 왼쪽에 보이는 블레인 자신은 개혁파와 블레인 비판자의 기관지였던 《뉴욕 헤럴드-트리뷴(New York Herald-Tribune)》지 뒤에 숨어 있다.

도 뉴욕 주에서 이례적으로 엄청난 수의 가톨릭교도가 민주당에 표를 던졌기 때문일 것이다.

그로버 클리블랜드는 평소에 정치가와 부패한 관리, 압력 집단 그리고 태머니홀파를 단호하고 공정하게 반대한 인물이었다. 그래서 그를 좋아하지 않는 사람도 있었지만, 존경을 받았다. 그는 연방 정부가 많은 것을 할 수 있다거나 해야 한다고 믿는 미국인이 거의 없던 시대의 화신이었다. 그는 항상 보호관세(국내 생산자를 보호하기 위해 수입품에 과세하는 것)에 회의를 품었는데, 매년 연방 세입이 흑자를 기록한 것이 높은 관세 때문이며 의회가 '무분별하고' '낭비적인' 법안을 통과시키려는 이유도 그 때문이라고 믿었다. 그래서 법안 통과에 빈번하게 거부권을 행사했다. 그리고 1887년 12월에는 의회에 관세율 인하를 요청했다. 하원의 민주당은 관세 인하를 승인했지만 상원의 공화당 의원들은 대담하게도 자당의 법안, 곧 실제로 세율을 인상하는 법안을 통과시켰다. 이에 상황은 교착상태에 빠졌고 이로써 관세가 1888년 선거에서 쟁점으로 부상했다.

민주당은 클리블랜드를 재지명하고 관세 인하를 지지했다. 공화당은 인지도는 낮았지만 존경받고 있던 인물인 인디애나 주 출신의 전직 상원 의원 벤저민 해리슨(Benjamin Harrison)을 후보로 결정했다. 그리고 보호관세에 찬성했다. 선거전은 남북전쟁 이래 처음으로 양당이 경제문제에서 뚜렷한 차이를 보이며 진행되었다. 이는 또한 미국사에서 가장 타락한 선거 중 하나였다. 선거 결과 선거인단 투표에서는 해리슨이 233대 168로 과반수를 획득했으나, 일반투표에서는 클리블랜드가 10만 표 차이로 해리슨을 앞섰다.

1888년 대통령 선거

새로운 공공 문제

대통령으로서 벤저민 해리슨의 이력은 취임 후 1달 만에 사망한 그의 조부와 별다를 게 없었다. 해리슨은 뚜렷한 확신을 갖지 못했고, 의회에 어떠한 영향력도 행사하려는 노력을 하지 않았다. 그러나 이토록 소극적인 해리슨 행정부가 국정을 운영하는 동안에도, 여론은 정부가 당시 직면한 몇몇 사회·경제적 문제에 맞서도록 종용하기 시작했다. 가장 주목할 만한 점은 아마도 트러스트 세력을 억제하기 위한 입법을 찬성하는 분위기가 대두했다는 점일 것이다.

• 셔먼 트러스트 금지법

1880년대 중반, 서부 및 남부의 15개 주가 경쟁을 제한하는 기업연합을 금지하는 법안을 채택했다. 그러나 기업은 뉴저지나 델라웨어같이 기업에 특혜를 제공하는 주에서 합병하는 것으로 제한 규정을 쉽게 피해 갈 수 있었다. 법안을 지지하는 사람은, 트러스트 금지법이 효력을 발휘하려면 연방정부 차원에서 제정되어야 한다고 생각했다. 대중의 요구가 높아지자, 1890년 7월 연방의회 상하 양원이 거의 반대없이 셔먼 트러스트 금지법(Sherman Antitrust Act)을 통과시켰다. 대부분의 연방 의원이 그 법을 상징적 조치로 보았다. 실제로도 셔먼 트러스트 금지법은 무차별적으로 시행도리 뿐만 아니라 법원에 의해 꾸준히 약화되었기에 통과된 지 10년이 지나도록 아무런 충격을 주지 않았다. 일례로 1901년에 법무부는 노조에 대해서는 많은 트러스트 금지 소송을 제기했으나 기업연합에 대해서는 단지 14건만을 제기했을 뿐이며, 유죄로 인정받은 경우도 극히 드물었다.

그런데도 공화당원은 1888년 선거에서 승리의 원동력이었다고 민은 문제, 즉 관세에 더 관심이 있었다. 오하이오 주 출신의 하원 의원 윌리엄 매킨리(William McKinley)와 로드아일랜드 주 출신의 상원 의원 넬슨 올드리치(Nelson W. Aldrich)는 이제까지 연방의 회에 제출된 것 중에서 가장 고율의 관세 법안을 기초했다. 매킨리 관세(McKinley Tariff)로 알려진 이 법은 1890년 10월에 법제화되었다. 공화당 지도자는 분명히 대중의 정서에 대해 잘못된 해석을 내렸다. 공화당은 1890년 연방의회 구성을 위한 선거에서 깜짝 놀랄 역전패를 당했던 것이다. 공화당은 실질적으로 과반수를 점했던 상원에서 의석이 8석으로 크게 줄었고, 하원에서도 323석 중 단지 88석만을 지켜냈을 뿐이다. 이후 2년 동안 재기할 수 있는 공화당원은 전혀 없었다. 1892년 대통령 선거에서 벤저민 해리슨은 다시 한 번 보호관세를 지지했다. 민주당에서 재지명된 그로버 클리블랜드는 다시금 이에 반대했다. 그러나 제임스 위버(James B. Weaver)를 후보로 내세운 새로운 제3당 인민당(People's Party)은 한결 실질적인 경제개혁을 주창했다. 선거 결과 클리블랜드가 선거인단 투표에서 277표를 얻어 145표를 얻은 해리슨을 앞섰으며, 일반투표에서는 38만 표 차이로 승리했다. 위버도 일부 지역에서 상당한 위력을 발휘했으나, 다른 이들에 비하면 여전히 뒤쳐져 있었다. 1878년 이래 처음으로 민주당이 상하 양원에서 다수당이 되었다.

 클리블랜드가 두 번째 임기에 추진한 정책은 첫 번째 임기 중에 추진한 것과 매우 비슷한, 사회적 혹은 경제적 문제를 적극적으로 다루려는 노력을 적대시하는 정책이었다. 그는 다시 한 번 관세 인하를 지지했고, 하원이 이를 승인했다. 그러나 상원은 인하폭을 완

• 관세율 인상

화하려 했다. 클리블랜드는 이런 결과를 비난했지만, 이 윌슨-고먼 관세법(Wilson-Gorman Tariff)의 제정을 막지는 못했다.

1880년대에는 철도의 규제를 비롯한 다른 개혁에 대해서도 대중의 압력이 높아졌다. 중서부의 농민 조직—대부분은 농민 공제조합(Granger)이었다—은 1870년대 초에 몇 개 주 입법부를 설득해 규제 법안을 통과시키는 데 성공했다.

그러나 1886년 연방 대법원은—워배시 소송으로 알려진 세인트루이스의 워배시와 태평양 철도 회사 대 일리노이 주(*Wabash, St. Louis, and Pacific Railway Co. v. Illinois*) 사건에서—일리노이 주의 농본 공제 조합원법(Granger Laws) 중 하나를 위헌이라고 판결했다. 대법원에 따르면, 그 법은 주간 통상을 통제하려는 시도였다. 즉 연방의회의 배타적인 권한을 침해하는 법이었던 것이다. 나중에 대법원은 자기 주 경계 내의 통상을 규제하는 주(州)의 권한마저 제한했다.

• 주간 통상법

이제 연방정부만이 효과적인 철도 규제를 할 수 있다는 사실이 분명해졌다. 연방의회는 1887년에 주간 통상법(Interstate Commerce Act)을 제정하는 것으로 마지못해 대중의 압력에 부응했다. 이 법은 장거리와 단거리 운송 운임의 차별을 금지하고, 철도 회사가 운임 계획표를 발행해 정부에 제출해야 하며, 모든 주간 철도 운임은 "합리적이고 공정해야" 한다는 선언이었다. 5명의 위원으로 구성된 주간 통상 위원회(Interstate Commerce Commission, ICC)가 이 법을 집행하게 되었다.

그러나 위원회가 법조항을 강제하기 위해서는 법원에 의지해야 했다. 주간 통상법은 통과된 이후 거의 20년 동안 셔먼 트러스트 금지법처럼 아무렇게나 집행되고 법원에 의해 좁은 의미로 해석되어 실질적인 효력을 발휘하지 못했다.

2

농민의 저항

1880년대에 미국 연방정부의 활동을 가장 실망스런 눈길로 바라본 집단은 농민이었다. 그들에게 가해진 심각한 문제로 인해 미국 역사상 가장 강력한 정치적 저항 운동 가운데 하나인 인민주의(Populism)가 대두했다.

농민 공제조합원

전국 농업 후원자의 농민 공제조합

농민들은 1880년대 이전에도 수십 년 동안 정치 조직화하려고 애썼다. 최초의 중요한 농민 조직은 1867년에 창립된 전국 농업 후원자의 농민 공제조합(National Grange of the Patrons of Husbandry)이었다. 여기서 뻗어나간 지방 조직망이 조합원에게 새로운 과학적 영농 기술을 가르치려고 노력했다. 그러나 1873년 공황으로 농산물 가격이 급속하게 하락하자, 조합원 수가 급증했고 조직의 방향도 바뀌었다. 중서부의 농민 공제조합원은 판매협동조합을 조직해 철도 회사와 창고 회사의 독점적 관행을 누그러뜨리기 위한 정치적 행동을 장려했다. 공제조합이 한창 전성기를 누렸을 때에는 공제조합 지지자가 중서부 주의 대다수 입법부를 장악하기도 했다. 그 결과 1870년대 초에 농민 공제조합원법(Granger Laws)이 제정되었으며, 많은 주가 이에 의거해 철도의 운임과 관행에 엄격한 규제를 가했다. 그러나 법원이 이 새로운 규제를 무효화해버렸다. 그리고 많은 농민 공제조합 지도자의 정치적 경험 미숙과 1870년대 후반 경기회복이 어우러지면서, 1870년대 말에는 공제조합의 세력이 급격히 쇠퇴했다.

농민 동맹

농민 공제조합 운동이 쇠퇴하기 전에 이미 공제조합의 후계자가 등장했다. 1875년 초 남부 일부 지역의 농민은 이른바 농민 동맹(Farmers' Alliances)으로 모여들고 있었다. 1880년경 남부 농민 동맹은 회원수가 400만 명을 넘어섰고, 이와 비교되는 북서부 농민 동맹도 대평원 지역과 중서부에 뿌리를 내리고 있었다.

농민 동맹도 농민 공제조합처럼 협동조합을 비롯해 여러 형태의 판매망을 형성했다. 상점, 은행, 농산물 가공 공장 등 회원을 위한 시설을 설립했다. 이는 조합원을 가증스런 '외상 판매 상인'에게서 벗어나게 하려는 노력이었다. 너무나 많은 농민이 이 외상 판매 상인에게 의존하다가 빚더미에 올라앉았기 때문이다. 그러나 일부 농민 동맹 지도자는 이 운동을 더 큰 관점에서 보았다. 그들에게 이 운동은 경제적 경쟁이 협동으로 대체될 새로운 사회를 건설하려는 노력이었다. 농민 동맹의 강연자는 농촌 지역을 두루 여행하며 극소수의 거대 기업과 금융기관에 권력이 집중되고 있는 현실을 성토했다.

• 농민 동맹의 사회적 목표

농민 동맹은 이전의 농민 공제조합보다 한층 빠르게 확산되었지만, 유사한 문제로 어려움을 겪었다. 농민 동맹이 설립한 협동조합은 때때로 난관에 봉착했다. 이는 그들에 대항해 움직이는 시장 세력은 극복하기에 너무 강하고, 협동조합 자체의 운영도 미숙했기 때문이다. 이러한 경제적 좌절로 말미암아 이 운동은 1880년대 말에 새로운 국면으로 접어들었다. 즉, 전국적인 정치조직의 창설로 나아갔다.

1889년 남부 및 북서부 농민 동맹은 느슨한 합병에 동의했다. 다음 해에는 플로리다 주 오캘라(Ocala)에서 전국 대회를 열고 자신들의 목표를 담은 성명서를 발표했다. 이는 오캘라 요구 사항(Ocala Demands)이라고 알려졌다. 1890년 중간 선거에서는 농민 동맹이 지지하는 후보가 12개 주 입법부를 부분적으로 또는 완전히 장악했다. 또한 6개 주 주지사직과 연방 상원의 3개 의석, 연방 하원의 대략 50개 의석도 차지했다. 승리한 농민 동맹 후보 중 상당수는 농민 동맹의 보증 선전으로—종종 수동적으로—혜택을 입은 평범한 민주당원에 지나지 않았다. 하지만 농민은 선거 결과보다 더 큰 정치적 행동을 고려할 만큼 충분히 자극받았다.

• 인민당 창당

농민 동맹의 지도자는 1891년 5월 신시내티와 1892년 2월 세인트루이스에서 회합을 갖고 제3당 결성 계획을 논의했다. 그 뒤 1892년 7월에는 1,300명의 의기양양한 대표가 네브래스카 주 오마하(Omaha)에 운집해 새 정당의 창당을 선포하고 일련의 공식 강령을 승인했으며 대통령 및 부통령 후보를 지명했다. 이 새로운 조직의 공식 명칭은 인민당(People's Party)이지만, 이 운동은 대체로 인민주의(Populism)라고 불렸다.

1892년 선거는 새로운 운동의 잠재력을 보여 주었다. 인민주의자 대통령 후보—이전의 그린백 운동가인 아이오와 주 출신의 제임스 위버(James B. Weaver)—가 100만 표 이상을 획득했다. 주 입법부와 지방 관직 선거에서 승리한 인민주의 후보는 근 1,500명에 달했다. 인민당은 3명이 주지사에 당선되었으며 5명이 연방 상원에, 10명이 연방 하원에 진출했다. 또한 인민주의 정서에 호소해 당선된 의회 내의 많은 공화당 및 민주당 의원에게도 지지를 요구할 수 있었다.

인민주의 지지층

그러나 이미 몇 가지 징후가 인민주의 세력의 한계를 드러냈다. 인민주의는 농민, 특히 경제적 방어 수단을 갖지 못한 소농에게 커다란 호소력을 지녔다. 하지만 이들을 넘어 더욱 많은 집단을 움직이는 데에는 실패했다. 인민주의 지도자는 연합 내부에 노동계를 끌어들이려고 무던히도 애썼다. 인민당은 노동기사단(Knights of Labor)의 환심을 사려 했을 뿐 아니라, 당의 강령에 노동 관련 항목을 추가했다. 즉, 노동시간 단축과 이민 제한을 요구했고, 노동쟁의 시 사립 탐정 사무소를 파업 분쇄자로 앞세우는 행위를 비난했다. 하지만 인민주의는 결코 노동계의 실질적인 지지를 얻지 못했다. 이는 부분적으로 노동계의 경제적 이해와 농민의 이해가 종종 충돌했기 때문이다.

• 인민주의 호소력의 한계

특히 남부에서는 백인 인민주의자가 인민당에 흑인을 받아들일 것인가를 놓고 갈등을 빚었다. 실제로 이 운동에는 중요한 흑인 구성원이 있었다. 바로 1890년경에 회원수만 해도 125만 명이 넘었던 '유색인 농민 동맹(Colored Alliances)'의 조직망이었다. 그러나 논의의 여지없이 주도권이 백인에게 있으리라는 사실이 명백한 한, 대부분의 백인 인민주의자는 기꺼이 흑인의 지원을 수용했다. 그러나 남부의 보수주의자가 백인의 지배권이 은밀히 침식되고 있다고 인민주의자를 공격하기 시작하자, 인민주의 운동의 인종 혼합적 성격도 어느 사이엔가 희미해져버렸다.

인민주의 사상

• 인민주의자들의 개혁 프로그램

인민주의자는 1890년 오캘라 요구 사항에서 처음으로 개혁 프로그램을 천명한 이래, 1892년에는 오마하 강령(Omaha Platfom)을 통해 이를 한결 명확히 했다. 그들은 '분고(分庫)' 체계를 제안했다. 분고 체계란 농민이 재배한 작물을 저장할 수 있는 정부 소유의 창고망이다. 경작자는 창고에 저장한 작물을 담보로 저금리로 정부 자금을 빌릴 수도 있고, 기다렸다가 작물 가격이 오르면 팔 수도 있었다. 그뿐 아니라 권력을 집중시키는 위험한 제도라고 믿었던 중앙은행의 폐지와 부재지주제의 종식, 그리고 (보수적인 주 입법부의 권한을 약화시킬) 연방 상원 의원 직선제와 인민의 정치 참여를 확대할 기타 장치 마련을 요구했다. 마찬가지로 철도, 전화, 전신에 대한 규제와 (1892년 이후에는) 공영화를 요구했다. 그리고 정부가 운영하는 우편 저축 은행 제도와 누진 소득세, 통화 팽창, 나중에는 은(銀)의 재통용을 요구했다.

일부 인민주의자는 공개적으로 반(反)유대인을 표방했다. 다른 인민주의자는 반(反)지성, 반(反)동부, 반(反)도시를 표명했다. 그러나 편협함이 인민주의 이면의 지배적 힘은 아니었다. 인민주의 운동은 현실 문제의 해결책을 찾으려는 진지하고 때로는 매우 지적인

어느 인민주의자의 모임

인민주의는 현실 경제와 정치에 대한 불만에 부응한 운동이었다. 그러나 인민주의도 당대 대다수의 정치 운동처럼 문화적 경험으로도 중요했다. 특히 방대한 지역에 흩어져 사는 농민들에게는 인민주의 운동이 소외와 외로움을 해소할 방안이었다. 캔자스 주 디킨슨 카운티(Dickinson County)에서 열린 이 인민주의 농민들의 모임은 이 운동의 정치적 목적이 사회적 목적과 얼마나 견고하게 밀착되어 있었는가를 보여 준다.

노력이었다. 인민주의는 산업화나 자본주의 자체를 비판하기보다 인민주의자가 생각하기에 잔인하고 혼란스런 경제 발전 방식에 도전하는 운동이었다. 인민주의자는, 진보와 성장은 계속되어야 하지만, 개인과 공동체의 필요에 의해 엄격하게 규정되어야 한다고 역설했다.

⟨과거를 논하며⟩

인민주의

★★★

　인민주의의 성격을 둘러싼 학문 논쟁은 대중적 민중운동의 성격에 관한 더 큰 논쟁을 반영하는 경향이 이어져왔다. 일부 역사가에게 대중의 소요는 위험스러울 뿐 아니라 반(反)민주주의적인 요소를 내포하고 있는 듯 보였다. 그런 그들에게는 인민주의 운동도 대체로 불길한 것으로 보였다. 그러나 다른 역사가에게 그러한 소요는 억압에 대항한 건전한 민주주의적 저항이었다. 따라서 인민주의도 전반적으로 한층 호소력 있게 보였다.

　후자의 관점은 존 힉스(John D. Hicks)가 《인민주의자의 반란(*The Populist Revolt*)》(1931)을 통해 처음으로 정리했다. 이 책은 여러 해 동안 인민주의에 대한 유일한 역사서로 간주되었는데, 여기서 힉스는 인민주의를 건전하고 민주주의적인 서부의 정서를 표현한 운동으로 묘사했다. 인민주의자는 동부의 산업 성장이 농업 사회에 가한 가혹한 충격에 대해 합리적이고 건설적으로 대응했으며, 새로운 금융 거부의 권력을 제한하기 위해 잠재적으로 가치 있는 개혁을 제안했다는 것이다. 힉스의 기술에 따르면, 인민주의는 "길고도 아마도 지고 있는 투쟁의 마지막 국면, 즉 산업적 미국의 게걸스러운 입에서 농업적 미국을 구해내려는 투쟁"이었다.

　1950년대 초, 유럽의 파시즘과 동시대 공산주의의 활력에 민감해진 학자는 집단적 대중 정치에 대해 더욱 의심스러운 눈길을 보내는 가운데 인민주의에 대해 한층 적대적인 관점을 취했다. 이러한 재해석을 주도한 인물은 리처드 호프스테터(Richard Hofstadter)였다. 그는 《개혁의 시대(*The Age of Reform*)》(1955)에서, 인민주의자가 근거 있는 불만을 갖고 있고 몇 가지 현명한 개혁을 추진한 점을 인정하면서도 그 자신이 인민주의 운동의 '나약하고' '어두운' 측면이라고 부른 것을 밝히는 데 집중했다. 호프슈테터는 인민주의가 미국 사회 농민의 역할에 대한 낭만적이고 시대에 뒤떨어진 견해에 의존했으며, 그 속에 완고함과 무지가 스며들었다고 주장했다.

호프슈테터의 무자비한 묘사는 일련의 왕성한 도전을 불러일으켰다. 1962년 초 노먼 폴락(Norman Pollack)은, 농민반란이 향수와 낭만에 젖은 관념이 아니라 개혁에 대한 세련되고 심지어 급진적인 전망에 의존했다고 주장했다. 1년 뒤에는 월터 너전트(Walter T. K. Nugent)가 인민주의자가 편협하지 않았다는 사실을 보여주려 했다. 인민주의자는 유대인을 비롯한 소수자를 당에 받아들이는 데 관대했을 뿐 아니라 환영했다는 것이다. 그리고 1976년에 《민주적 약속(Democratic Promise)》을 출간한 로렌스 굿윈(Lawrence Goodwyn)은 인민주의를 "부상하고 있는 법인형 국가(corporate state)의 잠재된 억압"에 대항해 투쟁한 '협력적인 (개혁) 운동(cooperative crusade)'으로 묘사했다.

역사가들은 인민주의의 의미에 대해 논쟁을 벌인 동시에 누가 인민주의자였는지에 대해서도 논란을 벌였다. 힉스, 호프슈테터, 굿윈은 여러 가지 견해 차이에도 인민주의자는 경제 불황의 희생자였다는 믿음을 공유했다. 즉, 인민주의자는 일반적으로 수지가 맞지 않는 메마른 땅에서 가뭄과 부채에 희생당한 단일 작물 재배농이었다. 그러나 이러한 묘사가 틀린 것은 아닐지 몰라도 최소한 부적당한 것임을 시사한 학자도 있었다. 1969년 셸던 해크니(Sheldon Hackney)가 주장한 바에 의하면, 앨라배마 주의 인민주의자는 경제적으로 고통받고 있었을 뿐 아니라 사회적으로도 뿌리가 없었다. 그들은 그저 "경제적 기능과 개인적 관계, 안정적인 공동체 구성원 의식, 정치 참여, 남부의 독특한 신화에 대한 심리적 동일시를 통해서만 빈약하게 사회와 연결된" 사람들이었다. 피터 아저싱어(Peter Argersinger), 스탠리 파슨스(Stanley Parsons), 제임스 터너(James Turner) 등의 학자도 이와 유사하게 인민주의자가 사회적으로나 지리적으로 고립된 사람인 경향을 보인다고 주장했다. 스티븐 한(Steven Hahn)의 1983년 연구서 《남부 인민주의의 뿌리(The Roots of Southern Populism)》는 조지아 주 '고지대(upcountry)'의 가난한 농민을 묘사했다. 그들은 근대 자본주의 경제와는 아무런 관련이 없었음에도 인민주의자가 되었다. 왜냐하면 자신들의 생활 방식에 대한 현실 경제적 위협에 맞서려고 했기 때문이다. 즉, 자신들은 편입되어 있지도 않지만 설사 편입된다 하더라도 혜택을 볼 것 같지 않는 새로운 상업적 질서가 자신들의 세계로 침투해 들어오는 것에 반대했다.

마지막으로, 인민주의의 유산에 대해서도 끊임없는 논쟁이 이어져 왔다. 마이클 카진(Michael Kazin)은 《인민주의자의 설득(*The Populist Persuasion*)》(1994)에서, 인민주의 전통이 1930년대의 휴이 롱(Huey Long), 1960년대의 조지 월러스(George Wallace), 그리고 1990년대의 로스 페로(Ross Perot)가 이끈 운동에 영향을 미쳤다고 주장했다. 그 외에도 많은 학자가 인민주의가 다양한 운동에 영향을 미치면서 20세기 내내 살아남았다고 주장했다.

3

1890년대의 위기

이렇게 불거지고 있던 농민의 저항도 1890년대에 대두한 국가 정치 위기의 여러 가지 징후 중 하나에 불과했다. 1893년에 혹독한 경제 불황이 시작되었다. 광범위한 노동 불안과 폭력이 산재했다. 어느 다수당도 커가는 고통에 제대로 대응하지 못했다. 그리고 경제가 붕괴하던 그 순간에 두 번째 임기를 맞이한 그로버 클리블랜드는 경직된 보수주의로 일관했다.

1893년의 공황

1893년의 공황은 그때까지 미국이 경험한 적 없는 극심한 경기 불황을 촉진했다. 필라델피아 리딩 철도 회사(Philadelphia and Reading Railroads)가 막대한 자금을 빌린 영국 여러 은행의 지불 요구를 감당할 수 없게 되자 1893년 3월에 파산을 선고하자 공황이 시작되었다. 두 달 후에는 내셔널 코드 회사(National Cordage Company)가 쓰러졌다. 이 두 주식회사가 파산하자 증권시장도 붕괴했다. 연이어 주식시장의 큰 투자가였던 뉴욕의 주요 은행도 줄줄이 도산했다. 이로써 신용이 위축되었다. 이는 그즈음 작동하기 시작한 여러 공격적인 신(新)기업들도 이내 파산하리라는 의미였다.

불황은 무엇보다도 미국 경제의 모든 분야가 당시 어느 정도 상

미국 경제의 상관성

관성이 있었는가를 반영했다. 그리고 미국 경제가 여전히 가장 강력한 기업이자 금융기관이던 철도 회사의 건실함에 얼마나 의존적이었는가를 보여주었다. 철도 회사가 고통을 겪기 시작한 1893년 이래, 모든 분야가 고통을 겪게 되었다.

일단 공황이 시작되자, 파급효과가 놀라울 정도로 급속했다. 6개월 만에 8,000개가 넘는 기업체와 156개의 철도 회사, 400개의 은행이 문을 닫았다. 안 그래도 낮았던 농산물 가격은 더욱 폭락했다. 노동력의 20퍼센트인 100만 명에 달하는 노동자가 일자리를 잃었다. 이번 불황은 혹독함의 정도뿐 아니라 지속성의 측면에서도 전례가 없었다. 1895년부터 상황이 약간 호전되기는 했지만, 1898년이 지나서야 완전히 번영세를 회복했다.

불황은 특히 엄청난 수의 실업 노동자 사이에 광범위한 사회불안을 조성했다. 1894년 오하이오 주의 실업가이자 인민주의자인 제이콥 콕시(Jacob S. Coxey)는 통화팽창과 실업자 구제를 위해 대규모 공공사업을 계획하라고 주창했다. 그리고 자신의 제안이 의회에서 아무런 진전을 보지 못하자, 정부에 요구 사항을 제출하기 위해 워싱턴까지 행진할 ('콕시의 군대'라고 알려진) 실업자를 조직했다. 그래도 의회는 요구 사항에 대해 아무런 조치도 취하지 않았다.

이 시기에는 노동계에도 중요한 격변이 있었는데, 홈스테드 파업과 풀먼 파업은 단지 가장 두드러진 사례에 불과했다. 많은 중간계급 미국인에게 노동자의 불안은 위험한 사회불안, 어쩌면 혁명의 징조였다. 일부는 사실이었지만 상당 부분은 상상인 노동 급진주의가 여론과 그리 멀지 않은 곳에서 총체적 위기의식을 고조시켰다.

콕시의 군대

1894년 제이콥 콕시의 실직자 '군대'가 연방정부에 구제를 요구하기 위해 워싱턴을 향해 행진했다. 처음에는 각지에서 수천 명이 이 대열에 합류하기 위해 출발했으나, 막상 수도에 도착한 사람은 약 400명에 불과했다. 이 저항은 콕시를 비롯한 여러 명이 미국 국회의사당 구역에 '불법 침입'했다는 이유로 체포된 이후 해산됐다.

은화 문제

인민주의자를 비롯해 많은 사람이 불황을 불충분한 화폐 공급 탓이라고 했다. 반면, 보수주의자는 '건전한 통화' 공급에 주력하지 않은 탓이라고 했다. 따라서 '화폐 문제'가 당대의 열띤 논쟁거리로 부상했다.

무엇으로 달러화의 기초를 삼을 것인가, 즉 달러화를 무엇으로 떠받칠 것이며 무엇이 달러화에 가치를 부여할 것인지가 논쟁의 핵심이었다. 오늘날 달러의 가치는 정부에 대한 대중의 신뢰에 의지한다. 그러나 19세기에는 대부분의 사람이 그 이면에 구체적인 무언가가 없는 통화는 쓸모없는 것이라고 생각했다. 구체적인 무언가란, 지폐 소지자가 지폐를 은행이나 재무부에 제시할 경우 받을 수 있는 값진 금속 즉, 정금(正金, specie)을 의미한다.

• 복본위제

미국은 건국 이후 오랫동안 법적으로 '복본위제(bimetallism)', 즉 2가지 금속—금화와 은화—을 달러화의 토대로 인정해왔다. 그러나 1870년대에 사정이 바뀌었다. 통화 창출이라는 목적에서 금화 가치에 대한 공식적인 은화 가치의 비율—'주조 비율(mint ratio)'—은 16 대 1이었다. 즉, 금화 1온스는 은화 16온스와 가치가 동일했다. 그러나 은의 실제적인 상업적 가치는 이보다 훨씬 높았다. 은을 가진 사람은 은을 화폐 주조소로 가져갈 때보다 보석이나 다른 물건으로 제조해 팔면 더 많은 이익을 얻을 수 있었다. 따라서 은을 주조소로 가져가는 사람이 점점 줄었고, 주조소도 은화 주조를 중단했다.

1873년 의회는 공식적으로 은의 주조를 중단함으로써 단순히 현실을 인정하는 것으로밖에 보이지 않는 법을 통과시켰다. 당시에는 이에 반대하는 사람도 극히 드물었다. 그러나 이후 1870년대에 은의 시장가치가 공식적인 주조 비율인 16 대 1보다 훨씬 아래로 하락하자, 갑자기 다시 은을 화폐로 이용하는 일이 가능해졌다. 이로써 그동안 의회가 통화팽창의 잠재적 수단을 배척해왔다는 사실이 분명해졌다. 얼마 안 가 많은 미국인이 은의 '통화 유통 중지(demonetization)'에 거물급 은행가의 음모가 숨어 있다고 결론내리고 그 법을 '1873년의 범죄'라고 불렀다.

특히 미국 내 두 집단이 '1873년의 범죄'를 파기하기로 결심했다. 하나는 은광 소유주와 제휴자로 이루어진 집단이었는데, 그들의 입장에서 보면 이제 정부가 자신들의 남은 은을 시장가격보다 훨씬 높은 가격에 구입해주기를 열망하는 것도 이해할 만한 일이었다. 다른 하나는 불만에 가득찬 농민으로 구성된 집단으로, 농산물 가격 인상과 농민의 부채 상환을 용이하게 할 방안으로 통화량을 늘릴 것—통화팽창—을 원했다. 통화팽창론자(inflationists)는 정부가 즉각 '은화의 자유로운 주조(free silver)', 즉 이전의 비율인 16 대 1로 '은화를 자유롭고 무제한적으로 주조'하는 정책으로 복귀할 것을 요구했다. 의회는 이런 요구에 부응해 1890년에 셔먼 은 매입법(Sherman Silver Purchase Act)을 제정했다. 하지만 통화팽창론자의 요구를 완전히 수용한 조치는 아니었다. 셔먼 은 매입법은 정부가 은을 매입해서 (그러나 주조하지는 않고) 대신 금으로 대가를 지불한다는 내용이었다.

• 은화의 자유로운 주조

그와 동시에 미국의 금 보유량이 꾸준히 줄어들고 있었다. 그리고 1893년 공황을 겪으면서 금 보유량에 대한 요구가 더욱 높아졌

- 셔먼 은 매입법의 폐기

다. 클리블랜드 대통령은 셔먼 은 매입법을 금 보유량 하락의 주요 인이라고 믿었다. 따라서 클리블랜드의 두 번째 임기 초에 의회가 대통령의 요구에 부응해 셔먼 은 매입법을 폐기했다. 민주당 내부에 분열을 조장한 격렬한 논쟁이 있고 난 직후였다. 그리고 그 논쟁은 결국 민주당을 영구히 갈라놓는 데 일조했다.

'황금의 십자가'

- 매킨리 대선 후보 지명

공화당은 클리블랜드와 민주당이 불황에 효과적으로 대처하지 못하는 상황을 지켜보면서 1896년 선거에서 자당이 승리하리라 확신했다. 오하이오 주 출신의 정치 보스 마커스 해나(Marcus A. Hanna)가 이끄는 공화당 지도자는, 전직 하원 의원 윌리엄 매킨리(William McKinley)를 공화당 대통령 후보로 결정했다. 매킨리는 1890년 관세법의 작성자이자 당시에는 현직 오하이오 주지사였다. 공화당 지도자는 관세가 선거전의 주요 쟁점이 되어야 한다고 생각했다. 그러나 공화당의 강령 역시 (모두가 그럴 리 없다고 생각했던) 주도적 상업 국가들의 동의를 얻는 경우를 제외하고는 은화의 자유 주조에 반대하는 입장이었다. 산악 지역이나 대평원에 자리한 주에서 온 34명의 대표는 이에 저항해 공화당을 탈당하고 민주당에 합류했다.

1896년에 열린 민주당 전당대회는 보기 드물게 소란스러웠다. 인민주의자에게 맞설 방안을 바라던 남부 및 서부 대표는, 보수적인 동부인으로부터 당의 지배권을 빼앗기로 결심하고 인민주의자의 요구 사항 일부, 그중에서도 은화의 자유주조를 민주당 강령에 끼워 넣었다. 또한 은화의 자유주조를 지지하는 인물을 후보로 지명하려고 했다. 분열된 강령 작성 위원회는 당대회에 2개의 보고서를 제출했다. 서부 및 남부 대의원의 작품인 다수 의견이 담긴 보고서는 관세 인하와 소득세, 트러스트 및 철도에 대한 '더욱 엄격한 통제', 그리고 무엇보다 은화의 자유주조를 요구했다. 당내 동부 대의원이 작성한 소수 의견이 담긴 보고서는, 국제적인 동의가 있는 경우를 제외하고는 은화의 자유주조에 반대한다는 공화당의 강령을 다시 한 번 되풀이했다.

금본위제 옹호자가 논쟁에서 우세한 듯 보였다. 36세 된 네브래스카 주 출신의 미남 하원 의원 윌리엄 제닝스 브라이언(William Jennings Bryan)이 단상에 뛰어올라 마지막 연설을 하기 전까지는 그랬다. 브라이언은 이때 미국 역사상 가장 유명한 정치 연설 중 하나로 꼽힐 만한 명연설을 했다. 은화의 자유주조를 지지하는 연설이었다. 다음과 같은 마지막 구절은 청중을 마치 광기의 발작에 가까운 상태로 이끌었다. "만일 그들이 공개 석상에 나와 감히 금본위제가 좋다고 옹호한다면, 우리는 끝까지 그들과 맞서 싸울 것입니다. 이 나라와 세계의 생산 대중이 우리 뒤에 있고, 상업 관련 종사자와 노동계 종사자, 그리고 곳곳의 임금노동자가 우리를 지지하는 한, 우리는 이렇게 말하는 것으로 금본위제에 대한 그들의 요구에 답하고자 합니다. '당신들은 가시 면류관을 노동자의 이마에 씌울 수 없으며, 황금의 십자가에 인류를 못박을 수 없을 것'이라고 말입니다." 연설은 이후 '황금의 십자가(Cross of Gold)' 연설로 알려졌다.

'황금의 십자가' 연설

브라이언의 연설이 불러온 열기 속에서 당대회는 은화의 자유주조를 옹호하는 강령을 채택했다. 아마도 더 중요한 것은 농민이 브라이언을 지도자로 포용했다는 점일 것이다. 다음 날 브라이언은 5번째 투표에서 대통령 후보로 지명받았다.

> 인민당과 민주당의 '제휴'

인민주의자는 민주·공화 양당이 보수적 강령을 채택하고 보수적 후보를 지명함으로써 자신들이 점점 늘고 있던 저항 세력을 대표할 수 있게 되리라고 기대했다. 그러나 이제 민주당이 자신들의 무기를 훔쳐가버렸다. 인민주의자는 자체적으로 후보를 지명해서 저항 세력을 갈라놓을 것이냐 아니면 브라이언을 지지하고 정당으로서의 정체성을 상실하느냐의 기로에 놓였다. 민주당과의 '제휴'가 인민당을 파괴할 것이라고 주장하는 인민주의자가 많았다. 하지만 다수가 실행 가능한 다른 대안이 없다는 결론을 내렸다. 신랄한 설전이 오가는 와중에서 당대회는 투표를 통해 브라이언을 지지하기로 결정했다. 인민주의자는 미약하지만 독립성을 유지하려는 방안으로, 민주당이 지명한 부통령 후보를 거부하고 자체적으로 조지아 주 출신의 톰 왓슨(Tom Watson)을 부통령 후보로 선택했다.

보수주의자의 승리

1896년 선거전은 보수주의자에게 절망을 안겨주었다. 사업가나 금융 공동체는 공화당 선거운동에 아낌없이 돈을 기부했다. 너무 공개적인 대통령 선거운동은 품위 없는 일이라고 생각하던 시절에, 매킨리는 고향인 오하이오 주 캔턴(Canton)에서부터 예전 공화당의 충실하고 관례적인 지역 유세에 비해 위엄 있는 '현관 앞' 유세를 펼쳤다.

브라이언은 그런 식의 절제를 보여주지 않았다. 그는 미국 역사

1896년 대통령 선거

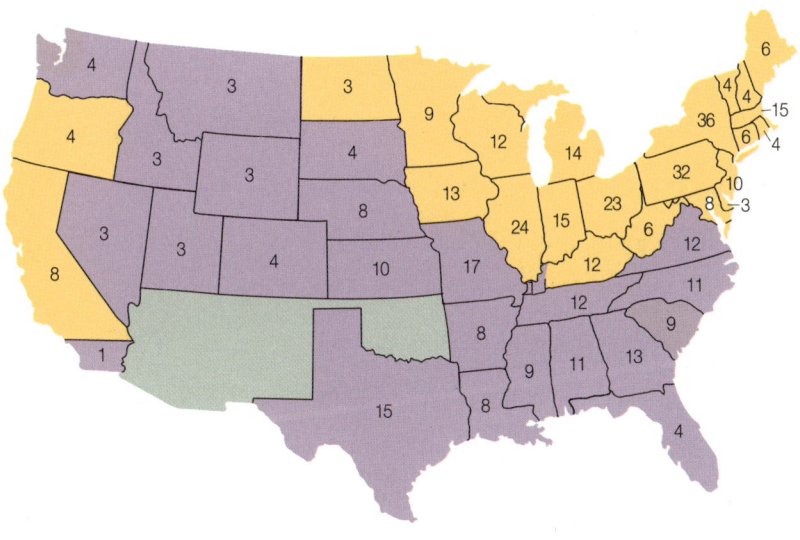

	선거인단 투표	일반투표(%)
윌리엄 매킨리(공화당)	271	7,104,779(51.1)
윌리엄 제닝스 브라이언(민주당)	176	6,502,925(47.7)

이 지도에서 보이듯이 1896년 대통령 선거 결과는 놀라운 지역적 차이를 드러냈다. 윌리엄 매킨리는 안정적이기는 하지만 엄청난 표 차이로 승리한 것은 아니었고, 지역적으로도 광범위한 지지를 얻지 못했다. 그는 극서부 캘리포니아와 오리건 주 그리고 북동부 및 중서부 산업 지역을 모두 석권했으나 그 밖의 지역에서는 사실상 어느 곳에서도 우위를 점하지 못했다. 브라이언은 남부 전체와 거의 모든 서부 농업 지역에서 승리했다.

* 근대적인 선거 유세의 등장

상 대통령 후보로는 처음으로 전국 방방곡곡을 체계적으로 누비며 유세전을 펼쳤다. 그는 (주로 서부와 남부에서) 1만 8,000마일을 순회하며 약 500만 명을 연설을 통해 만났다. 마치 종교 부흥 집회 같았던 브라이언의 천막 집회 스타일은 전통적인 프로테스탄트를 즐겁게 했지만, 원래대로라면 민주당에 표를 던졌을 많은 가톨릭 이민자와 다른 소수민족을 소외시키는 결과를 낳았다. 한편 고용주는 브라이언이 승리하면 노동자가 일자리를 잃게 될 것이라고 경고했다.

선거 당일 매킨리는 선거인단 투표에서 271표를 얻어 176표를 얻은 브라이언을 앞질렀다. 그리고 일반투표에서도 51.1퍼센트를 획득해 47.7퍼센트를 획득한 브라이언을 눌렀다. 브라이언은 남부와 서부에서도 광부나 환금작물 재배농이 많은 지역에서만 승리했다. 민주당의 강령도 인민주의자의 강령과 마찬가지로 전국적 규모의 선거에서 승리하기에는 너무 편협했던 것이다.

* 인민당의 붕괴

인민주의자와 그들의 동맹자에게 선거 결과는 재앙이었다. 그들은 민주당과의 '제휴'에 모든 것을 걸었으나 모든 것을 잃고 말았다. 선거 후 몇 달만에 인민당은 붕괴하기 시작했다.

매킨리와 번영

* 금본위제법

매킨리 행정부는 상대적인 평온함을 맛보았다. 매킨리와 그의 동맹자는 오로지 한 가지 문제, 즉 고율의 관세를 추진하는 데에만 적극적이고 열정적으로 매달렸다. 행정부는 매킨리가 취임한 지 몇 주 만에 딩글리 관세법(Dingley Tariff)에 대한 승인을 얻어냈다. 딩글리 관세법은 관세를 미국 역사상 최고로 인상한 법안이었다. 행정부는 (매킨리 자신은 어떤 경우에도 매우 중요한 문제로 생각지 않았던) 폭발적인 은화 문제에 대해 한결 신중하게 대처했다. 매킨리는 영국과 프랑스의 은화 문제 동의 가능성을 탐색하기 위해 유럽에 위원회를 파견했다. 그를 비롯한 모든 사람이 예상했던 대로, 영국과 프랑스는 은화 주조에 동의하지 않았다. 그러자 공화당은 1900년에 통화법(Currency Act) 또는 금본위제법(Gold Standard Act)을 제정해 미국이 금본위제에 주력하리라는 사실을 명확히 했다.

따라서 '금본위제를 둘러싼 전투'는 보수 세력의 승리로 끝났다. 당대의 경제 발전은 보수주의자의 정당성을 입증하는 것처럼 보였다. 1898년부터 미국 경제는 다시금 번영을 누리기 시작했다. 해외의 흉작으로 미국의 농산물 가격이 치솟고, 미국의 기업은 또 한 번 호황 팽창 주기에 들어섰다. 번영과 금본위제는 긴밀하게 결합되어 있는 것처럼 보였다.

은화 자유주조 운동은 비록 실패로 돌아갔지만, 미국 경제에 중요한 문제를 제기했다. 1900년 이전 4반세기 동안 서양 여러 나라가 생산 설비나 인구에서 괄목할 만한 성장을 경험했다. 하지만 통화의 공급은 경제 발전과 보조를 맞추지 못했다. (함유량이 적은 원광에서 금을 추출해내는 새로운 기법과 알래스카와 남아프리카, 오스트레일리아에서 엄청난 양의 금이 매장된 새로운 금광이 발견된 결과) 1890년대 후반에 극적으로 금 공급량이 증가하지 않았더라면, 금융 재앙이 닥칠 것이라는 인민주의자의 예언도 사실 정확한 것으로 판명났을지 모른다. 그러나 1898년에 1890년 금 생산량의 2배 반 정도가 생산됨으로써 브라이언과 은화 자유주조론자가 제안했던 양을 훨씬 능가할 정도로 이내 통화공급량이 팽창했다.

그러나 그 무렵이면 브라이언도 다른 많은 미국인처럼 또 하나의 주요 문제, 즉 세계 여러 나라의 사건에 미국이 개입하는 문제와 제국주의화되어가는 문제에 매달리고 있었다.

결론

재건을 둘러싼 논란 이후 거의 30년 동안, 유권자는 몇 가지 문제에 관해서만 의견을 달리할 뿐인 2개의 주요 정당으로 거의 정확히 양분되어 있었다. 둘 중 어느 정당도 완전히 장악하지 못한 중앙정부는 여전히 작고 보잘 것 없는 존재였다. 인디언 부족과 국제 무역 관련 (따라서 관세에 얽매여 있던) 종사자, 연방정부로부터 연금을 타서 생활하던 북군 출신 남북전쟁 참전 퇴역 군인 외에도 연방 우체국에서 우편물을 받는 일을 제외하면 워싱턴의 연방정부와 직접 접촉 한 미국인은 매우 드물었다. 인격자이기는 했지만 대체로 우둔했던 대통령들이 안정성과 수동성으로 상징되었던 이런 정치체제를 관장했다.

그러나 평온한 듯 보이던 국가 정치의 수면 아래에는 커다란 사회 쟁점이 미국인의 삶에 심각한 분열을 예고하고 있었다. 사용자와 노동자 간에 투쟁이 격화되었고, 농민은 자기 몫이 줄어드는 상황에 분개했다. 남녀를 막론하고 전국민이 정부의 부패와 극소수 기업주의 과도한 권세에 분노했다. 1893년 대불황이 시작되자, 이런 사회 갈등이 폭발해 수면 위로 떠올랐다.

가장 가시적인 도전 징후는 인민주의 운동이었다. 인민주의자는 정당을 결성하고 여러 선거에서 인상적인 세를 과시했으며, 이후 1896년에는 민주당과 제휴하고 네브래스카 출신의 뛰어난 웅변가 윌리엄 제닝스 브라이언을 대통령 후보로 지명했다. 그러나 이 반란 세력도 끝내 기존의 제도권 세력에는 상대가 되지 못했다. 선거전이 브라이언, 그리고 브라이언과 동일시되었던 쟁점(금 이외에 은을 화폐 발행의 기초로 삼으려는 '은화 자유주조론')에 대한 광적인 공격으로 치달으면서 브라이언은 결국 매킨리에게 패하고 말았다. 아마도 더욱 중요한 것은, 유권자가 이 선거를 계기로 지지당을 재조정하게 되었다는 점이다. 이후 30년 동안 공화당이 명백한 다수당으로 자리 잡았다.

그러나 공화당이 승리했다고 해서 미국인의 삶에 권력과 부패에 맞선 투쟁이 끝난 것은 아니었다. 다만 투쟁을 다른 방향으로 돌려놓은 것에 불과했다. 낡은 정치에 대한 도전은 이내 혁신주의(progressivism)라고 알려질 한결 전통적인 개혁 운동으로 전환되었다.

1875	1878	1887	1889	1890	1893	1895
하와이와 호혜조약 체결	미국, 파고파고에 기지 설립	미국, 진주만에 기지 설립	제1차 범아메리카 회의	머핸, 《제해권이 역사에 끼친 영향》 (1890) 출간	하와이 혁명	베네수엘라 국경 분쟁

20장
제국주의

〈엉클 샘에게 새 옷을 맞춰주다〉

1900년 《퍽(Puck)》지에 실린 퍼기(J. S. Pughe)의 작품이다. 재단사로 분한 윌리엄 매킨리 대통령이 미국-스페인 전쟁의 결과 미국이 획득한 새로운 영토를 수용하기에 충분한 커다란 옷을 만들려고 고객의 신체 치수를 재고 있다. 이 시사 풍자만화는 당시의 영토 팽창을 루이지애나 구매 때와 같은 비교적 논란이 적었던 초기의 팽창과 연결시키려고 애썼다. 샘을 그리고 있다.

1898	1898-1902	1899	1900	1901	1946
전함 메인호 침몰/미국-스페인 전쟁/파리 조약 체결/미국, 하와이와 필리핀, 푸에르토리코 병합	필리핀 반란	문호 개방 각서	의화단 반란/매킨리, 재선에 성공	플랫 헌법 수정 조항	미국, 필리핀 독립 허용

미국 정부는 19세기 전반기 내내 인구가 늘어나면서 서부에 대한 압력도 커지자, 구매나 정복을 통해 지속적으로 새로운 영토를 획득해나갔다. 그렇게 해서 애팔래치아 산맥 서쪽 지역과 루이지애나 준주, 플로리다, 텍사스, 오리건, 캘리포니아, 뉴멕시코, 알래스카가 새로운 미국의 영토로 편입되었다. 이 시기에는 새로운 지역으로 확장해가는 것이 미국의 운명이라는 '명백한 운명(Manifest Destiny)'론을 믿는 미국인이 많았다.

19세기 말에는 북아메리카 대륙에 더 이상 확장할 지역이 없었다. 이제 팽창론자는 미국의 해안선 너머로 눈길을 돌렸다. 그렇지 않아도 세계는 서구의 산업화된 열강이 비(非)산업 국가를 지배하는 거대한 제국주의 물결이 일고 있었다. 미국은 영국과 프랑스, 독일 및 기타 국가와 제휴를 고려하기 시작했다.

1
제국주의 소동

남북전쟁이 끝나고 20년이 넘도록 미국은 지리적으로 거의 정체해 있었다. 그러나 1890년대에 일부 미국인이 예전에 멕시코를 획득한 조상을 자극했던 명백한 운명의 길을 다시 걸어볼 채비를 갖추었고, 사실 이를 매우 원하고 있었다.

새로운 명백한 운명

미국인은 몇 가지 발전을 계기로 해외 영토로 관심을 돌리게 되었다. 인디언 부족을 정복한 경험은 종속민에게 식민 통치를 행사한 선례였다. 소위 '프런티어의 소멸'은 머지않아 천연자원이 바닥날 것이라는 우려를 낳았다. 일부 사업가는 1893년에 경제 불황이 시작되면서 바다 건너 새로운 시장으로 눈을 돌렸다. 더욱이 미국인은 제국주의 열기가 유럽을 휩쓸고 있다는 사실을 잘 알고 있었다. 열기에 휩싸인 열강은 자기들끼리 아프리카 대부분을 분할해 가졌고, 야욕의 눈길을 이제 극동과 나약한 중국으로 돌리고 있었다. 일부 미국인은 미국은 그러한 상황에서 이내 소외될 것이고, 유럽인이 모든 잠재 시장을 차지하게 될 것이라고 우려했다.

학자를 비롯한 일부는 찰스 다윈의 이론에서 팽창주의에 대한 철학적 정당성을 찾았다. 그들은 국가나 '인종'도 생물학적 종(種)과

• 제국주의의 기원

마찬가지로 생존을 위해 끊임없이 투쟁하는 존재이며 오직 적자만이 생존할 수 있다고 주장했다. 따라서 강대국이 약소국을 지배하는 것은 그야말로 자연법칙이었다.

• 앨프레드 세이어 머핸

제국주의를 가장 유능하고 효과적으로 주창한 사람은 앨프레드 세이어 머핸(Alfred Thayer Mahan)으로, 당시 해군 대령이었으나 나중에 해군 제독이 된 인물이다. 《제해권이 역사에 끼친 영향(*The Influence of Sea Power upon History*)》(1890)을 비롯한 여러 저서에 나타난 머핸의 논제는 간단했다. 역사적으로 보면 제해권을 장악한 국가가 강대국이었다는 것이다. 머핸은 효과적인 해군력을 갖추기 위해서는 무엇보다 식민지가 필요하기 때문에 미국도 최소한 카리브 해와 태평양에 방어 기지를 가져야 하며, 하와이를 비롯한 기타 태평양 도서를 소유해야 한다고 믿었다. 그리고 미국이 자신이 꿈꾸는 위대한 역할을 할 만큼 거대한 해군력을 보유하지 못한 점을 걱정했다. 그러나 1870년대와 1880년대에 미국 정부는 함정 건조 사업에 착수했다. 미국은 1898년경에 세계에서 다섯째로 강한 해군력을 보유한 나라가 되었고, 1900년에는 두 단계 뛰어올라 세계 3위의 해권국(海權國)으로 부상했다.

서반구의 주도권

1880년대에 공화당 행정부의 국무 장관인 제임스 블레인(James G. Blaine)은 미국의 영향력을 라틴아메리카로 확대하기 위한 초석을 다졌다. 그는 1889년 10월에 제1차 범아메리카 회의(Pan-American Congress)를 조직하는 데 일조했다. 19개 국가가 회의에

메인호 진수식(1889년)

전함 메인호는 1898년 쿠바의 아바나 항에서 폭발해 미국-스페인 전쟁을 촉발함으로써 미국 군사(軍史)에서 주요한 역할을 했다. 그러나 19세기 말 한창이던 미국 해군력 증강의 한 부분이었다는 의미에서도 중요했다. 《하퍼스 위클리(Harper's Weekly)》지에 실린 이 판화는 1889년 11월 뉴욕 해군 조선소에서 열린 메인호의 진수식 광경을 담은 것이다.

대표를 파견했다. 각국 대표는 범아메리카 연합(Pan-American Union), 곧 워싱턴에 본부를 두고 회원국에게 정보를 제공하는 일종의 어음 교환소의 기능을 할 나약한 국제기구 창설에 합의했다. 그러나 블레인의 한층 실질적인 제안, 즉 아메리카 대륙 내 국가 간 관세 연합과 서반구의 분쟁에 대한 조정 절차안은 받아들이지 않았다.

두 번째 임기를 맞은 클리블랜드 행정부 역시 라틴아메리카에 적극적인 관심을 기울였다. 1895년 클리블랜드 행정부는 베네수엘라

• 베네수엘라 국경 분쟁

20장 제국주의 | 437

와 영국령 가이아나 간 국경을 둘러싼 영국과 베네수엘라의 분쟁과 관련해 베네수엘라의 입장을 지지하며, 문제를 국제조정에 맡겨야 한다고 주장했다. 그러나 영국은 이를 무시했고, 클리블랜드 행정부는 전쟁도 불사하겠다며 영국을 위협하기 시작했다. 영국 정부는 결국 절박한 외교 위기에 봉착했음을 깨닫고 문제를 국제조정에 맡긴다는 데 동의했다.

하와이와 사모아

• 하와이에 대한 탐욕

태평양 한가운데 자리잡은 하와이제도(諸島)는 19세기 초 이래 중미 무역에 종사하던 미국 선박의 중요한 거점이었다. 1880년대에 확대 일로에 있던 미국의 해군 장교들은 오아후(Oahu) 섬의 진주만(Pearl Harbor)을 미국 함정의 영구 기지로 탐냈다. 마찬가지로 하와이에서 미국의 존재를 증대해야 한다는 압력이 또 다른 근거에서 대두했다. 하와이 제도에 거주하는 미국인의 수가 점점 더 늘고 있었기 때문이다.

하와이는 기원전 1500년경부터 폴리네시아인(Polynesian)이 정착하기 시작한 이래 다양한 섬(그리고 같은 섬이라도 다양한 공동체)이 자체의 추장을 중심으로 어느 정도 자급자족하며 농어업 사회를 발전시켜왔다. 1790년대에 미국인이 처음으로 뉴잉글랜드에서 상선을 타고 왔을 당시 하와이에는 50만 명 정도가 거주했던 것으로 보인다.

야심만만한 추장들이 이웃 부족을 통합하려고 들면서 경쟁 공동체들 사이에 전투가 빈발했다. 일련의 전투가 있은 후 1810년, 카메하메하 1세(Kamehameha I)가 하와이의 다른 추장을 지배했다. 그는 미국인 무역상을 환영했으며, 그들 무역상이 하와이와 중국 간 활발한 무역을 전개하는 데에도 도움을 주었다. 그러나 미국인은 이내 무역 이상의 것을 원했다. 이에 선교사가 19세기 초에 하와이에 정착하기 시작했으며, 1830년대에는 보스턴의 무역상인 윌리엄 후퍼(William Hooper)가 미국인으로는 처음으로 하와이제도에 토지를 사서 사탕수수 플랜테이션을 조성했다.

이들 상인, 선교사, 농장주 들이 들어오면서 하와이 원주민 사회가 파괴되었다. 하와이인도 이전에 아메리카 인디언이 그랬던 것처럼, 비극적이게도 미국인의 몸에 무심결에 실려온 전염병에 노출되었다. 19세기 중반까지 원주민 절반 이상이 사망했다. 그러나 미국인이 가져온 해악은 비단 전염병만이 아니었다. 선교사는 원주민 종교를 크리스트교로 대체하려는 활동을 전개했고, 그 외 백인 정착민은 술과 무기, 상업 경제를 소개했다. 이 모든 것이 하와이 사회의 전통성을 침식했다. 1840년대에는 미국인 농장주가 하와이제도 전역으로 팔을 뻗었다. 그리고 미국인 정착민인 주드(G. P. Judd)가 입헌군주제 수립에 동의할 카메하메하 3세 치하에서 하와이의 수상이 되어 10년 넘게 하와이를 통치했다.

1887년 미국은 하와이를 설득해 진주만에 해군기지 구축을 허용받는 조약을 맺었다. 그리고 1875년에 미국과 하와이가 하와이산 사탕수수의 면세 수입을 허용하는 협정을 맺은 뒤, 사탕수수의 대미 수출이 하와이 경제의 근간이 되었다. 하와이의 사탕수수 플랜테이션 체제를 지배한 미국인은 자신들의 땅에서 하와이 원주민을 내쫓고 대신 아시아계 이민노동자를 일꾼으로 대거 고용했다. 미국인은

• 증대되는 미국인의 지배

아시아계 이주민이 하와이 원주민보다 더욱 믿을 만하고 한결 유순하다고 생각했기 때문이다.

• 릴리우오칼라니 여왕

그러나 대다수 하와이 원주민은 이러한 변화에 침묵하지만은 않았다. 1891년 이들은 강력한 민족주의자인 릴리우오칼라니(Liliuokalani) 여왕을 권좌에 앉혔다. 그러나 그녀의 치세는 권력장악을 위한 미국인의 새로운 군사적 시도와 맞물려 단명하고 말았다. 미국의 군사적 시도는 연방의회가 법적 조치를 단행한 결과였다. 즉, 1890년 의회는 하와이 사탕수수 농장주에게 유리한 1875년 관세 면제 협정을 폐기했다. 이로써 하와이 경제가 추락하자, 미국인 농장주는 하와이를 미국의 일부로 만드는 것(그리하여 관세를 면제받게 되는 것)만이 위기를 극복할 유일한 방안이라고 결론내렸다. 1893년 그들은 혁명을 모의하고 미국에 보호를 요청했다. 이후 미국 공사가 반란자를 돕기 위해 호놀룰루 항에 정박 중인 전함에 타고 있던 해병대의 상륙을 명령하자, 여왕은 자신의 권한을 양도했다.

• 하와이 합병

미국인이 장악한 임시정부는 즉각 워싱턴에 대표를 파견해 합병조약을 논의했다. 조약을 둘러싸고 논쟁이 계속되던 끝에 1898년 마침내 의회가 조약을 승인했다.

하와이에서 남쪽으로 3,000마일 해상에 위치한 사모아제도 역시 오랫동안 태평양 무역에 종사하는 미국 선박의 기항지(寄港地)로 이용되어왔다. 그런데 미국과 아시아 간 통상이 증대되면서 미국의 기업 집단이 사모아에 새로이 관심을 갖게 되었으며, 미국 해군이 사모아의 파고파고(Pago Pago) 항에 눈독을 들이기 시작했다. 1878년 헤이스 행정부는 사모아의 지도자에게 압력을 행사해 파고파고에 미국의 해군기지를 건설한다는 내용의 조약을 체결했다. 이로써 미국은 사모아와 다른 나라 사이의 어떠한 불화도 중재할 수 있는 권한을 갖게 되었다.

그러나 영국과 독일도 사모아제도에 관심을 가졌고, 역시 원주민 군주로부터 조약권을 확보했다. 이후 10년 동안 미국, 영국, 독일 세 열강이 사모아를 지배하기 위해 각축전을 벌였다. 마침내 세 열강은 사모아를 3자 보호령(tripartite protectorate)으로 삼는다는 데 합의했고, 원주민 추장은 단지 명목상의 권한만 행사할 수 있게 되었다. 그러나 3자 협의로도 열강 간의 음모와 경쟁을 멈출 수 없었다. 그러던 1899년 미국과 독일은 사모아제도를 양국이 분할하되 태평양상의 다른 영토로 영국에 보상하기로 합의해, 미국은 파고파고 항을 획득했다.

● 파고파고 장악

〈세계 속의 미국〉

제국주의

★ ★ ★

　물론 미국이 처음으로 해외 식민지를 획득한 19세기에도 제국은 새로운 현상이 아니었다. 역사시대 이래 그리스와 로마, 중국 등 세계의 다양한 지역에서 제국이 등장했으며, 16, 17세기에도 스페인과 포르투갈, 프랑스, 네덜란드, 영국이 아메리카 대륙에서 광대한 제국 사업을 수행했다.
　그러나 19세기 중후반에 등장한 제국은 초기의 제국과는 다른 형태였다. '제국주의'라는 용어는 이러한 형태의 제국을 묘사하기 위해 처음으로 등장한다. 유럽 열강은 이제 새로운 땅에 수많은 이주민을 보내 정착해 살게 하는 것이 아니라, 기존 주민을 지배하고 그들로부터 이윤을 뽑아낼 만한 군사적·정치적·사업적 구조를 창출하는 방법으로 많은 지역을 식민지로 만들었다. 새로운 제국주의는 식민화 과정에 있던 국가 자체의 성격을 바꾸어 놓았다. 신(新)제국주의는 이들 국가를 살찌웠으며, 제국적 기업과 행정부의 요구에 따라 삶이 그려지는 새로운 계급을 창출했다. 그리고 이미 식민화된 사회를 거대한 전 지구적 산업자본주의 체제 속으로 끌어들이고 종속민에게 유럽의 관습과 제도, 기술 등을 소개함으로써 그 사회의 성격도 한층 변화시켰다.
　19세기 후반에는 서양에서 제국의 인기가 높아진 만큼 제국을 정당화하려는 노력도 증대되었다. 제국주의 옹호자는 산업화된 국가가 활력을 유지하려면, 아니 생존하려면 식민지 획득이 불가피하다고 주장했다. 식민지는 산업 생산에 필수적인 원료의 공급지이자 완제품의 시장이며, 값싼 노동력의 공급자이기 때문이다. 그러나 한편으로는 제국주의를 식민지인에게도 좋은 것이라고 주장하기도 했다. 식민화를 '이교도'의 땅에 크리스트교를 전파할 기회로 본 사람도 많았는데, 이에 부응해 유럽과 미국에서 새로이 거대한 선교 운동이 등장하기도 했다. 한결 세속적인 옹호자는 제국주의가 식민지인을 근대 세계로 인도한다고 주장했다. 영국의 시인 루디어드 키플링(Rudyard Kipling)이 아마도 가장 유명한 제국의 대변인일 것이다. 그는 유명한 시 〈백인의 짐(The White Man's Burden)〉에서, "굶주린 입을 충분히 채워주고 질병의 확산을 막는 일", 곧 미개인의 삶을 향상시키는 것을 식민지 개척자의 임무라고 말했다.

제국의 성장은 단순히 필요와 욕망의 산물이 아니었다. 제국주의 열강의 새로운 능력의 산물이기도 했다. 증기선과 철도, 전신을 비롯한 근대적 운송 및 통신 수단의 발달과 운하 건설(특히 1869년에 완공된 수에즈운하와 1914년에 완공된 파나마운하), 새로운 군사기술(연발 소총, 기관총, 근대적 대포)의 탄생 등 모든 것이 제국의 성장에 일조했다. 서양 여러 나라가 이러한 발전에 힘입어 먼 나라를 정복하고 지배했다.

대영제국은 19세기의 가장 거대한 제국주의 열강, 실제로 전체 인류사에서 가장 막강한 제국주의 열강 중 하나였다. 1800년경에 미국이 되어버린 식민지를 상실하기는 했지만, 영국은 이미 북아메리카와 카리브 해, 태평양에 광대한 영토를 소유한 제국이었다. 그중 가장 주목할 만한 식민지는 캐나다와 오스트레일리아였다. 그럼에도 영국은 19세기 후반에 제국을 더욱 크게 확장했다. 당시 대영제국이 획득한 가장 중요한 식민지는 세계에서 가장 광대하고 가장 인구가 많은 나라 중 하나인 인도였다. 대영제국은 이전 수십 년간 인도와 실질적으로 통상하며 점차 경제·군사력을 증대시켰다. 그러던 1857년 인도인이 대영제국에 대항해 반란을 일으키자, 이를 무자비하게 진압한 뒤 인도에 대한 공식적인 식민 통치에 착수했다. 대영제국의 관리는 실질적인 군사력의 비호 아래 당시 대부분이 잉글랜드와 스코틀랜드 출신이던 수많은 공무원을 통해 인도를 통치했다. 하지만 일부 인도인도 하위직 공무원으로 채용했다. 영국인은 가능한 한 경제적 기회를 확대하기 위해 철도와 전신, 운하, 항만, 농업 개선 사업에 엄청나게 투자했다. 또한 인도 어린이를 영국 문화에 편입시켜 제국 체제의 지지자로 만들기 위해 학교를 세웠다.

이와 동시에 대영제국은 아프리카와 아시아의 다른 지역으로도 제국을 확장했다. 막강한 제국주의 주창자인 세실 로즈(Cecil Rhodes)는 케이프타운(Capetown)에 세운 기존의 소규모 식민지를 오늘날의 남아프리카 공화국 대부분을 망라하는 거대한 식민지로 키웠다. 1895년에는 북쪽으로 새로운 영토를 추가해 로디지아(Rhodesia, 오늘날의 짐바브웨와 잠비아)라고 명명했다. 이 밖에 케냐와 우간다, 나이지리아, 이집트 지역으로 대영제국의 권세를 확장시킨 사람도 있었다. 영국의 제국주의자들은 동시에 싱가포르, 홍콩, 버마, 말레이반도를 획득해 동아시아로 제국을 확장했다. 그리고 비록 공식적인 식민 통치는 아니었지만 중국에도 실질적으로 군대를 주둔시켰다.

　다른 유럽 국가도 대영제국의 거대한 팽창을 목격하면서 재빨리 식민지 확보 경쟁에 뛰어들었다. 프랑스는 인도차이나(베트남과 라오스) 지역과 알제리, 서아프리카, 마다가스카르에 식민지를 건설했다. 벨기에는 서아프리카의 콩고로 진군했다. 독일은 카메룬과 탕가니카를 비롯한 아프리카의 지역, 그리고 오스트레일리아 북쪽의 여러 태평양 섬에 식민지를 건설했다. 네덜란드와 이탈리아, 포르투갈, 스페인, 러시아, 일본의 제국주의자 역시 아프리카와 아시아, 태평양 일대에 식민지를 구축했다. 이들은 모두 자국의 상업적 이익만이 아니라 제국주의 열강의 각축 속에서 발전한 광란적인 경쟁에 이끌렸다. 그리고 1898년에는 미국이 제국주의 경쟁에 뛰어들었다. 미국인은 미국-스페인 전쟁이 낳은 예상치 못했던 결과로 어느 정도는 무심결에 이 경쟁에 발을 디뎠다. 그러나 그들 역시 자생적인 제국의 지지자(그중에는 시어도어 루스벨트도 있었다)의 의도적인 노력에 이끌려 식민지를 갈망하게 되었다. 미국 내 제국주의자 상당수는 근대의 산업 제국주의 세계에서 식민지가 없는 나라는 진정한 강대국으로 남지도 진정한 강대국이 될 수도 없을 것이라고 믿었던 영국의 친구와 동료들로부터 크게 영향받은 사람이었다.

2

미국-스페인 전쟁

미국이 1890년대 후반에 비로소 제국주의적 야심을 갖기 시작한 것은 아니다. 그 훨씬 전에도 미국 내에서는 제국주의적 야심이 요동치고 있었다. 그러나 1898년 대(對)스페인 전쟁을 기회로 이 같은 소동은 공공연한 팽창주의로 바뀌었다.

쿠바를 둘러싼 논쟁

미국-스페인 전쟁은 쿠바 사태에서 기원했다. 쿠바인은 적어도 1868년 독립 투쟁을 시작한—오랜 싸움 끝에 결국 성공하지 못했지만—이래 간헐적으로 스페인의 통치에 저항해왔다. 처음 10년 동안은 투쟁하는 쿠바인을 동정하는 미국인도 많았다. 그러나 미국은 개입하지 않았다.

1895년 쿠바인이 다시 일어섰다. 이번 반란에서는 쿠바나 스페인 양측이 다 미국인이 치를 떨 정도로 잔학한 행동을 자행했다. 쿠바인은 의도적으로 섬을 황폐화시켜 스페인인이 떠나도록 만들었다. 발레리아노 웨일레르(Valeriano Weyler) 장군(미국 언론에는 '도살자' 웨일레르로 알려졌다) 휘하 스페인인은 급조된 강제수용소에다 특정 지역 민간인을 수용했는데, 그곳에서 질병과 영양실조로 수천 명이 죽어나갔다. 스페인인은 쿠바인이 처음으로 독립을 위해 일어

쿠바인의 반란

섰을 때에도 이와 동일한 야만적인 방법으로 진압했다. 이때는 미국인이 그다지 관심을 보이지 않았다. 그러나 1895년 반란은 미국에서 전례 없는 관심을 끌었다. 이는 당시 미국 내에서 점점 늘고 있던 쿠바인 망명객—플로리다와 뉴욕, 필라델피아, 뉴저지의 트렌턴 등에 몰려 있었다—이 (뉴욕에 당 본부를 둔) 쿠바혁명당(Cuban Revolutionary Party)에 대대적인 지지를 보냈기 때문이다. 그들은 1895년에 쿠바에서 살해당한 지도자 호세 마르티(José Martí)를 미국에 알리는 데에도 일조했다. 나중에 쿠바계 미국인은 클럽과 단체를 만들어 자유 쿠바(Cuba Libre) 운동을 지원했다.

'황색신문'

그러나 또 다른 이유가 있었다. 미국의 신문, 특히 윌리엄 랜돌프 허스트(William Randolph Hearst)와 조지프 퓰리처(Joseph Pulitzer)의 새로운 '황색신문'이 쿠바 사건을 한층 심층적이고 현란하게 보도한 때문이었다. 1883년 뉴욕에서 발간되기 시작한 퓰리처의 《월드(World)》는 황색 언론(yellow journalism) 시대를 열었다. 황색 언론이라는 용어는 아마도 본래 《월드》가 색상을 풍부하게 사용한 데다 특히 노란색(인쇄하기 특히 어려운 색이었다)을 사용한 데서 나온 이름으로 보인다. 그러나 얼마 가지 않아 선정적인 보도 및 기사 작성 방법과 대중 시장에 호소하려는 자의식적인 노력을 지칭하는 용어로 사용되었다. 1886년경 《월드》가 발행 부수 25만 부를 기록하며 성공을 거두자, 뉴욕 외 지역에서도 비슷한 류의 신문이 등장했다. 그중에서도 가장 눈에 띄는 신문은 허스트의 《뉴욕 저널(New York Journal)》이었다. 이 신문은 1895년에 허스트가 사들인 후에 가격을 1센트로 인하했고(퓰리처는 재빨리 소송을 제기했다), 《월드》의 기법에서 많은 것을 베꼈으며, 1년 만에 구독자가 40만 명

황색신문과 메인호의 잔해

1898년 2월 미국 전함 메인호가 쿠바의 아바나 항에서 폭발로 침몰한 사건이 스페인과 관계 있다는 증거는 아무것도 발견되지 않았다. 실제로 대부분의 증거는 고의적 파괴라기보다는 우연한 사고로 배 내부에서 폭발이 일어났음을 암시했다. 그럼에도 조지프 퓰리처와 윌리엄 랜돌프 허스트의 두 신문은 메인호 폭발 사건에 관해 선정적인 기사를 게재했다. 기사는 여론이 스페인과의 전쟁을 지지하도록 호도된 것이었다. 위 사진은 퓰리처의 《월드》 1면으로, 사건이 실렸던 선정적인 신문 보도의 한 예다. 이 페이지 상단에 있는 구독자 수 역시 메인호 사건 보도가 신문 판매에 얼마나 커다란 영향을 미쳤는가를 보여준다.

으로 급증했다. 이들 두 거대 '황색' 언론의 경쟁이 뜨거워지면서 이내 두 신문이 모두 새로운 단계의 선정주의로 접어들었다. 이들 신문이 성공하자 미국 여러 도시에서 발간되고 있던 신문이 이 기법을 모방했다.

두 신문은 쿠바 내전에서 염치없이 애국심과 도덕적 분개에 호소하는 선정적인 보도를 게재할 최고의 기회를 맞았다. 두 신문은 스페인이 쿠바 반란군에 자행한 잔학상이 과장된 기사를 열광적으로 보도했고, 대중은 기사에 자극받아 스페인을 향해 분노를 표출했다. 미국 전함 메인호가 1898년 쿠바의 아바나 항에서 원인 모를 폭발을 일으켰을 때에도, 두 신문은 즉각적으로 (아무런 증거도 없이) 스페인 당국을 비난했다. 《뉴욕 저널》은 폭발의 책임이 있는 자에게 유죄판결을 내릴 만한 정보를 제공하는 사람에게 5만 달러를 내놓겠다고 선전했으며, 신문의 1면을 모두 폭발 관련 기사에 할애했다. 메인호의 폭발이 있은 후 3일 동안 《뉴욕 저널》은 300만 부 이상이 팔려나갔는데, 이는 신문 판매 부수에서 세계 신기록이었다. 《월드》는 (비록 노력을 안 한 것은 아니지만) 메인호의 침몰로 그다지 재미를 보지 못했다. 그러나 곧 전쟁 자체에 대한 고도의 선정 기사를 실어 손해를 메웠다. 허스트는 때때로 쿠바의 충돌이 《뉴욕 저널》의 전쟁'이라고 자랑했으며, 심지어 쿠바에 있는 자사 기자 한 명에게 "당신은 사진만 제공하시오, 그러면 내가 전쟁을 제공할 것이오"라는 전보를 치기도 했다.

스페인에 대한 대중의 분노가 이렇듯 폭풍처럼 몰아쳤지만, 클리블랜드 대통령은 좀처럼 사태에 개입하려 들지 않았다. 그러나 1897년에 취임한 새 대통령 매킨리는 "야만적이고 비인간적인" 행위에 대해 스페인에 공식적으로 항의했다. 이를 계기로 (미국의 개입을 우려한) 스페인 정부는 웨일레르를 소환하고 강제수용소 정책을 완화했으며, 쿠바에 제한적인 자치를 허용하게 되었다.

그러나 이러한 기회에도 1898년 2월에 두 가지 극적인 사건이 벌어지면서 평화적인 해결을 끌어낼 기회가 완전히 사라져버렸다. 첫 사건은 쿠바인 간첩이 워싱턴 주재 스페인 공사 두푸이 데 로메 (Dupuy de Lôme)의 개인 서신을 훔쳐다가 미국 언론에 넘겨주면서 발생했다. 데로메는 편지에다 매킨리를 "나약하고 군중의 환심이나 사려는 인물"로 묘사했다. 사실 이 말은 일부 공화당원을 비롯해 많은 미국인이 대통령에 대해 내뱉던 말 이상이 아니었다. 그러나 같은 말이라고 해도 외국인의 입에서 나왔다는 사실에 대중은 분노를 금치 못했다. 이에 스페인 공사는 즉시 사임했다.

• 드로메 편지

메인호 사건이 일어난 것은 편지에 대한 흥분이 아직 가라앉지 않았을 때였다. 미국 전함 메인호가 아바나 항에서 폭발해 260명이 넘는 사망자가 발생했다. 미국인 중에는 이 사건을 스페인인의 소행이라고 생각한 사람이 많았다. 특히 해군 재판소가 잠수함 기뢰에 의한 외부 폭발이 사고의 원인이라는 보고를 내놓자, 그런 생각이 더욱 굳어졌다(나중에 나온 증거는 이 사고가 실제로는 기관실 내부에서 일어난 우연한 폭발 때문이었을 가능성을 시사했다). 전쟁의 광기가 미국을 휩쓸었다. 의회가 만장일치로 5,000만 달러의 군비 지출을 승인했다.

• 메인호

매킨리는 그때까지 전쟁을 피하고 싶어했다. 그러나 매킨리 행정부 안에는 (시어도어 루스벨트를 포함해) 전쟁을 부르짖는 사람이 많았다. 1898년 3월, 스페인은 매킨리 대통령의 요청에 따라 전투 중

20장 제국주의 | 449

지와 수용소 폐지에 동의했다. 그러나 반란군과의 협상을 거부했을 뿐만 아니라, 자신들이 알아서 전투 재개 여부를 결정할 것이라는 단서를 달았다. 따라서 여론이나 의회 그 어느 쪽도 이 조치에 만족하지 못했다. 며칠 후 매킨리가 마침내 의회에 선전포고를 요청했고, 4월 25일에 의회가 선전포고를 승인했다.

'눈부신 작은 전쟁'

국무 장관 존 헤이(John Hay)는 미국-스페인 전쟁을 '눈부신 작은 전쟁(a splended little war)'이라고 불렀는데, 대부분의 미국인이 이 의견에 동의했던 것 같다. 전쟁은 4월의 선전포고 후 넉 달 만인 8월에 종식되었다. 전쟁이 이토록 빨리 끝난 것은 부분적으로 쿠바 반란군이 이미 스페인의 군사력을 엄청나게 약화시킨 뒤였기 때문이다. 즉, 미국의 개입은 많은 점에서 단지 '패잔병 소탕'과 별반 다르지 않았다. 전투 중에 전사하거나 부상을 입어 사망한 미국인은 460명에 불과했고, 말라리아나 이질, 장티푸스 같은 질병으로 인한 사망자가 5,200명가량으로 오히려 더 많았다. 그리고 지속적으로 전투의 선봉에서 적과 맞섰던 쿠바 반란군의 사상자 수가 훨씬 많았다.

• 병참의 어려움

그러나 미국도 전쟁 수행에 어려움을 겪었다. 미군은 심각한 보급 문제로 고생했다. 우선 현대화된 총과 실탄이 부족했고 군복도 카리브 해의 열대성 기후와 맞지 않게 너무 두꺼웠으며, 의료 서비스도 부적절했고 식량은 양도 부족한 데다 소화시키기조차 어려웠다. 또한 정규군이 2만 8,000명의 사병과 장교에 불과해 규모 자체도 작았고, 그들 대부분이 인디언 소요를 진압해 보았을 뿐 실제로 대규모 전투를 치른 경험이 전무했다. 이는 미국이 남북전쟁 때와 마찬가지로 방위군(National Guard)에 의존하고 있다는 의미였다. 그리고 방위군은 지역 공동체의 힘으로 구성되어 대부분 군 경험이 없는 지역 지도자가 지휘했다.

 미국 침략군의 상당수는 흑인 병사로 구성되었다. 일부는 흑인 공동체가 끌어모은 자원병이었다. 나머지는 정규군 소속 4개 흑인 연대에 배속된 군인으로, 그간 서부 변경에 주둔하며 백인 정착민을 인디언으로부터 보호하는 임무를 수행해왔으나 이제 쿠바에서 싸우는 임무를 띠고 동쪽으로 이송되어 왔다. 이들이 훈련소로 가기 위해 남부를 통과할 당시, 일부는 엄격한 인종차별 대우에 불만을 표시하기도 했다. 예를 들어 조지아 주에서는 흑인 병사가 의도적으로 '백인 전용' 공원을 이용했고, 플로리다 주에서는 흑인에게 음료수를 팔지 않겠다는 판매원을 폭행했으며, 탬파(Tampa)에서는 백인의 도발에 흑인이 맞대응하는 사건이 밤새도록 이어져 30명의 부상자가 발생하기도 했다.

 인종 갈등은 쿠바에서도 계속되었다. 흑인은 유명한 산후안 힐 전투(San Juan Hill)를 비롯해 주요 전투에서 결정적인 역할을 했으며, 훈장을 탄 사람도 많았다. 미국인과 함께 싸웠던 쿠바 반란군도 거의 절반이 흑인이었으나, 이들은 미국의 흑인과 달리 인종 차별 없이 반란군에 완전히 융화되어 있었다. 아프리카계 미국인은 쿠바 흑인 병사가 백인 병사와 완전히 동등한 입장에서 싸우는 광경을 목격하고, 자신들의 처지가 불공평하다는 의식을 더욱 강하게 느끼게 되었다.

군대 내의 인종 갈등

쿠바에서 벌어진 미국-스페인 전쟁(1898)

쿠바에서 미국과 스페인 간에 벌어진 군사적 충돌은 오래가지 않았다. 쿠바 반란군과 미국의 해상봉쇄는 이미 스페인인을 패전 일보 직전 상황으로 몰고 갔다. 미군의 개입은 단지 최후의 일격에 불과했다. 대략 1주일 만에 미군은 쿠바 남동부의 산티아고 주변 지역에서 벌어진 네 차례의 결정적인 전투에서 승리를 거두었다. 그중 한 전투(케틀 힐 전투)는 시어도어 루스벨트의 유명한 돌격, 즉 인근의 산후안 힐 돌격의 무대였다. 이 지도는 미국 해상봉쇄의 범위와 플로리다에서 쿠바까지 미군의 진로, 실제 전투 위치를 보여준다.

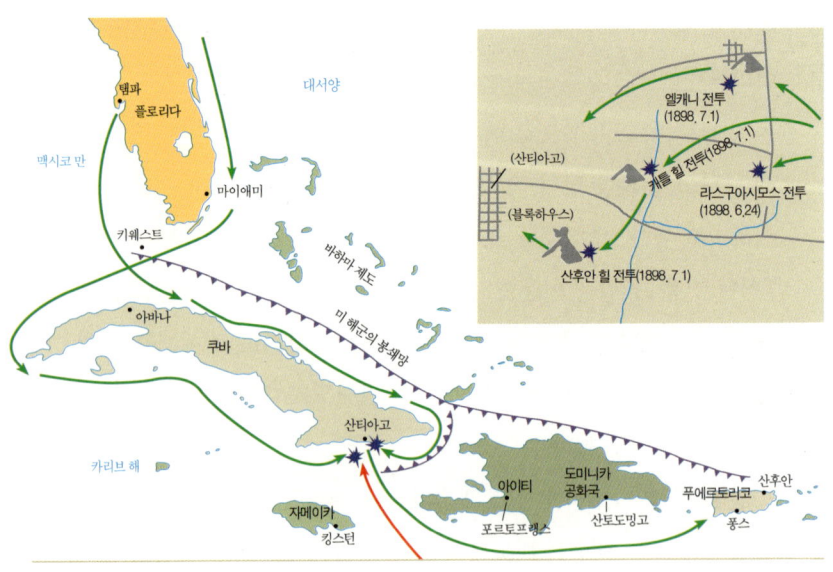

필리핀 획득

해군 차관보 시어도어 루스벨트는 열렬한 제국주의자였으며 전쟁을 적극 지지했다. 루스벨트는 스페인과의 긴장이 고조되자, 일방적으로 태평양 함대를 증강하고는, 태평양 함대 사령관인 조지 듀이(George Dewey) 함장에게 전쟁이 발발할 경우 스페인 식민지인 필리핀의 스페인 함대를 공격하라는 훈령을 내렸다.

전쟁이 선포되자마자 듀이는 필리핀으로 함대를 이끌었다. 1898년 5월 1일, 듀이는 마닐라 만으로 진입해 낡은 스페인 전함을 완전히 궤멸시켰다. 듀이는 즉시 제독으로 승진했으며 미국-스페인 전쟁의 첫 번째 영웅이 되었다. 몇 달 후 미국 원정군이 도착하자, 스페인은 마닐라 시를 포기했다.

• 듀이의 승리

쿠바를 위한 전쟁

그러나 쿠바는 여전히 미국 군사작전의 핵심 목표였다. 원래 미군 지휘관은 군대를 실전에 투입하기에 앞서 장기 훈련을 계획했었다. 그러나 파스쿠알 세르베라(Pascual Cervera) 제독 휘하 스페인 함대가 쿠바 남부 해안의 산티아고 항으로 미 해군을 비껴들어가자, 계획을 재빨리 변경했다. 미 대서양 함대는 세르베라 함대가 들어앉은 항구를 재빠르게 봉쇄해버렸다. 그리고 육군 총사령관 넬슨 마일스(Nelson A. Miles)는 급히 전략을 바꾸어 1만 7,000명의 병력에게 6월에 탬파를 떠나 산티아고를 공격하라고 명했다.

쿠바 주둔 미군 사령관인 윌리엄 샤프터(William Shafter) 장군은

시어도어 루스벨트의 러프라이더 기병대

포위해 점령할 계획으로 산티아고로 진격했다. 그리고 도중에 라스 구아시모스(Las Guasimos)에서 스페인 군대를 만나 격퇴하고 1주일 후에는 엘캐니(El Caney)와 산후안 힐에서 동시에 벌어진 전투에서 모두 승리했다. 이 모든 교전에서 전투의 중심에 섰던 (그리고 신문의 1면을 장식했던) 부대가 러프라이더(Rough Rider) 기병대였다. 명목상으로는 레너드 우드(Leonard Wood) 장군이 기병대의 지휘관이었으나 실질적으로 부대를 이끈 사람은 전쟁에 참전하기 위해 해군부(Navy Department)를 사임한 시어도어 루스벨트 대령이었다. 루스벨트가 눈깜짝할 사이에 전쟁 영웅으로 부상했다. 그의 명성은, 아마도 무모했지만 스페인의 포격에 맞서 부대를 이끌고 케틀 힐로 용감하게 정면 돌격(그 공격은 인근에서 벌어진 대규모 산후안 힐 전투의 일부였다)해 들어간 덕이었다. 전투 후 루스벨트 자신은 멀쩡하게 돌아왔지만 거의 100명에 달하는 병사가 전사하거나 부상을 입었다. 그는 이 전투를 '내 생애의 위대한 날'이라고 회고했다.

푸에르토리코 점령

샤프터는 산티아고를 공격할 만한 위치에 있었지만, 부대에 병든 병사가 많아 전력이 너무나 약화되어 있었기에 공격을 계속할 수 없을지도 모른다고 우려했다. 재앙이 임박한 것처럼 보였다. 미국인은 몰랐지만, 사실 스페인 정부는 당시 산티아고를 잃은 것으로 판단하고 세르베라에게 철수를 명령해놓은 상태였다. 7월 3일, 세르베라는 산티아고 항를 탈출하려고 했다. 그러나 대기하고 있던 소규모 미국 함대가 그의 함대를 궤멸시켰다. 7월 16일 드디어 산티아고 주둔 스페인 지상군 사령관이 항복해왔다. 거의 동시에 미국 육군은 푸에르토리코에 상륙해 아무런 저항을 받지 않고 점령했다. 8월 12

러프라이더 기병대

시어도어 루스벨트(중앙)가 산후안 힐 전투에서 유명한 돌격을 감행한 후에 일부 러프라이더 기병대원들과 포즈를 취했다. 기병대는 다음과 같은 비공식 군가를 불렀다. "거칠게, 거칠게, 우리는 폐인이다. 우리는 싸움을 원하지만, 만족할 수 없네."

일, 스페인은 쿠바의 독립을 인정하고 푸에르토리코를 미국에 양도하며 미국과 필리핀에 관한 최종 협약에 도달할 때까지 미국의 마닐라 점령을 받아들인다는 내용의 휴전 조약에 서명했다. 이로써 미국은 전쟁이 종식되었음을 받아들였다.

푸에르토리코와 미국

푸에르토리코 섬은 1508년 퐁스 데 레온(Ponce de León)이 푸에르토리코에 발 디딘 이래 당시까지 스페인 제국의 일부였다. 이 섬의 원주민인 아라와크족(Arawaks)은 전염병과 스페인인의 만행, 가난 때문에 거의 전멸하다시피 했다. 따라서 푸에르토리코 사회는 스페인인 지배계급과 프에르토리코 경제의 근간이 된 커피와 플랜테이션이나 사탕수수 플랜테이션에서 일했던 수많은 아프리카인과 더불어 발전했다.

 19세기에 푸에르토리코인은 스페인의 지배에 저항하기 시작했다. 1820년대에 시작된 반란이 간헐적으로 이어졌는데, 그중 가장 중요한 라레스 반란(Lares Rebellion)도 다른 반란과 마찬가지로 1868년에 스페인인에 의해 효과적으로 진압되었다. 그러나 저항이 점점 커져 몇 가지 개혁을 끌어냈다. 즉, 1873년 노예제 폐지를 이끌고 스페인 의회에 대표를 파견하는 등 몇 가지 변화를 촉진시켰던 것이다. 독립 요구가 계속해서 커지자, 1898년 스페인은 이 섬에 어느 정도의 독립을 허용했다. 그러나 이런 변화가 어떤 효과를 발휘하기도 전에 푸에르토리코 통제권은 미국으로 넘어갔다.

· 포래커법

 미국-스페인 전쟁이 벌어지는 동안 미국의 군 병력이 이 섬을 점령하고 군정을 실시했다. 이후 1900년 포래커법(Foraker Act)이 제정됨에 따라 미국의 군사 통치가 종식되었고 공식적인 식민 정부가 들어섰다. 1917년 연방의회는 존스법(Jones Act)을 통과시켜 푸에르토리코를 미국의 영토로 선언하고 모든 푸에르토리코인을 미국 시민으로 만들었다.

 푸에르토리코의 사탕수수 산업은 이제 관세를 물지 않고 미국 시장에 진출하는 혜택을 누리며 번성했다. 하와이에서처럼 본토에서 온 미국인이 이내 섬에 거대한 사탕수수 플랜테이션을 세우고 원주민을 농장 노동자로 고용했다. 사탕수수가 환금작물로 더욱 강조되고 많은 푸에르토리코 농민이 임금노동자로 변하면서, 섬 사람이 소비할 작물 재배가 줄어 수입 상품에 더욱 의존하게 되었다. 국제적으로 설탕 가격이 높을 때에는 푸에르토리코도 번성했다. 그러나 설탕 가격이 하락할 때에는 섬의 경제도 이미 절망적인 빈곤에 처한 많은 농장 노동자를 극빈 상태로 몰아갈 정도로 추락했다.

필리핀을 둘러싼 논쟁

푸에르토리코 합병을 놓고는 그다지 큰 논란이 일지 않았다. 그러나 필리핀 합병을 놓고는 정말이지 오랜 시간 열정적인 논란이 계속되었다. 본토 옆 카리브 해의 한 섬을 지배하는 문제라면 서반구 지배 세력으로서의 미국이라는 생각은 미국인에게 상당히 기분 좋게 들어맞았지만, 수천 마일 떨어져 있는 크고 인구도 조밀한 영토를 통치하는 문제는 색다르고 한층 불길한 일로 보였다.

합병 논쟁

매킨리는 마지못해 합병을 지지한다고 했다. 그러나 "고통스러운 철야 기도" 끝에 달리 수용할 만한 대안이 없다고 확신하게 되었으며, 필리핀을 스페인에 되돌려주는 것은 "비겁하고 불명예스러운" 일이 될 것이라고 설명했다. 또한 필리핀을 또 다른 제국주의 세력(프랑스, 독일 혹은 영국)에 넘겨준다는 것도 "사업상 바람직하지 않을 뿐더러 체면도 안 서는" 일이며, 그렇다고 필리핀인에게 독립을 허용하는 것도 무책임한 일이라고 했다. 즉, 필리핀인들은 "자치에 적합하지 않다는" 것이었다. 유일한 해결책은 "필리핀 전부를 취해 필리핀인을 교육시키고 도덕적으로 고양시켜 크리스트교도가 되게 하는"것이었다. 매킨리 자신이 이러한 결정을 내리는 데에는 점점 더 커가는 합병 지지 여론과 자당 제국주의자의 압력이 분명히 커다란 요인으로 작용했을 것이다.

1898년 12월에 파리조약이 체결됨에 따라, 미국-스페인 전쟁은 공식적으로 종결되었다. 그 조약에서 쿠바, 푸에르토리코, 괌에 관한 휴전 조약의 내용이 재확인되었다. 스페인은 미국 협상 대표의 필리핀 양도 요구에 놀라기는 했으나, 필리핀을 양도하는 대가로 미국이 스페인에 2,000만 달러를 제공하겠다고 하자 이를 모두 수용했다.

반(反)제국주의 동맹

그러나 미국의 상원은 격렬하게 반대했다. 조약의 비준을 둘러싸고 논의가 진행되는 동안, 전국적으로 필리핀 획득에 반대하는 강력한 반(反)제국주의 운동이 일어났다. 반제국주의자 중에는 당시 미국 최고의 부자이면서 가장 영향력 있는 인물도 있었다. 일부는 단순히 제국주의를 부도덕하고 미국의 인간 해방 정신을 부인하는 것이라고 믿었고, 일부는 '열등한' 아시아인을 미국에 받아들이면 미국이 '오염'될 것이라고 우려한 사람이었다. 한편, 산업 노동자는 새로운 식민지의 값싼 노동력이 미국에 넘쳐 임금이 삭감될 것을 걱정했고, 보수주의자는 제국주의의 필수 요소인 거대한 상비군과 얽히고 설킨 해외 동맹 체제가 미국의 자유를 위협하리라고 보았다. 사탕수수 재배업자를 비롯한 그 밖의 사람들은 새로운 영토에서 원치 않던 경쟁자가 대두할 것이라고 걱정했다. 1898년 후반에는 보스턴과 뉴욕 등지의 상류층 인사를 주축으로 합병 반대의 기치를 내건 반제국주의 동맹(Anti-Imperialist League)이 결성되었고, 북동부에서 광범위한 지지를 받으며 파리조약 비준 반대 운동을 전개했다.

비준에 찬성한 사람들 역시 이에 못지않게 다양했다. 그중에는 시어도어 루스벨트와 같은 열렬한 제국주의자도 있었다. 일부 사업가는 미국이 필리핀을 합병하면 아시아 무역에서 지배적인 위치에 올라설 것이라고 믿었다. 그리고 대부분의 공화당원은 공화당 정부가 싸워 이긴 전쟁을 통해서 가치 있는 새 영토를 획득하게 되면 당에 유리한 요인으로 작용할 것으로 보았다. 그러나 합병에 찬성하는 사람이 무엇보다 강조한 점은 합병이 명백한 안정을 가져다 주리라는 점이었다. 결국 미국은 서둘러 필리핀을 소유했다.

• 합병 지지자들

반(反)제국주의자가 필리핀의 엄청난 인구를 미국 시민권자로 흡수할 경우 따를 위험을 경고했을 때, 제국주의자에게는 이미 준비된 답이 있었다. 미국의 오랜 인디언 정책, 즉 인디언을 시민이 아닌 〔미국의 보호에〕 의존하는 사람으로 취급하는 정책은 이미 인구를 흡수하지 않고 영토만 합병한 선례나 다름없었다.

조약의 운명은 몇 주 동안 베일에 싸여 있었다. 그러나 어느 순간 윌리엄 제닝스 브라이언이 예상과는 달리 조약을 지지하고 나섰다. 열렬한 반제국주의자인 브라이언은 조약 비준 문제를 상원에서 다룰 게 아니라, 또다시 자신이 민주당 대통령 후보로 나서게 될 1900년에 국민투표안으로 상정되기를 바랐다. 그래서 1900년에 논쟁 국면을 조성하려면 당장은 조약을 지지해야 한다고 많은 민주당 내 반제국주의자를 설득했다. 1899년 2월 6일, 상원이 마침내 조약을 비준했다.

그러나 이는 브라이언의 계산 착오였다. 만약 1900년 선거전이 브라이언의 의도대로 실제 필리핀 문제를 쟁점으로 전개되었더라

• 1900년 선거

20장 제국주의 | 459

면, 선거는 의심의 여지없이 미국의 제국주의적 성향을 입증하는 자리가 되었을 것이다. 브라이언은 다시 한 번 매킨리를 향해 출사표를 던졌다. 그리고 다시금 매킨리가 승리했다. 이번 승리는 1896년 때보다 더 결정적인 승리였다. 하지만 단지 식민지 문제가 매킨리의 승리를 확정지은 것은 아니었다. 국가 경제의 번영과 다양한 기질의 소유자 시어도어 루스벨트라는 인물이 부통령 후보로 나선 것도 공화당에게는 이점으로 작용했기 때문이다.

3
제국주의적 공화국

새로운 미 제국은 유럽의 거대한 제국주의 열강에 비하면 작은 제국이었다. 하지만 미국의 제국화는 커다란 문제를 초래했다. 미국은 과거에 항상 피하려고 들던 유럽이나 극동의 정치에 연루되었고, 필리핀에서 처절히 전쟁에 휘말렸다.

식민지 통치

새로운 미국의 보호령, 즉 하와이와 알래스카, 푸에르토리코 세 곳은 비교적 문제를 일으키지 않았다. 세 지역은 비교적 빨리 준주의 지위(그리고 미국 시민으로서 주민의 지위)를 받아들였다. 하와이는 1900년, 알래스카는 1912년, 그리고 푸에르토리코는 (여러 단계를 거쳐) 1917년에 이 같은 지위를 받아들였다. 해군은 괌과 투틸라(Tutila)에 대한 통제권도 손에 넣었다. 미국은 크기도 아주 작고 인구도 적은 태평양의 섬도 여럿 획득했다. 그러나 그 섬들은 그냥 방치해두었다.

쿠바 문제는 더욱 가시밭길 같았다. 레너드 우드 장군 휘하 미군 병력이 1902년까지 쿠바에 남아 독립을 준비했다. 미군은 도로와 학교, 병원을 신설했고, 법무·재무·행정 체계를 재조직했으며 의료 및 보건 체계를 개혁했다. 그러나 쿠바가 미국에 대해 아무런 언급도 없이 헌법을 기초하자, 미국 의회는 1901년 플랫 수정 조항(Platt

• 플랫 헌법 수정 조항

Amendment)을 통과시켜 쿠바의 헌법에 이 조항의 내용을 끼워 넣도록 압력을 행사했다. 플랫 수정 조항에 따르면, 쿠바는 다른 나라와 조약을 체결할 수 없으며, 미국은 독립과 생명, 재산 보존과 관련해 쿠바 문제에 개입할 수 있고 쿠바 영토에 해군기지를 구축할 수 있었다. 이제 쿠바에 남은 것은 명목상의 정치적 독립뿐이었다. 뿐만 아니라 미국의 자본은 이 신생국을 미국 경제의 부속물로 만들었다. 미국의 투자가가 물밀듯이 쿠바로 쏟아져 들어와 농장과 공장, 철도, 정제소를 사들였다. 쿠바인은 '양키 제국주의'에 저항하며 간헐적으로 쿠바 정부에 항의해 반란을 일으켰고, 미국은 때로 이 반란을 빌미로 쿠바에 군사력을 투입했다. 미군은 그중 한 반란이 일어난 후 1906년부터 1909년까지 쿠바를 점령했고, 1912년에는 흑인 플랜테이션 노동자가 일으킨 반란을 진압하기 위해 다시 쿠바로 돌아왔다. 푸에르토리코와 하와이처럼 쿠바도 사탕수수 생산이 미국 내 시장 진입에 자극받아 점점 더 경제를 지배했고, 미국 경제의 사탕수수 관련 부속 산업의 주기에 따라 호황과 불황을 오르내렸다.

필리핀 전쟁

미국인은 유럽형 제국주의 통치자가 되고 싶지는 않았다. 그러나 다른 제국주의 열강처럼 또 다른 국민을 굴복시키려면 힘이 필요하며 때때로 야만적 행동도 불사해야 한다는 사실을 깨달았다. 이는 미국인이 필리핀에서 얻은 교훈이었다. 미군은 얼마 안 가 필리핀에서 피비린내 나는 기나긴 전쟁을 치르게 되었다.

필리핀 전쟁은 미국이 치른 전쟁 중에서 가장 시시한 전쟁으로 기억되고 있다. 하지만 가장 오랜 시간을 끈 전쟁이자(1898년부터 1902년까지 지속되었다) 가장 부도덕한 전쟁 중 하나였다. 20만 명의 미군이 참전해 4,300명이 사망했다. 필리핀 측은 아직 논란이 있지만, 적어도 5만 명(아마도 그 이상)이 사망한 것으로 보인다. 필리핀의 미국 점령군은 1898년 스페인 점령군이 쿠바에서 겪었던 것과 아주 비슷한 게릴라전술에 맞서야 했고, 예전에 웨일레르가 카리브 해에서 저질렀던 잔악 행위―당시 많은 미국인이 이에 경악을 금치 못했다―와 다를 바 없는 만행을 자행했다.

1898년 이전 필리핀인은 스페인의 통치에 저항해 반란을 일으켰다. 그러나 이제 미국인이 머무르려 한다는 사실을 알아차리자마자 미국인에게 저항해 반란을 일으켰다. 에밀리오 아기날도(Emilio Aguinaldo)의 유능한 지도 아래, 필리핀인은 3년 넘게 미 점령군을 이 섬 저 섬에서 괴롭혔다. 처음에 미군 지휘관은 반란 세력을 따르는 자들이 얼마 되지 않는다고 생각했다. 그러나 1900년 초 필리핀 주둔 미군 사령관이던 아서 맥아더(Arthur MacArthur) 장군은 다음과 같이 썼다. "나는 내키지는 않지만 필리핀 대중이 아기날도와 그가 이끄는 정부에 충성을 바치고 있다고 믿을 수밖에 없었다."

• 에밀리오 아기날도

하지만 맥아더는 이 때문에 미국의 전술을 완화하거나 반란 세력의 환심을 사려 들지 않았다. 오히려 한층 더 가혹한 조치를 취했다. 미국의 군사작전은 점차 더욱 체계적이고 악랄하고 잔혹해졌다. 포로로 잡은 필리핀 게릴라를 그 자리에서 즉결 처형했고, 몇 개 섬에서는 전 주민을 소개(疏開)하기도 했다. 즉, 주민을 강제수용소에 억지로 몰아넣고, 그사이 마을을 완전히 파괴했다. 더욱 야만스러워진 미군 병사들은 필리핀인을 거의 인간 이하로 보게 되었고, 때로

• 필리핀인에 대한 야만적 진압

필리핀 포로

미군 호송 부대가 마닐라(Manila)에서 필리핀 게릴라들을 생포했다. 미국이 필리핀에 대한 소유권을 획득한 초기에는, 스페인과 전쟁을 치르는 일보다 필리핀인의 반란을 진압하는 일이 더욱 오랜 시간과 더 큰 군사적 손실을 요하는 일이었다. 1900년 중반 무렵 필리핀에는 아서 맥아더 사령관 그리고 제2차 세계대전 때 필리핀에서 명성을 떨칠 그의 아들 더글러스 맥아더(Douglas MacArthur) 휘하 미군 7만 명의 병력이 주둔하고 있었다.

는 무차별적인 살상에 희열을 느끼는 것처럼 보였다.

1902년경 미국의 대중은 잔학 행위와 미국인 사상자에 대한 보고를 접하며 전쟁에 염증을 느끼게 되었다. 그러나 그 무렵 점령군은 대부분의 섬을 장악한 상황이었다. 1901년 3월에 아기날도를 생포한 것은 점령군이 승리를 거둘 수 있었던 결정적인 요인이었다. 아기날도는 나중에 동지들에게 전투 중지를 촉구하는 문서에 서명하고 스스로 미국의 충실한 동맹자가 되겠노라고 선언했다. 1906년 말까지도 전투가 간헐적으로 이어졌으나, 이때부터 사실상 미국이 필리핀을 소유하게 되었다.

1901년 여름, 최초의 민간인 총독 윌리엄 하워드 태프트(William Howard Taft)가 군으로부터 필리핀제도에 대한 지배권을 이양받았다. 태프트는 필리핀인에게 광범위한 지역자치권을 부여하는 한편, 도로와 학교, 교량, 하수도 등을 건설하고 중요한 행정 및 재정 개혁을 단행했으며, 공중 보건 체계를 구축했다. 서서히 필리핀인의 자치가 증대되었다. 그러나 1946년 7월 4일이 되어서야 필리핀은 마침내 완전한 독립을 이룰 수 있었다.

• 자치를 향한 점진적 변화

문호 개방

미국은 필리핀을 점령함으로써 아시아에 더욱 관심을 쏟게 되었다. 미국인들은 특히 중국의 장래에 촉각을 곤두세웠다. 중국은 당시 너무 나약해져 열강의 매력적인 착취 대상이 되고 있었다. 1900년경 영국과 프랑스, 독일, 러시아, 일본이 중국을 분할하기 시작했으며, 중국 정부에 이권을 '양도'하라는 압력을 넣었다. 그렇게 되면 열강은 중국 내 다양한 지역에 대해 효과적인 경제 통제를 할 수 있기 때문이었다. 어떤 경우에는 단순히 중국 영토를 점령하고 그 지역을 자국의 '세력 범위(spheres of influence)'라고 주장하기도 했다. 미국인은 이를 지켜보며 미국이 중국과의 무역에서 완전히 소외될지도 모른다고 염려했다.

전쟁이라는 모험을 하지 않고도 중국에서 미국의 이권을 보호할 방법을 찾던 매킨리는, 1898년에 미국도 중국에 다가가고는 싶지만

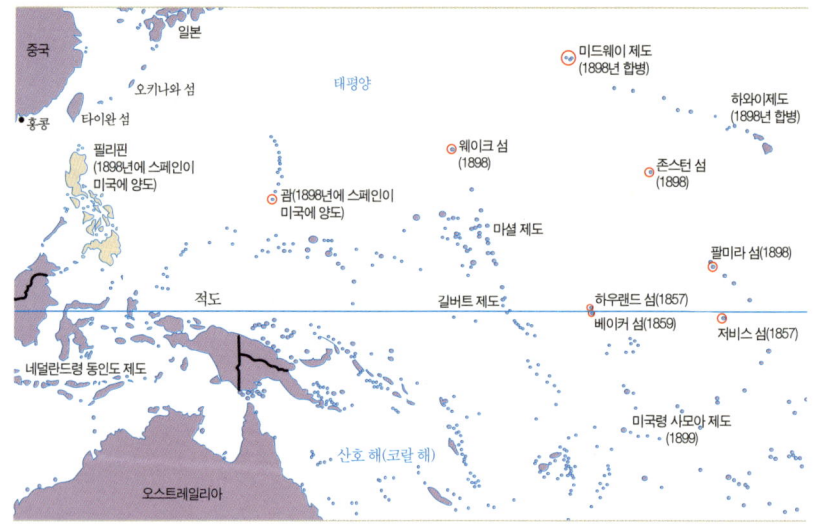

미국의 남태평양 제국(1990)

미국이 스페인과 전쟁에 돌입했을 무렵에 획득한 식민지는, 푸에르토리코를 제외하면 모두 태평양에 자리잡은 나라였다. 미국은 새로운 제국주의의 매력에 이끌려 1898년에 하와이를 합병했다. 스페인과 전쟁을 치른 끝에 필리핀과 괌을 획득했으며, 스페인으로부터 태평양 여러 섬의 영유권을 양도받았다. 이밖에도 19세기 초에 해군기지를 세워 장악했던 여기저기 산재한 작은 섬까지 합하면 — 당대의 거대한 제국에 비하면 영토나 인구가 여전히 작기는 했지만 — 미국은 이제 누구도 무시할 수 없는 태평양 제국이었다.

● 헤이의
'문호 개방
각서'

어떠한 특혜를 바라지는 않는다며 다음과 같이 말했다. "우리는 단지 중국에 미국에 대한 문호 개방을 요구하는 것뿐이다. 다른 나라에 대한 중국의 문호 개방에도 동의할 준비가 되어 있다." 나중에 국무 장관 존 헤이는 매킨리 대통령의 말을 정책으로 전환시켜 '문호 개방 각서(Open Door Notes)'로 알려진 동일한 메시지를 영국과 독일, 러시아, 프랑스, 일본, 이탈리아에 전달했다. 헤이는 각국에 세 가지 원칙을 승인해달라고 요구했다. 중국 내 '세력 범위'를 갖고 있는 각 나라가 그 범위 안에서 다른 나라도 자유롭고 동등하게 무역할 수 있도록 허용해야 한다는 것이 골자였다. 헤이가 윤곽을 그린 이 원칙에 각 나라가 동의한다면, 미국은 열강의 간섭에 대한 두려움없이 중국과 무역을 할 수 있었다.

그러나 유럽과 일본은 문호 개방 제안에 냉담한 반응을 보였다. 러시아는 공개적으로 거부했다. 이에 다른 열강도 원칙적으로 수용하겠으나 모든 열강이 동의하지 않는 한 실행에 옮길 수는 없다고 했다. 헤이는 동요하지 않고 그저 모든 열강이 문호 개방 원칙을 받아들였으며, 미국은 그들이 원칙을 준수하리라 기대한다고 발표했다. 그러나 미국으로서는 전쟁을 불사하지 않는 한, 어떤 나라가 문호 개방 원칙을 위반한다 해도 막을 수 있는 방법이 없었다.

문호 개방과 관련한 외교적 노력이 끝나기가 무섭게 중국의 비밀 무술 단체인 의화단(義和團)이 중국 내 외국인을 습격했다. 의화단 반란은 베이징 주재 영국 대사관에 모여 있던 각국 외교관을 포위한 사건으로 극에 달했다. (미국을 포함한) 제국주의 열강은 외교관을 구출하기 위해 중국에 국제 원정군을 파병했다. 1900년 8월, 원정군은 베이징으로 진격해 포위망을 해체했다.

매킨리와 헤이는 반란을 해결하는 과정에서 발언권을 확보하고 중국의 분할을 저지하기 위해 미국이 참여한다는 데 동의했다. 헤이는 영국과 독일로부터 문호 개방적 접근에 대한 지지를 확보한 뒤 다른 참여국이 의화단 반란으로 입은 손실에 대해 중국에 보상을 요구하도록 유도했다. 이로써 중국은 어쨌든 명목상으로는 영토를 보전했고, 미국은 수지맞는 무역을 계속할 수 있었다.

• 의화단 반란

군사 체제의 현대화

스페인과 전쟁을 치르면서 미국 군체제의 결점이 역력히 드러났다. 미국이 더 막강한 나라와 싸웠더라면 재앙을 입었을는지도 모르는 일이었다. 전쟁이 끝난 후 매킨리는 뉴욕의 유능한 기업 변호사인 일라이휴 루트(Elihu Root)를 육군부 장관으로 임명하고 육군력에 대한 철저한 점검과 개혁을 지휘하도록 했다.

- 현대적 군사체제의 창조

루트는 육군 정규군 병력을 최대 2만 5,000명에서 10만 명으로 증강했다. 또한 정규군과는 다른 식으로 훈련받고 무장한 지원병이 전쟁을 수행하는 일이 없도록 주방위군 대비 연방군 규준을 확립했다. 루트의 개혁은 캔자스 주 포트 리븐워스(Fort Leavenworth)의 육군 참모 대학(Army Staff College, 나중에 지휘 및 총 참모 학교 Command and General Staff School로 개명), 워싱턴의 육군대학(Army War College)을 포함한 장교 훈련 학교 체제 창설의 기폭제가 되었다. 그리고 1903년에는 육군부 장관의 군사 조언자 역할을 할 (지금의 합동 참모부Joint Chiefs of Staff인) 총참모부를 설치했다. 새로운 개혁의 결과, 미국은 현대적 군사 체제 못지않은 체제를 갖추고 20세기를 맞이했다.

결론

미국은 북아메리카 대륙에서 한 세기가 넘도록 국가적 팽창을 거듭했다. 그 결과 1890년대에는 식민 국가를 보유한 나라의 대열에 합류했고, 자국의 해안 저 멀리에 실질적인 제국을 획득했다. 그러나 미국의 제국주의는 목적도 분명하지 않았을 뿐더러 앞뒤가 안 맞고 논란의 여지가 있는 과정 속에서 대두했다.

처음에 미국의 새로운 국제주의는, 스페인령 쿠바에서 일어난 내전에 인도주의적으로 개입하는 형태를 취했다. 미국의 여론은 스페인이 죄없는 쿠바인에게 잔혹 행위를 가한다는 선정적인 언론 보도를 접하고는 흥분을 감추지 못했고, 이는 미국-스페인 전쟁으로 치달았다. 이 전쟁은 이론상으로 쿠바의 독립을 보장한다는 목표였다. 그러나 시어도어 루스벨트와 같은 매킨리 행정부 내 일부 헌신적인 제국주의자는 이 전쟁을 쿠바 해방을 위한 전쟁에서 스페인 소유 주요 식민지를 빼앗기 위한 전쟁으로 바꾸어놓았다. 미국은 단시일 내에 스페인을 누르고 카리브 해 지역에서 (푸에르토리코를 포함해) 실질적인 새 영토를 획득했으며, 태평양 지역에서도 중요한 영토, 곧 필리핀을 소유하게 되었다. 국내에서 전개된 활기찬 반제국주의 운동도 합병 찬성론자의 추진력을 멈출 수 없었고, 1899년경 미국은 마침내 식민지 소유 국가가 되었다.

그러나 식민지를 유지하는 일은 확보하는 일보다 훨씬 어려웠다. 미군은 필리핀 반군과 4년에 걸친 전쟁의 수렁에 빠졌다. 새로운 식민지 통치자가 곧 필리핀을 평정했으나, 이미 상당수 미국 대중의 관심이 멀어진 뒤였다. 그 결과 미국-스페인 전쟁의 여파로 미국이 획득한 영토가 미국의 제국주의적 영토 확장의 시작이자 끝이 되었다.

1873	1889	1893	1895	1899	1900
여성 기독교 금주 연합 창설	제인 아담스의 헐 하우스 개관	술집 반대 동맹 창설	전국 제조업자 협회 창립	베블런의 《유한계급론》	텍사스 주 갈베스턴에 시위원회 정부 탄생/ 로버트 라폴레트, 위스콘신 주지사 당선

21장
혁신주의의 대두

〈여성에게 참정권을〉, 보이(B. M. Boye)의 작품

이 놀라운 포스터는 노스캐롤라이나의 대학 평등 참정권 연맹(College Equal Suffrage League)이 후원한 1911년의 경연 대회 수상작이다.

1902	1909	1911	1912	1919	1920
아이다 타벨, 스탠더드 석유 회사의 스캔들 폭로	크롤리의 《미국적 삶의 약속》/전국 유색인 지위 향상 협회(NAACP) 결성	트라이앵글 셔츠 공장 화재	미국 상공회의소 개소	헌법 수정 조항 제18조(금주법) 비준	헌법 수정 조항 제19조(여성 참정권) 비준

20세기가 도래하기도 전에 많은 미국인은 미국 사회의 급속한 산업화와 도시화가 심각한 문제들을 양산했다고 확신하게 되었다. 즉 혼란이 가중되고 있는 사회질서를 바로 잡고 산업사회의 가장 두드러진 문제인 불공평이라는 문제를 막는 것이야말로 미국이 가장 절실히 필요로 하는 것이었다. 20세기 초 이러한 전망은 혁신주의(Progressivism)라는 이름으로 불리게 되었다.

스스로를 혁신주의자라고 부르는 사람들조차도 '혁신주의자'라는 단어가 실제로 무엇을 의미하는지에 대해서는 의견이 분분했다. 왜냐하면 그것은 광범위하고 다양한 현상이었기 때문이다. 그러나 혁신주의를 자처하는 사람의 주된 생각에는 동일한 방향성이 있었다. 그것은 첫째로 낙관주의였다. 혁신주의자는 그 명칭에서도 나타나듯이 진보라는 이념을 확신하고 있었다. 그들은 사회는 개선할 수 있으며, 계속된 성장과 전진이 미국의 운명이라고 믿었다. 그러나 19세기 말에 겪었던 것처럼 성장과 진보가 무작정 계속될 수는 없을 것이라는 점도 생각했다. 시장의 '자연법칙,' 자유방임의 원리 그리고 그러한 법칙을 만천하에 공포했던 사회진화론도 성장 일로의 사회에 필요한 질서와 안정을 창출하는 데에는 충분치 못했다. 국가의 문제를 해결하기 위해서는 인간의 목적의식적인 간섭이 필수적이었다. 혁신주의자는 그와 같은 간섭이 어떤 형식을 갖추어야 하는지에 대해서는 의견이 일치하지 않았으나, 그들 대부분이 그 과정에서 정부가 중요한 역할을 맡아야 한다고 생각했다.

1
혁신주의적 추진력

혁신주의의 물줄기는 다양한 방향으로 흘러나왔다. 혁신주의 물결을 일으킨 첫 번째의 강력한 추진력은 '반독점'의 정신, 권력 집중에 대한 두려움, 권세와 부의 제한 및 분산 촉구였다. 그리고 두 번째의 혁신주의 추진력은 사회 단결의 중요성에 대한 믿음, 즉 어느 한 개인의 복지는 사회 전체의 복지에 의존한다는 믿음이었다. 끝으로 세번째의 혁신주의 추진력은 조직과 효율성에 대한 믿음으로, 사회질서란 지적(知的)인 사회조직과 사회·경제생활을 이끄는 합리적 절차의 결과라는 믿음이었다. 이와 같은 다양한 개혁 추진력은 서로가 전적으로 상반된 것이 아니었다. 많은 혁신주의자는 혼란 속에 빠져 있는 사회의 질서와 안정을 회복하도록 애쓰는 과정에서 다른 사상을 비롯해 때로는 이 모든 사상을 이용했다.

추문 폭로 작가와 사회복음

사회·경제·정치적 불의에 대한 대중의 경각심을 일깨운 일군의 개혁 지향적 언론인이야말로 이 새로운 개혁 정신을 처음으로 분명하게 부르짖은 사람이었다. 그들에게는 '추문 폭로자(muckrakers)'라는 딱지가 붙었는데, 이는 시어도어 루스벨트가 너저분한 얘기를 들추어냈다고 한 사람을 고소한 데서 비롯되었다. 그들은 추문, 부패, 불의를 폭로하는 데 전력했다.

처음에는 트러스트와 특히 철도 회사가 추문 폭로자의 주된 표적

> 링컨
> 스테펀스

이었다. 추문 폭로자는 이들이 위험할 정도로 막강하며 심하게 부패했다고 생각했다. 거대 기업 조직에 대한 폭로는 찰스 프랜시스 애덤스 2세(Charles Francis Adams, Jr.)를 비롯한 여러 사람이 철도 재벌의 부정을 파헤쳤던 1860년대 초부터 시작되었다. 그리고 몇 십년 뒤, 아이다 타벨(Ida Tarbell)은 스탠더드 석유 회사 트러스트에 대한 신랄한 비판서를 출간했다. 그러나 20세기가 도래할 무렵에는 많은 추문 폭로 작가가 관심을 정부와 특히 도시의 정치 파벌 조직에 돌렸다. 그중 가장 큰 영향을 끼쳤던 사람은 《매클루어스 매거진(McClure's Magazine)》의 기자였던 링컨 스테펀스(Lincoln Steffens)였다. '특정 정치 파벌이 움직이는 정부(machine government)'와 '보스의 지배(boss rule)'에 관한 그의 묘사에는 의도적으로 도덕적 분노를 일으키고자 하는 어조가 담겨 있었다. 이는 그가 잡지에 연재한 기사 및 그 기사를 바탕으로 출간된 책의 제목, 《도시의 치욕(The Shame of the Cities)》에 반영되었다. 추문 폭로 작가의 영향력은 1910년대에 절정에 달했다. 그들은 정부와 노동조합, 기업을 조사했고 아동의 노동, 이민자가 사는 빈민굴, 매춘, 가족 해체 등의 문제를 파헤쳤다. 또한 천연자원의 낭비와 파괴, 여성의 종속, 때로는 흑인에 대한 억압까지도 규탄했다.

많은 개혁가가 '사회정의'라는 명목의 사상에 헌신하게 되었다. 그러한 관심이 단적으로 표현된 것이 미국 개신교 내부에서 일어난 '사회복음(Social Gospel)'으로, 믿음을 사회 개혁의 수단으로 삼으려는 노력이었다. 영국에서 시작되었지만 이내 미국으로 확산된 구세군(Salvation Army)은 애매하기는 하지만 군사구조를 갖춘 기독교 사회복지 조직이었다. 1900년까지 구세군은 3,000명의 '장교'와

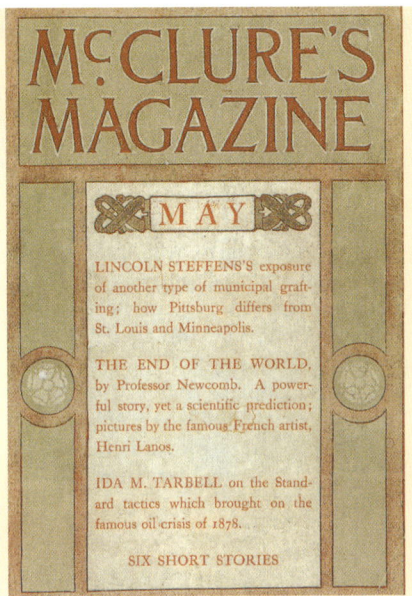

《매클루어스 매거진》 1903년 5월호

《매클루어스 매거진》은 개혁을 촉진하려는 바람에서 사회 및 경제적 추문을 폭로하는, '추문 폭로하기'로 알려진 저널리즘의 한 형태를 추구한 잡지였다. 이 5월호에는 이러한 저널리즘을 선도한 두 명의 추문 폭로 작가, 즉 링컨 스티픈스와 아이다 타벨이 쓴 기사가 실려 있다.

2만 명의 '사병'을 모집했고 도시 빈민에게 물심양면으로 봉사했다. 그밖에 많은 개신교 목사, 가톨릭 성직자, 유대교 랍비 들도 문제를 안고 있는 도시에서 봉사 활동을 하기 위해 전통적인 교구 업무를 밀쳐두고 떠났다. 빈민 사이에서 활동하기 위해 안락한 자리를 포기한 젊은 목사의 이야기인 찰스 셸던(Charles Sheldon)의 《주님의 발자취를 따라(In His Steps)》는 1,500만 부 이상이 팔렸다. 이렇듯 종교가 개혁에 참여함으로써 혁신주의에 강력한 도덕적 충동을 불어넣었고, 사회의 가장 빈곤하고 비참한 사람의 처지에 대한 관심을 불러일으키는 데도 기여했다.

사회복지관 운동

혁신주의적 사고가 지닌 가장 강력한 요소 중의 하나는 환경이 개인에게 결정적인 영향을 끼친다는 믿음이었다. 혁신주의자는 무지, 빈곤, 심지어 범죄행위조차도 도덕이거나 유전적인 결함을 물려받은 것도, 섭리가 작용한 결과도 아니라고 주장했다. 오히려 그러한 결함은 해로운 환경의 소산이라는 것이었다. 따라서 빈민의 삶을 향상시키기 위해서는 그들이 생활하는 환경을 개선할 필요가 있다는 것이었다.

• 헐 하우스

많은 개혁가는 이민자가 북적거리는 도시 이민자 지구야말로 가장 큰 고통을 낳는 곳이라고 믿었다. 이러한 공동체의 문제에 대한 대처 방식의 하나가 바로 영국에서 그 모델을 빌려온 사회복지관이었다. 제인 애덤스(Jane Addams)의 노력으로 1889년 시카고에서 문을 연 헐 하우스가 그 대표적인 복지관이었으며, 이를 모델로 미국 전역에 400개가 넘는 유사한 기관이 설립되기도 했다. 교육받은 중산계급이 운영했던 사회복지관은 이민자 가족이 새로운 나라의 언어와 관습에 적응하도록 도와주려 애썼다.

사회복지관에서 중심적 역할을 한 사람은 교육받은 여성이었다. 실제로 이 운동은 엘리노어 루스벨트를 비롯한 20세기의 많은 주요 여성 지도자의 훈련장이 되었다. 사회복지관은 또 다른 중요한 개혁 기관을 낳는 데에도 기여했는데, 바로 사회복지사였다. 여성이 이 직업에서 중요한 역할을 했다. 전문적인 사회복지사는 빈민에 대한 연민을 가지고 관료제의 혁신주의적 가치—과학적 연구, 효율적 조직, 전문가에 대한 의존—에 헌신했다.

전문적 지식의 매력

사회복지사라는 직업이 등장한 것에서 알 수 있듯, 인도주의적 활동에 참여한 혁신주의자는 종종 지식과 전문가의 의견을 매우 중요시했다. 그러한 신념은 여러 방법으로 표현되었는데, 그중에는 책을 통해 과학자와 기술자의 전문적 지식이 경제 및 사회에 기여하게 될 것이라는, 새로운 문명을 제시한 새로운 학자 및 지식인 집단이 있었다. 여기에서 가장 영향력 있는 인물은 사회과학자인 소스타인 베블런(Thorstein Veblen)이었다. 베블런은 19세기 말 산업계의 거물—그는 일찍이 이 산업계의 거물을 최초의 주요 저서인 《유한계급론》(1899)에서 풍자적으로 '유한계급'이라고 묘사한 바 있다—을 격렬하게 비판했던 반면에 고도의 훈련을 받은 기술자가 권력을 손에 쥐게 될 새로운 경제체제를 제안했다. 그는 기술자만이 현대사회를 지배하게 될 방식인 '기계적 과정'을 완전히 이해할 수 있다고 주장했다.

● 지식과 전문성의 존중

전문적 지식과 조직에 대한 갈망은 실제로 과학적 경영이라는 개념, 혹은 '테일러주의(Taylorism)'를 낳는 데 기여했으며(제17장 제1절 참조), 근대적 대량생산기술과 특히 일관된 생산공정(assembly line)의 발전을 자극했다. 또한 미국의 교육에 혁명적 변화를 가져왔고 사회 및 사회제도를 연구하는 데 있어서도 과학적 기법을 이용하는 사회과학이라는 새로운 학문 분야를 낳았다. 그 외에도 그 수가 늘어나고 있는 중간계급 전문직 종사자 사이에서 조직화 운동을 낳는 데에도 기여했다.

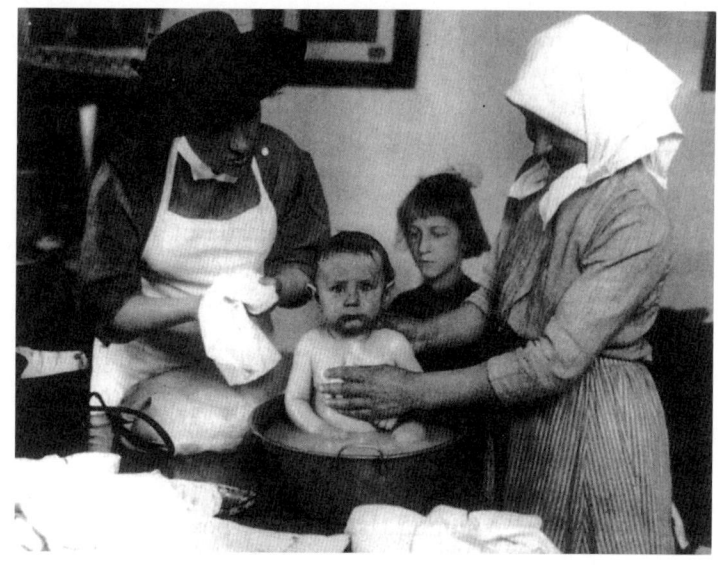

시카고의 유아 복지 협회

유아 복지 협회(Infant Welfare Society)는 시카고를 비롯한 대도시에서 이민자가 미국 생활에 적응해서 안전하고 건강한 생활환경을 가꾸도록 돕는 데 전력을 기울인 많은 '원조' 단체-그중 상당 수 기관이 사회복지관과 긴밀하게 연결되어 있었다-가운데 하나였다. 사진에서는 한 자원봉사자가 1910년경 이민자 출신 어머니에게 아기 목욕시키는 방법을 가르치고 있다.

전문직

신중간계급

19세기 말에는 관리직이나 전문직에 종사하는 미국인의 수가 극적으로 증가했다. 산업계에서는 노동자는 물론이고 경영자, 기술자, 회계 담당자 들을 필요로 했으며, 도시에서는 상업, 의료, 법, 교육에 종사할 사람이 필요했다. 그리고 신기술은 과학자와 기술자를 필요로 했다. 그리하여 20세기에 접어들 무렵, 이러한 분야에 종사하는 사람은 독특한 사회집단, 소위 신(新)중간계급이라고 불리는 집단을 구성하게 되었다.

20세기 초에는 수백만 명의 신중간계급이 사회에서 자신들의 지위를 확고히 할 조직을 건설하고 기준을 마련해나갔는데, 이를 달성하기 위한 주요한 수단 중의 하나가 바로 조직화된 근대적 전문 직종이었다. 프로페셔널리즘이라는 개념은 1880년 말까지만 해도 미국에서 그다지 뚜렷한 개념이 아니었으나 전문가의 역할에 대한 수요가 높아지면서 개혁에 대한 압력도 커졌던 것이다.

이러한 요구에 처음으로 부응한 분야는 의료업계였다. 스스로를 훈련받은 전문가라고 생각한 의사는 1890년대 내내 지방 차원에서 협회와 학회를 조직하기 시작했다. 1901년, 의사는 미국 의학 협회(American Medical Association, AMA)를 전국적 규모의 전문가 단체로 재조직했고 1920년경에는 전체 미국 의사의 약 3분의 2가 이 협회 회원으로 가입했다. 미국 의학 협회는 설립과 동시에 의료 행위를 허가하는 데 엄격하고 과학적인 표준을 요구했다. 이에 대해 주 및 지방정부는 자기 지역 대학에 의학부(medical school)를 신설하는 한편, 모든 의사에게 면허를 요구하고 의사로부터 인정받은 사람에게만 면허를 주는 새로운 법을 통과시키는 것으로 응답했다.

• 미국 의학 협회

다른 전문직에서도 유사한 움직임이 있었다. 1916년경까지 전체 48개 주의 법률가는 전문 법조인 협회를 설립했다. 그리고 야심있는 법률가는 대학원에 등록하는 것이 필수적이라는 사실을 알게 되었으며, 이에 따라 법대(law school)가 크게 확산되었다. 또한 사업가는 경영 대학원 설립을 지원하면서 전국 조직을 결성했다. 1895년에는 전국 제조업자 협회(National Association of Manufacturers), 1912년에는 미국 상공회의소(United States Chamber of

Commerce)가 결성되었다. 그 외에 농민도 전국 농촌 진흥 연합(National Farm Bureau Federation)을 결성해 새로운 질서에 부응했다. 이 조직은 과학적 영농 방법을 전파하고 건전한 판매 기법을 가르치며, 회원의 이익을 위한 로비 활동을 목표로 고안된 농업 조직망이었다.

<small>전문직으로의 진입 제한</small>

이러한 새로운 전문직 조직의 주요 목적 중 하나로 전문직으로의 진입을 억제하는 것도 있었다. 이것은 부분적으로는 전문적인 훈련을 받지 못한 부적격자가 전문직에 종사하는 일을 막기 위한 노력이었다. 허가 조건 또한 과도한 경쟁으로부터 기존의 전문직 종사자를 보호하고 전문 직종에 명성과 지위를 더해주는 효과가 있었다. 하지만 일부 전문직에서는 가입 요건을 흑인, 여성, 이민자 그리고 기타 '바람직하지 못한 사람'을 배제하는 데 이용했다. 게다가 어떤 전문직에서는 회원 수를 줄임으로써 기존 회원의 서비스에 대한 높은 수요를 유지하기 위해 회원의 자격 요건을 이용하기도 했다.

여성과 전문직

여성은 유망한 대부분의 전문직에서 배제되고 있었다. 그러나 상당수의 중산계급 여성—특히 새로 창설된 여자대학과 남녀공학의 주립 대학을 졸업한 여성—은 전문직에 진입했다.

<small>교육과 사회 사업</small>

소수의 여성이 어렵게 의사, 변호사, 기술자, 과학자, 기업 경영인으로 자리 잡았으나 사실 그 대부분은 사회가 여성에게 적합하다고 생각해, 필요에 의해 여성에게 돌아간 것이었다. 사회복지관과 사회복지사업은 많은 사람이 여성에게 적절하다고 생각했던 것이다. 하

지만 가장 비중이 높은 직종은 가르치는 일이었다. 실제로 19세기 말 전체 문법 학교 교사의 3분의 2 이상이 여성이었고, 전체 여성 전문직 종사자의 대략 90퍼센트가 교사였다. 특히 교육받은 흑인 여성에게는 교사야말로 종종 취업을 희망할 수 있는 유일한 전문 직종이었다.

여성이 가장 많이 종사했던 전문 직종은 또 있었다. 간호는 남북전쟁을 전후한 시기에 주로 여성의 분야가 되었다. 그때만 하더라도 하녀 일과 같은 천한 직업으로 여겨졌으나 20세기 초에는 그 일 역시 전문적인 자격 조건을 갖추어야만 할 수 있었다. 그리고 도서관 사서 역시 여성의 몫이었다. 그 외에도 많은 여성이 학계로 진출했고 종종 시카고 대학, 매사추세츠 공과대학(MIT), 컬럼비아 대학 등과 같은, 남성이 지배적인 대학에서 석·박사 학위를 받아 새로 개교하거나 확장된 여자대학의 교수가 되기도 했다.

여성 전문직은 다른 전문직과 많은 공통점이 있었지만, 뚜렷한 특질도 있었다. 교사와 간호사, 사서와 같은 직업은 남을 '도와주는' 전문직이었다. 여성의 작업장—학교, 병원, 도서관—은 막연하게 '가사적'이거나 '여성적'이라는 인상을 풍겼는데 이것은 남성(사실은 대부분의 여성)이, 사회에 있어서 여성에게 적합한 역할에 대한 기존의 통념에 따라 여성 전문직이라는 개념을 끌어다 맞춘 결과였다.

• '도와주는' 전문직

2
여성과 개혁

혁신주의에서 가장 놀라운 현상 중의 하나는 개혁 운동에서 여성이 탁월한 역할을 했다는 점이다. 여성은 비록 대부분의 주에서 투표할 수 없었고 관직에도 거의 진출할 수 없었으며 단지 몇 안 되는 전문직에서 발판을 마련했을 뿐이지만, 중요한 개혁가가 되었다. 그러나 정치 및 전문 분야에서 상대적으로 고립된 상황은 몇 가지 면에서 여성이 일정한 영향력을 행사할 능력을 키우게 되는 계기로 작용했다고 할 수 있다. 왜냐하면 이 때문에 여성은 경제적 이해관계나 정치적 이해관계에 물들지 않은 문화를 가꾸어낼 수 있었고 초당적 이념에 자신들의 대의를 연결시킬 수 있었기 때문이다.

'신여성'

'신여성(new woman)'이라는 현상은 당대의 사회적·경제적 변화의 산물이었다. 19세기 말경에는 거의 모든 소득 창출 활동은 가정이 아닌 공장이나 사무실에서 이루어졌다. 동시에 많은 여성이 이전에 비해 적은 수의 자녀를 갖게 되었고, 자녀는 더 어린 나이에 학교에 입학했으며 학교에서 더 많은 시간을 보내게 되었다. 따라서 점점 더 많은 여성이 가정 밖의 활동을 모색하기 시작했다.

또한 이전에 비해 더욱 많은 여성이 전통적인 가족 개념의 범주를 벗어났다. 1890년대에는 전체 미국 여성의 대략 10퍼센트가 아

'보스턴식 결혼'

예 결혼하지 않았는데, 이런 독신 여성 가운데에는 당대의 가장 탁월한 여성 개혁가도 있었다. 이들 중 일부는 혼자 살았다. 어떤 여성은 종종 다른 여성과 오랜 관계를 유지하며 함께 살았다. 즉, '보스턴식 결혼(Boston marriages)'이라는 것이었다. 이혼율도 빠르게 증가해 1880년에는 22쌍 중 1쌍이 이혼했던 것이 1916년에는 9쌍 중 1쌍으로 늘어났다. 그리고 대다수의 이혼은 여성이 주도한 것이었다.

한결 높아진 교육 수준 역시 개혁 활동에서 여성의 두드러진 역할을 야기했다. 19세기 후반에는 여자대학과 남녀공학의 주립 대학이 증가하면서 여성 상당수가 고등학교 이상의 교육을 받은 첫 세대가 탄생되었다. 신설 대학 또한 늘어나면서 여성은 그들만의 공동체를 만들어나갔고 그 공동체를 통해 자신들의 활동에 대한 야망과 동료애를 지탱해나갈 수 있었다.

여성 클럽

혁신주의적 사회 개혁의 선봉에는 광범위한 여성 클럽이 있었다. 클럽은 대개 중간계급 및 상류계급 여성에게 지적 에너지를 배출하도록 출구를 마련해주는 문화 조직으로 출발했다. 1892년, 여성이 지방 조직의 활동을 조율하기 위해 여성 클럽 총연맹(General Federation of Women's Clubs)을 조직했을 당시에는 500개에 달하는 클럽에 10만 명이 넘는 회원이 있었고, 1917년경에는 100만 명 이상이 클럽에 소속되어 있었다.

20세기 초에 이르러 여성 클럽은 문화 활동에 관여하기보다는 사

• 여성 클럽의 중요성

회 개혁에 공헌하는 일에 좀 더 비중을 두었다. 여성 클럽이 행한 많은 일은 논쟁의 여지가 없는 일이었다. 예컨대 나무를 심고 학교와 도서관, 사회복지관을 지원하고, 병원을 세우고 공원을 조성했다. 그러나 아동노동법, 노동자 보상제, 순정 식품 및 의약품법, 직업 안정, 인디언 정책의 개혁, 여성참정권(1914년에 시작됨) 등과 같은 논란의 여지가 있는 법안을 지지한 클럽도 많았다.

• 전국 유색인 여성 협회

흑인 여성이 때때로 백인이 주류인 클럽에 가입한 경우도 있었으나 그들 역시 대부분 자신들만의 클럽을 결성했다. 그리고 그중 일부는 여성 클럽 총연맹에 가입하기도 했지만, 독자적인 전국 유색인 여성 협회(National Association of Colored Women)에 소속된 클럽의 숫자가 더 많았다. 흑인 여성 클럽은 주로 백인 여성 클럽을 모델로 했는데, 일부 흑인 여성 클럽은 특히 흑인에 관계되는 문제에 관여했다. 그리하여 몇몇 클럽은 사형(私刑)에 반대하는 운동을 전개했고 사형을 연방 범죄로 정하기 위한 연방의회의 입법을 요구하기도 했다.

여성 클럽 운동은 사회에서 여성의 적합한 역할에 관한 전통적인 사고방식에 대해서는 거의 아무런 도전도 하지 않았다. 그러나 여성은 가정과 가족을 넘어 영향력을 확대하려는 중요한 노력을 지속했다. 여성은 여성 클럽 운동을 통해 기존의 남성 지배 질서에 공개적으로 도전을 가하지 않고도 공적 세계에서 자기 공간을 분명히 할 수 있게 되었다.

• 여성 클럽 운동의 중요성

그러나 여성 클럽 운동의 중요성은 단순히 중간계급 여성을 위한 일을 했다는 데 있지는 않았다. 그 클럽은 중간계급 여성이 노동계급을 위해 무언가를 하는 데에도 중요한 역할을 했다. 즉, 여성 클럽 운동은 여성 및 아동의 노동조건을 규정화하고 작업장에 대한 정부의 검사 제도를 설치하는 한편, 식품 의약품 산업을 규제하고 도시의 주택에 새로운 표준을 적용하는 내용의 주법(그리고 궁극적으로는 연방법)이 통과되는 과정에서 중요한 세력으로 작용했다. 여성 클럽의 회원은 이러한 많은 노력을 해나가는 과정에서 여성 노동조합 동맹(Women's Trade Union League)과 같은 다른 여성 단체와 손을 잡기도 했다. 여성 노동조합 동맹은 여성 노조원과 상류계급 개혁가가 주축이 되어 1903년에 창립했으며, 여성을 노조에 가입하도록 설득하는 데 주력한 단체였다.

여성참정권

여성 참정권 운동이야말로 혁신주의 시대에 단일한 개혁 운동으로는 가장 큰 운동이자 미국 역사상 가장 큰 운동의 하나였다. 그것은 정치적 기본권을 얻기 위한 수십 년에 걸친 여성의 투쟁이 최고조에 달한 것이었다. 그러나 한편으로는 20세기 초의 독특한 정치 세력의 산물이기도 했다.

오늘날의 미국인에게는 참정권 (또는 투표권) 문제가 20세기 초에 왜 그토록 엄청난 논쟁을 불러일으켰는지를 이해하기란 어려운 일일지도 모른다. 하지만 당시에는 참정권 요구가 비판자에게는 매우 급진적인 요구로 여겨졌는데, 이는 일부 참정권 지지자가 취한 방법 때문이었다. 19세기 후반 내내 많은 여성참정권 주창자들은, 여성도 투표권을 포함해서 남성과 동등한 권리를 누릴 자격이 있다고 주장하면서 '자연권'의 관점에서 자신들의 견해를 피력했다. 예

• 여성 참정권의 급진적 의미

를 들면 엘리자베스 캐디 스탠턴(Elizabeth Cady Stanton)은 1892년에 여성에 대해 "자기 자신의 운명의 조정자이며 … 우리가 여성을 한 사람의 시민으로, 위대한 국가의 구성원으로 여긴다면, 여성은 다른 모든 구성원과 같은 권리를 가져야만 한다"고 했다. 사회의 한 부분으로서의 여성의 역할을 생각한다면 '어머니, 아내, 자매, 딸'로서의 여성의 역할은 단지 '부수적인 역할'에 불과하다는 것이었다.

이것은 사회가 독특한 여성의 '영역,' 즉 여성은 무엇보다 먼저 아내와 어머니로서 기여할 것을 요구한다고 믿었던 많은 남성(심지어 많은 여성)의 생각에 대한 커다란 도전이었다. 그래서 강력한 여성참정권 반대 운동이 등장하기도 했다. 여성참정권을 반대하는 조직, 신문, 정치적 운동 등이 있었다. 여성참정권 반대 운동가는 여성참정권을 이혼, 혼음, 자녀 방기(放棄) 등과 연관 지었고 19세기 후반의 상당 기간 동안 투표권을 얻으려는 여성의 노력을 효과적으로 막았다.

• 전미 여성 참정권 협회

여성참정권 운동은 20세기 초에 이러한 반대를 극복하기 시작했다. 그것은 여성참정권 옹호자가 반대자보다 한결 잘 조직되어 있었고 정치적으로도 더 세련되었기 때문이기도 했다. 전미 여성참정권 협회(National American Woman Suffrage Association, NAWSA)는 보스턴의 사회사업가인 안나 하워드 쇼(Anna Howard Shaw)와 아이오와 주 출신의 언론인인 캐리 채프먼 캐트(Carrie Chapman Catt)의 지도로 회원수가 1893년 1만 3,000명에서 1917년에는 2백만 명 이상으로 성장했다.

그러나 이 운동은 대다수의 탁월한 지도자가 여성참정권을 비교적 덜 위협적인 방식으로 정당화했기 때문에 힘을 얻은 것이기도 했다. 몇몇 지지자가, 여성이 참정권을 얻게 되면 그들만의 특별하고 독특한 덕성을 발휘해 사회의 여러 문제에 한층 폭넓은 영향을 미치게 될 것이라고 주장했던 것이다. 그들은 여성이 독특한 영역을 점하고 있기 때문에, 다시 말해 어머니와 아내, 주부로서 특별한 경험과 특별한 감수성을 지니고 공공 생활에 영향을 주게 될 것이므로 여성참정권은 정치에 중요한 기여를 할 수 있으리라고 했다. 많은 여성참정권론자는 여성이 참정권을 가지게 된다면 무엇보다도 특히 금주운동에서 정치적으로 한 목소리를 내야 사회에 기여할 수 있다는 주장을 펴기도 했다. 또한 일부 여성참정권 옹호자는, 일단 여성이 투표권을 갖게 되면 전쟁이란 과거지사가 될 것이라고 했다. 왜냐하면 여성은 모성 본능과 차분하고 평화적인 영향력을 발휘해 남성의 타고난 호전성을 억제하는 데 도움을 주기 때문이란 것이었다.

여성참정권 운동이 중요한 승리를 거두기 시작한 것은 1910년이었다. 바로 그해, 워싱턴 주가 처음으로 14년 내에 참정권을 여성에게 확대하기로 했다. 1년 뒤 캘리포니아 주가 여기에 합류하고, 1912년에는 다른 서부의 4개 주도 동참했다. 1913년에는 일리노이 주가 미시시피 강 동쪽에서는 처음으로 여성의 참정권을 받아들이고, 1917년과 1918년에는 미국에서 규모가 가장 큰 두 주인 뉴욕 주와 미시건 주가 각각 여성에게 투표권을 부여했다. 1919년에는 39개 주가 최소한 몇몇 선거에서 여성에게 투표권을 부여하게 되고 그 중 15개주는 모든 투표에 여성의 참여를 허용했다. 결국 1920년 여성참정권론자는 나라 전체의 여성에게 정치적 권리를 보장해주는 헌법 수정 조항 제19조를 비준시키는 데 성공했다.

• 헌법 수정 조항 제19조

앨리스 폴

그러나 몇몇 페미니스트에게는 승리가 완벽해 보이지 않았다. 1916년에 창립된 급진적인 전국 여성당(National Woman's Party)의 지도자 앨리스 폴(Alice Paul)은 헌법 수정 조항 제19조만으로는 여성의 권리를 보호하기에 충분치 않다고 주장했다. 여성은 더 많은 여성의 권리를 뚜렷하게 법적으로 보호할 장치, 즉 모든 성차별을 금지시키는 방안으로 헌법 수정을 원했던 것이다. 그러나 앨리스 폴의 주장은 당시 승리를 맛본 참정권 운동의 가장 영향력 있는 지도자 사이에서조차 별 호응을 얻지 못했다.

3

정당에 대한 공격

얼마 후 혁신주의가 지향하는 대부분의 목적에 정부가 개입하게 되었다. 개혁가는 오직 정부만이 국가를 위협하는 막강한 사적 이해관계에 효과적으로 맞설 수 있다는 데 동의했다. 하지만 혁신주의자는 새로운 세기의 여명에 서 있는 정부가 자신들의 요구를 제대로 수용할 수 없을 것이라 믿었다. 따라서 혁신주의자가 사회를 효과적으로 개혁하기 위해서는 그에 앞서 먼저 정부 자체를 개혁해야 했다. 많은 혁신주의자는 최소한 정당을 통해 정부 및 정치 지배를 공격하는 것으로 그와 같은 개혁이 시작되어야 한다고 생각했다.

초기의 공격

정당 지배에 대한 공격은 19세기 말에 빈번하게 일어난 현상이었다. 예를 들어 그린백 옹호론자와 인민당원은 공화당과 민주당이 공공 생활을 통제하는 지배 구조를 깨뜨리려 애썼다. 독립파 공화당원(Independent Republicans)—또는 머그웜프(mugwumps)—은 파당적 지배에 도전하려 했고, 이전의 머그웜프는 1890년대 이후에 혁신주의적 정치 개혁 활동의 중요한 지지자가 되었다.

초기의 공격은 일부 성공을 거두었다. 1880년대와 1890년대에 대부분의 주가 비밀투표를 채택한 것을 예로 들 수 있다. 그 이전에는 정당이 자체적으로 인쇄한 투표용지(또는 '표')를 지지자에게 나누

비밀투표

어주었는데, 여기에는 자기 당 후보의 이름만 게재되어 있었다. 따라서 지지자는 투표소에 가서 그 표를 투표함에 넣기만 하면 되었다. 그러므로 예전의 방식으로는 정치 보스가 선거구민의 투표 행태를 감시하는 것이 가능했다. 그러나 새로운 투표 방식은 정부가 투표용지를 인쇄해 투표소에서 나누어주고 그곳에서 기표를 한 다음 남에게 보이지 않게 투표함에 넣는 것이었다. 이 방식은 유권자에 대한 정당의 위세를 제거하는 데 기여했다.

1890년대 말경, 정당의 비판자는 목표를 확장했다. 그들은 둘 중 하나의 방식으로 정당 지배 구도를 깨뜨릴 수 있을 것이라고 믿었다. 그 하나는 국민의 힘을 증대시키는 방식, 즉 국민이 자기 의지를 직접 투표로 표현하도록 하는 것이었다. 그리고 다른 하나는 초당파적인 비선출직 관리의 수중에 더 많은 권력을 쥐어주는 것이었다. 그리하여 개혁가는 이 두 가지 방법 모두를 충족시키는 법령 제정을 추진했다.

지방자치단체의 개혁

많은 혁신주의자는 정당 지배의 해악이 도시에서 가장 심각하다고 생각했다. 따라서 정치 개혁을 위해 일하는 사람은 지방자치 정부를 개혁의 첫 번째 목표로 삼았다. 링컨 스테펀스 같은 추문 폭로 기자는 특히 시정(市政)의 부패와 무능에 대한 대중의 분노를 불러일으키는데 성공했다.

추문폭로 작가는 정치 파벌 세력의 파괴를 기도했던 막강한 도시 중간계급의 혁신주의자 집단 사이에서 호응을 얻었으나 한편으로는 강력한 반대에 부딪혔다. 이들은 막강한 시정 보스와 그들의 견고한 정치조직에 도전했을 뿐만 아니라, 그들과 특별한 유착 관계에 있는 거대한 집단, 예컨대 시정 보스와 수지맞는 관계를 맺고서 개혁을 자신들의 이익에 위협이 된다고 보았던 술집 주인이나 포주, 사업가 등을 공격했다. 마지막으로 도시 노동자라는 거대한 유권자 집단이 있었는데 그들 중 상당수는 이민 온 지 오래되지 않은 사람으로서 시정 보스는 그들에게 필요한 직업과 용역을 제공해주고 있었다. 그러나 개혁가는 점차 정치적 힘을 얻어나갔다. 그리고 20세기 초에 몇 가지 중요한 승리를 거두기 시작했다.

• 도시 정당 조직에 대한 도전

초기의 영향력 있는 성공은 텍사스 주 갤버스턴(Galveston)에서 이루어졌다. 1900년 엄청난 해일이 갤버스턴을 휩쓸고 지나갔을 때, 이를 복구하는 과정에서 시 정부의 무능이 완전히 드러났다. 대중은 낙담했고 개혁가는 이를 계기로 시장과 시의회를 선출직으로 구성된 초당파적 위원회로 대체하는 새로운 시 헌장을 승인받는 데 성공했다. 1907년, 아이오와 주의 디모인(Des Moines)에서 자기들 나름의 위원회를 설치하는 방향으로 위원회 계획(commission plan)을 채택하자 다른 도시들도 곧 뒤를 이었다.

또 다른 접근 방식은 1908년 버지니아 주 스탠턴에서 처음으로 채택한 도시 경영자 계획(city-manager plan)이었다. 이는 선출직 관리가 외부 전문가―이들은 종종 전문적으로 훈련받은 기업 경영자나 기술자였다―를 고용해 시 정부를 맡도록 하는 것이었다. 도시 경영자는 아마도 부패한 정치의 영향을 받아 타락하지는 않을 것이라고 생각되었다. 혁신주의 시대 말기에는 한결 규모가 작은 400개의 도시가 위원회 체제로 운영되었고, 또 다른 45개 도시가 도시 경

• 도시 경영자 계획

영인을 고용했다.

다른 도시에서는 개혁가가 지방자치단체의 선거 과정에 개입하거나 정부 내의 권력 분배 구조를 변화시키기 위해 뭉쳤다. 몇몇 도시에서는 시장 선거에서 정당인을 배제하는 한편, 선거 자체를 대통령 선거나 의원 선거가 없는 해로 옮기기도 했다(이는 선거철에 정당 조직이 조성한 세몰이의 영향을 감소시키기 위함이었다). 개혁가는 시의회 의원이 대거 선거에 출마하도록 애썼는데, 이는 시 행정구역 지도자와 지역 보스의 영향력을 제한하려는 의도였다. 또한 개혁가는 시의회를 희생해서라도 시장의 권력을 강화시키려고 했는데, 이것은 개혁가가 시의회 전체를 장악하기보다는 그들에게 동조하는 선출직 시장을 내기가 더 용이하다는 가정에 입각한 것이었다.

주 의회 개혁

많은 혁신주의자는 개혁해야 할 기관으로서 주 정부에 눈을 돌렸는데, 그들은 주 입법부를 특히 냉소적으로 바라보았다. 보수도 적고 비교적 평범한 사람인 주 입법부 의원이 전반적으로 무능하고 타락했으며, 항상 정당 보스에 의해 조종된다고 믿었다. 많은 개혁가가 유권자의 힘을 증대시켜 주 입법부(그리고 그들을 조종하는 정당의 보스)를 고립시킬 수 있는 방법을 모색하기 시작했다.

• 주민 발의와 주민 투표

가장 중요한 변화 중 두 가지는 1890년대에 인민당원이 처음으로 주창한 혁신적 방안인 주민 발의와 주민 투표였다. 일반 선거라는 형식으로 주민 발의로 입법안이 유권자에게 직접 제출됨으로써 개혁가는 주 입법부를 굴복시킬 수 있게 되었다. 주민 투표

(referendum)로 입법 행위를 유권자에게 승인을 받을 수 있는 방도가 마련된 것이었다. 1918년경 20개 이상의 주가 이러한 개혁안 가운데 한 가지 또는 두 가지 모두를 법제화했다.

이와 유사한 노력의 일환으로 직접적인 예비선거제(primary)와 공직자 소환제(recall)도 만들었는데 이는 정당의 권력을 제한하고 선출직 관리의 자질을 향상시키기 위한 노력이었다. 예비선거제는 후보 선택권을 보스에게서 빼앗아 국민에게 돌려주기 위한 시도였다(그동안 남부에서는 예비선거제가 아프리카계 미국인을 투표에서 제외시키기 위한 장치로 이용되기도 했다). 공직자 소환제는 일정한 수 이상의 시민이 청원서에 서명하면 특별선거를 통해 공직자를 관직에서 축출할 수 있는 권리를 유권자에게 부여한 것이었다. 1915년까지 미국의 모든 주가 최소한 몇몇 관직에 예비선거제를 도입했고, 공직자 소환제는 한층 격렬한 반대에 부딪쳤지만 일부 주에서는 이 소환 제도마저도 채택했다.

주 차원에서 가장 주목할 만한 개혁가는 위스콘신 주의 로버트 라폴레트(Robert M. La Follette)였다. 그는 1900년에 주지사로 선출되어 전국의 개혁가가 위스콘신 주를 '혁신주의의 실험실'이라고 묘사할 정도로 개혁에 기여했다. 위스콘신의 혁신주의자는 직접적인 예비선거제, 주민 발의제, 주민 투표제를 얻어내는 데 성공했으며, 철도와 공공시설을 규제했다. 또한 작업장에 대한 규제와 작업 중 상해를 입은 노동자에게 보상해주는 법을 통과시켰으며, 상속재산에 대해 세금을 부과하고 철도와 여러 기업의 이익에 주 정부의 세금을 거의 2배로 인상했다.

로버트 라폴레트

위스콘신 주에서 선거운동을 하고 있는 로버트 라폴레트

라폴레트는 위스콘신 주지사를 세 차례 지낸 뒤에 1906년 미국 상원에서 오랜 의원 생활을 시작했으며 그동안 진보적인 혁신주의적 개혁을 위해 고집스럽게 일했다. 사실 그는 너무도 단호해서 종종 고립되기도 했다. 그는 자서전 한 장의 제목을 〈상원에서 외로이〉라고 붙였다. 라폴레트는 자기 주에 매우 엄청난 영향을 미쳤으며, 그와 그의 아들이 거의 40년 동안 위스콘신 주 정치를 지배했다. 그리고 연방정부가 반대했던 수많은 개혁 입법을 통과시키는 데 성공했다.

정당과 이익집단

물론 개혁가가 미국의 정치에서 정당을 제거하지는 못했다. 그러나 정당 중심의 정치체제를 사라지게 만들었는데, 그 증거로 무엇보다도 투표율 저하를 들 수 있다. 19세기 말에는 선거권이 있는 유권자의 81퍼센트가 전국적 규모의 선거에서 일상적으로 투표에 참여했다. 20세기 초에는 그 숫자가 놀라울 정도로 감소하여 1900년에 치러진 대통령 선거에서는 유권자의 73퍼센트가 투표했고 1912년에는 그 숫자가 약 59퍼센트로 떨어졌다. 그 후로는 투표율이 70퍼센트에 달한 적이 한 번도 없었다.

그와 동시에 정당도 쇠퇴하고 있었으며, '이익집단(interest groups)'이라고 알려지게 된 다른 권력 기구가 등장해 정당과 경쟁을 벌였다. 예를 들면 전문가 집단, 특정 사업과 산업을 대표하는 직종별 협회, 노동조직, 농민을 위한 로비 조직 등이 있었다. 사회 사업가와 사회복지관 운동, 여성 클럽 등은 요구를 관철시키기 위해 이익집단으로서 행동하는 방법을 배웠다. 새로운 정치 유형, 즉 많은 개별적 이해관계가 정당 구조를 통해 움직이기보다는 정부에 직접적으로 영향력을 행사하기 위해 조직되는 정치 유형이 등장했다.

'이익집단'의 등장

4
혁신주의적 개혁의 원천

대다수가 동부 출신인 중간계급 개혁가는 혁신주의의 대중적 이미지와 그 실체의 상당 부분을 차지했다. 그러나 그들만이 사회 환경을 개선하려 한 것은 아니었다. 노동계급, 아프리카계 미국인, 서부인, 심지어 정당 보스조차 당대의 몇몇 중요한 개혁을 진전시키는 데 결정적인 역할을 했다.

노동, 정치조직 그리고 개혁

비록 미국노동총동맹(American Federation of Labor, AFL)과 그 지도자인 새뮤얼 곰퍼스(Samuel Gompers)가 당대의 많은 개혁 노력과는 상당히 떨어져 있기는 했지만, 그럼에도 일부 노조는 개혁을 위한 투쟁에서 중요한 역할을 했다. 예를 들면 샌프란시스코의 건축업 평의회(Building Trades Council) 소속의 노동자는 새로운 연합 노동당(Union Labor Party)를 결성하는 데 선두에 나섰다. 이 당은 샌프란시스코의 중간계급 및 엘리트 혁신주의자의 개혁 프로그램과 거의 구별할 수 없을 정도로 유사한 노력을 기울였다. 1911년과 1913년 사이에 부분적으로는 이 신당의 노력으로 인해 캘리포니아 주는 아동노동법, 노동자 보상법, 여성의 노동시간 제한에 관한 법안 들을 통과시켰다. 노조의 압력은 많은 다른 주에서도 마찬가지로 유사한 법이 통과되는 데 기여했다.

정당에 대한 공격이 낳은 한 가지 결과는 정당 조직 자체가 변화했다는 점이었다. 정당 영수는 때때로 자신의 정치조직을 사회 개혁의 도구로 변화시켰다. 그중 한 예가 미국에서 가장 오래된 조직이자 가장 악명 높았던 도시 정치조직인 뉴욕의 태머니홀(Tammany Hall)파였다. 태머니홀파의 교활한 지도자인 찰스 프랜시스 머피(Charles Francis Murphy)는 20세기 초에 보스정치의 술책과 사회개혁가의 관심을 결합시키기 시작했다. 태머니홀파는 노동조건을 개선하고, 산업 경제에 있어 최악의 폐해를 없애는 데 법률 제정 대신 정치력을 이용했다.

1911년 끔찍한 화재가 뉴욕의 워싱턴 광장에 있는 트라이앵글 셔츠 회사(Triangle Shirtwaist Company)의 공장을 휩쓸었다. 이때 146명의 노동자가 사망했는데, 대다수가 여성이었다. 사망자 다수가 불타는 건물에 갇히게 되어 일어난 참화였다. 그들이 갇히게 되었던 것은 관리자가 무단 외출을 금지하기 위해 비상구에 자물쇠를 채워놓았기 때문이었다. 이후 3년 동안 주 위원회는 화재 원인만이 아니라 산업 현장의 전반적 상황에 대해 조사했다. 1914년경 이 위원회는 근대적 노동조건에서의 주요 개혁을 요구하는 일련의 보고서를 제출했다. 그 보고서의 권고 사항이 뉴욕 주 의회에 도달했을 때, 이를 가장 효과적으로 지지한 사람은 중간계급의 혁신주의자가 아니라 두 명의 태머니홀파 민주당원, 즉 상원 의원 로버트 와그너(Robert F. Wagner)와 하원 의원 앨프리드 스미스(Alfred E. Smith)였다. 그들은 머피의 지지와 태머니홀파 의원의 후원을 업고, 공장주에게 엄격한 규제를 가하는 한편, 효과적인 강제 시행 장치를 구

• 트라이앵글 셔츠 회사 화재

축하는 내용의 일련의 선구적인 노동법을 이끌어 냈다.

서부의 혁신주의자

연방정부의 개혁

미국 서부에서 당대의 가장 주목할 만한 혁신주의 지도자, 즉 캘리포니아 주의 하이럼 존슨(Hiram Johnson)과 네브래스카 주의 조지 노리스(George Norris), 아이다호 주의 윌리엄 보라(William Borah) 등이 탄생했다. 이들은 거의 모두 미국 연방의 상원에서 최소한 몇 차례에 걸쳐 의원으로 활동했는데, 연방정부야말로 서부의 각 주를 위한 개혁에 있어 가장 중요한 표적이었기 때문이다. 동부에서라면 결코 가질 수 없었던 일종의 권한을 서부에서 행사했다.

서부의 미래에 가장 중요한 개혁 가운데 상당수가 주 차원을 넘어서는 행동을 요구하는 것이었다. 예를 들어 용수를 둘러싼 논쟁은 거의 항상 주 경계를 가로지르는 강과 시내를 포함하고 있었다. 아마도 더욱 중요한 것은 연방정부가 서부 주의 토지와 자원에 대해 엄청난 권력을 행사하고, 토지 양도의 형태로 이 지역에 상당한 보조를 제공하거나 철도 및 용수 공급 사업을 지원했다는 사실이다. 서부의 방대한 지역은 워싱턴의 연방정부가 관리하는 공유지로 남아 있었다(그리고 아직도 남아 있다). 그리고 서부 성장의 상당 부분은 연방정부가 자금을 대주는 댐과 용수 공급 사업의 결과였다(그리고 계속해서 그러한 결과를 가져오게 되었다).

서부에 대한 많은 권한이 주 및 지방정부가 관리할 수 없는 연방 관료에게 있었기 때문에 서부 대부분의 지역에서 정당은 상대적으로 취약했다. 이것이 서부 주가 매우 신속하고 단호하게 주민 발의,

주민 투표, 공직자 소환제, 직접 예비선거제 등 정당이 좋아하지 않는 개혁을 실시하게 된 한 가지 이유였다. 또한 야심만만한 정치가가 한결 빠르게 이 지역의 미래에 영향력을 행사할 수 있는 장소로 워싱턴 정가를 바라보게 했던 이유이기도 하다.

아프리카계 미국인과 개혁

합법적인 인종 분리가 혁신주의적 개혁이라고 믿었던 극소수의 남부 백인을 제외하면 인종 문제에 진지하게 관심을 기울인 백인 혁신주의자는 거의 없었다. 그러나 아프리카계 미국인 사이에서 혁신주의 시대는 기존의 인종적 기준에 대한 몇 가지 중요한 도전을 낳았다.

• 두 보이스

아프리카계 미국인은 자신들의 억압적인 지위에 도전하고 개혁을 추구하는 데 있어 어느 다른 집단보다도 큰 장애물에 가로막혀 있었다. 그것이 그토록 많은 흑인이 19세기 후반기에 장기적인 사회 변화보다는 즉각적인 자기 개선을 위해 노력하자는 부커 워싱턴(Booker T. Washington)의 메시지를 받아들인 이유 중의 하나였다. 그러나 20세기로 접어들면서 워싱턴의 철학과, 인종 관계의 전체 구조에 대해 강력한 도전이 제기되고 있었는데, 이러한 새로운 접근을 선도한 이는 하버드대 출신의 사회학자이자 역사가인 두 보이스(W. E. B. Du Bois)였다.

두 보이스는《흑인의 영혼(The Souls of Black Folk)》(1903)에서 워싱턴의 '애틀랜타 타협(Atlanta Compromise)'을 공개적으로 공

책상 앞에 앉아 있는 두 보이스

두 보이스는 부커 워싱턴과 달리 결코 폭넓은 대중적 지지를 받지는 못했지만, 19세기 말과 20세기 초에 널리 인정받았던 흑인 엘리트 지도자다. 그는 하버드 대학에서 박사 학위를 받은 최초의 아프리카계 미국인이고, 평생 수많은 탁월한 역사 및 사회학 저술을 출간했다. 그는 자신이 창설을 도왔던 전국 유색인 지위 향상 협회가 발행하는 신문 《위기(The Crisis)》의 편집인으로 일하기도 했다. 95세를 일기로 1963년에 사망했다.

• 전국 유색인 지위 향상 협회의 창설

격하기에 이르렀다. 워싱턴은 애틀랜타에서 처음 행한 연설에서 흑인에게 정치적 평등을 달성하기 위한 노력을 연기하고 자기 개선에 집중할 것을 촉구했다. 이에 대해 두 보이스는 워싱턴이 불필요하게 자기 동족의 열망을 제한한다고 비난했다. 두 보이스는 재능 있는 흑인이 상업학교와 농업학교의 교육에 만족하기보다는 최소한 완전한 4년제 대학 교육을 받아야 한다고 주장했다. 즉, 재능 있는 흑인은 전문 직업에 대한 야망을 가져야 하고, 무엇보다도 즉각적인 시민권 향상을 위해 싸워야 한다는 것이었다. 1905년에 두 보이스와 그의 지지자 집단은 나이아가라 폭포―미국 쪽에는 흑인이 묵을 수 있는 호텔이 없었기 때문에 캐나다 국경 쪽에서―에서 만나 나이아가라 운동(Niagara Movement)을 촉발했다. 4년 뒤에는 자신들의 대의에 동조하는 백인 혁신주의자와 손잡고 전국 유색인 지위 향상 협회(NAACP : National Association for the Advancement of Colored People)를 결성했다. 이후로 이 조직은 연방 법원에 소송을 제기하는 것을 주요 무기의 하나로 사용하면서 평등권을 위한 운동을 이끌었다.

5
질서와 개혁을 위한 운동

개혁가는 자신의 역량을 정치 과정에 많이 투여했다. 그러나 도덕적 문제라고 생각한 것을 위해서도 운동을 펼쳤다. 국민 생활에서 술을 추방하고 매춘을 억제하며, 이혼을 규제하는 일 등이 그런 일이었다. 그리고 이민을 제한하거나 독점 세력을 억제하기 위해서도 노력했다. 많은 사람이 오랫동안 부당하다고 생각했던 것을 해소하기 위한 운동도 전개했다. 그중 가장 두드러진 것이 바로 여성참정권 운동이었다. 이들 각각의 개혁 운동 지지자는 개혁 운동의 성공이 사회 전체의 혁신을 이루게 될 것이라고 믿었다.

금주운동

많은 혁신주의자는, 미국인의 생활에서 술을 추방하는 것이야말로 사회질서를 회복시키는 데 필수적인 단계라고 여겼다. 특히 사회복지관 및 사회사업 기관 종사자는 술이 노동계급 가정에 끔직한 영향을 끼친다고 생각했다. 노동자가 술집에서 시간을 보내게 됨에 따라 가뜩이나 부족한 임금이 흔적없이 사라지게 마련이고 술에 취해 폭력을 행사하거나 때로는 살인을 저지른다는 얘기였다. 여성은 특히 술을 노동계급의 아내와 어머니가 겪는 가장 큰 두통거리라고 보았으며, 금주로 학대를 일삼거나 무책임한 남성의 행태를 고쳐나감으로써 여성의 삶이 향상되기를 희망했다. 고용주는 노동자가 종종 음주로 인해 직장에 지각하거나 심할 경우 술이 덜 깬 상태에서 공장에 나와 부주의하고 위험스럽게 작업을 수행한다고 불평했다. 그리고 술집을 정치조직의 핵심 거점 중의 하나라고 본 정치 개혁가는 음주를 공격함으로써 정치 보스를 공격한다고 여겼다. 그야말로 금주운동은 이러한 다양한 정서에서 대두했다.

남북전쟁 이전에 금주는 많은 사람을 강력한 종교적 의미를 지닌 운동에 끌어들였던 주요 개혁 운동이었다. 금주운동은 1870년대부터 시작되어 다시금 크게 부활했으며, 남북전쟁 이전 시기처럼 주로 여성이 금주운동을 이끌고 지지했다. 1873년, 금주 찬성론자는 기독교 여성 금주 연합(Women's Christian Temperance Union, WCTU)을 결성했는데, 1879년 이후로는 프랜시스 윌라드(Francis Willard)가 이 단체를 이끌었다. 1911년에 기독교 여성 금주 연합은 24만 5,000명의 회원을 보유하고 그때까지 미국 역사상 단일 여성 조직으로는 가장 큰 규모로 성장했다. 1893년, 술집 반대 동맹(Anti-Saloon League)이 금주운동에 합류했고, 기독교 여성 금주 연합과 더불어 술집을 법적으로 철폐하라는 압력을 가하기 시작했다. 그리고 그러한 요구는 점차 발전하여 주류의 판매 및 제조의 완전한 금지를 요구하기에 이르렀다.

금주에 대한 압력은 20세기 초 꾸준히 증대되어, 1916년까지 19개 주가 금주법을 통과시켰다. 미국이 제1차 세계대전에 참전하면서 촉발된 도덕적 열기는 최후의 일격을 가할 기회를 금주 옹호자에게 제공했다. 1917년 도덕 및 종교적 이유에서 술에 반대한 농촌 근본주의자가 가세함에 따라, 혁신주의적 금주 옹호자는 연방의회의

기독교 여성 금주 연합

헌법 수정 조항 제18조 비준

헌법 수정을 통해 자신들의 요구를 실현하기에 이르렀다. 2년 후, (많은 가톨릭 이민자가 금주에 반대했던) 코네티컷 주와 로드아일랜드 주를 제외한 미국의 모든 주가 이 수정 조항을 비준했고 이로써 수정 조항 제18조가 발효되었다.

이민 제한

• 토착주의의 성장

실제로 모든 개혁가는 이민 인구의 증가가 사회문제를 야기한다는 데 동의했다. 그러나 어떻게 대응하는 것이 최선인가에 대해서는 각기 다양한 의견을 내세웠다. 일부 혁신주의자는 이 새로운 거주자가 미국 사회에 적응하도록 돕는 것이야말로 적합한 방법이라고 생각했으나 다른 사람은 새로운 유입을 제한하는 것이 유일한 해결책이라고 주장했다.

1910년대에는 한결 비관적인 이 두 번째 집단의 주장이 점차 힘을 얻었다. 미국 사회로 이민자가 유입됨으로써 미국의 인종적 혈통의 순수성이 흐려질 것이라고 주장하는 새로운 학문 이론이 등장했다. 그런가 하면 우생학이라는 '사이비' 과학이 등장해서, 인간의 불평등은 유전적인 것이며 이민으로 부적격자가 증가하고 있다는 믿음을 확산시켰다. 버몬트 주 출신의 상원 의원 윌리엄 딜링엄(William P. Dillingham)이 위원장으로 있던 소위 '전문가'의 연방특별 위원회는 통계자료와 학술적 증언으로 가득 찬 상세한 보고서를 제출했는데 그에 따르면, 새로 막 들어온 이민자—주로 남부 및 동부 유럽에서 온 이민자—가 이전의 이민자보다 동화력이 약하다는 것이 입증되었다고 했다. 그 보고서는 이민이 국적에 따라 제한되어야 한다고 암시했다. 인종적 논의를 거부하는 사람조차 인구 과잉과 실업, 무리한 사회복지 사업 그리고 사회 불안과 같은 도시 문제를 해결하기 위한 방편으로 이민 제한을 지지했다.

이러한 관심이 어우러져 토착주의자(nativists)가 점차 미국의 일부 영향력 있는 대중적 인물의 지지를 얻어나갔다. 강력한 이민 제한 반대자, 즉 이민을 값싼 노동력의 원천으로 보았던 고용주와 이민자 자신 그리고 이민자의 정치적 대표자는 한동안 이민 제한 운동을 어렵게 막아내야 했다. 그러나 제1차 세계대전이 시작될 무렵이면 토착주의의 물결은 뚜렷이 대두하고 있었다.

사회주의의 꿈

미국 역사에서 1900년에서 1914년 사이의 시기보다 자본주의 체제에 대한 급진적 비판이 많은 지지를 받은 때는 없었다. 미국 사회당(Socialist party of America)도 이 혁신주의 시대에 상당한 힘을 지닌 세력으로 성장했다. 1900년 선거에서는 미국 사회당을 지지하는 사람이 10만 명에도 미치지 못했지만, 1912년에는 사회당의 영속적인 지도자이자 영원한 대통령 후보인 유진 데브스(Eugene V. Debs)가 거의 100만에 달하는 지지표를 획득했다. 사회당은 도시의 이민 공동체에서(특히 독일계 및 유대계 사이에서) 가장 강력한 지지를 받았고 남부 및 중서부 지역의 상당수 프로테스탄트 농민의 지지를 이끌어내기도 했다.

● 미국 사회당

실제로 모든 사회주의자가 경제의 기본적인 구조를 바꾸어야 한다는 데 동의했지만, 변화의 범위와 변화를 일구어내는 데 필요한

● 세계산업 노동자동맹

전술에 대해서는 저마다 의견이 달랐다. 일부 사회주의자가 유럽 마르크스주의자의 자본주의와 사유재산의 완전한 종식이라는 급진적 목표를 지지한 반면, 다른 사람은 소규모의 개인 사업은 존속시키는 한결 온건한 개혁을 생각했다. 사회당 내부의 투쟁적인 집단은 직접적인 행동에 나서기를 좋아했다. 그중 가장 유명한 집단은 급진적인 노조였던 세계산업노동자동맹(Industrial Workers of the World, IWW)으로서, 그 노조원은 반대자로부터 '와블리(Wobblies)'라는 이름으로 통했다. 당시 윌리엄 헤이우드(William Haywood)의 지도로 세계산업노동자동맹은 모든 노동자를 위한 단일 노조를 주창했다. '와블리'는 철로와 발전소에 다이너마이트를 설치하거나 여러 테러 행위를 저지른 사람이라는 소문이 널리 퍼져 있었으나 그들의 폭력 행사는 반대자가 크게 과장한 것이었다.

정치적 투쟁을 통해 평화적으로 변화해나갈 것을 옹호했던 한층 온건한 사회주의자가 사회당을 지배했다. 그들은 점차 교육을 통해 대중에게 변화의 필요성을 주지시키고 체제 내에서 점진적 평화를 이루어내기 위해 참을성 있게 노력할 것을 강조했다. 그러나 제1차 세계대전이 끝날 무렵, 중요한 정치세력으로서의 사회주의는 쇠퇴했다. 사회당이 전쟁 지지를 거부했고, 급진주의에 반대하는 물결이 확산되었기 때문이다.

분산 및 규제

권력의 과도한 중앙화와 부의 집중이야말로 미국 경제를 가장 크게 위협하는 요인이라고 보았다는 점에서는 많은 개혁가와 사회주의자의 관점이 일치했다. 하지만 개혁가들은 자본주의 체제 내에서 개혁이 가능하다는 신념을 버리지 않았다. 그들은 연방정부가 진정한 경제적 경쟁을 보장해야 한다고 주장했는데, 이러한 관점은 특히 뛰어난 법률가이자 나중에 연방 대법원장이 된 루이스 브랜다이스(Louis D. Brandeis)에게서 찾아볼 수 있다. 브랜다이스는 '거대함에 대한 저주(curse of bigness)'에 대해 (가장 주목할 만하게는 1913년에 출간된 《다른 사람의 돈(Other People's Money)》에서) 폭넓게 언급했다.

• 집중화된 권력에 대한 도전

다른 혁신주의자는 경쟁의 미덕에 대해 그다지 열광하지 않았다. 그들은 경제 집중이 촉진시켜준다고 믿었던 능률을 한층 더 중요시했다. 그리고 정부가 해야 하는 일은 '거대함'과 싸우는 것이 아니라 거대 기구의 권력 남용을 막는 일이라고 주장했다. 정부는 '좋은 트러스트'와 '나쁜 트러스트'를 구별해야 한다는 것이었다. 그들은, 경제적 부강은 미국 사회에서 영속적인 국면으로 남을 운명이므로 강력한 대통령이 이끄는 강하면서도 현대화된 정부가 계속해서 감독해야 한다고 생각했다. 이처럼 새로이 떠오르는 '국가주의(nationalist)'의 입장을 대변한 가장 중요한 인물은 허버트 크롤리(Herbert Croly)였다. 그는 1909년 《미국적 삶의 약속(The Promise of American Life)》을 출간했는데, 이 책은 가장 영향력 있는 혁신주의 문서 중의 하나가 되었다. 이러한 입장을 인정하게 된 사람 가운데 (비록 1910년 이후까지도 충분히 인정한 것은 아니지만) 시어도어 루스벨트가 있었다. 루스벨트는 잠시 동안이지만 전국적 차원에서 개혁 추진의 가장 강력한 상징이 되었다.

• 허버트 크롤리

결론

　20세기를 전후로 한 시기에 강력한 개혁의 파도가 밀어닥쳤다. 이 개혁은 근대 산업 경제가 대두하면서 초래한 성가신 문제를 해결하기 위한 것이었다. 그 시대 미국의 개혁가는 스스로를 '혁신주의자'로 생각했지만, '혁신주의적'이라는 용어 자체가 무엇을 의미하는지에 대해서는 불분명한 입장을 보여주었다.

　개혁 자체는 놀라울 정도로 다양하게 전개되었다. 예를 들면 가족과 공동체의 도덕적 구조를 개선하고 한결 효율적이면서도 부패를 줄인 정치를 행하며, 당대의 거대한 기업합동을 억제하거나 징계하고 어떤 집단에게는 힘을 부여하고 다른 집단은 제한하거나 통제하려는 노력이 있었다. 이들 개혁의 배후에 있는 사상도 다양했다. '혁신주의'는, 개혁가 사이에서 진보는 실제로 가능하며 사회 및 경제생활에 목적의식을 가진 인간이 개입할 필요가 있다는 공통의 믿음으로 결합된 놀라울 정도로 복합적인 운동이었다. 개혁 운동은 1880년대 이후로 꾸준하게 세력을 확보해갔으며 클럽을 중심으로 조직화된 수백만 여성의 활동력과 헌신을 통해 추진되었다. 20세기 초 개혁은 사회의 성격과 미국 정치의 본질에 변화의 바람을 불어넣고 있었다.

⟨과거를 논하며⟩

혁신주의

★ ★ ★

　1950년대 초까지 대부분의 역사가는 20세기 초에 나타난 혁신주의의 핵심적 특징에 대해 견해가 일치한 것처럼 보였다. 그것은 바로 많은 혁신주의자 스스로가 말했듯이 '특정 이해 집단'의 권력을 억제하기 위해 '인민'이 전개한 운동이라는 것이었다. 다시 말해서 도시 보스, 기업 거물, 부패한 선출직 관리의 과도한 권력에 맞선 시민의 저항이었다.

　1951년, 조지 마우리(George Mowry)는 캘리포니아 주의 혁신주의자에 대한 연구에서, 그들을 소규모 기업의 특권 엘리트와 전문직 인사로 묘사함으로써 기존의 주장에 도전하기 시작했다. 예컨대 그 혁신주의자는 스스로를 사회의 본질적 지도자라고 생각하고 그들 대신에 들어선 새로운 자본주의 제도 때문에 잃어버린 자신들의 영향력을 회복하려고 했던 사람이라는 것이었다. 다시 말해 혁신주의는 대중적인 민주 운동이 아니라, 자리를 빼앗긴 엘리트가 자신의 권위를 되찾으려는 노력이라는 것이다. 리처드 홉스태터(Richard Hofstadter)는 《개혁의 시대(*The Age of Reform*)》에서 이러한 생각을 한 단계 더 확장했다. 그는 개혁가를 '지위 불안(status anxiety)'에 시달리는 사람으로서 경제적 불만이 아니라 심리적 불만으로 고통스러워하던 엘리트로 묘사했다.

　마우리-홉스태터의 주장은 곧 일련의 도전에 직면하게 되었다. 1963년 가브리엘 콜코(Gabriel Kolko)는 영향력 있는 연구서인 《보수주의의 승리(*The Triumph of Conservatism*)》를 출간했는데, 이 책에서 그는 혁신주의에 대한 이전의 '민주적' 관점이나 새로운 '지위 불안'의 관점 모두를 거부했다. 그는 혁신주의적 개혁이 기업으로부터 민중을 보호하려는 노력이 아니라, 오히려 기업 우두머리가 경쟁으로부터 자신들을 지키기 위한, 정부를 이용한 수단이었다고 주장했던 것이다.

　한결 온건한 재해석을 내놓은 역사가도 있었다. 이들은 나중에 20세기 미국사에 대한 '조직적' 접근이라고 불리게 된 것을 수용한 사람이었다. 처음에는 새뮤얼 헤이스(Samuel Hayes)가 《산업주의에 대한 대응(*The Response to Industrialism*)》(1957)에서, 그 뒤에는 로버트 위비(Robert Wiebe)가 《질서의 모색(*The Search for Order*)》(1967)에서 혁신주의에 대해, 정치 및 경제적 생활에 질서와 능률을 부여하려는 기업가, 전문가, 기타 중간계급 사람의 광범위한 노력으로 묘사했다. 이들에 의하면 새로운 산업사회에서 사회적·정치적 생활은 주로 지방 공동체에 중심을 두었던 반면에, 경제력은 점차 거대한 전국적 조직으로 집중되었다는 것이다. 위비는, 혁신주의는 '새로운 중간계급'―당시 부상하고 있던 국가 경제에 연결되어 있는 계급―이 이러한 두 세계를 한데 묶음으로써 사회에서 그들의 위치를 안정화하고 고양시키려는 노력이었다고 주장했다.

1970년대와 1980년대에는 혁신주의에 대한 연구가 너무도 상이한 방향으로 진행되어서 일부 역사가는 혁신주의라는 용어에서 어떤 일관된 의미를 찾는 것을 포기하기에 이르렀다. 새로운 학자 상당수가 '혁신주의적' 사상과 이를 실현하려는 노력을 왕성하게 전개했던 사람 가운데 새로운 집단을 찾는 데 초점을 맞추었다. 역사가는 소비자가 자신들의 이해관계를 규정하기 위해 전개하기 시작한 소비자운동, 아프리카계 미국인 사이에서 성장한 개혁 운동, 도시 정치 파벌 조직의 변화하는 성격 그리고 노동계급과 노조의 정치 활동 등에서 혁신주의의 증거를 발견해냈다.

다른 학자는 혁신주의를 정치 구조 및 문화에서의 광범위한 변화와 동일시하려고 했다. 리처드 매코믹(Richard McCormick)은 1981년에 펴낸 저술에서, '혁신주의 시대'에 일어난 결정적 변화란 정당의 쇠퇴와 특정의 사회적·경제적 목적을 위해 일했던 이해 집단의 상대적 부상이라고 주장했다.

그와 동시에 많은 역사가는 여성의 역할(그리고 혁신주의적 개혁을 형성하고 촉진시키는 가운데 세워진 자원 봉사 단체의 거대한 조직망)에 초점을 맞추어왔다. 캐스린 스클라(Kathryn Sklar), 루스 로센(Ruth Rosen), 일레인 타일러 메이(Elaine Tyler May), 린다 고든(Linda Gordon)과 같은 역사가는, 일부 혁신주의적 투쟁은 여성이 새로운 산업 세계의 불쾌한 도전에 직면해 가사 영역 내에서 자신들의 이해관계를 지키려는 노력의 일환이었다고 주장했다. 이와 같은 보호 충동 때문에 여성 개혁가는 금주, 이혼, 매춘, 여성 및 아동노동의 규제 등과 같은 문제에 이끌렸으며, 다른 여성은 공적 세계에서, 특히 여성참정권을 지지하는 것으로 자신들의 역할을 확대하려고 노력했다는 것이다. 많은 역사가는 여성 개혁가의 젠더화된(gendered) 이해관계가 혁신주의를 이해하는 데 있어 결정적이라고 주장하기도 했다.

혁신주의의 '본질'을 찾기 위한 탐색은 말할 나위 없이 계속될 것이다. 그러나 최근 몇 십 년간의 연구는, 혁신주의적 개혁의 본질은 그 운동의 엄청난 다양성에 대한 인식일 수도 있을 것이라는 점을 시사해준다.

1901	1902	1903	1904	1906	1908
매킨리 암살됨/ 시어도어 루스벨트, 대통령 취임	북부 증권회사 트러스트 금지 소송 사건	파나마 독립	'루스벨트의 추론'/ 루스벨트, 대통령 당선	헵번 철도 규제법/육류 검사법	태프트, 대통령 당선

22장
국가적 개혁을 위한 투쟁

시어도어 루스벨트

시어도어 루스벨트의 이 위풍당당한 초상화는 미국의 위대한 초상화가인 존 싱어 사전트(John Singer Sargent)의 작품이다. 이 초상화는 현재 백악관에 걸려 있다.

1909	1912	1913	1914	1915	1916
페인-올드리치 관세법/ 미군, 니카라과 주둔	윌슨, 대통령 당선	헌법 수정 조항 제16조 (소득세)/헌법 수정 조항 제17조 (연방 상원의원의 직선제)/연방 지불 준비법	연방 통상 위원회법/파나마운하 개통	미군, 아이티 주둔	미군, 멕시코 주둔

산업 경제를 개혁하려는 노력은 주와 지방 차원에서 계속 좌절을 맛보았다. 그래서 개혁가는 20세기 초부터 연방정부에 기대를 걸기 시작했다. 그러나 주 및 지방 차원에서와 마찬가지로 중앙정부도 당파 정치의 수렁에 빠져 있어서 개혁에 앞장설 기관으로는 적합치 않아 보였다. 혁신주의자는 중앙정부로 하여금 자신들의 요구에 좀 더 부응하도록 만들려고 했다. 예를 들면, 일부 개혁가는 주 입법부가 연방 상원 의원을 선출하는 체제를 폐지해야 한다고 주장했으며, 그 대신 주민의 직접선거를 제안했다. 그들은 이 방식이 채택되면 상원이 대중의 요구를 한층 더 직접적으로 반영하게 될 것이라고 믿었다. 이에 따라 헌법 수정 조항 제17조가 1912년 연방의회에서 통과되었고 1913년에는 각 주에서 이를 비준함으로써 변화가 시작되었다.

그러나 개혁 지향적인 연방의회조차도 개혁가의 계획에 필요한 일관된 지도력을 보여주지 못했다. 연방의회는 너무나 서툴렀고 분열되어 있었으며 지역의 편협한 이해관계에 얽매여 있었다. 대부분의 개혁가는 만약 연방정부가 진정으로 본연의 임무를 완수하려면, 대통령의 지도력이 필요하다는 데 동의했다.

1

시어도어 루스벨트와 혁신주의 대통령

시어도어 루스벨트는 혁신주의 개혁가 세대에게 우상이었다. 어느 대통령도 그만한 애정과 존경을 받지 못했다. 하지만 루스벨트는 여러 면에서 단호한 보수주의자이기도 했다. 그가 특별한 인기를 누렸던 것은 개혁 때문이라기보다 그의 비등하는 대중적 친근감과 국가 정치의 중심으로서 대통령직에 어느 정도 근대적 위상을 부여했기 때문이었다.

우연히 탄생한 대통령

1901년 9월, 윌리엄 매킨리 대통령이 암살에 희생되어 갑자기 서거했을 때, 루스벨트(그는 부통령으로 선출된 지 채 1년도 안 되었다)는 겨우 42세로서 역대 대통령 자리에 오른 사람으로는 가장 나이가 어린 셈이었다. 하지만 그는 이미 공화당 내에서 다루기 힘든 인물로 평판이 나 있었다. 매킨리가 루스벨트를 부통령 후보로 선택한 것을 경고한 바 있었던 마크 해너(Mark Hanna)는 다음과 같이 외치기도 했다. "봐라! 저 망할 카우보이가 미국의 대통령이라니!" 그러나 대통령으로서 루스벨트는 결코 공화당 지도자를 공개적으로 배척하지는 않았다. 오히려 조심스럽고 온건한 변화의 옹호자가 되었다.

루스벨트는 연방정부를 어떤 특정 이해 집단의 대리인으로서가

루스벨트의 인기

> 연방 권력에
> 대한
> 루스벨트의
> 견해

아니라 대통령을 중심으로 한 공익적 중재자로 여겼다. 이러한 태도는 거대 산업 연합에 대한 루스벨트의 정책에서 발견된다. 그 정책의 핵심은 정부가 기업의 활동을 조사하고 그 결과를 공표하는 권한을 갖는 데 있었다. 그는 교육을 받은 대중의 압력만이 기업의 병폐를 막을 수 있다고 생각했다.

루스벨트가 몇몇 기업연합을 해산시키려 했던 노력은 널리 알려진 사실인데, 그중 대표적인 일이 북서부의 새로운 거대 철도 기업연합, 즉 북부 증권회사(Northern Securities Company)에 대항해 1902년에 소송을 제기한 것이었다. 그러나 그가 마음에서 우러나 트러스트를 해산시킨 것은 아니었다. 그리고 간혹 트러스트 금지법을 들고 나섰던 것도 당시의 경제적 집중 현상을 뒤집기 위한 진지한 노력은 아니었다.

정부를 불편부당한 규제 장치로 정착시키려는 노력은 루스벨트의 노동정책에서도 나타났다. 과거에는 연방정부가 산업 분쟁에 개입할 경우, 항상 고용주 측을 편들었다. 루스벨트는 노조 옹호자는 아니었지만, 노동계의 입장 또한 기꺼이 고려하려고 했다. 1902년, 광원 노조 연합이 무연탄 산업체에 맞서 격렬한 파업을 전개했는데 이것이 다가오는 겨울의 석탄 공급을 위협할 정도로 오래 끌게 되자, 루스벨트는 고용주와 광부 양측에 공정한 연방정부의 중재안을 수용하라고 요구했다. 그러나 광산주가 이를 거절하자 루스벨트는 연방군을 출동시켜 광산을 접수하겠다고 위협했고 고용주는 곧 굴복했다. 결국 파업을 일으킨 광부에게 10퍼센트의 임금 인상과 하루 9시간 노동이라는 선물을 안겨 준 셈이 되었다.

대통령으로서 첫 임기 동안 개혁은 루스벨트의 주요 관심 사항이 아니었다. 그 역시 자력으로 선거에서 승리하는 데 온통 마음이 쏠려 있었다. 그리고 이는 보수적인 공화당 구파와 적대 관계를 맺지 않아야 함을 의미했다. 1904년 초, 루스벨트는 당내 반대 세력을 무마시키는 데 성공하고 어렵지 않게 공화당 대통령 후보로 지명되었다. 그리고 약세에 있던 보수적 성향의 민주당 대통령 후보인 알튼 파커(Alton B. Parker)와 맞선 대통령 선거전에서 일반투표의 57퍼센트 이상을 획득했다.

• 루스벨트의 재선

'공정한 조처' 정책

1904년의 선거전에서 루스벨트는 무연탄업계 노동자가 파업을 일으켰을 때 모든 사람에게 '공정한 조처(the Square Deal)'를 내리기 위해 노력했다고 자랑했다. 그는 두 번째 임기 동안 공정한 조처를 한층 더 확장하는 일에 착수했다. 그의 첫번째 표적은 막강한 철도 산업이었다. 주간 통상 위원회(Interstate Commerce Commission, ICC)를 설립케 한 1887년의 주간 통상법(Interstate Commerce Act)은 철도 산업을 규제하기 위한 초기의 노력이었다. 그러나 시간이 지남에 따라 법원이 그 법의 영향력을 크게 제한하자, 1906년에는 헵번 철도 규제법(Hepburn Railroad Regulation Act)을 제정하여 주간 통상 위원회에 철도 회사의 회계장부를 조사할 수 있는 권한을 줌으로써 정부의 규제권을 약간 회복하려 했다.

• 헵번 철도 규제법

루스벨트는 또한 의회에 압력을 가해 순정식품 의약품법(Pure Food and Drug Act)을 제정하도록 했는데, 이 법은 위험하거나 효능이 없는 의약품의 판매를 제한하는 것이었다. 1906년 정육 산업의 소름끼치는 상황을 묘사한 업튼 싱클레어(Upton Sinclair)의 소설 《정글(The Jungle)》이 출간되어 뜨거운 반응을 얻자, 루스벨트는 정육 검사법(Meat Inspection Act)을 통과시켜야 한다고 고집했다. 이 법은 궁극적으로 불결한 육류를 통해 전이되는 많은 질병을 일소하는 데 기여했다. 1907년부터는 더욱 엄중한 법들을 제안했는데, 예를 들면 하루 8시간 노동제와 산업재해를 입은 사람을 위한 더욱 광범위한 보상, 상속세 및 소득세, 주식시장에 대한 규제 등과 관련된 법이었다. 그러나 보수주의자의 반대로 이러한 개혁적 청사진은 대개 벽에 부딪혔고, 대통령과 여당 내 보수주의자의 간극은 더욱 벌어지곤 했다.

루스벨트와 환경

• 서부에서의 자연보호

자연보호를 위한 루스벨트의 공세적인 정책 또한 이러한 간극을 넓히는 데 기여했다. 그는 행정권을 행사해 대부분 서부에 있었던 수천만 에이커에 달하는 미개발 정부 소유 토지를 미리 국유림 체계에 적절히 포함시킴으로써 그 땅에 대한 사적인 개발을 제한했다. 1907년, 의회의 보수주의자가 공유지에 대한 대통령의 권한을 제한하자 루스벨트와 휘하 산림청장인 기퍼드 핀차트(Gifford Pinchot)는 그 법안이 통과되기 전에 아직 공유지로 남아 있는 모든 산림과 수많은 수력발전소 부지를 장악하기 위해 맹렬히 뛰었다.

루스벨트는 새롭고 격렬한 미국의 자연보호 운동에 적극적으로 관심을 기울인 사람이었다. 미국의 대통령으로서는 처음으로 국가의 환경 정책에 지속적인 영향을 미쳤다. 당시 스스로를 '자연보호론자'라고 생각했던 많은 사람은 신중하고 계획적인 개발을 위해 토지를 보호하는 정책을 지지했다. 그것은 최초의 산림청(National Forest Service) 청장이었던 핀차트의 영향이었다(그는 산림청의 창설에 기여했다). 핀차트는 사람들이 미개발지를 합리적이고 효율적으로 사용할 것을 장려했다. 결과적으로 루스벨트가 추진한 자연보호 정책의 가장 중요한 공적은 미개발지에 대한 지속적인 개발 관리자로서 정부의 역할을 확립한 것이었다.

공화당 구파는 광대한 새 토지에 대한 정부의 통제력을 확대하려는 루스벨트의 노력에 반대했을지라도, 루스벨트의 천연자원 정책의 또 다른 중요한 측면, 즉 공공 개간과 관개 사업 계획에 대해서는 열렬한 지지를 보냈다. 1902년, 대통령은 서부 지역에 댐, 저수지, 운하를 건설하는 데 연방 기금을 제공한다는 내용의 국가 개간법(National Reclamation Act) 제정에 힘을 보탰다. 이것은 경작을 위해 새로운 토지를 개방하고 수년 후에는 저렴한 전력을 제공한다는 계획이었다.

루스벨트는 자연보호에 대한 핀차트의 견해에 동조하기는 했지만 일부 자연 애호론자, 즉 자연보호 운동 내에서도 인간의 침입으로부터 토지의 자연적 아름다움과 야생동물의 건강을 보호하는 데 헌신했던 사람들에게도 공감을 표했다. 루스벨트는 심지어 대통령 임기 초기에 환경 보존 운동의 전국적 지도자이자 시에라 클럽(Sierra Club)의 창시자인 존 무어(John Muir)와 함께 시에라 산맥에서 4일간 캠핑을 하며 시간을 보내기도 했다. 그리고 미숙한 구석이 있지만 공유지 내에서는 이유를 막론하고 토지의 간척이나 개발을 금지하는 국립공원 체계(National Park System)를 만드는 데에

• 존 무어

광산에서 일하는 소년들

석탄가루를 뒤집어쓴 고작해야 12살일 이 소년들이 일했던 펜실베니아의 탄광 입구에서 유명한 사진작가 루이스 하인(Lewis Hine)을 위해 포즈를 취하고 있다. 이들은 대부분 새로이 폭파된 지역에 기어들어가 떨어져 나온 석탄을 부수는 '파쇄공'으로 생각된다. 광산의 험난한 상황이야말로 시어도어 루스벨트가 중재했던 1902년 대파업의 한 원인이었다.

도 적잖이 기여했다.

초기의 자연보호 운동에서 서로 상반된 관점이 나타나기도 했는데, 1906년에 요세미티 국립공원(Yosemite National Park)의 헤치헤치 계곡(Hetch Hetchy Valley)을 둘러싸고 떠들썩한 논쟁이 시작되었다. 양쪽이 깎아지른 듯한 절벽으로 장관을 이루는 이 계곡은, 무어와 시에라 클럽 회원 등 자연 애호가에게 매우 인기가 높았다. 그러나 인구가 증가함에 따라 충분한 용수 공급처를 찾아야만 했던 많은 샌프란시스코 주민은, 헤치헤치 계곡을 저수지 건립에 이상적인 조건을 갖춘 장소로 보았다.

 10년이 넘는 세월 동안 자연보호 운동가와 댐 옹호자 사이에 투쟁이 벌어졌고, 존 무어는 남은 생애를 고스란히 이 문제에 바쳤다. 핀차트는 이 문제를 놓고, "이 계곡을 자연 그대로 남겨두는 것이 이용하는 것보다 샌프란시스코 시의 편의를 위해 더 나을지"에 대해 고민했다. 무어는 샌프란시스코 시민이 계획을 발표하자마자 댐 건설에 반대할 것이라고 확신하면서, 1908년에 이 문제를 주민 투표에 부치는 쪽으로 이끌었다. 그러나 샌프란시스코 시민은 큰 표 차이로 댐 건설을 승인했고 제1차 세계대전 이후 마침내 댐 건설이 시작되었다.

• 환경 보존 대 '합리적 이용'

 그러나 이 사건에서 자연보호 운동가의 패배는 완전한 것이 아니었다. 헤치헤치에 대한 투쟁으로 미개발지의 '합리적 이용'을 넘어 환경보호에 헌신한 사람을 새로이 하나의 연합으로 뭉치게 했던 것이다. 이들은 자연의 경이로움을 무분별하게 착취하는 것을 더 이상 용인하지 않을 것이라고 분명히 밝혔다.

공황과 은퇴

 루스벨트가 많은 개혁안을 법제화해낼 수 있었음에도 산업 경제에 대한 정부의 통제력은 아직 비교적 미약한 편이었다. 이는 심각한 경기 침체가 시작된 1907년에 분명해졌다. 보수주의자는 루스벨트의 '정신 나간' 경제정책이 재앙을 불러일으켰다고 비난했다. 그러나 대통령은 당연히 (그리고 정당하게) 이러한 비난을 일축해버리는 한편, 경기회복 노력에 개입하지 않을 것이라며 재빨리 재계 지

국립공원과 국유림 설치

이 지도는 19세기 말과 20세기에 걸쳐 미국에서 국립공원과 국유림 체계가 꾸준히 성장했음을 보여준다. 비록 시어도어 루스벨트가 국립공원과 국유림의 위대한 옹호자로서 폭넓게 그리고 제대로 기억되고 있기는 하지만, 이 체계가 가장 크게 확장된 것은 그의 임기가 끝난 뒤의 일이었다. 얼마나 많은 새로운 지역이 1920년대에 추가되었는가를 주목하라.

도자를 안심시켰다.

 거대 금융가인 모건(J. P. Morgan)은 흔들리는 금융기관을 떠받치기 위해 몇 개의 주요 뉴욕 은행이 공동 출자하도록 도왔다. 모건은 대통령에게, 이러한 조정의 핵심은 당시 위기에 처한 뉴욕 은행이 소유하고 있던 테네시 탄광 및 철광 회사(Tennessee Coal and Iron Company)의 주식을 유에스 철강 회사(U. S. Steel)가 구매토록 하는 것이라고 설명했다. 그는 그러한 구매로 인해 트러스트를 규제하는 조치를 취하지 않을 것이라는 확약이 필요하다고 했다. 그리하여 루스벨트가 비공식적으로 이 의견에 동의함으로써 모건 안(Morgan plan)이 진행되었다.

 루스벨트는 대통령직 수행을 매우 좋아했다. 그래서 두 차례의 임기 이후에는 더 이상 대통령직에 출마하지 않는다는 오랜 전통에도 불구하고 많은 사람은 그가 1908년 대선에 재출마할 것이라고 확신했다. 그러나 1907년의 공황과 루스벨트의 개혁 노력은 공화당 내 보수주의자와의 관계를 악화시키는 계기가 되었다. 이는 공화당 대통령 후보로 재지명되는 데 큰 장애가 되었으며, 더욱이 1904년 선거전에서 4년 후에는 은퇴할 것이라고 공약한 일도 있어서 불리한 상황이었다. 따라서 백악관에서 거의 8년에 걸쳐 정력적으로 직무를 수행한 이후 50세의 나이로 시어도어 루스벨트는 공직 생활에서 잠시 동안 은퇴했다.

• 모건

2

불안한 대통령직 승계

1909년 대통령 자리에 오른 윌리엄 하워드 태프트(William Howard Taft)는 시어도어 루스벨트가 가장 신뢰했던 측근이자 직접 선정한 후계자였다. 따라서 혁신주의 개혁가는 태프트가 자기 편이 될 것이라고 믿었다. 그러나 태프트는 신중하고 온건한 법률가였고, 까다로울 정도로 법적 절차를 존중하는 사람이기도 했다. 따라서 보수주의자는 그가 루스벨트처럼 적극적으로 대통령 권한을 사용하지는 않을 것이라고 판단했다. 이렇게 거의 모든 사람에게서 호평을 받은 태프트는 1908년에 쉽게 백악관에 입성했다. 그는 실제로 경선을 치르지 않고도 공화당의 대통령 후보로 지명받았다. 그러므로 그해 11월 대선에서 세 번째로 민주당 후보로 출마한 윌리엄 제닝스 브라이언(William Jennings Bryan)을 이긴 것은 예상된 결론이었다.

그러나 4년 후 태프트는 20세기의 대통령 가운데 선거에서 가장 큰 표차로 패하면서 백악관을 떠나게 된다. 태프트의 실패는 부분적으로는 루스벨트의 역동적인 성격을 따라가는 데 실패한 결과였다(태프트가 그다지 활력적이지 못하다는 인상을 주게 된 것은 때때로 160킬로그램이나 나갔던 그의 육중한 체중 때문이기도 했다). 하지만 더욱 중요한 것은 그가 혁신주의자와 보수주의자 양측 모두의 기대를 한 몸에 받고 대통령이 되었지만, 양측을 모두 만족시킬 수 없는 인물로 판명나고 말았기 때문이다. 그는 점차 보수주의자를 즐겁게 하고 혁신주의자를 소외시켜 나갔다.

태프트와 혁신주의자

태프트의 첫 번째 문제는 새 행정부가 들어선 초기의 수개월 동안에 발생했다. 그는 이전부터 혁신주의자가 요구했던 저율의 보호관세를 입안하기 위해 의회에 특별 회기를 소집할 것을 요청했다. 그러나 대통령은 자신이 입법 문제에 간섭한다면 권력분립이라는 헌법의 원리를 어기는 것이라고 주장하며 의회 내 공화당 구파의 반대를 무마하려는 어떠한 노력도 하지 않았다. 그 결과 관세율을 전혀 낮추지 않은 페인-올드리치 관세법(Payne-Aldrich Tariff)이 제정되었다.

1909년 말에는 심각한 논쟁이 발생해서 개혁가 사이에 비교적 좋았던 태프트의 인기가 폭락하게 되었다. 많은 혁신주의자는, 루스벨트가 임명한 내무 장관이자 적극적인 자연보호론자인 제임스 가필드(James R. Garfield) 대신에 태프트가 한층 보수적인 기업 법률가인 리처드 볼린저(Richard A. Ballinger)를 기용하자 불만을 가지게 되었다. 그러던 차에 볼린저가 루스벨트 재임시 근 100만 에이커에 달하는 산림과 광물 매장지를 개발 가능한 공유지에서 제외시켰던 것을 무효화하려고 하자 볼린저에 대한 의혹이 증폭되었다.

이처럼 의혹이 자라나는 와중에 내무부 감사관인 루이스 글래비스(Louis Glavis)가, 신임 내무 장관이 상당량의 석탄이 매장되어 있는 알래스카의 공유지를 사리사욕으로 민간 기업 투자단(syndicate)에 양도한 것을 묵인한 적이 있다고 고발했다. 글래비스는 당시 산림청장이며 볼린저의 정책에 대해 비판적이었던 기포드 핀차트에게 그 증거를 제출했고 그는 다시 그 내용을 대통령에게 보

• 페인-올드리치 관세법

• 핀차트-볼린저 논쟁

고했다. 태프트는 이를 검토한 후 근거 없는 것이라고 결론내렸으나 핀차트는 물러서지 않았다. 그는 이 이야기를 언론에 흘렸고 의회에 이 스캔들에 대해 조사해줄 것을 요청했다. 이에 대통령은 불복종을 이유로 핀차트를 해임시켰다. 이 사건을 조사하기 위해 지명된 하원 위원회가 볼린저의 혐의를 벗겨주었으나 혁신주의자는 전국적으로 핀차트를 지지했다. 이 논쟁은 당대의 어느 논란 못지않게 많은 대중의 흥분을 자아냈으며 그 때문에 태프트는 루스벨트의 지지자를 완전히 잃어버린 셈이 되었다. 그리고 이는 결코 되돌릴 수 없는 일로 보였다.

루스벨트의 복귀

이러한 논쟁이 한창 진행되는 동안 시어도어 루스벨트는 먼 곳에 떨어져 있었다. 그는 그때 아프리카에서 오랜 사냥 여행을 했고 나아가 유럽까지 여행했던 것이다. 그러나 미국 대중에게 루스벨트는 아직도 강력한 인상을 남기고 있었다. 그리하여 그가 1910년 봄 뉴욕으로 돌아온 일은 하나의 중요한 공공 행사나 다를 바 없었다. 루스벨트는 정계에 복귀할 계획이 없다고 했지만, 1달도 채 되지 않아, 여름이 끝나기 전에 전국 순회 연설에 나설 것이라고 발표했다. 그는 태프트에게 화가 난 나머지 자신만이 공화당을 재결집할 수 있다고 확신했던 것이다.

• 루스벨트의 '신국민주의'

공화당 개혁가의 수뇌부가 되고자 하는 루스벨트의 결심은 1910년 9월 1일, 캔자스의 오서와터미(Osawatomie)에서 행한 연설에서 드러났는데, 여기서 그는 '신국민주의(New Nationalism)'라는 일련의 원리를 개괄적으로 제시했다. 그는 이제 대통령 재임 초기의 신중한 보수주의에서 상당히 멀리 벗어나 있음을 분명히 했다. 사회 정의는 오로지 강력한 연방정부가 '공공복지의 청지기(steward of the public welfare)'로 일해야만이 이룩될 수 있다고 주장했던 것이다. 그는 누진 소득세 및 상속세, 산업재해를 입은 노동자에 대한 보상, 여성 및 아동노동의 제한, 관세 개정, 주식회사에 대한 확고한 규제를 역설했다.

태프트에 대한 반발의 확산

1910년에 치러진 연방의회의 선거는 혁신주의자의 반발이 얼마나 널리 확산되었는가를 증명하는 장이었다. 예비선거에서 보수적 공화당원은 참패에 참패를 거듭했으며, 총선거에서 민주당은 16년 만에 처음으로 하원을 장악하고 상원에서도 세력을 확대했다. 그러나 루스벨트는 그때까지도 대통령이 되겠다는 야심이 없었으며 자신의 진정한 목적은 태프트에게 압력을 가해 혁신주의 정책으로 복귀토록 하는 것이라고 주장했다. 하지만 다음과 같은 두 가지 사건이 그의 마음을 바꾸어놓았다. 첫번째 사건은 1911년 10월 27일, 태프트 행정부가 유에스 철강 회사를 상대로 소송을 제기했다고 발표한 것이었다. 그 소송은 무엇보다 유에스 철강 회사가 1907년에 테네시 탄광 및 철강 회사를 구매한 일이 불법이라는 내용이었다. 루스벨트는 1907년 공황의 와중에서 유에스 철강 회사가 테네시 탄광 및 철강 회사를 소유하는 것을 승인한 바 있었다. 그는 태프트 행정부의 이번 조치가 예전에 자신이 부적절하게 행동했음을 은연중에

오서와터미의 루스벨트

1910년 캔자스 주 오서와터미에서 행한 루스벨트의 유명한 연설은 그의 정치 경력에서 가장 급진적인 것이었으며 태프트 행정부 및 공화당 지도부와 결별을 공개적으로 선언한 것이었다.

암시하는 것이라 깨닫고 분개했다.

  루스벨트는 여전히 대통령 후보로 나서기를 꺼려했다. 위스콘신 주의 위대한 혁신주의자인 상원 의원 로버트 라폴레트가 대통령 후보로 지명받기 위해 1911년 이래로 공을 들여왔기 때문이다. 그러나 라폴레트의 경선 도전은 1912년 2월 좌초되고 말았다. 딸의 병세에 너무 신경을 쓰다 지친 나머지 필라델피아에서 연설하는 도중에 신경쇠약 증세를 보였기 때문이었다. 루스벨트는 2월 22일 공화당 대통령 후보 경선에 출마할 것이라고 선언했다.

시어도어 루스벨트와 태프트의 대결

  공화당 대통령 후보 지명을 위한 선거전은, 현실적인 목적을 지향하여 이제 혁신주의자의 대표격인 루스벨트와 보수주의자의 후보인 태프트 사이의 격전이 되었다. 루스벨트는 13개 주의 대통령 예비선거에서 압도적인 승리를 기록했다. 그러나 태프트는 대부분의 당 지도자가 선택한 인물이었다.

  후보 지명을 위한 격전장이 된 시카고 전당대회에는 총 254명에 달하는, 평상시와는 달리 자격이 의심스러운 대의원이 대거 운집했다. 루스벨트가 최종적으로 후보로 지명되기 위해서는 논란이 된 대의원 수의 절반에 가까운 좌석이 필요했다. 그러나 구파가 지배하는 공화당 전국 위원회는 그중 19석만 제외한 모두를 태프트 쪽에 배정했다. 전당대회 개최 전야에 열린 한 대회에서 루스벨트는 그에게 환호하는 5천 명의 지지자에게 연설을 했고, 만약 당이 자신을 지지하는 대의원에게 좌석을 배정해주지 않는다면 당을 떠나서라도 후보 자리를 계속 지켜나갈 것이라고 선언했다. 그는 아우성치는 군중을 향해 "우리는 선과 악의 대결전에 직면해 있습니다. 그리고 우리는 주님을 위해 싸울 것입니다"라고 외쳤다. 이튿날 그는 지지자를 전당대회장 밖으로 이끌고 나와 당을 떠났고 이후 태프트는 1차 투표에서 조용히 후보로 지명되었다.

'수사슴'당

　루스벨트는 또 다른 전당대회를 위해 지지자를 8월에 시카고로 다시 불러들였다. 이번 전당대회는 새로 혁신당(Progressive Party)을 출범시키고 루스벨트 스스로 대통령 후보로 지명받기 위한 것이었다. 루스벨트는 "성난 수사슴(moose)처럼 훈련하자"(그리하여 이 수사슴은 이후로 이 신당의 별명이 되었다)고 말하면서 전의(戰意)를 다지고 있었다. 하지만 그 무렵 그는 자신의 선거운동이 사실상 희망이 없다는 사실을 알고 있었다. 이는 예비선거 기간 중 그를 지지했던 공화당 내의 반란 분자 상당수가 공화당을 떠나 그를 따르기를 거부했기 때문이었다. 그리고 민주당이 대통령 후보로 지명한 사람 때문이기도 했다.

3

우드로 윌슨과 신자유

1912년 대통령 선거전은 단순히 보수주의자와 개혁가 사이의 경쟁만은 아니었다. 두 부류의 혁신주의자, 즉 미국의 미래를 두 가지 상이한 관점으로 바라보았던 사람 사이의 경쟁이기도 했다. 그리고 20세기 초, 두 명의 가장 중요한 국민적 지도자가 서로 상대도 안 되는 경쟁을 벌인 선거전이기도 했다.

우드로 윌슨

개혁의 분위기는 20세기 초에 들어 공화당에서와 마찬가지로 민주당 내에서도 세력을 얻어가고 있었다. 1912년 6월, 볼티모어에서 열린 민주당 전당대회에서 보수적 성향의 하원 의장이던 챔프 클라크(Champ Clark)는 혁신주의자의 반대로 3분의 2에 달하는 다수표를 모을 수 없었다. 46차례에 걸친 투표 끝에 뉴저지 주의 주지사이자 경선에 출마한 후보 중 유일하게 순수한 혁신주의 후보였던 우드로 윌슨(Woodrow Wilson)이 민주당의 대통령 후보로 등장했다.

윌슨은 프린스턴 대학 총장으로 지명된 해인 1902년까지 그 대학에서 정치학 교수로 재직했다. 그는 1910년에 뉴저지 주의 주지사로 선출되어 개혁 역량을 아낌없이 발휘했는데, 주지사로 재임하는 2년 동안 혁신적 법안을 통과시켜 전국적인 명성을 얻었다. 윌슨은 1912년, 대통령 후보로서 '신자유(New Freedom)'라고 부르게 될

'신자유'

1912년의 선거

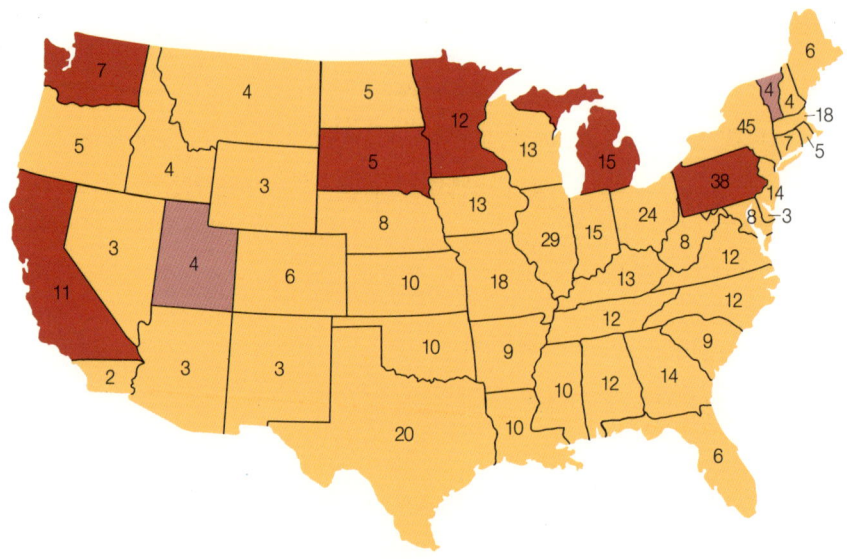

	선거인단 투표	일반투표(%)
우드로 윌슨(민주당)	435	6,293,454(41.9)
시어도어 루스벨트(혁신당)	88	4,119,538(27.4)
윌리엄 태프트(공화당)	8	3,484,908(23.2)
유진 데브스(사회당)	—	900,672(6.0)

1912년의 선거는 공화당의 극적인 분열로 말미암아 미국 역사에서 가장 예외적인 선거 중 하나가 되었다. 두 명의 공화당 대통령 후보—현직의 윌리엄 하워드 태프트와 그의 전임자인 시어도어 루스벨트—는 1912년 각자 출마했다. 이는 민주당 후보 우드로 윌슨이 일반투표에서 단지 약 42퍼센트만을 얻고도 승리할 길을 열어준 셈이 되었다. 네 번째 후보인 사회주의자 유진 데브스는 의미심장한 6퍼센트의 표를 얻었다.

혁신주의적 계획을 제시했다. 윌슨의 신자유는 경제정책에 대한 접근과 트러스트에 대한 대처 방식에서 루스벨트의 '신국민주의'와 가장 뚜렷한 차이를 보였다. 루스벨트는 경제적 집중은 받아들이되 이를 규제하고 통제하기 위해 정부가 나서야 한다고 생각했다. 윌슨은 독점에 대한 적절한 대응은 규제가 아니라 폐지라고 믿었던—브랜다이스(Brandeis) 같은—사람의 편에 서 있는 것처럼 보였다.

1912년의 대통령 선거전은 예상 밖의 결과를 가져왔다. 윌리엄 하워드 태프트는 패배를 예감하여 거의 선거운동을 하지 않았고, 루스벨트는 (암살 미수자가 쏜 총격에 의한 부상으로 선거 막바지 몇 주일 동안 선거전의 2선으로 물러나게 되었을 때까지) 열정적으로 선거운동을 전개했지만, 민주당 혁신주의자를 윌슨으로부터 빼내오는 데에는 실패했다. 11월, 루스벨트와 태프트는 공화당 표를 둘로 나누어 가진 반면, 윌슨은 민주당원의 계속적인 지지를 확보함으로써 결국 승리했다. 일반투표에서 루스벨트가 27퍼센트, 태프트가 23퍼센트, 사회주의자인 유진 데브스가 6퍼센트를 차지한 데 비해 윌슨은 42퍼센트를 얻음으로써 최고 득표자가 되었으나 이는 과반수에 미치지 못하는 수치였다. 그러나 선거인단 투표에서 윌슨은 총 531표 중 435표를 얻어 승리했다.

학자 출신 대통령

윌슨은 윌리엄 하워드 태프트 이상으로, 심지어 시어도어 루스벨트 이상으로 행정부의 권력을 자기 수중에 집중시켰다. 그는 내각을 강하게 통제했고 자신에 대한 충성심이 철저한 사람에게만 실질적 권한을 위임했다. 이러한 그의 지휘 스타일을 가장 잘 보여주는 사례로, 가장 강력한 조언자였던 에드워드 하우스(Edward M. House) 대령에 관한 것을 들 수 있다. 텍사스 출신으로 지적이면서도 야심만만한 하우스 대령이 막강한 권한을 행사할 수 있었던 것은 단지 대통령과 개인적으로 친밀하다는 사실 한 가지 때문이었다.

• 소득세의 도입

입법에 관한 문제에서도 윌슨은 당의 지도자로서의 위치를 노련하게 이용해 자신의 계획을 지지해줄 연합 세력을 한데 엮어냈다. 의회의 상하 양원에서 민주당이 다수였다는 점 역시 그의 정책 집행을 한층 용이하게 해주었다. 대통령으로서 윌슨의 첫번째 성과는 민주당과 혁신주의자의 오랜 목표, 즉 보호관세율을 상당히 낮춘 것이었다. 윌슨이 취임한 지 얼마 되지 않아 소집된 의회의 특별 회기에서 언더우드-시먼스 관세법(Underwood-Simmons Tariff)이 통과된 것은, 혁신주의자가 생각하기에, 미국 시장에 진정한 경쟁을 도입하고 그럼으로써 트러스트의 세력을 구축하는 데 도움이 될 정도로 크게 관세율을 인하한 것이었다. 의회는 새로운 관세법으로 인한 세수의 결손을 보완하기 위해 누진 소득세를 승인했다. 이 최초의 근대적 소득세는 수입이 4,000달러가 넘는 개인과 기업에 대해 1퍼센트의 세금을 부과하고, 50,000달러가 넘는 경우에는 6퍼센트까지 비율을 조정하게 되어 있었다.

윌슨은 의회가 여름 내내 회기를 지속하도록 해서 미국의 은행 체계에 대한 주요 개혁 작업을 진행하도록 했다. 이에 따라 연방 지불 준비법(Federal Reserve Act)이 의회를 통과해 1913년 12월 3일, 대통령이 서명했다. 연방 지불 준비법에 따라 각 지역의 개별 은행이 소유하고 관리하는 12개의 지역 은행이 설립되었다. 지역 연방 준비은행은 각 지역 가맹 은행들의 자산 중 일정 비율을 지불준비금으로 확보한 다음, 이 지불준비금을 연방 준비 체제가 정하는 이자율(또는 할인율)에 따라 개인 은행의 대출을 지원하는 데 사용했다. 그리고 지역 연방 준비은행은 새로운 형태의 지폐인 연방 준비 은행권을 발행했다. 이 화폐는 미국 내 통상의 기본 매개체인 동시에 정부로부터 보증을 받게 될 것이었다. 아마도 가장 중요한 것은 이 준비은행이 늘어나는 신용 수요에 부응하거나 위기에 처한 은행을 보호하기 위해 그 기금을 재빨리 문제가 된 지역으로 옮길 수 있게 되었다는 점이다. 이러한 체제 전체를 감독하고 규제하는 것은 전국적인 연방 준비 위원회(Federal Reserve Board)였고 그 위원은 대통령이 임명했다.

　1914년 윌슨은 1912년 선거운동의 핵심 문제로 방향을 바꾸면서 독점 문제에 대처하기 위한 두 개의 법안을 제안했다. 거기에는 정부가 그것을 통해 기업을 효과적으로 감시할 수 있는, 하나의 연방 기관—루스벨트가 1912년에 주장했던 형태의 규제 위원회—을 창설하자는 안이 담겨 있었다. 실제로 트러스트를 해체하기 위한 정부의 권한을 강화하자는 안도 있었다. 이는 윌슨이 1912년에 전개한 선거운동의 특징이었던 해체적인 접근 방식이었다. 결국 이 두 개의 법안은 연방 통상 위원회법(Federal Trade Commission Act)과 클레이튼 트러스트 금지법(Clayton Antitrust Act)으로 제정되었다. 연방 통상 위원회법이 제정됨에 따라 기업의 입장에서 앞으로 자신들의 행동이 정부에 의해 받아들여질 것인지 아닌지를 결정하는 데 도움이 될 규제 기관이 신설되었다. 이 기관은 법에 규정되지 않았던 '불공정한 거래 관행'을 고발할 수 있는 권한과 기업의 행위를 조사

・연방 통상 위원회법

할 폭넓은 권한을 지니게 될 것이었다. 이 법 덕택으로 정부의 규제 권한이 상당히 강화되었다. 윌슨은 즐거이 이 법에 서명했다. 그러나 그는 클레이튼 트러스트 금지 법안에 대해서는 관심이 없는 듯이 보였고 보수주의자의 공격으로부터 그 법안을 지키기 위한 노력을 전혀 기울이지 않았다. 따라서 그 법안은 상당히 약화되었다. 윌슨이 1912년에 약속했던, 독점에 대한 강력한 법적 조치는 결코 현실화되지 않았다.

후퇴와 전진

1914년 가을, 윌슨은 신자유 계획이 본질적으로 완성되었다고 생각했다. 그는 전국적인 여성참정권 운동에 대한 지지는 거부했다. 윌슨은 남부 민주당원의 뜻을 따르면서 연방정부 내 기관에서 흑백 분리를 다시 강요하는 것을 묵과했다. 의회 내의 혁신주의자가 새로운 개혁 입법을 위해 윌슨의 지지를 구하려고 했을 때, 그는 그들의 제안을 헌법에 위배된다거나 불필요하다는 명목으로 일축했다.

그러나 1914년의 연방 의원 선거는 이러한 대통령의 자만을 산산이 부수어놓았다. 민주당은 하원에서 상당한 의석을 잃었고, 1912년 선거 때 혁신당을 지지했던 유권자가 공화당으로 복귀하기 시작했다. 윌슨이 1916년 재선에 출마할 경우에는 이전처럼 분열된 반대당을 기대할 수는 없는 노릇이었다. 따라서 윌슨은 1915년 말경 두 번째의 개혁 물결을 지지하기 시작했다. 1916년 1월, 윌슨은 루이스 브랜다이스(Louis Brandeis)를 연방 대법원 판사로 지명하여 최초의 유대계 대법원 판사인 동시에 가장 진보적인 혁신주의 판사를 탄생시켰다. 나중에는 농민이 신용 대출을 한결 쉽게 받을 수 있도록 만든 법령과 연방정부의 피고용인에 대한 노동자 보상제를 실시하도록 하는 법령도 지지했다.

윌슨은 1916년 들어 키팅-오웬법(Keating-Owen Act)을 지지했다. 이 법은 일정한 연령 이하의 아동이 생산한 상품이 주 정계를 넘어 선적되는 것을 금지함으로써 의회에 부여된 헌법상의 규정, 즉 주간 통상을 규제하는 임무의 중요성을 확대하는 것이었다. 몇 년 전까지만 해도 대법원은 이 법에 대한 이런 해석을 지지했을 것이다. 하지만 대법원은 1918년에 키팅-오웬법을 무효화했다. 대통령은 이와 유사하게 연방의 과세권을 사회변혁 입법을 위한 수단으로 사용하는 법을 지지했다. 대법원이 키팅-오웬법을 무효화했는데도 아동 노동으로 생산된 제품에 무거운 세금을 부과함으로써 키팅-오웬법과 동일한 목적을 달성하기 위한 새 법이 시도되었다(대법원은 나중에 이 법 역시 무효화했다). 그리고 1914년의 스미스-리버법(Smith-Lever Act)은 다른 방식으로 연방정부가 지방의 활동에 영향을 줄 수 있음을 보여주었다. 왜냐하면 그 법은 농업 진흥 교육을 지원하는 데 동의하는 주에 연방정부가 그에 상응하는 보조금을 제공한다는 내용으로 되어 있었기 때문이다.

• 아동 노동의 제한

4
'몽둥이' 외교 : 미국과 세계(1901~1917)

혁신주의 시대 미국의 대외 정책은 국내 개혁을 촉발시켰던 것과 같은 추진력을 많이 반영했다. 그러나 미국의 대외 정책은 세계적 강국으로서 미국 그 자체의 새로운 의식을 훨씬 더 많이 반영했다.

루스벨트와 소위 '문명론'

시어도어 루스벨트는 세계 속에서 미국의 힘을 사용하는 일이 가치있고 중요하다고 믿었다(그는 한때 "부드럽게 말하되, 몽둥이를 휘둘러라"라는 속담을 인용하는 것으로 그러한 확신을 드러냈다). 그러나 그 힘을 사용하는 데에는 두 가지 상이한 기준을 가지고 있었다.

• 간섭의 정당화

루스벨트는 세계의 소위 '문명화된' 나라와 '문명화되지 못한' 나라 사이에 중요한 차이가 존재한다고 생각했다. 즉, '문명화된' 나라는 주로 백인이자 앵글로색슨족이나 튜턴족의 나라이며, '문명화되지 못한' 나라는 일반적으로 백인이 아닌 인종, 즉 라틴족이나 슬라브족의 나라라는 것이었다. 그러나 인종주의는 그러한 차이의 부분적인 토대일 뿐이고, 그에 못지않게 중요한 것은 경제 발전이었다. 루스벨트는, 문명국은 산업 상품의 생산자인 반면에 비문명국은 원료와 시장의 공급자라고 간주했으며, 이 두 가지 측면 사이에 모두 없어서는 안 되는 경제적 관계가 존재한다고 믿었다. 따라서 문명사회는 '후진적인' 국가의 질서와 안정을 유지하기 위해서(그리고 두 사회 모두를 위해서) '후진' 국가의 문제에 간섭할 권리와 의무가 있다는 것이었다. 그러한 믿음이야말로 루스벨트가 일찍부터 미국의 해군력 개발의 옹호자가 된 이유 중 중요한 한 가지였다. 1906년경, 미국 해군은 오로지 영국만이 능가할 수 있는 막강한 규모와 힘을 얻게 되었다.

아시아에서의 '문호 개방' 보호

1904년, 일본은 중국의 한 성(省)인 남만주의 뤼순 항〔뤼순은 랴오둥 반도 남쪽 끝에 위치한 항구도시이다. 러시아가 통치 할 때는 아르투르 항이라고 불렀고, 일본이 지배할 때는 료준(旅順)이라고 불렀다. 아르투르라는 이름은 영국 해군 중위 윌리엄 아서(William C. Arthur)가 제2차 아편전쟁 때 선박을 수리하러 정박하면서 붙였다. 중국인들은 이 이름을 중국어로 뤼순이라고 불렀지만 서구 열강은 아서 중위의 이름을 딴 지명을 사용해 아서 항(port Arthur)이라고 부른다.―옮긴이〕에 정박 중이던 러시아 함대를 기습 공격했는데, 뤼순 항은 러시아와 일본 양국이 모두 눈독을 들이고 있던 곳이었다. 루스벨트는 둘 중 한 나라가 그 지역을 차지하는 것을 원치 않았기 때문에 충돌을 끝내기 위해 중재에 나서달라는 일본의 요청에 동의했다. 전세가 불리했던 러시아로서도 이에 동의하는 것 외에 달리 선택의 여지가 없었다. 1905년 뉴햄프셔 주의 포츠머스에서 열린 평화 회담에서, 루스벨트는 진용을 재정비한 러시아로부터 일본

• '거대한 백색 함대'

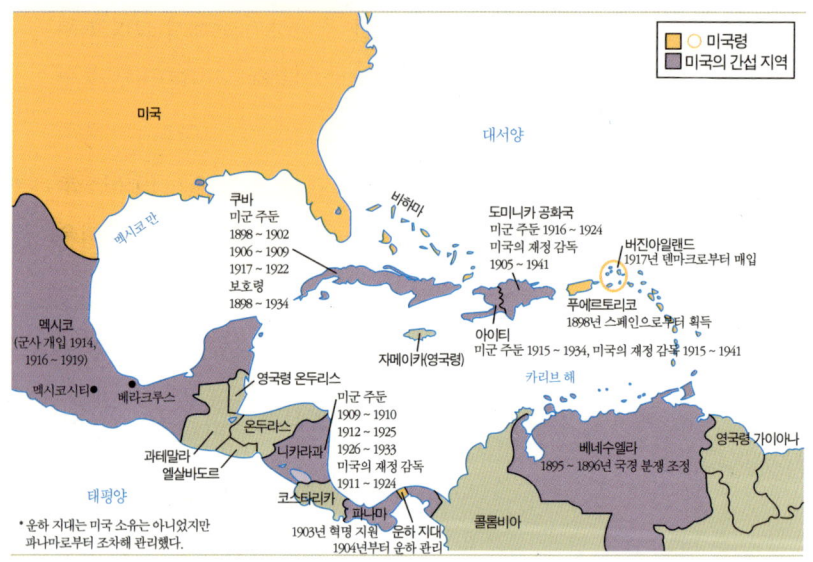

푸에르토리코와 버진아일랜드, 파나마운하 지대(the Canal Zone)를 제외하면, 미국은 19세기 말과 20세기 전반기에 라틴아메리카와 카리브 해 지역에서 공식적인 영토를 소유하지 않았다. 그러나 이 지도에 보이듯이, 미국은 이 시기 내내 이 지역에서 상당한 정치적·경제적 영향력을 행사했다. 때로는 군사적으로 개입해 영향력을 강화하기도 했다. 특히 콜롬비아와 파나마에서 운하와 관련해 개입했던 것과 마찬가지로 쿠바, 아이티, 도미니카 공화국 사태에 미국이 개입했던 상황에 주목하라.

이 그 지역을 차지하는 데 대한 승인을 받아내고, 일본에게는 전투를 중지하고 더 이상 점유지를 넓혀나가지 않겠다는 동의를 얻어냈다. 동시에 미국이 그 지역에서 자유롭게 교역을 계속할 수 있다는 점을 확실히 하기 위해 일본과 비밀 협정을 하기도 했다. 그러나 이후 수년 동안 미국과 일본의 관계는 서서히 악화되었다. 뤼순 항에서 러시아 함대를 괴멸시킨 일본은 이제 태평양에서 주도적인 해군국으로 부상해, 이내 일본이 장악한 여러 지역에서 미국의 무역을 차단하기 시작했다. 루스벨트는 일본에 대해 직접적인 조치를 취하지는 않았지만, 일본 정부로 하여금 미국의 힘이 어느 정도인지 확실히 인식시키기 위해 미해군이 보유한 16척의 전함(이 전함들은 '거대한 백색 함대'로 알려졌는데, 이 항해를 위해 전함에 임시로 흰색 페인트를 칠해놓았기 때문이다)을 파견해서 일본 방문을 포함한 유례없는 세계 일주 항해에 나서도록 했다.

인접국에 대한 철권통치

루스벨트는 라틴아메리카에서 일어난 사건에 특별히 관심을 기울였다. 루스벨트는 다른 어느 나라와도 무역의 권리를 공유하기를 꺼렸던 한편, 군사적 통제만을 추진했기 때문에 카리브 해와 남아메리카에서 일련의 모험을 감행하기 시작했다. 그는 대통령 재임 기간 중에 장기적 관점에서 이들 지역에 대한 미국의 간섭을 확립했다.

루스벨트가 이러한 생각을 하게 된 데는 그의 행정부 초기에 발생했던 사건이 결정적인 역할을 했다. 1902년, 베네주엘라 정부가 유럽의 은행에게 한 채무이행 약속을 어기기 시작하자 이에 대응해 영국, 이탈리아, 독일의 해군이 베네주엘라 해안을 봉쇄했다. 그 즈음 독일이 그 지역에 영구적인 기지를 건설하려는 계획을 갖고 있다는 소문이 나도는 가운데, 독일 함대가 베네주엘라의 항구에 포격을 가하기 시작했다. 이에 루스벨트는 독일 해군에게 철수하도록 압력을 넣기 위해서 미국 해군력을 동원해 위협했다.

'루스벨트 추론' 공표

이 사건으로 루스벨트는 라틴아메리카에 대한 유럽의 강제 점유는 직접적인 공격만이 아니라 라틴아메리카 국가 자체의 불안정이나 채무 불이행 같은 무책임에서도 비롯될 수도 있다는 생각을 갖게 되었다. 그리하여 1904년, 그는 먼로독트린(Monroe Doctrine)에 이어 '루스벨트 추론(Roosevelt Corollary)'을 발표했다. 미국이 서반구 내에서 유럽의 간섭에 반대할 수 있는 권리뿐 아니라, 만약 인접국이 자체적으로 질서와 국가주권을 유지할 수 없다고 판명되면 인접국의 국내 문제에 간섭할 권리 또한 갖고 있다는 것이었다.

이와 같은 루스벨트 추론에 즉각적인 동기를 부여해주었을 뿐만 아니라, 그 이론을 사용할 만한 첫 번째 기회는 도미니카 공화국에서 발생했다. 1903년에 도미니카 공화국에서 혁명이 일어나 부패하고 파산한 정부를 무너뜨렸다. 그러나 새 정부도 이 나라가 유럽의 여러 나라에 지고 있던 2,200만 달러의 채무를 해결하는 데 있어서는 이전 정부보다 나을 것이 없었다. 루스벨트는 그의 '추론'으로 마련된 이론적 근거를 여기에 적용했다. 즉 미국이 도미니카의 세관을 장악해서 세입의 45퍼센트를 도미니카인에게 주고 나머지는 외국의 채권자에게 분배하는 방식으로, 사실상 미국이 재산 관리를 맡도록 한 것이었다. 그리고 이러한 조치는 거의 동일한 방식으로 30년 이상이나 지속되었다.

쿠바에 대한 간섭

1902년, 미국은 쿠바에 정치적 독립을 허용해주었으나 이는 새 정부가 헌법에 소위 플래트 수정 조항(Platt Amendment)—펜실베니아 출신의 상원 의원 토마스 플래트(Thomas Platt)의 이름을 딴 것이다—을 첨가한다는 것에 동의한 이후의 일이었다. 이 헌법 수정 조항은 미국에 이 신생국가에 대한 어떠한 외세의 간섭도 저지할 수 있는 권리를 부여한 것이었다. 1906년 쿠바 국내에서 폭동이 일어나 안정을 위협하자, 미군은 쿠바에 상륙해 폭동을 진압하고 3년 동안 주둔했다.

파나마운하

루스벨트 대통령 재임시 가장 기념할 만한 업적은 중앙아메리카를 관통하여 대서양과 태평양을 연결하는 파나마운하를 건설한 일이었다. 루스벨트를 비롯한 많은 사람은 처음에는 니카라과를 가로지르는 통로를 선호했다. 왜냐하면 이 지역은 대서양과 태평양의 해수면이 같아서 별도의 갑문을 설치할 필요가 없었기 때문이다. 그러나 이내 그들은 일찍이 프랑스 회사가 운하를 건설하려다 실패한 지역인 콜롬비아의 좁다란 파나마 지협으로 눈길을 돌렸다. 파나마 통로는 두 대양의 해수면이 같지는 않았지만, 그 지역은 니카라과의 부지보다 두 대양 간의 거리가 짧았다. 그리고 운하 건설도 이미 40퍼센트 정도가 완성된 상태였다.

루스벨트는 워싱턴에서 콜롬비아의 외교관과 지체없이 운하 건설을 협의하도록 국무 장관 존 헤이(John Hay)를 급파했다. 미국의 엄청난 압력 때문에 콜롬비아의 대리 대사였던 토머스 에란(Thomas Herrán)은 어리석게도 콜롬비아를 가로지르는 6마일 너비의 '운하 지대'에 대한 영구적인 권리를 미국에게 부여하고 그 대가로 미국이 콜롬비아 정부에게 1,000만 달러를 지불하며, 이와 별도로 매년 25만 달러의 임대료를 지불한다는 협정에 서명했다. 그

파나마운하 개통

1914년 10월 파나마운하의 거대한 미라플로레스(Miraflores) 갑문이 열리면서 선박이 이 운하를 통과하기 시작했다. 이 운하의 건설은 20세기 초의 위대한 공학적 위업 중의 하나다. 그러나 시어도어 루스벨트의 압제적인 정치적 노력 역시 그에 못지않게 이 운하의 완성에 중요한 역할을 했다.

러나 콜롬비아 상원은 이 조약에 분노해 결국 비준을 거부했다. 이후 콜롬비아 정부는 새로운 대표를 워싱턴에 파견했는데, 이들은 미국으로부터 최소한 2,000만 달러를 확보할 것과 거기에 더해 미국이 프랑스에 지불할 돈의 일부를 요구하도록 지시받았다.

 루스벨트는 이에 격노해 콜롬비아 정부를 궁지에 빠뜨릴 계책을 모색하기 시작했다. 그리고 이 계책에는 프랑스 측 운하 건설 계획의 주요 엔지니어였던 필리프 뷔노-바리야(Phillippe Bunau-Varilla)라는 협력자가 있었다. 1903년 11월, 그는 미국의 지원을 받아 파나마에서 혁명을 조직하고 그 자금을 대어주었다. 게다가 루스벨트는 파나마의 "질서를 유지하기 위해" 그 지역에 있던 미국 군함 내쉬빌호(USS *Nashville*)의 군대를 상륙시켰다. 미군의 상륙은 콜롬비아 군대가 파나마의 반란 세력을 진압하지 못하게 만들었고 3일 후 루스벨트는 파나마를 독립국으로 인정했다. 새로이 독립한 파나마 정부는 재빨리 콜롬비아 상원이 거부했던 조약 내용에 동의했으며 그에 따라 운하 건설 공사는 일사천리로 진행되어 1914년에 개통되었다.

• 파나마인의 반란

태프트와 '달러외교'

 윌리엄 하워드 태프트도 전임자들처럼 해외에서 미국의 경제적 이해관계를 증진시키기 위해 노력했다. 그러나 그는 세계의 안정이라는 루스벨트의 거창한 전망에는 별다른 관심을 보이지 않았다. 태프트 행정부의 국무 장관이던 필랜더 녹스(Philander C. Knox)는 저개발 지역에 미국의 투자를 확대하는 데 적극적으로 앞장섰다. 비평가들은 그의 정책을 '달러외교(Dollar Diplomacy)'라고 불렀다.

● 달러외교

달러외교는 카리브 해 지역에 대한 미국의 정책에서 두드러지게 나타났다. 1909년, 니카라과에서 혁명이 발발했을 때 태프트 행정부는 재빨리 반군 편에 서서 미군을 파견해 세관을 장악하도록 했다. 녹스는 평화가 회복되자마자 미국의 은행가를 부추겨 새로이 들어선 정부에 상당한 액수의 차관을 제공하도록 했고, 그에 힘입어 니카라과에 대한 미국 정부의 재정적 영향력이 증대되었다. 그 후 이 친미적인 새 정부는 2년도 채 되지 않아 반란에 직면하게 되었는데, 태프트는 니카라과에 다시 군대를 상륙시켜 이번에는 현 정부를 보호하도록 했으며 그때부터 미군은 니카라과에서 10년 넘게 주둔했다.

외교와 도덕성

대통령에 취임한 우드로 윌슨은 국제 문제에 대해 상대적으로 관심이 적었고 경험 또한 별로 없었다. 하지만 그는 범위와 비중 면에서 그 이전의 어떤 대통령과도 비교할 수 없을 정도로 커다란 국제적 도전에 봉착했다. 윌슨 외교가 가장 큰 시험에 오른 것은 제1차 세계대전이 발발한 뒤의 일이지만, 그가 시련에 어떤 식으로 대처할 것인지는 이미 그가 취임한 그 순간부터 대외 정책에서 상당 부분 드러났다.

● 아이티와 도미니카 공화국에 대한 간섭

1905년에 이미 도미니카 공화국의 재정에 대한 통제권을 장악한 미국은, 1916년 도미니카인이 자국을 미국의 실질적인 보호령으로 만들게 될지도 모를 조약의 수용을 거부하자 거기에 군사정부를 수립했다. 군사 점령은 이후 8년이나 지속되었다. 윌슨은 1915년에 혁명을 진압하기 위해 아이티에 해병대를 상륙시켰다. 혁명의 와중에서 폭도 중 한 명이 대중의 신망을 얻지 못한 대통령을 살해한 일이 발생하기도 했다. 미군은 아이티에 1934년까지 주둔했고, 아이티에는 미국인 관리가 기초한 새로운 헌법이 1918년에 채택되기도 했다. 윌슨은 덴마크령 서인도 제도가 독일의 수중에 떨어질지도 모른다는 두려움 때문에 그 식민지를 덴마크로부터 사들인 후 버진아일랜드(Virgin Island)로 재명명했다. 그는 또한 유럽의 영향력이 니카라과에 미칠 가능성을 염려해서 니카라과 정부와 조약을 맺어 어느 나라도 그곳에 운하를 건설하지 못한다는 것을 보장받았고, 미국의 이해관계를 보호하기 위해 니카라과의 국내 문제에 간섭할 수 있는 권리를 획득했다. 이 모든 행위는 윌슨이 루스벨트나 태프트의 접근 방식과 매우 유사한 방식으로 라틴아메리카에 접근했음을 보여주었다.

서반구에서 (그리고 세계에서) 미국의 역할에 대한 윌슨의 견해는 그의 전임자들의 견해와 커다란 차이가 있었다. 이는 멕시코 문제에 대한 그의 처리 방식에서 분명해졌다. 미국의 사업가는 여러 해 동안 부패한 독재자 포르피리오 디아스(Porfirio Díaz)의 우호적인 후원으로 멕시코의 거대 경제 실세로 등장하기에 이르렀다. 그러나 1910년 디아스 정부는 대중적인 지도자인 프란시스코 마데로(Francisco Madero)에 의해 전복되었는데, 마데로는 민주적 개혁을 약속하지만 멕시코에 있는 미국 기업에게는 적대적으로 보였던 인물이었다. 미국은 은밀하게 반동적인 성향의 빅토리아노 우에르타(Victoriano Huerta) 장군을 부추겨 1913년 초 마데로를 물러나도록 만들었다. 당시 임기가 몇 주 남지 않았던 태프트 행정부는 새로 들어선 우에르타 정권을 승인할 준비를 했다. 그러나 그렇게 하기도 전에 멕시코의 새 정부는 마데로를 살해했고 그사이 워싱턴에서는 우드로 윌슨이 대통령에 취임했다. 하지만 새 대통령 윌슨은 즉각적으로 우에르타의 '백정 정부'를 결코 인정하지 않을 것이라고 선언했다.

이러한 갈등은 여러 해를 끌었다. 처음에 윌슨은 단순히 우에르타를 인정하지 않는 것만으로도 그 정권을 쓰러뜨리는 데 기여할 수 있을 것이고, 이 정권에 반대하는 베누스티아노 카란사(Venustiano Carranza)가 이끄는 입헌주의자(Constitutionalists)에게 권력을 넘겨줄 수 있을 것이라고 기대했다. 그러나 우에르타는 미국 기업가의 지원을 받아 1913년 10월, 완전한 군사독재를 구축했다. 이에 윌슨은 더욱 완강하게 자기 입장을 고수하게 되었다. 1914년 4월, 해군과 관련하여 사소한 사건이 발생하여 윌슨에게 공개적으로 개입할 명분을 주었다. 그것은 우에르타 군대의 한 장교가 탐피코(Tampico)에서 좌초한 미국 군함 돌핀호(Dolphin)의 몇몇 미군 수병을 잠시 체포한 사건이었다. 수병들은 금방 풀려났으나 미군 제독은 우에르타의 군대에 공식적인 사과의 표시로 성조기를 향해 21발의 예포를 쏠 것을 요구했다. 멕시코인은 이를 거부했고, 윌슨은 이를 구실로 삼아 멕시코의 베라크루즈(Veracruz) 항을 점령하려고 했다.

• 베라크루즈 사건

윌슨은 무혈 입성을 기대했으나 베라크루즈에서 멕시코 군대와 충돌해 126명의 멕시코인이 사살되었고 미군도 19명의 사상자를 냈다. 전쟁 일보 직전에 윌슨은 해결책을 모색하기 시작했다. 하지만

판초 비야와 그의 군대

판쵸 비야(왼쪽에서 네 번째)가 자신의 군대 지도자 몇 명과 함께 포즈를 취하고 있다. 미국인은 빌라의 군대가 일단 미국 국경을 넘어 습격을 감행하자 이들을 산적(bandits)으로 간주했다. 비야는 멕시코에서 국민 영웅이었다.

윌슨의 무력시위는 카란사 측의 입지를 강화하는 데 기여했다. 카란사는 8월에 멕시코시티를 점령하고 우에르타가 멕시코를 떠나지 않으면 안되게끔 만들었다. 드디어 위기가 끝난 것처럼 보였다.

그러나 윌슨은 아직도 만족해하지 않았다. 그는 카란사가 새 정부 창건을 위한 미국의 지침을 받아들이지 않는 것에 분노했고, 잠시 동안이나마 또 다른 권력 지향적 야심가이자 이전에 카란사의 부관이었던 판초 비야(Pancho Villa)를 지원할 생각을 하기도 했다. 그러나 비야의 군사적 입지가 줄어들자 윌슨은 그를 버리고, 결국 1915년 10월 카란사 정부를 예비 승인했다. 그러나 이 무렵 윌슨은 또 다른 위기를 초래하고 말았다. 비야는 미국이 자신을 배신했다는 생각에 화가 난 나머지 1916년 1월, 멕시코 북부에서 16명의 미국인 광산 기사를 붙잡아 사살하는 것으로 복수를 감행했다. 두 달 후에는 군사를 이끌고 국경을 넘어 뉴멕시코 주의 콜럼버스(Columbus)로 진격해 17명의 미국인을 더 살해했다.

• 퍼싱의 원정

윌슨은 카란사 정부의 승낙을 얻어 존 퍼싱(John J. Pershing) 장군에게 미국 토벌군을 이끌고 멕시코 국경을 넘어 비야를 추격할 것을 명했다. 그러나 미군은 비야는 찾지 못한 채, 오히려 카란사의 군대와 두 번에 걸친 볼썽 사나운 소규모 접전을 벌이게 됨으로써 40명의 멕시코인과 12명의 미군이 사망하기에 이르렀다. 미국과 멕시코는 다시금 전쟁 일보 직전의 상황에 서게 되었다. 그러나 최후의 순간에 윌슨이 물러났다. 그는 미군을 멕시코에서 조용히 철수시켰고 1917년 3월, 결국 카란사 정권을 공식적으로 인정했다. 하지만 이 무렵 윌슨은 이미 주의를 다른 곳으로 돌리고 있었다. 즉, 유럽 대륙과 궁극적으로는 미국을 둘러싸고 벌어지게 될 한층 커다란 국제적 위기에 눈을 돌리고 있었다.

결론

미국 전역에서 거대한 개혁 열기가 분출됨에 따라 20세기 초, 미국의 국내 정치는 혁신주의자를 위한 중요한 싸움터가 되었다. 국가 차원의 개혁은 많은 요인이 작용한 결과였지만, 특히 두 가지가 중요했다.

첫째는, 많은 개혁가가 성공을 거두기 위해서는 자신들의 노력에 더하여 연방정부의 관여가 필요하다는 점을 깨달았다는 점이다. 혁신주의자는 자신들과 함께 할 잠재적 동맹자를 찾아 워싱턴 정가로 점차 눈길을 돌렸다. 둘째는, 두 명의 국민적 지도자가 연방정부를 뚜렷하고 강건한 개혁 수단으로 변화시키는 데 기여했다는 점이다. 시어도어 루스벨트의 재임기간 8년은 대통령이라는 자리에 대한 대중의 기대치를 바꾸어놓았고 대통령은 실질적인 개혁 일정표를 내놓기에 이르렀다. 1912년, 루스벨트의 불운한 계승자인 윌리엄 하워드 태프트뿐 아니라 제3당의 후보로 출마한 루스벨트 본인마저 누르고 대통령에 당선된 우드로 윌슨은, 자신의 광범하고 야심찬 개혁 일정을 통과시키는 데 성공함으로써 20세기 초 가장 성공적인 입법 활동을 추진한 대통령이 되었다.

    루스벨트와 태프트, 윌슨은 또한 국제적 사건에서 미국의 적극적인 역할을 지속하고 실제로 확대하는 데 기여했다. 이는 미국 자본주의의 성장을 촉진하려는 노력이기도 하고, 세계의 다른 지역에 미국 기준의 도덕과 민주주의를 강요하려는 노력이기도 했다. 이와 유사한 이상과 이기심의 혼합이 곧 미국을 세계대전으로 밀어넣게 될 것이었다.

부록

미국의 주
미국의 도시
미국사 주요 연표
미국 독립선언서
미국 헌법
미국 역대 대통령 선거자료
찾아보기

★ 미국의 주

미국의 영토 확장(1783~1898)

- (　　) 주(state)로 편입된 연도
- 1783년의 미국
- 1803년 루이지애나 매입 지역
- 1846년에 영국이 양도한 오리건 지역
- 1848년에 멕시코가 양도한 지역
- 1853년의 개즈던 매입 지역
- 1810년과 1813년에 병합한 웨스트플로리다 지역
- 1819년에 스페인이 양도한 플로리다(이스트 플로리다) 지역
- 1845년에 병합한 텍사스 지역
- 1819년 스페인과의 조약으로 확정된 오리건 지역과 루이지애나 매입 지역의 남쪽 경계
- 미국이 주장한 텍사스 경계, 1845~1848

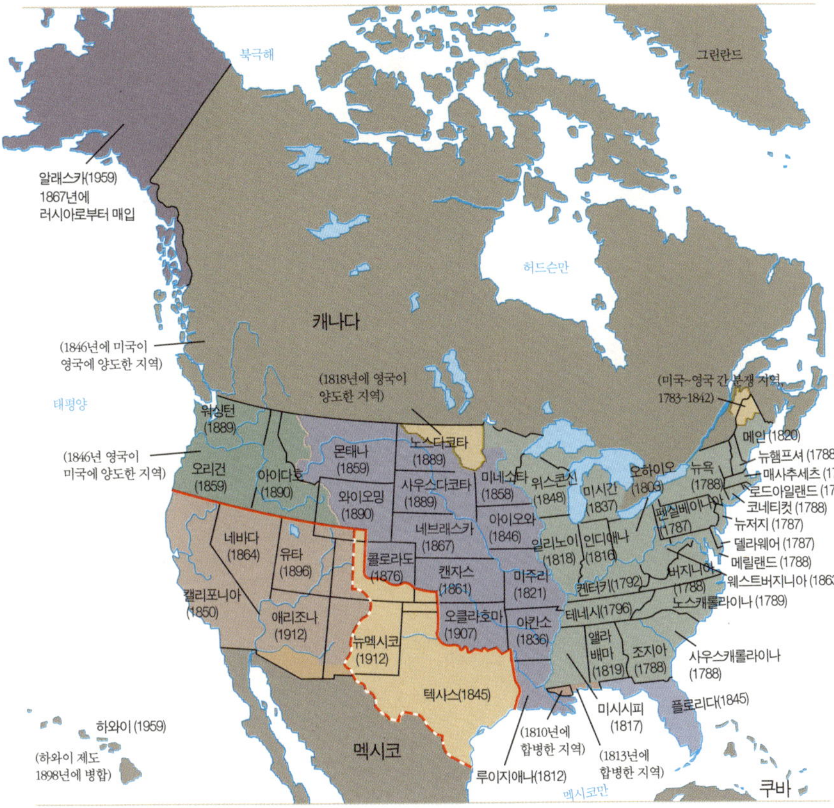

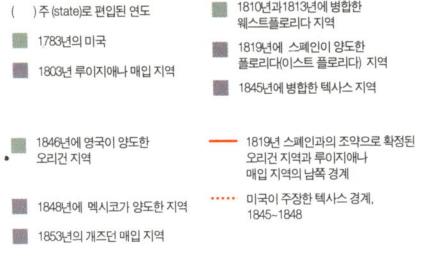

★ 미국의 도시

- 인구 500만 이상 도시
- 인구 100만 이상 도시
- 인구 100만 이하 도시
- ☆ 주도 (state capital)

미국의 도시 | 557

★ 미국사 주요 연표

500/1500

정치

- 500~1500 유럽 각국의 약화, 분열, 탈집중화 /1500년경, 유럽의 통합 및 권력 강화
- 1497 존 캐벗 신세계 탐험
- 1518~1550s 스페인, 코르테스 피사로 · 남북 아메리카 일부와 멕시코를 스페인 소유라고 주장
- 1565 스페인, 플로리다 세인트 오거스틴에 최초의 영구 정착지 건설
- 1587 월터 롤리 경, 로어노크 섬에 '잃어버린 식민지' 건설

사회/문화

- 1001 노르웨이의 리프 에릭슨 선장, 뉴펀들랜드에 식민지 건설(정착민은 1세기 후에 원주민의 공격을 받고 달아남)
- 1200 카호키아(세인트루이스 인근 원주민 교역 중심지), 인구 최고 4만 명으로 증가
- 1477 마르코 폴로 저서 출간/포르투갈 탐험가 헨리 왕자, 아프리카 항해
- 1492 콜럼버스, 스페인 페르난도 왕과 이사벨 여왕의 자금 지원으로 항해를 떠나 유럽인 최초로 신세계 '발견'
- 1502 스페인령 아메리카에 아프리카 노예 도착
- 1517 마르틴 루터, 프로테스탄트 개혁 운동
- 1518~1550 스페인 탐험가, 질병과 잔혹함으로 아메리카 원주민 제국 파괴
- 1550s~1650 유럽의 종교 전쟁

경제

- 1500 유럽, 상업 · 무역 회복세

1600

정치

- 1607 영국, 제임스타운 건설
- 1608 프랑스, 퀘벡 건설
- 1609 스페인, 산타페 건설
- 1619 버지니아 하원 소집
- 1620 순례자, 플리머스 식민지 건설
- 1624 네덜란드, 서인도회사의 영구 무역 거점 건설
- 1630 퓨리턴, 매사추세츠 만 식민지 건설

사회/문화

- 1609~1610 제임스타운, '굶주림의 시기'
- 1622 포우하탄 인디언의 버지니아 공격
- 1636 미국 최초의 대학, 하버드 대학 설립
- 1637 피쿼트 전쟁 / 앤 허친슨, 매사추세츠 만 식민지에서 추방
- 1639 영국의 아메리카 식민지 최초로 인쇄기 도입
- 1649 메릴랜드, '종교법' 제정으로 종교적 관용 정책 채택
- 1675 필립 왕 전쟁

경제

- 1500~1600 영국, 중상주의와 시장 쇠퇴로 식민지 건설에 관심 증가
- 1600s 북아메리카에 목축을 기반으로 한 스페인 경제 형성
- 1612 존 롤프, 제임스타운에서 담배 경작
- 1618 버지니아 회사, 버지니아에서 인두권 제도 확립
- 1619 버지니아에 최초의 흑인 노동자 유입
- 1640 메릴랜드, 인두권 제도 도입 / 체사피크 지역의 경제 붕괴

1700

1636	로저 윌리엄스, 로드아일랜드 건설
1642	영국 내전 발발
1664	영국, 뉴네덜란드 정복
1676	베이컨의 반란
1682	프랑스, 루이지애나 영유권 주장
1685	뉴잉글랜드령
1688	영국 명예혁명

1734	존 피터 젱어 재판, 사실에 입각한 정부 비판은 명예훼손이 아니라고 판결
1754	프랑스-인디언 동맹 전쟁 발발 (1756년에 7년 전쟁으로 비화)
1760s	캘리포니아에 스페인 정착지 건설
1763	파리 조약 / 1763년의 포고령
1765	숙박법
1766	선언법
1770	보스턴 학살
1771	노스캐롤라이나의 감시단 운동
1772	보스턴 통신 위원회 창설 / 가스페호 방화 사건

정치

1680	북아메리카 식민지 정부와 스페인 사제들, 원주민 종교 탄압 / 원주민의 반란
1690	미국 최초의 신문 《퍼블릭 오커런시스》, 보스턴에서 발간
1692	세일럼 마녀 재판
1693	윌리엄앤메리 대학 설립

1700	노예법 통과, 인종에 기반한 아메리카 노예제도 합법화
1701	윌리엄 펜, '자유 헌장' 제정
1708	흑인, 사우스캐롤라이나 인구의 다수 차지
1734	대각성 시작
1739	사우스캐롤라이나의 스토노 반란
1752	벤저민 프랭클린, 연으로 전기 실험

사회/문화

1650s	북아메리카에 흑인 노동자 증가 / 모피 무역 감소
1660	항해 조례 제정
1670s	영국 출산율 저하로 아메리카로의 계약 하인 유입 감소
1675	상무성 신설
1697	노예 수입 증가

1700s	미국 내 소비자 문화 형성
1750	미국 내에서 철 가공을 제한하는 제철법 제정
1763	팩스턴 보이스, 펜실베이니아 세금 감면 요구 / 영국 그렌빌 수상, 영국 부채 감면을 위해 식민지에 세금 부과
1764	설탕법 및 화폐법 제정
1765	인지세법 제정
1766	인지세법 폐지
1767	타운센드 관세 도입
1770	대부분의 타운센드 관세 폐지
1773	차 세법 제정

경제

1700

정치

- 1773 보스턴 차 사건
- 1774 제1차 대륙회의 개최
- 1775 렉싱턴 전투·콩코드 전투 / 미국 혁명 시작 / 제2차 대륙회의 / 워싱턴, 대륙군 지휘
- 1776 토머스 페인, 《상식》 출간 / 독립선언 / 미국, 트렌트 전투에서 승리
- 1777 연합 헌장 채택 / 영국, 새러토가 전투에서 참패
- 1778 프랑스, 공식적으로 미국 승인
- 1781 콘월리스, 요크타운 전투에서 항복 / 연합 헌장 비준
- 1783 파리 평화 조약
- 1787 북서부 영지법 / 제헌 회의 / 미국 헌법 제정
- 1789 워싱턴, 초대 대통령 취임 / 권리장전 / 프랑스 혁명 / 법원조직법
- 1790s 정당의 등장
- 1793 제닛 사건
- 1794 제이 조약 / 위스키 반란
- 1795 핑크니 조약
- 1797 XYZ 사건 / 외국인법 및 선동 방지법 제정
- 1798 프랑스와 준(準) 전쟁 / 버지니아 결의안과 켄터키 결의안

사회/문화

- 1763 1763년의 포고령
- 1765 펜실베이니아 대학교에 아메리카 최초의 의과대학 설립
- 1769~1781 태평양 해안에 스페인 수도원 설립 / 아메리카 원주민의 질병 전염 / 스페인, 원주민에게 개종 강요
- 1780 펜실베이니아, 노예제도를 불법으로 선언 / 미국 혁명 말엽, 대부분의 북부 식민지, 노예제도 불법 규정
- 1784 주디스 사전트 머리, 여성의 교육권을 주장하는 에세이 출간
- 1786 셰이즈의 반란 / 버지니아 종교 자유령 제정
- 1789 바티칸, 미국 최초의 주교 임명 / 매사추세츠, 공립학교 여학생 입교 허가 의무화
- 1790s 백인과 원주민의 폭력 사태 증가
- 1790 미국 인구, 4백만 명 기록
- 1794 폴른 팀버스 전투
- 1797 외국인법과 선동 방지법 제정
- 1799 뉴욕, 노예제도 폐지

경제

- 1774 '참을 수 없는 법' 제정
- 1780s~1790s 기선 등 증기를 동력으로 한 운송 수단 등장 / 미국, 아시아와 무역
- 1784 제1차 미국 은행의 인가
- 1792 보호관세 통과
- 1793 엘리 휘트니, 조면기 발명
- 1794 유료도로 시대 개막

1800

정치

1800	제퍼슨, 대통령 당선 일명 '1800년 혁명'
1803	루이지애나 매입 / 마버리 대 메디슨 판결
1807	체서피크-레오파드 사건
1812	미국, 영국에 선전포고
1814	하트퍼드 회의 / 겐트 조약
1815	뉴올리언스 전투
1817	존 퀸시 애덤스, 스페인과 플로리다 협상 개시
1819	매킬로크 대 메릴랜드 판결
1820	미주리 타협
1823	먼로 독트린

사회문화

1800	워싱턴 D.C.로 수도 이전 / 이신론 확산 / 가브리엘 프로서의 노예 반란
1802	제2차 대각성 운동 시작
1802	웨스트포인트 사관학교 설립
1804	뉴저지, 노예제도 폐지 / 루이스와 클라크의 탐험 개시 / 해밀턴과 버어의 결투
1808	노예 수입 금지
1809	테컴서 연맹 결성
1811	티피카누 전투
1815	인디언으로부터 서부 토지 강탈
1817	미국 식민 협회 결성
1820s	선거권 확대
1820	미국 인구, 1,000만 명에 도달
1822	로키 산맥 모피 회사 설립 / 덴마크 베시의 노예 반란
1826	제임스 페니모어 쿠퍼, 《모히칸족의 최후》 출간
1830s	아일랜드 남부 가톨릭교도의 이민
1830	미시시피와 앨라배마에서 촉토족 추방 / 조지프 스미스, 《모르몬의 서》 출간

경제

1800	해리슨 토지법 제정
1802	의회, 내국세 폐지
1807	출항 금지법 제정
1809	통상 금지법 제정
1810	제2차 메이컨법
1816	제2차 미국 은행
1817	이리 운하 건설 개시
1819	공포와 불황
1820s	담배 가격 하락 / 서남부 지역의 면화 풍작
1828	보호관세(일명 '가증스러운 관세') 제정
1830s	기업의 성장
1830	볼티모어·오하이오, 철도 운행 개시
1832	잭슨, 미국 은행 재인가 거부권 행사
1833	잭슨, 미국 은행에서 정부 예금 인출 / 공황 사태 발생

1800

정치

- 1832 무효화 위기 발발
- 1836 텍사스, 멕시코로부터 독립선언
- 1840 자유당 창당
- 1845 토착 미국인당 창당
- 1846 오리건 경계 논란 종결 / 미국, 멕시코에 선전 포고 / 윌모트 단서
- 1848 과달루페이달고 조약
- 1850 1850년의 타협
- 1852 미국인당(무지당) 창당
- 1854 캔자스-네브래스카 법 제정 / 공화당 창당 / 에스페란토 선언
- 1855~1856 '피의 캔자스' 사건
- 1857 드레드 스콧 판결
- 1859 하퍼스페리 병기창 습격 사건
- 1860 에이브러햄 링컨, 대통령 당선
- 1861 섬터 요새 사건 / 남부 연합 결성 / 제퍼슨 데이비스, 남부 연합 대통령 선출 / 제1차 불런 전투 / 압류법 통과 / 트렌트호 사건
- 1862 사일로 전투·앤티텀 전투·제2차 불런 전투 / 남부 연합, 징병제 실시

사회·문화

- 1831 내트 터너의 노예 반란 / 주간신문 《해방자》 발간
- 1833 존 랜돌프, 노예 400명 해방 / 미국 노예제 폐지 협회 설립
- 1834 로웰 공장 여공(여공 협회) 파업 / 전국 노동조합 협회 설립
- 1835 세미놀 전쟁 발발
- 1836 앨라배마·조지아, 크리크족 추방 / 알라모 전투
- 1837 미주리, 치카소족 추방 / 일부 대학, 여학생 입교 허락 / 호러스 만, 매사추세츠 교육 위원회 위원 / 존 칼훈, 노예제도가 '절대 선'이라고 주장 / 아메리카 원주민 협회, 이민 반대 운동
- 1840~1850 아메리카로 유럽인 150만 명 이주
- 1841 브룩 농장 설립
- 1842 매사추세츠, 노동조합 결성 및 파업 '적법' 선언 / P.T. 바넘, 뉴욕에 미국 박물관 개장
- 1844 모스, 최초의 전신 메시지 송출 / 브리검 영, 조지프 스미스 사망 후에 모르몬교 성도를 이끌고 유타로 이주
- 1845 프레더릭 더글러스 자서전 출간
- 1846 윤전기 발명

경제

- 1834 매코믹, 수확기 특허
- 1836 정화 회람령 제정
- 1837 면화 가격 급락
- 1837~1844 극심한 공포와 불황
- 1840 독립 재정법 / 철로 길이 약 4,800킬로미터
- 1840s~1860 동북부 지역을 중심으로 산업 성장 / 공작 기계 및 호환성 부품 제조
- 1847 존 디어, 강철 쟁기 생산
- 1848 캘리포니아 금광 개발 호황
- 1849 면화 생산 호황
- 1853 개즈던 구매
- 1860 동북부 지역을 중심으로 철로 건설(4만 3,400 킬로미터)
- 1861 남부 연합, 화폐 발행

정치

- 1863 노예해방 선언 / 게티즈버그 전투 / 빅스버그 항복 / 북부 연방, 징병제 실시 / 뉴욕에서 징병제 반대 시위 / 링컨, 재건 계획 발표
- 1864 월더니스 전투 / 서먼의 대서양 진격 / 링컨, 대통령 재선 / 링컨, 웨이드-데이비스법 거부권 행사
- 1865 남북전쟁 종전 / 에이브러햄 링컨 암살 / 해방노예국 창설
- 1867 의회, 남부 재건 개시 / 공직 보장법 통과
- 1868 존슨 대통령 탄핵 기각
- 1870~1871 시행법 통과(KKK, 큐 클럭스 클랜)
- 1872 남부, 대부분의 백인에게 참정권 부여
- 1875 '위스키 일당' 추문 / 전국그린백당 창당
- 1877 1877년 타협으로 재건 종결

사회/문화

- 1848 세니커폴스에서 여성 인권대회 개최 / 오네이다 공동체 설립
- 1850s 유럽 이민자, 250만 명으로 증가
- 1850 호손, 《주홍 글씨》 출간
- 1851 멜빌, 《모비 딕》 출간
- 1852 스토, 《톰 아저씨의 오두막》 출간
- 1854 소로, 《월든》 출간
- 1855 휘트먼, 《풀잎》 출간
- 1860 자유주 인구의 26퍼센트, 노예주 인구의 10퍼센트가 도시 거주
- 1863 전국 여성 애국 동맹 결성
- 1865 남부, 흑인 단속법 제정 / KKK 결성 / 헌법 수정 조항 제13조 비준
- 1866 제1차 민권법 제정
- 1869 헌법 수정 조항 제15조 비준
- 1870 개혁가, 옛 노예를 위한 학교 4,000곳 건립
- 1870s 재건 정부의 공립학교 체계 구축
- 1883 대법원의 인종 분리 지지 판결
- 1890s 남부의 짐 크로우법 제정
- 1895 부커 T. 워싱턴의 애틀랜타 타협
- 1896 플레시 대 퍼거슨 판결

경제

- 1862 북부, 전쟁 물자 산업 체계 발전 / 홈스테드법 제정 / 모릴법 제정 / 북부 연방, 모니터호와 메리맥호의 해전 승리로 남부 연합 항구 해상봉쇄
- 1863 남부 연합, 소득세 도입
- 1863~1864 전국은행법 제정
- 1864 남부 연합 철도 시스템 노화 / 남부 연합의 극심한 인플레이션
- 1867 알래스카 매입과 미드웨이 제도 합병
- 1869 대륙횡단철도, 유타 프로먼터리포인트에서 합류
- 1873 극심한 공포와 불황
- 1875 태환법 통화

1850

정치

- 1864 링컨, 웨이드-데이비스법 거부권 행사
- 1865 남북전쟁 종전 / 에이브러햄 링컨 암살 / 해방노예국 창설
- 1867 의회, 남부 재건 개시 / 공직 보장법 통과
- 1868 존슨 대통령 탄핵 기각
- 1870~1871 시행법 통과(KKK)
- 1872 남부, 대부분의 백인에게 참정권 부여

사회│문화

- 1860s~1890s 대초원 지대 및 서부 인디언 전쟁
- 1864 샌드 크리크 학살
- 1865 남부의 흑인 단속법 / KKK 결성 / 헌법 수정 조항 제13조 비준
- 1866 제1차 민권법 / 대서양 횡단 전신 케이블
- 1867 인디언 평화 위원회 설립
- 1868 헌법 수정 조항 제14조 비준
- 1869 헌법 수정 조항 제15조 비준 / 프로야구 시작 / 올컷, 《작은 아씨들》 출간 / 노동기사단 설립 / 대학 간 풋볼 경기 개시
- 1871 보스턴 및 시카고 화재
- 1873 철조망 발명 / 기독교 여성 금주 연합 설립
- 1876 리틀 빅혼 전투
- 1877 전국 철도 파업

경제

- 1859 최초의 유정(油井) 개발
- 1860~1890s 서부의 광산 붐
- 1862 홈스테드법 제정
- 1866 서부에서 소 목장 호황
- 1867 알래스카 매입과 미드웨이 제도 합병
- 1869 유타 프로먼터리에서 대륙횡단철도 완공
- 1870s 남부에서 수확물 선취 제도 및 소작인 경작 확산 / 남부의 운송 및 산업 성장 / 서부의 농업 호황
- 1870 록펠러, 스탠더드 석유 회사 설립 / 뉴욕 시에서 최초의 고가 철로 개장
- 1873 공포와 불황 / 카네기 철강 회사 설립 / 식목법 제정
- 1874 블랙힐스 골드러시
- 1875 태환법 통과

정치

- 1875 위스키 일당 추문 / 전국그린백당 창당
- 1877 1877년 타협으로 재건 종결
- 1881 가필드 대통령 암살
- 1882 중국인 배척법 제정
- 1883 펜들턴법 제정
- 1887 미국, 진주만 기지 확보
- 1890 머핸, 《제해권이 역사에 끼친 영향》 출간
- 1892 인민당 창당 / 오마하 강령
- 1894 콕시의 부대 시위
- 1895 베네수엘라 경계 논란
- 1896 브라이언, '황금의 십자가' 연설
- 1898 전함 메인호 침몰 / 미국-스페인 전쟁 / 파리 평화 조약 / 미국, 하와이·필리핀·푸에르토리코 합병 / 필리핀 전쟁 개전
- 1899 문호 개방 각서

사회/문화

- 1879 헨리 조지, 《진보와 빈곤》 출간
- 1881 미국노동총동맹(AFL) 설립
- 1883 대법원, 인종 분리 지지 판결 / '황색 언론' 등장
- 1884 시카고에 최초의 고층 건물 등장
- 1885 헤이마켓 폭동
- 1887 도스법 제정 / 미국인 보호 협회 결성
- 1888 벨러미, 《뒤를 돌아보면서》 출간
- 1889 오클라호마에 백인 정착민 유입 / 헐 하우스 개장
- 1890s 남부의 짐 크로우법
- 1890 운디드니 전투 / 리스, 《나머지 절반의 사람들이 사는 법》 출간 / 이민자가 주요 도시 인구의 대다수 구성
- 1891 농구 발명
- 1893 터너, 프런티어 이론 발표 / 시카고에서 컬럼비아 박람회 개최 / 술집 반대 동맹 결성
- 1894 이민 제한 동맹 결성
- 1895 부커 T. 워싱턴의 '애틀랜타 타협' 연설 / 크레인, 《붉은 용맹 훈장》 출간
- 1896 플레시 대 퍼거슨 판결

경제

- 1876 벨, 전화기 발명
- 1877 사막 경지법 통과
- 1879 에디슨, 전구 발명
- 1880s~1890s 철도 건설로 서남부 지역 멕시코 이민자 증가 / 서부 지역에 휴양 호텔 건설 / 서부 지역의 농업경제 위축
- 1881 몬태나의 애너콘다 구리 광산 개장
- 1885 노동계약법 제정
- 1887 주간 통상법 제정
- 1890s 미국 농장 27퍼센트가 담보대출
- 1890 셔먼 트러스트 금지법 / 셔먼 은 매입법 / 매킨리 관세법 제정
- 1892 홈스테드 철강 파업
- 1893 공황 시작 / 셔먼 은 매입법 폐지
- 1894 풀먼 파업
- 1897 보스턴, 미국 최초 지하철 개통

1900

정치

1900	의화단 반란
1901	미국 사회당 창당 / 플래트 수정 조항 / 매킨리 암살
1904	먼로독트린에 대한 루스벨트 추론
1909	미군, 니카라과 주둔
1913	헌법 수정 조항 제17조(상원 의원 직선제) 비준
1915	미군, 아이티 주둔 / 루시타니아호 격침
1916	미군, 멕시코 주둔
1917	치머만 전보 사건 / 독일의 무제한 전쟁 / 미국, 제1차 세계대전 참전 / 선발 징병법 제정 / 방첩법 제정
1918	보안법 / 윌슨 대통령의 14개조 평화 원칙
1919	파리평화회의 / 미국 상원, 베르사유조약 거부
1920	헌법 수정 조항 제19조 비준
1927	사코와 반제티 사형 집행
1924	국적 기원법 제정 / 도스 안(案)
1928	켈로그-브리앙 조약
1932	워싱턴의 보너스 군대
1933	프랭클린 루스벨트, 뉴딜 정책 시행 / 미국, 소련 승인 / 선린정책
1935	대법원, 전국 부흥법 무효화 선언 / 코플린, 사회 정의를 위한 전국 연합 설립 / 중립법 제정

사회 | 문화

1903	라이트 형제의 비행기 발명 / 최초의 월드시리즈 / 윌리엄 두 보이스, 《흑인의 영혼》 출간
1906	샌프란시스코 지진 및 화재 / 싱클레어, 《정글》 출간 / 정육 검사법 제정
1909	전국 유색인 지위 향상 협회
1911	트라이앵글 셔츠 회사 화재
1914~1920	'대이주'
1915	영화 〈국가의 탄생〉 상영
1919	헌법 수정 조항 제18조(금주법) 비준 / 시카고 인종 폭동
1920	적색공포
1921	셰퍼드-타우너법
1924	KKK 가입 최고조
1925	스콥스 재판
1927	린드버그, 대서양 단독 횡단 비행 / 영화 〈재즈 싱어〉 상영
1930	미국 가정에 라디오 보급
1931	'스카츠보로 소년들' 체포
1933	금주법 폐지
1934	남부 소작농 조합 / 휴이 롱, '부의 공유를 위한 모임' 조직 / 인디언 재조직법

경제

1900	남부 농민의 70퍼센트가 소작농 / 금본위제법
1901	모건, 유에스 철강 회사 설립
1906	최초의 포드 자동차 제조 / 헵번 철도 규제법
1909	페인-올드리치 관세법
1913	헌법 수정 조항 제16조(소득세) 비준 / 연방 지불 준비법
1914	포드 자동차의 조립 라인 도입 / 연방 통상 위원회법 / 파나마운하 개통
1917	전시 산업 위원회 창설
1919	철강 파업
1929	대공항 시작 / 농작물 판매법
1930	홀리-스무트 관세법 / 황진지대 가뭄 시작
1932	재건 금융 공사 설립 / 농민 휴업 협회 결성
1933	은행 휴업 / 긴급 은행법 / 글래스-스티걸법 / 증권 거래 위원회 설립 / 농업 조정법 / 전국 산업 부흥법 / 테네시 계곡 개발 공사 / 연방 긴급 구호청 / 토목 사업청 설립

1937	루스벨트의 법원 개편안 / 스페인 내전에 '에이브러햄 링컨 여단' 참전	1944	노르망디 침공 / 미군, 필리핀 점령
1938	공정 노동 기준법 / 뮌헨회담	1945	얄타회담과 포츠담회담 / 루스벨트 사망 / 트루먼, 대통령직 승계 / 국제연합(UN) 설립 / 제2차 세계대전 종전
1939	나치-소련 불가침조약 / 제2차 세계대전 발발		
1940	삼국동맹 / 미국 우선 위원회 창설 / 노후 구축함 거래	1947	트루먼 독트린 / 마셜플랜 제안
1941	무기 대여안 / 대서양헌장 / 일본, 진주만 공습 / 미국, 제2차 세계대전 참전 / 공정 고용 위원회 설립	1948	베를린 봉쇄 / 히스 재판 시작 / 트루먼, 이스라엘 승인
		1949	나토(NATO) 창설 / 소련의 원폭 실험 / 마오쩌둥의 승리
1942	미드웨이 해전 / 북아프리카에서의 군사행동	1950	NSC-68 / 한국전쟁 발발 / 매카시, 반공주의 선전 / 매캐런 국내 보안법
1943	과달카날 점령 / 연합군, 이탈리아 침공 / 소련, 스탈린그라드 전투 승리 / 스미스-코넬리법		
		1951	트루먼, 맥아더 해임

정치

1935	루이스, 미국노동총동맹 탈퇴	1943	로스앤젤레스의 주트수트 폭동
1936	미첼,《바람과 함께 사라지다》출간	1946	연합 광산 노조 파업
1937	'현충일의 대학살'	1947	레빗타운 건설 시작
1938	공정 노동 기준법	1950s	교외 주택 호황 / 텔레비전 보급
1939	스타인벡,《분노의 포도》출간 / 메리언 앤더슨, 링컨 기념관 공연 / 세인트루이스호 입항 거부	1952	유니벡, 대통령 선거 결과 예측 / 수소폭탄 폭발 실험 성공
		1953	인디언 부족 동화정책
1940	라이트,《토착인 아들》출간	1954	브라운 대 교육 위원회 사건 / 소크, 소아마비 백신 개발
1942	인종 평등 회의 창설 / 일본계 미국인 강제수용 / 맨해튼 프로젝트 시작		
		1955	몽고메리 버스 승차 거부 / 미국노동총동맹과 산업 조직 회의 통합
		1957	캐루악,《길 위에서》출간 / 리틀록의 센트럴 고등학교, 흑인 입교 허가

사회/문화

1935	사회보장법 / 재정착청·농촌 전력화청·사업 추진청 설립	1946	원자력 위원회 설립
		1956	연방 고속도로법
1936	대법원, 농업 조정법 무효화	1960	빈곤선 이하 인구, 50퍼센트 이상
1937	불황의 심화 / 농장 안정청 신설	1964	존슨 대통령, 빈곤과의 전쟁 선포
1941	일본 자산 동결	1965	노인 의료보험 도입
1942	전시 생산 위원회 설립 / 소득세법 통과	1966	빈민 의료 보조 프로그램
1944	군인 재정착법	1969	빈곤선 이하 인구, 12퍼센트로 감소
1945	연간 물가 상승률, 14~15퍼센트		

경제

1900

정치

1953	한국 정전협정 서명 / CIA의 사주로 이란 쿠데타 발생
1954	육군-매카시 청문회 / 프랑스, 디엔 비엔 푸 방어 붕괴 / 제네바 회담 / 과테말라에서 CIA의 사주로 쿠데타 발생
1956	수에즈 위기
1957	스푸트니크 발사
1959	쿠바, 카스트로 집권 / 베트남, 민족 해방 전선 창설
1961	쿠바 피그스 만 침공 / 베를린 장벽 설치
1962	쿠바, 미사일 위기
1963	존 케네디 암살
1964	통킹 만 결의안 채택
1965	미군 베트남 파병 / 미국, 도미니카 공화국 내전 개입
1968	베트남 구정 공세 / 로버트 케네디 암살 / 시카고 민주당 전당대회 폭동
1969	U2기 사건
1971	펜타곤 문서의 언론 유출 사건 / 윌리엄 캘리, 미라이 학살 유죄판결
1972	닉슨 대통령, 중국 방문 / 제1차 전략무기제한 협정 / 워터게이트
1973	미국의 베트남 철수 / 애그뉴 부통령 사임
1974	닉슨 대통령 사임 / 포드 대통령, 닉슨 사면
1975	남베트남 공산화
1977	파나마운하 조약 서명
1979	캠프 데이비드 협정 / 소련, 아프가니스탄 침공
1980	미국, 모스크바 올림픽 불참
1981	이란, 미국 인질 석방 / 미군 군사력 증강

사회·문화

1960	학생 비폭력 조정 위원회 설립
1961	최초의 미국 우주인 / '자유를 위한 승차'
1962	해링턴, 《또 다른 미국》 출간 / 민주 사회 학생 연합 결성 / 카슨, 《침묵의 봄》 출간
1963	워싱턴 행진 / 버밍엄 인권 시위 / 프리던, 《여성의 신비》 출간
1963~1366	존슨 대통령, '위대한 사회' 프로그램
1964	민권법 제정 / '자유를 위한 여름' / 자유 연설 운동 추진
1965	말콤 엑스 암살 / 투표권법 제정 / 와츠 폭동 / 초·중등 교육법 / 이민법 제정
1966	전국 여성 협회 설립 / 농장 노동자 연합 결성
1968	킹 목사 암살 / 아메리카 원주민 운동 창설 / 인디언 민권법 제정
1969	미국인 달 착륙 / 우드스톡 페스티벌 / 알카트래즈 점령 / 스톤월 폭동 / 프린스턴·예일 대학교, 여성 입교 허가 / 켄트 주립대학교 총격 사건
1970	제1회 지구의 날 / 전국 환경보호법 / 대기 청정법
1971	차별시정조치 대상에 여성 포함
1972	평등권 수정 조항의 비준을 위해 주에 송부 / 수질 청정법 통과

경제

1970s	미국 산업 경제, 일본과의 경쟁으로 약화 / 표적 마케팅 개시
1973	아랍 국가의 석유 금수 조치
1974	스태그플레이션
1976	미국 예산 적자, 사상 최고 기록(660억 달러)
1977	애플사, 최초의 개인용 컴퓨터 출시
1980s	빈곤선 이하 인구, 15퍼센트로 증가 / 인터넷 확산 / 레이거노믹스
1980	재정 적자 9,070억 달러
1981	레이건 대통령, 세금 감면 및 예산 삭감

2000

정치

- 1983 미국, 그레나다 침공
- 1985 레이건·고르바초프 정상회담
- 1986 미국의 리비아 폭격 / 이란-콘트라 사건
- 1989 베를린 장벽 철거 / 공산주의 체제 붕괴 / 미군의 파나마 주둔 / 톈안먼 사건
- 1990 이라크, 쿠웨이트 침공
- 1991 소련 붕괴 / 걸프 전쟁 발발
- 1998 클린턴 탄핵
- 1999 클린턴 탄핵 기각

- 2000 대통령 선거 앨 고어 패배, 부시 승리
- 2001 세계무역센터 테러 공격 / 미국, '테러와의 전쟁' 개시
- 2003 미국, 이라크 침공
- 2004 부시, 대통령 재선
- 2008 버락 오바마, 미국 최초 흑인 대통령 당선

사회·문화

- 1973 로 대 웨이드 판결 / 운디드니 점령 사건
- 1979 스리마일 섬 방사능 누출 사고
- 1981 미국 최초의 에이즈 환자 발생
- 1992 로스앤젤레스 인종 폭동
- 1998 모니카 르윈스키 추문

- 2005 허리케인 카트리나
- 2006 미국 역사상 외국 태생 인구 수 최고 수준

경제

- 1982 극심한 불황
- 1987 주식시장 폭락
- 1990 불황
- 1991 재정 적자 2,680억 달러 / 총채무액 3조 5,000억 달러
- 1993 북미 자유무역 협정 비준
- 1996 사회복지 개혁

- 2002 기업 부정으로 인한 경기 침체

★ 미국 독립선언서

13개 아메리카 국가 연합의 만장일치 선언
The Unanimous Declaration of the Thirteen United States of America

 인류 역사의 흐름 속에서, 인민(people)이 다른 인민과 맺은 정치적 결합을 해체하고 세계 강대국 사이에서 자연법과 신의 섭리가 부여한 독립과 평등의 지위를 차지할 필요가 발생하면, 인류의 신념에 대한 합당한 존경으로 독립을 요청하는 여러 대의(大義)를 선언하지 않을 수 없게 된다.

 우리는 다음을 자명한 진리라고 생각한다. 모든 사람은 평등하게 태어났으며, 조물주는 양도할 수 없는 권리를 부여했는데, 그중에는 생명과 자유와 행복 추구권이 있다. 이 권리를 확보하기 위해 인민은 정부를 조직하며, 정부의 정당한 권력은 피치자(被治者)의 동의로부터 나온다. 또한 어떠한 형태의 정부라도 이 목적을 파기할 때는, 인민은 언제든지 정부를 바꾸거나 폐지할 권리가 있으며, 가장 효과적으로 인민의 안전과 행복을 가져다줄 수 있는 원칙에 기초를 두고, 그 형태의 권력 기구를 갖춘 새로운 정부를 조직할 권리를 가진다. 심사숙고해서, 경미하고 일시적인 이유로 오랜 역사를 가진 정부를 변경하려고 해서는 안 된다. 따라서 인류의 경험을 살펴보면, 사람들은 그들에게 친숙한 형식을 폐지함으로써 악폐를 시정하기보다는 오히려 참을 수 있을 때까지 참으려고 한다. 그러나 오랜 시간 계속된 학대와 착취가 변함없이 동일한 목적을 추구하면서 인민을 절대전제정치에 예속시키려는 계획을 분명히 하게 되면, 이러한 정부를 타도하고 미래의 안전을 위해서 새로운 보호자를 마련하는 것이 인민의 권리이자 의무다. 이것이 지금까지 식민지가 견뎌온 고통이었기에, 이제 기존 정부 체제를 변혁하지 않으면 안 될 필요성이 바로 여기에 있다. 영국의 현 국왕의 역사는 폐악과 착취를 되풀이한 역사이며, 그 직접적인 목적은 아메리카 국가들 위에 절대전제정치를 세우려는 데 있었다. 이를 증명하기 위해, 다음의 사실을 공정하게 사리를 판단하는 세계에 밝히는 바이다.

국왕은 공공선을 위해 매우 유익하고 필요한 법률을 허가하지 않았다.

국왕은 긴급이 요구되는 중요한 법률이라 할지라도 자신이 동의하지 않으면 시행을 정지할 것을 식민지 총독에게 명령했다. 그리고 이렇게 시행이 정지된 법률을 국왕은 전혀 고려하지 않았다.

국왕은, 인민에게는 더할 나위 없는 권리이지만 오직 전제 군주에게만은 두려운 권리인 입법부의 대의권(代議權)을 아메리카 인민이 포기하지 않는다면, 광대한 선거구를 조정하는 법률을 허가할 수 없다고 했다.

국왕은 우리를 괴롭혀 결국은 자신의 정책에 복종시키기 위해 입법기관의 양원을 공문서 보관소에서 멀리 떨어진 유별나고 불편한 장소에서 동시에 소집했다.

국왕은 국왕이 인민의 권리를 침해한 것에 하원이 단호하게 반발한다는 이유로 거듭해서 하원을 해산했다.

국왕은 하원을 이렇게 해산한 뒤 오랫동안 대의원 선출을 허가하지 않았다. 그러나 입법권은 완전히 폐지할 수는 없는 것으로, 결국 전체 인민에게 돌아와 다시 행사하게 되었지만, 그동안에 각 아메리카 국가는 내우외환의 온갖 위험에 당면하지 않을 수 없었다.

국왕은 이들 아메리카 국가의 인구를 억제하는 데에도 노력했다. 이를 위해 외국인의 귀화를 위한 법률 제정을 방해했고, 외국인의 이주를 장려하는 법률도 허가하지 않았으며, 새로운 토지 취득도 여러 가지 조건을 붙여 까다롭게 했다.

국왕은 사법권의 수립에 관계되는 법률을 허가하지 않음으로써 사법행정을 방해했다.

국왕은 재판관의 임기, 봉급의 액수와 지불 문제를 통해 오로지 국왕의 의사에만 복종하는 재판관을 임용했다.

국왕은 우리 인민을 괴롭히고 인민의 재산을 낭비토록 하기 위해 수많은 새로운 관직을 만들고 수많은 관리를 파송했다.

국왕은 평화 시에도 우리 입법부의 동의 없이 상비군을 주둔시켰다.

국왕은 군부를 문민의 통제에서 독립시켜 우위에 놓으려고 했다.

국왕은, 다른 이들과 결탁해, 우리 헌정에 생소하고 우리 법률이 승인하지 않는 사법권에 우리를 예속시키려 했고, 아메리카 국가들에 대해 입법권을 소유하고 있다고 자칭하는 영국 의회의 여러 법률을 승인했다. 즉,
    대규모의 군대를 우리 속에 주둔시키고,
    군대가 우리 주민을 살해해도 기만적 재판으로 이들이 처벌받지 않도록 하고,
    우리와 전 세계 간의 무역을 차단하고,
    우리의 동의 없이 우리에게 세금을 부과하고,

많은 사건에서 배심재판을 받을 특전을 박탈하고,

허구적인 범죄를 재판하기 위해 우리를 본국으로 소환하고,

이웃 식민지에서 영국의 자유로운 법률제도를 철폐하고 전제적 정부를 수립한 뒤 그 영역을 넓히고, 지체 없이 이 정부를 모범으로 삼아 아메리카 식민지에도 동일한 절대적 통치를 도입하려 하고,

우리의 특허장을 박탈하고, 우리의 귀중한 법률을 철폐하며, 우리의 정부 권력 형태를 근본적으로 변경하고, 우리의 입법부를 정지시키고, 어떠한 경우에도 우리를 대신하여 법률을 제정할 수 있는 권한이 자신들에게 있다고 선언하는 법률을 승인했다.

국왕은 우리를 자신의 보호 밖에 둔다고 선언하고 우리와 전쟁을 벌임으로써 이곳의 통치를 포기했다.

국왕은 우리 바다에서 약탈을 자행하고 우리 해안을 습격하며 우리 도시를 불태우고 우리 인민의 생명을 빼앗았다.

국왕은 가장 야만적인 시대에도 그 유례가 없으며 문명국의 수장으로는 도저히 어울리지 않는 잔학과 배신의 상황을 만들고, 이와 더불어 이미 착수한 죽음과 황폐와 포학의 과업을 완수하기 위해 바로 이때에 대규모 외국 용병 부대를 이곳으로 파송하고 있다.

국왕은 공해상에서 포로가 된 우리 동포 시민으로 하여금 자신들이 살고 있는 나라에 대항해 무기를 들거나, 우리의 친구와 형제의 사형을 집행하거나, 그렇지 않으면 스스로 죽기를 강요했다.

국왕은 우리 사이에서 내란을 선동했고, 변경지의 주민, 즉 연령·남녀·신분 여하를 막론하고 무차별하게 살해하는 것을 전쟁의 규칙으로 삼고 있는 무자비한 인디언을 동원하려고 노력했다.

이러한 탄압을 받을 때마다 그때그때 우리는 가장 겸손한 언어로 시정(是正)을 탄원했다. 그러나 여러 차례 계속된 탄원에 돌아온 것은 연속된 박해뿐이었다. 따라서 모든 행위에서 폭군으로 규정할 수밖에 없는 국왕은 자유로운 인민의 통치자로 적합하지 않다.

또한 우리는 영국 형제의 주의를 환기시키는 일도 소홀히 하지 않았다. 우리는 영국 의회가 부당한 사법권을 확대하려고 할 때마다 수시로 그들에게 경고했다. 우리는 우리가 이곳으로 이주하여 정착하게 된 제반 사정을 그들에게 상기시켰다. 그들의 타고난 정의감과 아량에도 호소한 바 있다. 우리는 공통의 혈연관계에 호소하여, 결국에는 우리와의 연결과 결합을 단절시키는 탄압을 거부해줄 것을 그들에게 탄원하기도 했다. 그러나 그들 역시 정의와 혈연의 소리에 귀를 기울이지 않았다. 그러므로 우리는 우리가 영국에서 독립해야 하는 사정을 고발할 필요성을 묵묵히 받아들이면서, 세계의 다른 국민을 대하듯이 영국인도 전시에는 적으로, 평시에는 친구로 대할 것을 주장한다.

이에 우리, 연합한 아메리카 국가 대표들은 전체 회의에 모여서 우리의 올곧은 의도를 세계의 최고 심판자에게 호소하며, 식민지의 선량한 인민의 이름과 권능으로 엄숙히 공포하고 선언한다. 이들 연합한 식민지는 자유롭고 독립된 국가이며 당연한 권리로서 자유롭고 독립된 국가여야 한다. 이들 국가는 영국의 왕에 대한 모든 충성의 의무를 벗으며, 영국과의 모든 정치적 관계는 완전히 해소되고 또 해소되어야 한다. 따라서 이들 국가는 자유롭고 독립된 국가로서 전쟁을 개시하고 평화를 체결하고 동맹 관계를 맺고 통상 관계를 수립하는, 그리고 독립국가가 당연히 할 수 있는 모든 행동과 일을 할 완전한 권리를 가지고 있다. 우리는 신의 가호를 굳게 믿으면서 우리의 생명과 재산과 신성한 명예를 걸고 이 선언을 지지할 것을 서로 굳게 맹세한다.

★ 미국 헌법

미국 헌법*
The Constitution of the United States

전문

우리 미국의 국민은, 더욱 완전한 연방을 형성하고 정의를 확립하고 국내의 안녕을 보장하고 공동의 방위를 도모하고 국민의 복지를 증진하고 우리와 우리의 후손에게 자유의 축복을 확보할 목적으로, 미국(the United States of America)을 위하여 이 헌법을 제정한다.

제 1 조(입법부)
제 1 절
이 헌법에 의하여 부여되는 모든 입법권은 미국 연방의회에 속하며, 연방의회는 상원과 하원으로 구성한다.

---

* 미국 헌법은 1787년 5월 25일부터 9월 17일까지 펜실베이니아 주의 필라델피아에서 열린 제헌 회의에서 제안되었다. 미국 헌법 원문에 조(條, article)와 절(節, section) 표시는 있으나 절 안의 항(項, paragraph) 표시는 없다. 항 표시는 관행적으로 편의상 기입한 것이며, 괄호로 묶은 조 설명도 편의상 붙인 것이다. 헌법 전문 중 〔 〕속의 글은 수정 조항의 제정으로 효력이 상실된 부분을 지시하여 독자의 이해를 높이기 위해 넣었음을 밝힌다. 미국 헌법은 수정 조항의 제정에도 불구하고 효력이 상실된 해당 부분을 삭제하지 않고 헌법 전문에 그대로 유지하는 전통을 가지고 있다. ─옮긴이

제 2 절

(1) 하원은 각 주의 주민이 2년마다 선출하는 의원으로 구성하며, 각 주의 선거인은 주 입법부 중 다수의 의원을 가진 원의 선거인에게 요구되는 자격을 구비해야 한다.

(2) 누구든지 연령이 만 25세에 미달한 자, 미국 시민으로서의 기간이 7년이 못 되는 자, 그리고 선거 당시에 선출되는 주의 주민이 아닌 자는 하원 의원이 될 수 없다.

(3) 〔하원 의원의 수와 직접세[1]는 연방에 가입한 각 주의 인구수에 비례하여 각 주에 배정한다. 각 주의 인구수는 연기계약 노동자를 포함한 자유인의 총수에, 과세되지 아니하는 인디언을 제외하고, 그 밖의 인구* 총수의 5분의 3을 가산하여 결정한다. 〕[2] 인구수의 산정은 제1차 연방의회를 개최한 후 3년 이내에 행하며, 그 후는 10년마다 법률이 정하는 바에 따라 행한다. 하원 의원의 수는 인구 3만 명당 1인의 비율을 초과하지 못한다.

다만, 각 주는 적어도 1인의 하원 의원을 두어야 한다. 위의 인구수의 산정이 있을 때까지 뉴햄프셔 주는 3인, 매사추세츠 주는 8인, 로드아일랜드 주와 프로비던스 플랜테이션은 1인, 코네티컷 주는 5인, 뉴욕 주는 6인, 뉴저지 주는 4인, 펜실베이니아 주는 8인, 델라웨어 주는 1인, 메릴랜드 주는 6인, 버지니아 주는 10인, 노스캐롤라이나 주는 5인, 사우스캐롤라이나 주는 5인, 그리고 조지아 주는 3인의 의원을 각각 선출할 수 있다.

(4) 어떤 주에서든 그 주의 하원 의원에 결원이 생긴 경우에는 그 주의 행정부가 결원을 채우기 위한 보궐선거의 명령을 내려야 한다.

(5) 하원은 하원 의장과 그 밖의 임원을 선출하며 탄핵의 전권을 가진다.

제 3 절

(1) 상원은 각 주의 주 의회에서 2인씩 선출한 6년 임기의 상원 의원으

---

1 수정 조항 제16조에 의해 변경됨
* 흑인 노예를 지칭함—옮긴이
2 수정 조항 제14조에 의해 무효화됨

로 구성되며 각 상원 의원은 1표의 투표권을 가진다.

(2) 최초의 선거 결과 소집된 때에는 즉시 상원은 의원총수를 동수의 3개 부류로 나누어야 한다. 제1 부류 의원의 임기는 2년, 제2부류 의원의 임기는 4년, 제3 부류 의원의 임기는 6년으로 하고 만료 시에 그 의석을 비워야 한다. 이렇게 하여 상원 의원 총수의 3분의 1은 2년마다 개선한다. 만일 어떤 주에서든 주 입법부의 개회 중, 사직 또는 그 밖의 원인으로 결원이 생긴 경우, 그 주의 행정부는 주 의회의 다음 회기에서 결원을 선출할 때까지 임시로 의원을 임명할 수 있다.

(3) 누구든지 연령이 30세에 미달한 자, 미국 시민으로서 9년이 경과되지 아니한 자, 선거 당시 선출되는 주의 주민이 아닌 자는 상원 의원이 될 수 없다.

(4) 미국의 부통령은 상원의 의장이 된다. 다만, 표결에서 가부 동수일 경우를 제외하고는 투표할 수 없다.

(5) 상원은 의장 이외의 임원들을 선출하며, 부통령이 결원일 경우나 부통령이 대통령의 직무를 대행하는 때에는 임시의장을 선출한다.

(6) 상원은 모든 탄핵을 심판하는 전권을 가진다. 이 목적을 위하여 상원이 개회될 때, 의원들은 선서 또는 확약을 해야 한다. 미국 대통령을 심판할 경우에는 연방 대법원장을 의장으로 한다. 누구라도 출석 의원 3분의 2 이상의 찬성 없이는 유죄 판결을 받지 아니한다.

(7) 탄핵 심판의 판결은 면직이나 명예 · 위임 또는 보수를 수반하는 미국의 공직 취임 · 재직 자격을 박탈하는 것 이상이 될 수 없다. 다만, 이같이 유죄판결을 받은 자일지라도 법률이 정하는 바에 따라 기소, 재판, 판결 및 처벌을 면할 수 없다.

제 4 절

(1) 상원 의원과 하원 의원 선거의 일시, 장소, 방법은 각 주에서 주 입법부가 정한다. 그러나 연방의회는 언제든지 법률에 의하여 선거에 관한 규칙을 제정 또는 변경할 수 있다. 다만, 상원 의원의 선거 장소에 관해서는 예외로 한다.

(2) 연방의회는 매년 적어도 1회 집회해야 한다. 그 집회의 시기는 법률에 의하여 다른 날짜를 지정하지 아니하면 12월 첫 번째 월요일로 한다.

제 5 절

(1) 각 원은 소속 의원의 선거, 당선 및 자격을 판정한다. 각 원은 소속 의원 과반수가 출석함으로써 의사를 개시할 수 있고, 정족수에 미달하는 경우에는 출석한 소수의 의원이 연일 휴회할 수 있으며, 각 원에서 정하는 방법과 벌칙에 따라 결석 의원의 출석을 강요할 수 있다.

(2) 각 원은 의사규칙을 정하며, 원내의 질서를 문란케 한 의원을 징계하며, 의원 3분의 2 이상의 찬성을 얻어 의원을 제명할 수 있다.

(3) 각 원은 의사록을 작성하고, 각 원에서 비밀을 요한다고 인정한 부분을 제외하고는 수시로 공표해야 한다. 각 원은 출석 의원 5분의 1이상이 요구할 경우에는 어떠한 의제에 대하여도 소속 의원의 찬반 투표를 의사록에 기재해야 한다.

(4) 연방의회의 회기 중에는 어느 원도 다른 원의 동의 없이 3일 이상 휴회하거나, 회의장을 양원이 개최한 장소 이외의 장소로 이전할 수 없다.

제 6 절

(1) 상원 의원과 하원 의원은 그 직무에 대하여 법률이 정하고 미국 국고로부터 지급되는 보수를 받는다. 양원의 의원은 반역죄, 중죄 및 치안 방해죄를 제외하고 어떠한 경우에도 그 원의 회의 출석 중에 그리고 그 왕복 중에 체포되지 아니할 특권이 있다. 양원의 의원은 원내에서 행한 발언이나 토론에 관하여 원외에서 문책받지 아니한다.

(2) 상원 의원 또는 하원 의원은 재임 중 신설되거나 봉급이 증액된 어떠한 연방 공직에도 임명될 수 없다. 연방 공직에 있는 자는 누구든지 재직 중에 양원 중 어느 한 원의 의원이 될 수 없다.

제 7 절

(1) 세입 징수에 관한 모든 법률안은 먼저 하원에서 제안되어야 한다. 다

만, 상원은 다른 법률안과 마찬가지로 수정안을 발의하거나 수정안에 동의할 수 있다.

(2) 하원과 상원을 통과한 모든 법률안은 법률로 확정되기에 앞서 대통령에게 이송되어야 한다. 대통령은 이를 승인하는 경우에는 이에 서명하며, 승인하지 아니하는 경우에는 이의서를 첨부하여 이 법률안을 발의한 원으로 환부해야 한다. 법률안을 환부받은 원은 이의의 대략을 의사록에 기록한 후 이를 다시 심의해야 한다. 다시 심의한 결과, 그 원 의원 3분의 2 이상의 찬성으로 가결한 경우에는 그 원은 법률안을 대통령의 이의서와 함께 다른 원으로 송부해야 한다. 다른 원에서 이 법률안을 다시 심의하여 의원 3분의 2 이상의 찬성으로 가결할 경우에는 이 법률안은 법률로 확정된다. 이 모든 경우에서 양원은 호명, 구두표결로 결정하며, 그 법률안에 대한 찬성자와 반대자의 성명을 각 원의 의사록에 기재해야 한다. 만일 법률안이 대통령에게 이송된 후 10일 이내(일요일은 제외함)에 의회로 환부되지 아니한 때에는 그 법률안은 대통령이 이에 서명한 경우와 마찬가지로 법률로서 확정된다. 다만, 연방의회가 휴회하여 이 법률안을 환부할 수 없는 경우에는 법률로 확정되지 아니한다.

(3) 상하 양원의 의결을 필요로 하는 모든 명령·결의 또는 표결(휴회에 관한 결의는 제외함)은 이를 대통령에게 이송해야 하며, 대통령이 이를 승인해야 효력이 발생한다. 대통령이 이를 승인하지 아니하는 경우에는 법률안에서와 동일한 규칙 및 제한에 따라 상원과 하원에서 3분의 2이상의 의원의 찬성으로 다시 가결해야 한다.

제 8 절

(1) 연방의회는 다음의 권한을 가진다.

미국의 채무를 지불하고, 공동 방위와 일반 복지를 위하여 조세·관세·간접세 및 소비세를 부과, 징수한다. 다만, 관세·부과금 및 소비세는 미국 전역에 걸쳐 균일해야 한다.

(2) 미국의 신용으로 금전을 차입한다.

(3) 외국과 주 상호 간 그리고 인디언 부족과의 통상을 규율한다.

(4) 미국 전체에 공통되는 균일한 귀화 규정과 파산에 대한 균일한 법률을 제정한다.

(5) 화폐를 주조하고 그 화폐 및 외국 화폐의 가치를 규율하며, 도량형의 기준을 정한다.

(6) 미국의 유가 증권 및 통화의 위조에 관한 벌칙을 정한다.

(7) 우체국과 우편 도로를 건설한다.

(8) 저작자와 발명자에게 그들의 저술과 발명에 대한 독점권을 일정 기간 보유하게 함으로써 과학과 유용한 기술의 발달을 촉진한다.

(9) 연방 대법원 아래에 하급 법원을 조직한다.

(10) 공해에서 범한 해적 행위 및 그 밖의 중죄 그리고 국제법에 위배되는 범죄를 정의하고 이를 처벌한다.

(11) 전쟁을 포고하고 나포 허가장을 수여하고 지상 및 해상에서의 나포에 관한 규칙을 정한다.

(12) 육군을 편성하고 이를 지원한다. 다만, 이 목적에 대한 예산의 지출은 2년을 초과하지 못한다.

(13) 해군을 창설하고 이를 유지한다.

(14) 육·해군의 통수 및 규율에 관한 규칙을 정한다.

(15) 연방의 법률을 집행하고 반란을 진압하고 침략을 격퇴하기 위하여 민병대의 소집에 관한 규칙을 정한다.

(16) 민병대의 조직·무장 및 훈련에 관한 규칙과, 민병 가운데 연방 군무에 복무하는 자들을 다스리는 규칙을 정한다. 다만, 민병대의 장교를 임명하고 연방의회가 정한 규율에 따라 민병대를 훈련시키는 권한을 각 주에 유보한다.

(17) 특정한 주가 미국에 양도하고, 연방의회가 이를 수령함으로써 미국 정부의 소재지가 되는 지역(1평방 마일을 초과하지 못함)에 대해서는 어떠한 사항을 막론하고 독점적인 입법권을 행사하며, 요새·무기고·조병창·조선소 및 기타 필요한 구조물을 건설하기 위하여 주 의회의 승인을 얻어 구입한 모든 장소에 대해서도 이와 똑같은 권한을 행사한다.

(18) 위에 기술한 권한들과 이 헌법에 의해 미국 정부 또는 그 부처 또는

그 공무원에게 부여한 모든 기타 권한을 행사하는 데 필요하고 적절한 모든 법률을 제정한다.

제 9 절

(1) 연방의회는 기존의 각 주 중 어떤 주가 허용함이 적당하다고 인정하는 사람*의 이주 또는 입국을 1808년 이전에는 금지하지 못한다. 다만, 이러한 사람들의 입국에 대해서는 1인당 10달러를 초과하지 아니하는 한도 내에서 입국세를 부과할 수 있다.

(2) 인신 보호 영장에 관한 특권은 반란 또는 침략의 경우에 있어서 공공의 안전이 요구되는 때를 제외하고는 정지할 수 없다.

(3) 재판에 의하지 않는 처벌법(Bill of Attainder) 또는 소급법을 통과시킬 수 없다.

(4) 인두세 혹은 그 밖의 직접세는 앞서 규정한 인구 조사 또는 산정에 비례하지 아니하는 한 부과하지 못한다.

(5) 어떠한 주든 그 주가 수출하는 물품에 조세 또는 관세를 부과하지 못한다.

(6) 어떠한 통상 또는 징세에 관한 규칙도 다른 주의 항구보다 어떤 주의 항구에 대해 특혜 대우를 해줄 수 없다. 또한 어떤 주에 도착 예정이거나 어떤 주를 출항한 선박을 다른 주에서 강제로 입항하게 하거나 관세를 지불하게 할 수 없다.

(7) 어떠한 국고금도 법률로 정한 세출 승인에 의하지 않고는 지출할 수 없으며 법이 정한 세출의 결과로 지출한다. 모든 공금의 수납 및 지출에 관한 정식의 결산서는 수시로 공표해야 한다.

(8) 미국은 어떠한 귀족의 칭호도 수여하지 아니한다. 미국 정부에서 유급 또는 위임에 의한 관직에 있는 자는 누구라도 연방의회의 승인 없이는 어떠한 국왕 · 왕족 또는 외국으로부터 종류 여하를 막론하고 선물 · 보

---

* 흑인 노예를 말함-옮긴이

수 · 관직 또는 칭호를 받을 수 없다.

제 10 절

(1) 어떠한 주라도 조약 · 동맹 또는 연합을 체결하거나 나포 허가장을 수여하거나 화폐를 주조하거나 신용증권을 발행하거나 금화 및 은화 이외의 것으로써 채무 지불의 법정 수단으로 삼거나 재판에 의하지 않는 처벌법, 소급법 또는 계약상의 채무를 침해하는 법률 등을 제정하거나 또는 귀족의 칭호를 수여할 수 없다.

(2) 어떠한 주라도 연방의회의 동의 없이는 수입품 또는 수출품에 대하여 검사법의 집행상 절대 필요한 경우를 제외하고는 간접세 또는 관세를 부과하지 못한다. 어느 주에서도 수입품 또는 수출품에 부과하는 모든 간접세나 관세의 순 수입은 미국 국고의 용도에 적합해야 하며, 이런 종류의 모든 법률은 연방의회의 수정과 통제를 받아야 한다.

(3) 어떠한 주라도 연방의회의 동의 없이는 선박에 톤세를 부과할 수 없고 평시에 군대나 군함을 보유할 수도 없고 다른 주나 외국과 협정이나 협약을 체결할 수 없으며, 실제로 침공당하고 있거나 지체할 수 없을 만큼 급박한 위험에 처해 있지 아니하고는 전쟁 행위를 할 수 없다.

제 2 조(행정부)

제 1 절

(1) 행정권은 미국 대통령에게 속한다. 대통령의 임기는 4년으로 하며 동일한 임기의 부통령과 함께 다음과 같은 방법에 의하여 선출된다.

(2) 각 주는 주 입법부가 정하는 바에 따라 그 주가 연방의회에 보낼 수 있는 상원 의원과 하원 의원의 총수와 같은 수의 선거인을 임명한다. 다만, 상원 의원이나 하원 의원, 또는 미국에서 위임에 의한 또는 유급 관직에 있는 자는 선거인이 될 수 없다.

(3) 〔선거인은 각각 자기 주에서 회합하여 비밀투표에 의하여 2인을 선거하되, 그 중 1인은 선거인과 동일한 주의 주민이 아니어야 한다. 선거인

은 모든 득표자의 명부와 각 득표자의 득표수를 기재한 표를 작성하여 이에 서명하고 증명한 다음 봉함하여 상원의장 앞으로 미국 정부 소재지로 송부한다. 상원 의장은 상원 의원 및 하원 의원이 참석한 가운데 모든 증명서를 개봉한 후 투표를 계산한다. 최고 득표자의 득표수가 선임된 선거인 총수의 과반수가 되었을 때에는 그가 대통령으로 당선된다. 만일 2인 이상이 동수의 투표를 획득하고 또 과반수에 달한 때에는 하원은 즉시 그 중의 1인을 대통령으로 비밀투표로써 선출해야 한다. 과반수 득표자가 없을 경우에는 하원은 동일한 방법으로 최다득표자 5인 중에서 1인을 대통령으로 선출한다. 다만, 이러한 방법으로 대통령을 선거할 때에는 주를 단위로 하고 각 주의 하원 의원은 1표의 투표권을 가지며, 그 선거에 필요한 정족수는 각 주의 하원 의원의 3분의 2로부터 1인 또는 그 이상의 의원의 출석으로 성립되며, 선거는 전체 주의 과반수의 찬성이 있어야 한다. 어느 경우에 있어서도, 대통령을 선출한 후 최다수의 득표를 한 자를 부통령으로 한다. 다만, 동수의 득표자가 2인 이상 있을 때에는 상원이 그중에서 부통령을 비밀 투표로써 선출한다.)[3]

(4) 연방의회는 선거인의 선출일자와 이들이 투표해야 할 날짜를 결정할 수 있으며, 이 투표일은 전국적으로 동일해야 한다.

(5) 누구든지 출생에 의한 미국 시민이 아닌 자 또는 본 헌법의 제정 시에 미국 시민이 아닌 자는 대통령직에 선임될 자격이 없다. 연령이 35세에 미달한 자 또는 14년간 미국 내에 거주하지 아니 한 자는 대통령직에 선임될 자격이 없다.

(6) 대통령이 면직되거나 사망하거나 사직하거나 또는 그 권한 및 직무를 수행할 능력을 상실할 경우에, 대통령직은 부통령에게 귀속된다. 연방의회는 법률에 의하여 대통령과 부통령이 면직·사망·사직 또는 직무수행불능이 된 경우 어느 공무원이 대통령으로서 직무를 수행할 것인가를 정할 수 있다. 이 공무원은 직무수행불능이 제거되거나 대통령이 새로 선임

---

3 수정 조항 제12조에 의해 변경됨

될 때까지 대통령의 직무를 대행한다.

(7) 대통령은 그 직무 집행에 대해 정기적으로 보수를 받으며, 그 보수는 임기 중에 증액 또는 감액되지 아니한다. 또 대통령은 임기 중에 미국 또는 어느 주로부터 그 밖의 어떠한 보수도 받지 못한다.

(8) 대통령은 그 직무 집행을 개시하기 전에 다음과 같은 선서 또는 확약을 해야 한다. "나는 미국 대통령의 직무를 성실히 수행하며 최선을 다하여 미국 헌법을 보전하고 보호하고 수호할 것을 엄숙히 선서(또는 확약)한다."

제 2 절

(1) 대통령은 미국 육·해군 및 현재 미국의 현역에 복무하는 각 주의 민병대의 통수권자가 된다. 대통령은 각 행정 부처의 소관 직무 사항에 관하여 각 부처의 장관으로부터 문서에 의한 의견을 요구할 수 있다. 대통령은 미국에 대한 범죄에 관하여 탄핵의 경우를 제외하고 형의 집행 정지 및 사면을 명할 수 있는 권한을 가진다.

(2) 대통령은 상원의 조언과 동의를 얻어 조약을 체결하는 권한을 가진다. 다만, 그 조언과 동의는 상원의 출석 의원 3분의 2 이상의 찬성을 얻어야 한다. 대통령은 대사, 그 밖의 외교 사절 및 영사, 연방 대법원 판사 그리고 그 임명에 관하여 이 헌법에 특별 규정이 없으나 이후에 법률로써 정할 그 밖의 모든 미국 관리를 지명하여 상원의 권고와 동의를 얻어 임명한다. 다만, 연방의회는 적당하다고 인정되는 하급 관리 임명권을 법률에 의하여 대통령에게만 또는 법원에게 또는 각 부처 장관에게 부여할 수 있다.

(3) 대통령은 상원의 휴회 중 생기는 모든 결원을 임명에 의하여 충원할 권한을 가진다. 다만, 그 임명은 다음 회기가 만료될 때 효력을 상실한다.

제 3 절

대통령은 연방의 상황에 관하여 수시로 연방의회에 보고하고, 필요하고도 유용하다고 판단되는 조치의 심의를 연방의회에 권고해야 한다. 비상사태 시, 대통령은 상하 양원 또는 그중의 한 원을 소집할 수 있으며, 휴회의 시기에 관하여 양원 간 의견이 일치되지 아니하는 경우에는 대통령이 적당하다고 인정할 시기까지 양원의 정회를 명할 수 있다. 대통령은 대사와 그 밖의 외교 사절을 접수하며, 법률이 충실하게 집행되도록 유의하며 미국의 모든 관리에게 그 직무를 위임한다.

제 4 절

미국의 대통령, 부통령, 모든 민간 공무원은 반역죄, 수뢰죄, 또는 그 밖의 중대한 범죄 및 비행으로 탄핵받고 유죄판결을 받음으로써 면직된다.

제 3 조 (사법부)

제 1 절

미국의 사법권은 하나의 연방 대법원에, 그리고 연방의회가 수시로 제정·설치하는 하급 연방 법원에 속한다. 연방 대법원 및 하급 법원의 판사는 성실히 직무를 이행하는 한 그 직을 보유하고 그 직무에 대하여 정기적으로 보수를 받으며 그 보수는 재임 중에 감액되지 아니한다.

제 2 절

(1) 사법권은 이 헌법과 미국 법률과 그리고 미국의 권한에 의하여 체결되었거나 체결된 조약으로 하여 발생하는 모든 보통법상 및 형평법상의 사건, 대사와 그 밖의 외교 사절 및 영사에 관한 모든 사건, 해상 재판 및 해상 관할에 관한 모든 사건, 미국이 한 편의 당사자가 되는 분쟁, 2개의 주 및 그 이상의 주 사이에 발생하는 분쟁, 한 주와 다른 주의 시민 사이의 분쟁,[4] 상이한 주의 시민들 사이의 분쟁, 다른 주로부터 부여받은 토지의 권리에 관하여 같은 주의 시민들 사이에 발생하는 분쟁, 그리고 어떤 주나 또는 그 주의 시민과 외국, 외국 시민 또는 외국 신민 사이에 발생하는 분쟁

---

4 수정 조항 제11조에 의해 변경됨

에 미친다.

(2) 대사와 그 밖의 외교 사절 및 영사에 관계되는 사건과, 주가 당사자인 사건은 연방 대법원이 제1심의 재판 관할권을 가진다. 그 밖의 모든 사건에서는 연방의회가 정하는 예외의 경우를 두되, 연방의회가 정하는 규칙에 따라 법률 문제와 사실 문제에 관하여 상소심 재판 관할권을 가진다.

(3) 탄핵 사건을 제외한 모든 범죄의 심리는 배심제로 한다. 그 심리는 범죄가 일어난 주에서 해야 한다. 다만, 그 범죄자가 어느 주에도 속하지 아니할 경우에는 연방의회가 법률에 의하여 정하는 장소에서 심리한다.

제 3 절

(1) 미국에 대한 반역죄는 미국에 대하여 전쟁을 일으키거나 또는 적에게 가담하여 이에 원조 및 편의를 제공할 경우에만 성립한다. 누구든지 명백한 상기 행동에 대하여 2명의 증인의 증언이 있거나, 또는 공개 법정에서 자백하는 경우 이외에는 반역죄의 판결을 받지 아니한다.

(2) 연방의회는 반역죄의 형벌을 선고하는 권한을 가진다. 다만, 반역죄의 선고로 인한 권리 박탈 선고는 그 선고를 받은 자의 생존 기간을 제외하고 혈통을 모독하거나 재산의 몰수를 초래하지 아니한다.

제 4 조(주와 주 및 연방과의 관계)

제 1 절

각 주는 다른 주의 법령, 기록 및 사법 절차에 대하여 충분한 신뢰와 신용을 가져야 한다. 연방의회는 이러한 법령, 기록 및 사법 절차를 증명하는 방법과 그것의 효력을 일반 법률로써 규정할 수 있다.

제 2 절

(1) 각 주의 시민은 다른 어느 주에서도 그 주의 시민이 향유하는 모든 특권 및 면책권을 가진다.

(2) 어느 주에서 반역죄, 중죄 또는 그 밖의 범죄로 인하여 고발된 자가

도피하여 재판을 면하고 다른 주에서 발견된 경우, 범인이 도피해 나온 주의 행정 당국의 요구에 의하여, 그 범인은 그 범죄에 대한 재판 관할권이 있는 주로 이송하기 위하여 인도되어야 한다.

(3) 어느 주에서 그 주의 법률에 의하여 사역 또는 노역을 당하도록 되어 있는 자*가 다른 주로 도피한 경우에, 다른 주의 어떠한 법률 또는 규칙에 의해서도 그 사역 또는 노역의 의무는 해제되지 아니하며, 그는 그 사역 또는 노역을 요구할 권리를 가진 당사자의 청구에 따라 인도되어야 한다.

제 3 절

(1) 새로운 주는 연방의회의 결정에 의해 연방에 가입할 수 있다. 다만, 어떠한 주의 관할 구역에서도 새로운 주를 형성하거나 설치할 수 없다. 또 관계되는 각 주의 주 의회와 연방의회의 동의 없이는 2개 이상의 주 또는 주의 일부를 합병하여 새로운 주를 구성할 수 없다.

(2) 연방의회는 미국에 속하는 영토 또는 그 밖의 재산을 처분하고 이에 관한 모든 필요한 규칙 및 규정을 제정하는 권한을 가진다. 다만, 이 헌법의 어떠한 조항도 미국 또는 어느 주의 권리를 훼손하는 것으로 해석할 수 없다.

제 4 절

미국은 연방 내의 모든 주의 공화정체를 보장하고, 각 주를 침략으로부터 보호하며, 또 각 주의 주 의회 또는 (주 의회를 소집할 수 없을 때는) 행정부의 요구가 있을 때에는 주 내의 폭동으로부터 각 주를 보호한다.

제 5 조(헌법 수정 절차)

연방의회는 상하 양원의 3분의 2가 이 헌법에 대한 수정의 필요성을 인

---

* 흑인 노예를 말함—옮긴이

정할 때에는 헌법 수정을 발의할 수 있으며, 또는 3분의 2 이상의 주 의회가 요청할 때에는 수정 발의를 위한 제헌 회의를 소집해야 한다. 어느 경우에나 수정은 연방의회가 제의하는 비준의 두 방법 중의 어느 하나에 따라, 4분의 3의 주 의회에 의하여 비준되거나, 또는 4분의 3의 주 헌법 비준 회의에 의하여 비준되는 때에 모든 의미와 목적이 확정되고 이 헌법의 일부로서 효력이 발생한다. 다만, 1808년 이전에 이루어질 수정에 의해서는 어떠한 방법으로도 제1조 제9절 제1항에 변경을 가져올 수 없다. 어느 주도 그 주의 동의 없이는 상원에서의 균등한 투표권을 박탈당하지 아니한다.

제 6 조(국가 최고 법)
(1) 헌법이 제정되기 전에 계약된 모든 채무와 체결된 모든 조약은 이 헌법에서도 미국 연합 헌장에서와 같이 미국에 대하여 효력을 가진다.

(2) 이 헌법에 의거하여 제정되는 미국의 법률 그리고 미국의 권한에 의하여 체결된 모든 조약은 이 나라의 최고법이며, 모든 주의 법관은, 어느 주의 헌법이나 법률 중에 이에 배치되는 규정이 있을지라도, 이 헌법에 구속을 받는다.

(3) 앞에서 기술한 상원 의원 및 하원 의원, 각 주의 주 의회 의원, 미국 및 각 주의 행정관 및 사법관은 선서 또는 확약에 의하여 이 헌법을 지지할 의무가 있다. 다만, 미국의 어떠한 관직 또는 위임에 의한 공직에도 자격 요건으로서 어떠한 종교상의 자격도 요구되지 아니한다.

제 7 조(헌법 비준)
9개 주의 헌법 회의가 비준하면, 이를 비준한 각 주 간에 이 헌법은 효력을 발생하는 데 충분하다.

1787년, 미국 독립 12년, 9월 17일, 헌법 회의에 참석한 각 주의 전원 일치의 동의를 얻어 이 헌법을 제정한다. 이를 증명하기 위하여 우리들은 이에 서명한다. (서명 생략)

헌법 수정 조항*

본래의 미국 헌법 제5조에 따라 연방의회가 제안하고 여러 주 의회가 비준한 미국 헌법 수정 조항 및 추가 조항[5]

수정 조항 제1조(종교, 언론 및 출판의 자유, 집회 및 청원의 권리)

연방의회는 국교를 정하거나 또는 자유로운 신앙 행위를 금지하는 법률을 제정할 수 없다. 또한 연방의회는 언론 또는 출판의 자유나 국민이 평온하게 집회할 수 있는 권리 및 불만 사항의 구제를 위하여 정부에 청원할 수 있는 권리를 제한하는 법률을 제정할 수 없다.

수정 조항 제2조(무기 휴대의 권리)

규율 정연한 민병은 자유로운 주의 안보에 필요하며, 무기를 소장하고 휴대하는 인민의 권리를 침해할 수 없다.

수정 조항 제3조(군인의 숙영)

평시에는 어떠한 군인도 소유자의 동의 없이는 어떠한 가택에도 숙영할 수 없다. 전시에도 법률이 정하는 방법에 의하지 아니하고는 숙영할 수 없다.

---

* 수정 조항 제1조부터 제10조까지는 흔히 권리장전이라고 불리며, 제1차 연방의회의 첫 회기에 발의되고 각 주에 보내져 1791년 12월 15일에 비준이 완료되었다. 수정 조항 내용 가운데, ( )로 묶은 조항 설명과 〔 〕로 묶은 발의일 · 비준일은 독자의 이해를 돕기 위해 첨가하였다. ─옮긴이

[5] 이 표제는 최초의 10개 수정 조항이 제출된 상하 양원 결의안에만 수록되어 있다.

수정 조항 제4조(수색 및 체포 영장)

　부당한 수색과 압수로부터 신체, 가택, 서류 및 재산의 안전을 보장받는 국민의 권리는 침해할 수 없다. 체포·수색·압수영장은 믿을만한 원인에 의거하고, 선서 또는 확약에 의하여 뒷받침되고, 특히 수색할 장소, 체포할 사람 또는 압수할 물품을 기재하지 아니하고는 이를 발급할 수 없다.

수정 조항 제5조(형사 사건에서의 권리)

　누구든지 대배심에 의한 고발 또는 기소에 의하지 아니하는 한 사형에 해당하는 죄 또는 그 밖의 파렴치죄에 의한 처벌을 받지 아니한다. 다만, 육군이나 해군에서 일어난 사건 또는 전쟁이나 공공의 위난 시 현재 복무 중인 민병 간에 발생한 사건에 관해서는 예외로 한다. 누구든지 동일 범행에 대하여 생명이나 신체에 대한 위협을 재차 받지 아니하며, 누구든지 어떠한 형사사건에 있어서도 자기에게 불리한 증언을 강요당하지 아니한다. 누구든지 적법절차에 의하지 아니하고는 생명, 자유 또는 재산을 박탈당하지 아니한다. 정당한 보상 없이는 사유재산이 공적 사용을 위하여 수용당하지 아니한다.

수정 조항 제6조(공정한 재판을 받을 권리)

　모든 형사소추에서 피고인은 범죄가 일어난 주 및 법률이 미리 정하는 지역의 공정한 배심에 의한 신속하고 공개적인 재판을 받을 권리가 있고, 피고사건의 성질과 원인에 관한 통고를 받을 권리가 있으며, 자기에게 불리한 증인과 대질심문을 받을 권리, 자기에게 유리한 증인을 얻기 위하여 강제절차를 취할 권리, 자신의 변호를 위하여 변호인의 도움을 받을 권리가 있다.

수정 조항 제7조(민사사건에서의 권리)

보통법상의 소송에서, 소송에 걸린 액수가 20달러를 초과하는 경우에는 배심에 의한 심리를 받을 권리가 보장된다. 배심에 의하여 심리된 사실은 보통법의 규정에 의하는 것 외에 미국의 어느 법원에서도 재심되지 아니한다.

수정 조항 제8조(보석금, 벌금 및 형벌)

과다한 보석금을 요구하거나, 과다한 벌금을 부과하거나, 잔혹하고 이상한 형벌을 과하지 못한다.

수정 조항 제9조(인민이 보유하는 권리)

이 헌법에 특정 권리가 열거되어 있다는 사실이 인민이 보유하는 그 밖의 여러 권리를 부인하거나 경시하는 것으로 해석되어서는 아니 된다.

수정 조항 제10조(주와 인민의 유보 권한)

이 헌법에 의하여 미국 연방에 위임되지 아니하였거나, 각 주에게 금지되지 아니한 권한은 각 주나 인민에 유보(留保)된다.

수정 조항 제11조(주를 상대로 하는 소송)

〔1794년 3월 5일 발의, 1795년 2월 7일 비준〕

미국의 사법권은 미국의 한 주에 대하여 다른 주의 시민 또는 외국의 시민이나 신민에 의하여 개시되거나 제기된 보통법 또는 형평법상의 소송에 미치는 것으로 해석하지 아니한다.

수정 조항 제12조(대통령 및 부통령의 선거)

〔1803년 12월 12일 발의, 1804년 9월 27일 비준〕

선거인은 각 주에서 집회하여 대통령과 부통령을 비밀투표로 선거한다. 양인 중 적어도 1인은 선거인과 동일한 주의 주민이 아니어야 한다. 선거인은 대통령으로 투표하려는 사람의 이름을 투표용지에서 지정하고, 부통령으로 투표하려는 사람의 이름을 별개의 투표용지에서 지정해야 한다. 선거인은 대통령으로 투표하려는 모든 사람의 명부와 부통령으로 투표하려는 모든 사람의 명부, 그리고 각 득표자의 득표수를 기재한 표를 별개로 작성하여 선거인이 이에 서명하고 증명한 다음, 봉합하여 상원 의장 앞으로 미국 정부 소재지로 송부한다. 상원 의장은 상원 의원과 하원 의원이 참석한 가운데 모든 증명서를 개봉하고 개표한다. 가장 많이 득표한 사람이 대통령이 된다. 다만, 득표수가 선임된 선거인의 총수의 과반수가 되어야 한다. 이와 같은 과반수 득표자가 없을 경우 하원은 즉시 대통령으로 투표된 사람의 명단 중 3인을 초과하지 아니하는 최다 득표자 중에서 대통령을 비밀투표로 선거하여야 한다. 다만, 이러한 방법으로 대통령을 선거할 때에는 선거를 주 단위로 하고, 각 주는 1표의 투표권을 가지며, 그 선거에 필요한 정족수는 각 주의 하원 의원 3분의 2로부터 1명 또는 그 이상의 의원의 출석으로써 성립하며, 전체 주의 과반수가 찬성해야 선출될 수 있다. 대통령 선정권이 하원에 위임되었음에도 하원이 다음 3월 4일까지 대통령을 선정하지 않을 때에는 부통령이 대통령의 직무를 수행한다. 부통령으로서의 최고득표자가 부통령이 된다. 다만, 그 득표수는 선임된 선거인 총수의 과반수가 되어야 한다. 과반수 득표자가 없을 경우에는 상원의 득표자 명부 중 최다 득표자 2인 중에서 부통령을 선정한다. 이 목적을 위한 정족수는 상원 의원 총수의 3분의 2로써 성립하며, 선정에는 의원 총수의 과반수가 필요하다. 다만, 헌법상의 대통령직에 취임할 자격이 없는 자는 미국 부통령의 직에 취임할 자격도 없다.

수정 조항 제13조(노예제도 폐지)

〔1865년 2월 1일 발의, 1865년 12월 18일 비준〕

제1절

노예 또는 강제적 노역은 당사자가 정당하게 유죄판결을 받은 범죄에 대한 처벌이 아니면 미국 또는 그 관할 하에 속하는 어느 장소에서도 존재할 수 없다.

제2절

연방의회는 적당한 입법에 의하여 본 조항을 시행할 권한을 가진다.

수정 조항 제14조(공민권)

〔1866년 6월 16일 발의, 1868년 7월 28일 비준〕

제1절

미국에서 출생 또는 미국에 귀화해 미국의 관할권에 속하는 모든 사람은 미국 및 그 거주하는 주의 시민이다. 어떠한 주도 미국 시민의 특권과 면책권을 박탈하는 법률을 제정하거나 강행할 수 없다. 어떠한 주도 적법절차에 의하지 아니하고는 어떠한 사람으로부터도 생명, 자유, 재산을 박탈할 수 없으며, 그 관할권 내에 있는 어떠한 사람에 대하여도 법률에 의한 평등한 보호를 거부하지 못한다.

제2절

하원 의원은 각 주의 인구수에 비례하여 각 주에 할당한다. 각 주의 인구수는 과세되지 아니하는 인디언을 제외한 각 주의 총인구수이다. 다만, 미국 대통령 및 부통령의 선거인, 사법관 또는 각 주 의회의 인원을 선출하는 어떠한 선거에서도, 반란이나 그 밖의 범죄에 가담한 경우를 제외하고, 21세에 달하고* 미국 시민인 해당 주의 남성 주민 중 어느 누구에게 투표권이 거부되거나, 어떠한 방법으로든지 제한되어 있을 때에는 그 주의 하원 의원 할당수의 기준을 그러한 남성 주민의 수가 그 주의 21세에 달한**

남성 주민의 총수에 대하여 가지는 비율에 따라 감소된다.

제3절
과거에 연방의회 의원, 미국 관리, 주 의회 의원, 또는 주의 행정관이나 사법관으로서 미국 헌법을 지지할 것을 선언한 후에 폭동이나 반란에 가담한 자, 적에게 원조 또는 편의를 제공한 자는 누구든지 연방의회의 상원 의원이나 하원 의원, 대통령 및 부통령의 선거인, 미국이나 각 주 민간 공무원의 관직에 취임할 수 없다. 다만, 연방의회는 각 원의 3분의 2의 투표로써 그 실격을 해제할 수 있다.

제4절
폭동이나 반란을 진압한 공헌에 대한 은급 및 하사금을 지불하기 위하여 기채(起債)한 부채를 포함하여 법률로 인정한 국채는 그 효력이 문제되지 않는다. 그러나 미국 또는 어느 주도 미국에 대한 폭동이나 반란을 원조하기 위하여 기채한 부채, 또는 노예의 상실이나 해방으로 인한 청구에 대하여는 채무를 부담하거나 지불하지 아니한다. 이 모든 부채, 채무, 청구는 위법이고 무효이다.

제5절
연방의회는 적당한 입법에 의하여 본 조항의 규정을 시행할 권한을 가진다.

수정 조항 제15조(흑인의 참정권)
〔1869년 2월 27일 발의, 1870년 3월 30일 비준〕
제1절
미국 시민의 투표권은 인종, 피부색, 과거의 예속 상태를 이유로 미국이

---

* 21세 이상을 의미함—옮긴이
** 21세 이상을 의미함—옮긴이

나 어떠한 주에 의해서도 거부되거나 제한되지 아니한다.

제2절
연방의회는 적당한 입법에 의하여 본 조항의 규정을 시행할 권한을 가진다.

수정 조항 제16조(소득세)
〔1909년 7월 12일 발의, 1913년 2월 25일 비준〕

연방의회는 소득원의 여하를 불문하고 각 주에 배당하지 아니하고 국세 조사나 인구수에 관계없이 소득에 대한 세금을 부과·징수할 권한을 가진다.

수정 조항 제17조(연방 상원 의원의 직접 선거)
〔1912년 5월 16일 발의, 1913년 5월 31일 비준〕

제1절
미국의 상원은 각 주 2인씩의 상원 의원으로 구성된다. 상원 의원은 그 주의 주민에 의하여 선출되고 6년의 임기를 가진다. 각 상원 의원은 1표의 투표권을 가진다. 각 주의 선거인은 주 입법부 중 의원수가 많은 한 원의 선거인에 요구되는 자격을 가져야 한다.

제2절
상원에서 어느 주의 의원에 결원이 생긴 때에는 그 주의 행정부는 결원을 보충하기 위하여 선거 명령을 내려야 한다. 다만, 주민이 주 의회가 정하는 바에 따른 선거에 의하여 결원을 보충할 때까지 주 의회는 그 주의 행정부에게 임시로 상원 의원을 임명하는 권한을 부여할 수 있다.

제3절

본 수정 조항은 본 헌법의 일부로서 효력을 발생하기 이전에 선출된 상원 의원의 선거 또는 임기에 영향을 주는 것으로 해석하지 못한다.

수정 조항 제18조 (금주법)

[1917년 12월 18일 발의, 1919년 1월 29일 비준, 수정 조항 제21조로 폐기]

제1절

본 조의 비준으로부터 1년을 경과한 후에는 미국 내와 그 관할에 속하는 모든 영토 내에서 마실 목적으로 주류를 양조, 판매, 운송하거나 미국에서 이를 수입, 수출하는 것을 금지한다.

제2절

미국과 각 주는 적당한 입법에 의하여 본 조를 시행할 경합적 권한을 가진다.

제3절

본 조항은 연방의회로부터 이를 각 주에 회부한 날부터 7년 이내에 각 주의 주 입법부가 이 헌법에 규정된 바와 같이 헌법 수정으로써 비준하지 아니하면 그 효력이 발생하지 아니한다.

수정 조항 제19조 (여성의 참정권)

[1919년 6월 4일 발의, 1920년 8월 26일 비준]

제1절

미국 시민의 투표권은 성별을 이유로 미국이나 어느 주에 의해서도 거부 또는 제한되지 아니한다.

제2절
연방의회는 적당한 입법에 의하여 본 조항을 시행할 권한을 가진다.

수정 조항 제20조 (대통령과 연방의회 의원의 임기)
〔1932년 3월 2일 발의, 1933년 2월 6일 비준〕

제1절
대통령과 부통령의 임기는 본 조가 비준되지 아니하였더라면 임기가 만료하였을 해의 1월 20일 정오에 종료하며, 상원 의원과 하원 의원의 임기는 본 조가 비준되지 아니하였더라면 임기가 만료하였을 해의 1월 3일 정오에 종료한다. 그 후임자의 임기는 그때부터 시작된다.

제2절
연방의회는 매년 적어도 1회 집회한다. 집회는 의회가 법률로 다른 날을 정하지 아니하는 한 1월 3일 정오부터 시작된다.

제3절
대통령의 임기 개시일로 정해 놓은 시일에 대통령 당선자가 사망하면 부통령 당선자가 대통령이 된다. 대통령의 임기 개시일까지 대통령이 선정되지 아니하였거나, 대통령 당선자가 자격을 구비하지 못했을 때에는 부통령 당선자가 대통령이 자격을 구비할 때까지 대통령의 직무를 대행한다. 연방의회는 법률로써 대통령 당선자와 부통령 당선자가 다 자격을 구비하지 못하는 경우에 대통령의 직무를 대행해야 할 자 또는 대통령의 직무를 대행할 자의 선정 방법을 규정할 수 있다. 이러한 경우에 선임된 자는 대통령 또는 부통령이 자격을 구비할 때까지 대통령의 직무를 대행한다.

제4절
연방의회는 하원이 대통령의 선정권을 갖게 되었을 때에 하원이 대통령으로 선정한 사람 중 사망자가 생긴 경우와, 상원이 부통령의 선정권을 갖게 되었을 때에 상원이 부통령으로 선정한 사람 중 사망자가 생긴 경우를 대비하는 법률을 규정할 수 있다.

제5절
제1절 및 제2절은 본 조의 비준 후 최초의 10월 15일부터 효력을 발생한다.

제6절
본 조항은 회부된 날로부터 7년 이내에 주 의회 4분의 3에 의하여 헌법 수정 조항으로 비준되지 아니하면 효력을 발생하지 아니한다.

수정 조항 제21조 (금주법의 폐기)
(1933년 2월 2일 발의, 1933년 12월 5일 비준)

제1절
연방헌법 수정 조항 제18조는 이에 폐기한다.

제2절
미국의 주, 준주(準州), 속령의 법률에 위반하여 이들 지역 내에서 주류를 양도 또는 사용할 목적으로 이들 지역으로 수송 또는 수입하는 것을 금지한다.

제3절
본 조는 연방의회가 이를 각 주에 회부한 날로부터 7년 이내에 헌법 규정에 따라서 각 주의 헌법 회의에 의하여 헌법 수정 조항으로 비준되지 아니하면 효력이 발생하지 아니한다.

수정 조항 제22조(대통령의 임기 제한)

〔1947년 3월 21일 발의, 1951년 2월 26일 비준〕

제1절

누구라도 2회를 초과하여 대통령직에 선출될 수 없으며, 누구라도 타인이 대통령으로 당선된 임기 중 2년 이상 대통령직에 있었거나 대통령 직무를 대행한 자는 1회를 초과하여 대통령직에 당선될 수 없다. 다만, 본 조는 연방의회가 이를 발의하였을 때에 대통령직에 있는 자에게 적용되지 아니하며, 또 본 조가 효력을 발생하게 될 때에 대통령직에 있거나 대통령의 직무를 대행하고 있는 자가 잔여 임기 중 대통령직에 있거나 대통령 직무를 대행하는 것을 방해하지 아니한다.

제2절 본 조는 연방의회가 각 주에 회부한 날로부터 7년 이내에 주 의회의 4분의 3에 의하여 헌법 수정 조항으로서 비준되지 아니하면 효력을 발생하지 아니한다.

수정 조항 제23조(컬럼비아 특별구에서의 선거권)

〔1960년 6월 16일 발의, 1961년 4월 3일 비준〕

제1절

미국 정부 소재지를 구성하고 있는 특별구는 연방의회가 다음과 같이 정한 방식에 따라 대통령 및 부통령의 선거인을 선임한다. 선거인의 수는 특별구가 주라면 배당받을 수 있는 연방의회 내의 상원 의원 및 하원 의원의 수와 동일한 수이다. 그러나 어떠한 경우에도 최소의 인구를 가진 주보다 그 수가 더 많을 수 없다. 그 선거인은 각 주가 임명한 선거인에 첨가되지만, 대통령 및 부통령의 선거를 위하여 주가 선정한 선거인으로 간주된다. 그들은 특별구에서 집회하여, 헌법 수정 조항 제12조가 규정하고 있는 바와 같이 그 의무를 수행한다.

제2절

연방의회는 적당한 입법에 의하여 본 조항을 시행할 권한을 가진다.

수정 조항 제24조(인두세)
〔1962년 8월 27일 발의, 1964년 1월 23일 비준〕

제1절

대통령 또는 부통령, 대통령 또는 부통령 선거인, 또는 연방의회 상원 의원, 하원 의원을 위한 예비선거 또는 그 밖의 선거에서 미국시민의 투표권은 인두세나 기타 조세를 납부하지 아니했다는 이유로 미국 또는 어떤 주에 의해서도 거부되거나 제한되지 아니한다.

제2절

연방의회는 적당한 입법에 의하여 본 조를 시행할 권한을 가진다.

수정 조항 제25조(대통령의 직무 수행 불능과 승계)
〔1965년 7월 6일 발의, 1967년 2월 10일 비준〕

제1절

대통령이 면직되거나 사망 또는 사임한 때에는 부통령이 대통령이 된다.

제2절

부통령직이 궐위된 때에는 대통령은 부통령을 지명하고 부통령은 양원의 과반수 득표에 의하여 승인을 받아 그 직위에 취임한다.

제3절

대통령이 상원의 임시 의장과 하원 의장에게 그가 대통령직의 권한과 직무를 수행할 수 없다는 서면 성명서를 제출한 때에는 이와 반대되는 서면 성명서가 제출될 때까지 부통령이 대통령 직무 대행으로 대통령직의 권한과 직무를 수행한다.

제4절

부통령과 행정부처의 주요 공무원의 과반수 또는 연방의회가 법률로써 정하는 다른 기관의 과반수가 상원 임시 의장과 하원 의장에게 대통령이 대통령직의 권한과 의무를 수행할 수 없다는 서명 성명서를 제출한 때에는 부통령은 즉시 대통령 직무 대행으로서 대통령직의 권한과 의무를 가진다.

그 후에 대통령이 상원 임시 의장과 하원 의장에게 능력이 없는 것이 아니라는 서면 성명서를 제출하는 경우에는 대통령직의 권한과 직무를 되찾는다. 다만, 이 경우에 부통령과 행정부처의 주요 공무원의 과반수 또는 연방의회가 법률로써 정한 다른 기관의 과반수가 4일 이내에 대통령이 대통령직의 권한과 직무를 수행할 수 없다는 서면 성명서를 제출하는 경우에는 예외로 한다. 이러한 경우에는 연방의회가 이 문제를 결정한다. 다만, 개회 중이 아닐 경우에는 이 목적을 위하여 48시간 이내에 집회한다. 만일 연방의회가 후자의 성명서를 접수하고 21일 이내에, 혹은 연방의회가 개회 중이 아닐 경우에는 연방의회의 소집이 요구된 후 21일 이내에, 양원의 각각 3분의 2 이상의 찬성으로 대통령이 대통령직의 권한과 직무를 수행할 수 없다고 결정하면, 부통령은 계속하여 대통령 직무 대행으로 직무를 수행한다. 그렇지 않으면 대통령은 그 직위의 권한과 직무를 되찾는다.

수정 조항 제26조(18세 이상 시민의 참정권)
[1971년 3월 23일 발의, 1971년 7월 1일 비준]

제1절
18세 이상 미국 시민의 투표권은 연령을 이유로 미국 또는 어떤 주에 의해서도 부인되거나 박탈되지 아니한다.

제2절
연방의회는 적당한 입법에 의하여 본 조항을 시행할 권한을 갖는다.

수정 조항 제27조(연방의원의 보수 변경)
〔1789년 9월 25일 발의, 1992년 5월 7일 비준〕

하원 의원 선거를 치르기 전에는 상원 의원과 하원 의원의 직무에 대한 보수를 변경하는 어떠한 법률도 효력이 발생되지 아니한다.

★ 미국 역대 대통령 선거자료

연도	후보(선거 당시 주거지)	정당	일반투표	득표율	선거인단 투표	득표율
1789	조지 워싱턴(버지니아)	-	-	-	69	-
	존 애덤스	-	-	-	34	-
	기타 후보자	-	-	-	35	-
1792	조지 워싱턴(버지니아)	-	-	-	132	-
	존 애덤스	-	-	-	77	-
	조지 클린턴	-	-	-	50	-
	기타 후보자	-	-	-	5	-
1796	존 애덤스(매사추세츠)	연방파	-	-	71	-
	토머스 제퍼슨	공화파	-	-	68	-
	토머스 핑크니	연방파	-	-	59	-
	아론 버어	공화파	-	-	30	-
	기타 후보자	-	-	-	48	-
1800	토머스 제퍼슨(버지니아)	공화파	-	-	73	-
	아론 버어	공화파	-	-	73	-
	존 애덤스	연방파	-	-	65	-
	찰스 C. 핑크니	연방파	-	-	64	-
	존 제이	연방파	-	-	1	-
1804	토머스 제퍼슨(버지니아)	공화파	-	-	162	-
	찰스 C. 핑크니	연방파	-	-	14	-
1808	제임스 매디슨(버지니아)	공화파	-	-	122	-
	찰스 C. 핑크니	연방파	-	-	47	-
	조지 클린턴	공화파	-	-	6	-
1812	제임스 매디슨(버지니아)	공화파	-	-	128	-
	드 위트 클린턴	연방파	-	-	89	-

연도	후보	정당	득표수	%	선거인단	%
1816	제임스 먼로(버지니아)	공화파	-	-	183	-
	루퍼스 킹	연방파	-	-	34	-
1820	제임스 먼로(버지니아)	공화파	-	-	231	-
	존 퀸시 애덤스	공화파	-	-	1	-
1824	존 퀸시 애덤스(매사추세츠)	공화파	108,740	30.5	84	26.9
	앤드루 잭슨	공화파	153,544	43.1	99	-
	윌리엄 H. 크로퍼드	공화파	46,618	13.1	41	-
	헨리 클레이	공화파	47,136	13.2	37	-
1828	앤드루 잭슨(테네시)	민주공화파	647,286	56.0	178	57.6
	존 퀸시 애덤스	국민공화파	508,064	44.0	83	-
1832	앤드루 잭슨(테네시)	민주공화파	687,502	55.0	219	55.4
	헨리 클레이	국민공화파	530,189	42.4	49	-
	윌리엄 워트	반메이슨파	33,108	2.6	7	-
	존 플로이드	무소속	-	-	11	-
1836	마틴 밴 뷰런(뉴욕)	민주당	765,483	50.9	170	57.8
	윌리엄 H. 해리슨	휘그당	-	-	73	-
	휴 L. 화이트	휘그당	739,795	49.1	26	-
	대니얼 웹스터	휘그당	-	-	14	-
	W.P. 매그넘	무소속	-	-	11	-
1840	윌리엄 H. 해리슨(오하이오)	휘그당	1,274,624	53.1	234	80.2
	마틴 밴 뷰런	민주당	1,127,781	46.9	60	-
	제임스 G. 버니	자유당	7,069	-	0	-
1844	제임스 K. 포크(테네시)	민주당	1,338,464	49.6	170	78.9
	헨리 클레이	휘그당	1,300,097	48.1	105	-
	제임스 G. 버니	자유당	62,300	2.3	0	-

1848	재커리 테일러(루이지애나)	휘그당	1,360,967	47.4	163	72.7
	루이스 카스	민주당	1,222,342	42.5	127	-
	마틴 밴 뷰런	자유토지당	291,263	10.1	0	-
1852	프랭클린 피어스(뉴햄프셔)	민주당	1,601,117	50.9	254	69.6
	윈필드 스콧	휘그당	1,385,453	44.1	42	-
	존 P. 헤일	자유토지당	155,825	5.0	0	-
1856	제임스 뷰캐넌(펜실베이니아)	민주당	1,832,955	45.3	174	78.9
	존 C. 프레몽	공화당	1,339,932	33.1	114	-
	밀라드 필모어	아메리카당	871,731	21.6	8	-
1860	에이브러햄 링컨(일리노이)	공화당	1,865,593	39.9	180	81.2
	스티븐 A. 더글라스	북부민주당	1,382,713	29.4	12	-
	존 C. 브레킨리지	남부민주당	848,356	18.1	72	-
	존 벨	제헌연방당	592,906	12.6	39	-
1864	에이브러햄 링컨(일리노이)	공화당	2,213,655	55.0	212	73.8
	조지 B. 매클렐런	민주당	1,805,237	45.0	21	-
1868	율리시스 S. 그랜트(일리노이)	공화당	3,012,833	52.7	214	78.1
	호레이쇼 시모어	민주당	2,834,125	43.9	66	-
1872	율리시스 S. 그랜트(일리노이)	공화당	3,597,132	55.6	286	71.3
	호러스 그릴리	민주당	2,703,249	47.3	80	-
1876	러더퍼드 B. 헤이스(오하이오)	공화당	4,036,298	48.0	185	81.8
	새뮤얼 J. 틸던	민주당	4,300,590	51.0	184	-
1880	제임스 A. 가필드(오하이오)	공화당	4,454,416	48.5	214	79.4
	윈필드 S. 핸콕	민주당	4,444,952	48.1	155	-

연도	후보 (주)	정당	득표수	%	선거인단	투표율
1884	그로버 클리블랜드(뉴욕)	민주당	4,874,986	48.5	219	77.5
	제임스 G. 블레인	공화당	4,851,981	48.2	182	-
1888	벤저민 해리슨(인디아나)	공화당	5,439,853	47.9	233	79.3
	그로버 클리블랜드	민주당	5,540,309	48.6	168	-
1892	그로버 클리블랜드(뉴욕)	민주당	5,556,918	46.1	277	74.7
	벤저민 해리슨	공화당	5,176,108	43.0	145	-
	제임스 B. 위버	인민당	1,041,028	8.5	22	-
1896	윌리엄 매킨리(오하이오)	공화당	7,104,779	51.1	271	79.3
	윌리엄 J. 브라이언	민주당	6,502,925	47.7	176	-
1900	윌리엄 매킨리(오하이오)	공화당	7,207,923	51.7	292	73.2
	윌리엄 J. 브라이언	민주당	6,358,133	45.5	155	-
1904	시어도어 루스벨트(뉴욕)	공화당	7,623,486	57.9	336	65.2
	알튼 B. 파커	민주당	5,077,911	37.6	140	-
	유진 V. 데브스	사회당	402,283	3.0	0	-
1908	윌리엄 H. 태프트(오하이오)	공화당	7,678,908	51.6	321	65.4
	윌리엄 J. 브라이언	민주당	6,409,104	43.1	162	-
	유진 V. 데브스	사회당	420,793	2.8	0	-
1912	우드로 윌슨(뉴저지)	민주당	6,293,454	41.9	435	58.8
	시어도어 루스벨트	혁신당	4,119,538	27.4	88	-
	윌리엄 H. 태프트	공화당	3,484,980	23.2	8	-
	유진 V. 데브스	사회당	900,672	6.0	0	-
1916	우드로 윌슨(뉴저지)	민주당	9,129,606	49.4	277	61.6
	찰스 E. 휴즈	공화당	8,538,221	46.2	254	-
	A. L. 벤슨	사회당	585,113	3.2	0	-

연도	후보	정당	득표수	득표율	선거인단	투표율
1920	워렌 G. 하딩(오하이오)	공화당	16,152,200	60.4	404	49.2
	제임스 M. 콕스	민주당	9,147,353	34.2	127	-
	유진 V. 데브스	사회당	919,799	3.4	0	-
1924	캘빈 쿨리지(매사추세츠)	공화당	15,725,016	54.0	382	48.9
	존 W. 데이비스	민주당	8,386,503	28.8	136	-
	로버트 M. 라폴레트	진보당	4,822,856	16.6	13	-
1928	허버트 후버(캘리포니아)	공화당	21,391,381	58.2	444	56.9
	알프레드 E. 스미스	민주당	15,016,443	40.9	87	-
	노먼 토머스	사회당	267,835	0.7	0	-
1932	프랭클린 D. 루스벨트(뉴욕)	민주당	22,821,857	57.4	472	56.9
	허버트 후버	공화당	15,761,841	39.7	59	-
	노먼 토머스	사회당	881,951	2.2	0	-
1936	프랭클린 D. 루스벨트(뉴욕)	민주당	27,751,597	60.8	523	61.0
	앨프 M. 랜든	공화당	16,679,583	36.5	8	-
	윌리엄 렘키	통일당	882,479	1.9	0	-
1940	프랭클린 D. 루스벨트(뉴욕)	민주당	27,244,160	54.8	449	62.5
	웬들 L. 윌키	공화당	22,305,198	44.8	82	-
1944	프랭클린 D. 루스벨트(뉴욕)	민주당	25,602,504	53.5	432	55.9
	토머스 E. 듀이	공화당	22,006,285	46.0	99	-
1948	해리 S. 트루먼(미주리)	민주당	24,105,695	49.5	303	53.0
	토머스 E. 듀이	공화당	21,969,170	45.1	189	-
	J. 스트롬 서먼드	주권당	1,169,021	2.4	39	-
	헨리 A. 월리스	혁신당	1,156,103	2.4	0	-

연도	후보	정당	득표수	득표율	선거인단	투표율
1952	드와이트 D. 아이젠하워(뉴욕)	공화당	33,936,252	55.1	442	63.3
	아들라이 E. 스티븐슨	민주당	27,314,992	44.4	89	-
1956	드와이트 D. 아이젠하워(뉴욕)	공화당	35,575,420	57.6	457	60.6
	아들라이 E. 스티븐슨	민주당	26,033,066	42.1	73	-
	기타 후보자	-	-	-	1	-
1960	존 F. 케네디(매사추세츠)	민주당	34,227,096	49.7	303	64.0
	리처드 M. 닉슨	공화당	34,108,546	49.6	219	-
	해리 버드	-	501,643	0.7	15	-
1964	린든 B. 존슨(텍사스)	민주당	43,126,506	61.1	486	61.7
	배리 M. 골드워터	공화당	27,176,799	38.5	52	-
1968	리처드 M. 닉슨(뉴욕)	공화당	31,770,237	43.4	301	60.6
	휴버트 H. 험프리	민주당	31,270,533	42.3	191	-
	조지 C. 월리스	미국 독립당	9,906,141	12.9	46	-
1972	리처드 M. 닉슨(뉴욕)	공화당	47,169,911	60.7	520	55.2
	조지 S. 맥거번	민주당	29,170,383	37.5	17	-
	기타 후보자	-	-	-	1	-
1976	지미 카터(조지아)	민주당	440,828,587	50.0	297	53.5
	제럴드 R. 포드	공화당	39,147,613	47.9	240	-
	기타 후보자	-	1,575,459	2.1	1	-
1980	로널드 레이건(캘리포니아)	공화당	43,901,812	50.7	489	52.6
	지미 카터	민주당	35,483,820	41.0	49	-
	존 B. 앤더슨	무소속	5,719,722	6.6	0	-
	기타 후보자	리버테리언	921,188	1.1	0	-

연도	후보	정당	득표수	득표율	선거인단	
1984	로널드 레이건(캘리포니아)	공화당	54,455,075	59.0	525	53.3
	월터 먼데일	민주당	37,577,185	41.0	13	-
1988	조지 부시(텍사스)	공화당	47,946,422	54.0	426	50.0
	마이클 C. 듀카키스	민주당	41,016,429	46.0	112	-
1992	빌 클린턴(아칸소)	민주당	44,909,889	43.0	370	55.2
	조지 부시	공화당	39,104,545	38.0	168	-
	로스 페로	무소속	19,742,267	19.0	0	-
1996	빌 클린턴(아칸소)	민주당	47,401,185	49.3	379	49.0
	로버트 돌	공화당	39,197,469	40.7	159	-
	로스 페로	개혁당	8,085,294	8.4	0	-
2000	조지 W. 부시(텍사스)	공화당	50,459,211	47.89	271	51.0
	앨 고어	민주당	51,003,894	48.41	266	-
	랄프 네이더	녹색당	2,834,410	2.69	0	-
2004	조지 W. 부시(텍사스)	공화당	62,028,285	50.73	286	60.0
	존 케리	민주당	59,028,109	48.27	251	-
	랄프 네이더	무소속	463,647	0.38	0	-
2008	버락 오바마(일리노이)	민주당	65,070,489	53	364	61.7
	존 매케인	공화당	57,154,810	46	174	-

★ 찾아보기

ㄱ

가리발디(Giuseppe Garibaldi) 181
가필드(James A. Garfield) 402
간호사 139, 481
갈런드(Hamlin Garland) 289
개리슨(William Lloyd Garrison)
　55, 56, 58, 59
개리슨주의자 59, 60
개리슨파 노예제 폐지 운동 107
개방 방목지 258~260, 282
개스트(John Gast) 238
개인 자유법 60, 94
개인주의 32, 35, 106, 240,
　266~268, 311
개즈던(James Gadsden) 101
개즈던 구매 101
개혁 유대교 345
갤버스턴(Galveston) 491
건축업 평의회 496
게티즈버그(Gettysburg) 168, 170,
　171, 173
게티즈버그 전투 170, 171
계몽주의 65
고가철도 356
고급문화 382
고아원 51, 133
고층 건물 358
골드러시 92, 93, 244, 246, 255,
　256
골상학 44, 45, 47
골프 373
곰 깃발 반란 86
곰퍼스(Samuel Gompers) 327, 496
공교육 48, 49, 130
공동주택 354, 355
공산주의 416
공원 350, 351, 392, 393, 451, 484
공장제 108, 334
공중 보건 사업국 360
공직 보장법 198
공직자 소환제 493, 499
공채 131, 132, 142, 185
공화당 103, 106, 108, 109, 111,
　113, 115~118, 124, 130,
　133~136, 189, 191, 192, 197,
　201, 202, 207, 212~220, 222,
　224, 236, 397~399, 401,
　403~405, 407, 413, 424~426,
　429, 431, 436, 459, 481, 515,
　517, 519, 523~533, 536
공황 108, 214, 219, 419, 420, 423,
　521, 523, 527
과달루페이달고 조약 88

광산 246, 253, 255~257, 274, 307, 314, 321, 349, 516, 520
교도소 50, 51, 59
교외 353
교육 33, 48, 49, 64, 191, 206, 207, 221, 230, 231, 263, 287, 340, 344, 351, 387, 388, 390, 391, 458, 476, 477, 480, 481, 483, 500, 506, 516
교육개혁 49, 206
교환대 380
구세군 361, 474
구원자 224
국가 개간법 519
《국가의 탄생》 374
국가주의 130, 507
국립공원 체계 519
국민 강제징집법 132
국민주의 27, 32, 71, 118
굿윈(Lawrence Goodwyn) 417
권투 373
그랜트(Ulysses S. Grant) 146~148, 160, 161, 167~170, 172, 173, 175~177, 212~215, 217~219
그랜트 스캔들 213
그랜트주의 213, 214
그레이엄(Sylvester Graham) 45
그리피스(D. W. Griffith) 374
그린백 131, 132, 214, 215, 412, 489
그릴리(Horace Greeley) 213, 218
그림케(Angelina Grimk) 52
그림케(Sarah Grimk) 52
글라이더 299
글래비스(Louis Glavis) 525
글리든(Joseph H. Glidden) 283
금광 76, 92, 244, 246, 429
금본위제 425, 429
금융회사 209
금주 42, 43, 63, 129, 502~504, 511
금주 옹호자 503
금주운동 43, 487, 502, 503
금화 132, 422
급진주의 59, 327, 506
기독교 여성 금주 연합 503
기성복 산업 366
기업연합 304, 313, 406, 516

ㄴ

나바호 243
남녀평등 39, 53
남부 63, 64, 89, 94, 98~102, 104~107, 114, 123, 126~129, 140, 141
남부 분리주의 123
남부 연합 123, 126, 127, 136~138,

140~142, 144, 145, 150~154,
157, 159, 161, 162, 168, 170,
174, 176, 177, 184, 185, 187,
189, 191, 193, 194, 196~199, 217
남부 연합군 124~126, 141, 144,
149, 188
남부 연합 헌법 140
남북전쟁 65, 126, 128~130, 135,
144, 147, 151, 153, 155, 156,
168, 170, 171, 178, 179, 181,
184, 185, 205, 206, 215, 216,
224, 227, 235, 240, 250, 258,
271, 273~275, 277, 282, 288,
295, 297, 304, 306, 307, 366,
372, 400, 402, 430, 451, 503
낭만주의 27, 50
내셔널리그 372
내셔널 코드 회사 419
내슈빌 전투 174
내스트(Thomas Nast) 205, 228
내연기관 298, 299
냉동 화물열차 366
네바다 광맥 256
네브래스카(Nebraska) 102
네이스미스(James A. Naismith)
373
노동계급 244, 245, 253, 332, 359,
365, 371, 392, 393, 510
노동계약법 321

노동기사단 325, 326, 328, 413
노동당 316
노동자 보상법 496
노리스(Frank Norris) 382
노리스(George Norris) 498
노부 40, 41
노예무역 60, 62, 65, 66
노예법 145
노예제도 26, 54, 55, 59, 62~67,
70, 72, 74, 88~90, 94~96,
100~103, 105~108, 110~113,
116~119, 124, 128, 129,
135~137, 140, 148, 178, 191,
193, 204, 210, 236, 399
노예제 반대 운동 54, 55, 62, 64,
65, 67, 110, 152
노예제 옹호론 119
노예제 폐지론 55, 56, 58, 59,
62~64, 67
노예제 폐지 반대 운동 58
노예해방 64, 65, 67, 135, 136,
145, 185, 204
노예해방령 136, 138, 152, 178,
185
노이에스(John Humphrey Noyes)
38
녹스(Philander C. Knox) 545, 546
놀이 공원 374, 376~378, 393
농구 373

농민 공제조합 408, 410, 411
농민 공제조합원법 410
농민 동맹 411, 412
농민 조직 408, 410
누진 소득세 414, 527, 534
뉴멕시코(New Mexico) 78, 83, 84, 86, 88, 94, 101, 243, 252, 434, 550
뉴욕 350, 352~357
《뉴욕 저널》 446, 448
《뉴욕 트리뷴》 213
뉴잉글랜드 438
뉴잉글랜드 노예제 반대 협회 56
뉴질랜드 285, 348
뉴하모니 36, 37
니카라과 543, 546, 547

ㄷ

다우티(Thomas Doughty) 28
다윈(Charles Darwin) 312, 385, 435
다임러(Gottfriel Daimler) 299
다코타 준주 257, 267, 275
달러외교 545, 546
대량 소비 361, 364
대륙횡단철도 101, 131, 246, 248, 251, 282, 283

대중교통 392
대중문화 382, 393
대중오락 371, 373, 374, 376, 378
대평원 41, 78, 251, 258, 261, 267, 283, 411, 424, 282
대학 388
대학교 388
대화재 356, 358, 359
댄스 홀 376
더글러스(Frederick Douglass) 56, 57, 59, 67
더글러스(Stephen A. Douglas) 97, 101~103, 112, 113, 116, 117
데브스(Eugene V. Debs) 331, 332, 505, 532, 533
데이비스(David Davis) 220
데이비스(Jefferson Davis) 101, 140, 141, 148, 176, 177
도넬슨 요새 160
도로 356, 363, 392, 464
도망 노예 송환법 95, 99
도스 단독 토지 보유법 280
도스법 280, 281
도시 339, 340, 342, 344, 347, 350~365, 368, 370~374, 382~385, 392, 393
도시 경영자 계획 491
도시 미화 운동 352
도시환경 360

독립파 공화당원 489
독사 134
독일 179, 180, 466, 541
동류 의식 29
두리에이(Charles Duryea) 299
두리에이(Frank Duryea) 299
듀(Thomas R. Dew) 107
듀런드(Asher Durand) 28
듀이(George Dewey) 453
듀이(John Dewey) 386, 388
드라이저(Theodore Dreiser) 362, 382
드레드 스콧 대 샌드퍼드 사건 110
디모인(Des Moines) 491
디아스(Porfirio Díaz) 547
딕스(Dorothea Dix) 50, 52, 139
딩글리 관세법 428

ㄹ

라레스 반란 456
라살레 빌딩 357
라스구아시모스(Las Guasimos) 454
라이베리아 54
라이언(Nathaniel Lyon) 158
라이언 요새 274
라이트(Orville Wright) 299
라이트(Wilbur Wright) 299
라틴아메리카 286, 340, 436, 437, 540~542, 547
라폴레트(Robert M. La Follette) 493, 494, 529
래그타임 374
래러미 요새 274
래퍼해넉 강 167
러브조이(Elijah Lovejoy) 58
러시아 179~181, 216, 285, 348, 444, 465~467, 539
러프라이더 기병대 454, 455
럭비 372
런디(Benjamin Lundy) 55
레밍턴(Frederic Remington) 265
레이크 쇼 드라이브 353
로디지아 444
로렌(Lorraine) 180
로맨티시즘 27, 30, 32, 63
로스(Edward A. Ross) 386
로즈(Cecil Rhodes) 444
로즈크랜스(William Rosecrans) 170
록펠러(John D. Rockefeller) 307~309, 311, 388
록펠러 의학 연구 대학 389
롱(Huey Long) 418
롱스트리트(Augustus B. Longstreet) 32

뢰블링(John A. Roebling) 356
루나파크 376~378
루스벨트(Theodore Roosevelt)
　265, 444, 449, 452~455, 459,
　460, 469, 473, 507, 515~530,
　532, 533, 535, 538, 539,
　541~545, 547, 551
루스벨트 추론 532
루트(Elihu Root) 468
리컴프턴 헌법 111, 112
리(Robert E. Lee) 114, 148, 149,
　164, 172
리머릭(Patricia Nelson Limerick)
　268
리스(Jacob Riis) 355
리치먼드(Richmond) 166, 140,
　148, 156, 162, 164, 165, 172,
　176, 187, 355
리틀 빅혼 전투 276
리틀 크로 273
리티(James Ritty) 294
리플리(George Ripley) 35
린드버그(Charles Lindbergh) 300
링컨(Abraham Lincoln) 61,
　112~119, 123~126, 128,
　132~135, 138, 141, 146, 148,
　152, 153, 158, 162, 164~166,
　176, 178, 185, 187, 189~193,
　197, 292, 399

■

마데로(Francisco Madero) 547,
　548
마르코니(Guglielmo Marconi) 293
마운트 홀리오크 대학 391
마이두 241
마일스(Nelson Miles) 277
마천루 295, 356, 357
마치니(Giuseppe Mazzini) 181,
　182
말일 성도 예수 그리스도 교회 39
매과이어(Molly Maguire) 324
매사추세츠 공과대학 388, 481
매코믹 수확기 회사 327
매클렐런(George B. McClellan)
　134, 135, 146, 159, 162, 164~166
《매클루어스 매거진》 474, 475
매킨리(William McKinley) 407,
　424, 427~429, 431, 448~450,
　457, 458, 460~469, 515
매킨리 관세 407
맥도웰(Irvin McDowell) 157, 158,
　162, 164
맥아더(Arthur MacArthur) 463,
　464
맨(Horace Mann) 48, 49
맨해튼 353
머그웜프 403, 489

머내서스 157, 158
머시트(Robert Mushet) 296
머프리즈버러 전투 160
머핸(Alfred Thayer Mahan) 436
먼로독트린 542
메리맥호 151, 156
메사비 296, 306
메이슨(James M. Mason) 153
메트로폴리탄 미술관 351
멕시코시티(Mexico City) 85, 86, 549
멕시코 전쟁 84, 85, 89~91, 146
멜빌(Herman Melville) 30
면화 72, 107, 127, 142, 144, 152, 210, 226
명백한 운명론 71
모건(J. Pierpont Morgan) 306, 309, 523
모건 안 523
모니터호 151, 156
모델 티 302
모런(Thomas Moran) 28, 262
모릴법 130
모릴 토지 공여법 388
《모비 딕》 30
모턴(William Morton) 47
모트(Lucretia Mott) 52
《모히칸족의 최후》 30
몬로비아(Monrovia) 54

모르몬교 39~41, 252
《모르몬의 서》 40
몽고메리(Montgomery) 123, 140
몽고메리 워드 백화점 367
무어(John Muir) 519~521
무지주의당 109
무지주의자 103
문맹률 50
문호 개방 각서 466
뮤지컬코미디 373
미국 군사 전신 회사 157
미국노동총동맹(AFL) 326~328, 332, 496
미국 노예제 반대 협회 56, 59
미국 사회당 316, 505, 506, 532
미국 상공회의소 479
미국-스페인 전쟁 437, 444, 445, 450, 452, 453, 456, 458, 469
미국 식민 협회 54, 55
미국 위생 위원회 139
미국 의학 협회 479
미국인 보호 협회 346
《미국적 삶의 약속》 507
미국 전신 전화 회사(AT&T) 381
미국 철도 노조 331
미국-캐나다 직능별 노동 조합 연맹 326
미드(George C. Meade) 168, 170
미식축구 372

미주리 타협선 102, 124
미주리 타협안 89, 102, 111
미 육군사관학교 150
미 해군사관학교 150
민권법 196
민족국가 179, 181
민주당 80, 82, 90, 98, 99, 101,
　108, 109, 112~114, 116, 119,
　134, 204, 205, 212, 213,
　217~220, 222, 224, 226, 233,
　249, 364, 397~399, 402, 403,
　405, 407, 413, 424, 426, 428,
　431, 459, 489, 517, 527, 530,
　531, 534, 536
밀리건 사건 200
밀워키 336, 342, 344

ㅂ

바리오 244
바우어스(Henry Bowers) 346
반(反)네브래스카 민주당원 103
반(反)네브래스카 휘그당원 103
반전 여론 134
반제국주의 동맹 458
방직 227
백만장자 311, 314
백 베이 352, 358

백색 연맹 217
백열등 294, 295
백화점 368, 393
밴더빌트(Cornelius Vanderbilt)
　304, 317, 388
밴 뷰런(Martin Van Buren) 80, 90
밴스(Zebulon M. Vance) 141
버넘(Daniel Burnham) 351, 352
버니(James G. Birney) 62
버로스(William S. Burroughs) 294
버지니아시티(Virginia City) 256
버지니아 전선 162
버지니아호 151
버처드(Samuel Burchard) 403
버틀러(Andrew P. Butler) 104,
　105
번사이드(Ambrose E. Burnside)
　166, 167
범아메리카 연합 437
범죄 43, 104, 218, 358, 361~363
베네수엘라 437, 438
베라크루스(Vera Cruz) 87
베블런(Thorstein Veblen) 477
베서머(Henry Bessemer) 296
베서머 공법 296
벤저민(Judah P. Benjamin) 151
벨(Alexander Graham Bell) 293,
　380
벨러미(Edward Bellamy) 318

벨로스(George Bellows) 383
벨 시스템 380, 381
보라(William Borah) 498
보러가드(P. G. T. Beauregard) 126, 157, 158, 160
보불 전쟁 180
보수주의 199, 226, 227, 419, 509, 527
보스턴 344, 346, 352, 353, 355, 356, 358, 368, 458
보스턴식 결혼 482, 483
보즈먼 도로 274
보크스(Calvert Vaux) 350
복본위제 422
볼드윈(Joseph G. Baldwin) 32
볼리바르(Simón Bolívar) 66
볼린저(Richard A. Ballinger) 525, 526
부스(John Wilkes Booth) 192
부재지주제 414
부패 행위 364
북군 132, 136~138, 146, 150, 151, 158~162, 164, 166~168, 170~173, 176~178, 187, 191, 204, 207, 400, 430
북극성 57
북부 49, 56~64, 70, 74, 82, 94~96, 98~102, 105~109, 111, 115, 116, 126~130, 132~136, 138, 140~148, 150~153, 157, 159, 160, 164, 168, 170, 172, 178, 179, 181, 186, 191~195, 203, 206, 212, 217~219, 224, 226, 227, 235, 236, 296

분고 체계 414
《불관용》 374
불런 전투 158, 158, 165
붉은 셔츠 217
뷔노-바리야(Phillippe Bunau-Varilla) 545
뷰캐넌(James Buchanan) 108, 109, 111~114
브라운(John Brown) 62, 104, 114, 115
브라운(Joseph Brown) 141
브라이언(William Jennings Bryan) 394, 425~431, 459, 460, 524
브라이언트(William Cullen Bryant) 29
브라질 67, 285
브래그(Braxton Bragg) 148, 150, 160, 162, 170
브랜다이스(Louis D. Brandeis) 507, 536
브러시(Charles F. Brush) 295
브레킨리지(John C. Breckinridge) 116, 117
브루클린 다리 356

브룩 농장 35, 36
브룩스(Preston Brooks) 105
블랙 케틀 274
블랙피트 273
블랙 힐스 257
블레인(James G. Blaine) 401, 403, 404, 436, 437
《블리스데일 로맨스》 36
비밀투표 489
비스마르크(Otto von Bismarck) 180
비슬(George Bissell) 298
비야(Pancho Villa) 549, 550
비어드(Charles Beard) 128, 292, 386
비어슈타트(Albert Bierstadt) 28, 262
비처(Catharine Beecher) 52
비컨 힐 353
비행기 298, 300
빅스버그(Vicksburg) 156, 167~170
빈곤 43, 318, 321, 339, 347, 358, 361, 382, 457, 476
빌헬름 1세 180

ㅅ

사모아 438, 440, 441
사범대학 48
《사슴 사냥꾼》 30
49년에 온 사람들 92, 93
49도선 82
사일로 전투 160
사전트(John Singer Sargent) 383
사탕수수 439, 440, 456, 457, 462
사회 개혁 474, 483, 497
사회당 316, 505, 506, 532
사회복음 473, 474
사회복지관 476, 478, 480, 484
사회복지관 운동 476, 495
사회복지사 476, 477
사회복지 사업 248, 505
사회정의 396, 474, 527
사회주의 505, 506
사회진화론 312, 313, 386, 472
산업 시대 302, 365, 382, 393
산업 쓰레기 359
산업화 226, 227, 334, 335, 347, 348, 396, 415, 442, 472
산타 안나(Antonio López de Santa Anna) 73
산타페로 78, 79
산하신토 전투 73
산하신토호 153

상수도 359, 392
샌 안토니오(San Antonio) 73
샌퍼드(John Sanford) 110
생활 쓰레기 359
샤이엔 242, 260, 273, 274
샤프터(Willaim Shafter) 453, 454
서부 28, 30, 49, 62, 70, 71, 75, 76, 78, 79, 83, 89, 92, 96, 100~102, 179, 238, 240, 241, 246, 248~253, 255, 257~260, 262~270, 282, 283, 286, 288, 289, 339, 340, 361, 498, 518, 519
서부 이주 76, 79, 250
서부 전선 159, 161, 162
서부 준주 113, 118, 135, 238
선교사 49, 187, 244, 439
섬너(Charles Sumner) 104, 105, 135, 189, 218
섬너(William Graham Sumner) 312, 316, 386
섬터 요새 123~126
세계 노예제 반대 회의 52
세계산업노동자동맹 506
세라노 241
세르베라(Pascual Cervera) 453, 454
세미터리 리지(Cemetery Ridge) 170
세븐파인스 전투 164

세인트조지프 77
세탁업 249
센트럴 파크 350, 351, 371
센트럴 퍼시픽 회사 131, 246
셔먼(William T. Sheman) 172, 174~177
셔먼 은 매입법 423, 424
셔먼 트러스트 금지법 406, 408
셰넌도어 계곡 164, 168
셰이커교 38, 39
셸던(Charles Sheldon) 475
소로(Henry David Thoreau) 28, 33~35
소비문화 365
소비사회 370
소비자 경제 369
소비자보호운동 369
소수민족 공동체 371~373
소작 207, 208
쇼(Anna Howard Shaw) 486
쇼(Robert Gould Shaw) 138
숄스(Christopher L. Sholes) 293
수(Sioux) 242
수세식 화장실 359
수영 373
수용소 50, 51
수치료법 44
수터(John Sutter) 92
수혈 390

수확물 선취 제도 209, 210
순정식품 의약품법 517
술집 반대 동맹 503
슈어드(William Seward) 216, 151
슈어드의 사기 216
슈푸르츠하임(Johann Gaspar Spurtzheim) 46
스미스(Alfred E. Smith) 497
스미스(Henry Nash Smith) 267
스미스(Joseph Smith) 39~41
스미스(Sydney Smith) 27
스위프트(Gustavus Swift) 306
스콧(Thomas Scott) 157
스콧(Winfield Scott) 87, 98, 146
스탠더드 석유 회사 307, 308, 309
스탠턴(Edwin M. Stanton) 200
스탠턴(Elizabeth Cady Stanton) 52, 53, 139, 486
스탬프(Kenneth Stampp) 202
스테펀스(Lincoln Steffens) 474, 490
스토(Harriet Beecher Stowe) 52, 61~63, 107
스톤 강 전투 160
스티븐스(Thaddcus Stevens) 135, 189
스티픈스(Alexander H. Stephens) 140
스티픈스(Uriah S. Stephens) 325

스팟실베이니아 법원 전투 172
스페인 66, 67, 179~181
스펜서(Herbert Spencer) 312
스포츠 371, 373
슬라이델(John Slidell) 153
슬론(John Sloan) 383
시내 전차 356
시모어(Horatio Seymour) 212
시민 불복종 34
시어스-로벅 회사 368
시에라 클럽 519, 520
시정 보스 363, 364, 491
시카고 101, 297, 327, 330~332, 342, 351~353, 356~358, 362, 367, 368, 388, 476, 478, 530
시행법 218
식목법 251
식민화법 72
신국민주의 526, 533
신남부 184, 226, 230
신문사 379
신여성 482
신자유 계획 536
신제국주의 442
실용주의 386
심스(William Gilmore Simms) 32
10센트짜리 소설 378
싱어(Isaac Singer) 307
싱어 회사 307

싱클레어(Upton Sinclair) 382, 518

ㅇ

아기날도(Emilio Aguinaldo) 463, 464
아나키즘 328
아동노동법 323, 484, 496
아라와크 456
아라파호 242, 273, 274
아르헨티나 285, 348
아메리칸리그 372
아메리칸 협회 372
아모리 쇼 383
아미스타드호 60
아바나(Havana) 153,
아바나 항 437, 447~449
아서(Chester A. Arthur) 402
아스피린 389
아시아 230, 295, 320, 343, 348, 366, 440, 444, 459, 465, 539
아이스박스 366
아이티 65, 66, 540, 546, 547
아파치 243, 277, 279
아파치 전쟁 278
아편 무역 248
알라모 성당 73
알래스카 71, 216, 429, 434, 461, 525
알자스(Alsace) 180
압류법 135
애국파 73
애덤스(Charles Francis Adams) 151
애덤스(Jane Addams) 476
애덤스(John Quincy Adams) 60
애시캔 화단 383
애틀랜타 타협 231, 499
앤더슨(Robert Anderson) 123, 126
앤서니(Susan B. Anthony) 52, 139
앤티텀(Antietam) 항 165
앤티텀 전투 136, 166
앨라배마 손해 배상 청구 소송 216
앨저(Horatio Alger) 314, 315
앨트겔드(John Peter Altgeld) 330~332
야구 371, 372
언더우드-시먼스 관세법 534
에디슨(Thomas A. Edison) 294, 295, 374
에머슨(Ralph Waldo Emerson) 28, 33, 34
에테르 47
엑스레이 389
엘리베이터 286, 295, 356
엘우드(I. L. Ellwood) 283
엘캐니 454

엠파이어 스테이트 빌딩 357
여가 35, 287, 370, 371, 376, 378
여성 교육 390, 391
여성 노동 조합 동맹 485
여성 참정권 운동 53, 485
여성 클럽 483~485, 495
여성 클럽 운동 484
여성 클럽 총연맹 483, 484
여성해방론 52
여자대학 373, 391, 480, 481, 483
연금제도 400
연발 소총 155, 443
연방 70, 74, 94, 96, 97, 100, 104, 106, 111~113, 115, 118, 122, 123, 125, 126, 131, 135~137, 140, 158, 159, 165, 179, 185, 189, 191, 193, 196~199, 205, 214, 222, 235, 252, 333, 403, 498, 537
연방 대법원 60, 109~111, 119, 200, 220, 232, 408, 536
연방의회 54, 57, 60, 103, 110, 112, 116, 123, 130, 137, 148, 191, 193~198, 214, 218, 250, 271, 406~408, 440, 456, 484, 503, 514, 527
연방주의자 95, 189
연방 준비 위원회 535
연방 지불 준비법 534
연방 탈퇴 94, 118, 119, 123~125, 134, 140, 141, 149, 159
연방 탈퇴령 193
연방 통상 위원회법 535
연쇄점 368
연합 노동당 496
영(Brigham Young) 41
영국 27, 32, 37, 56, 65~67, 74, 76, 81, 85, 86, 108, 127, 152~154, 168, 179, 216, 240, 292, 295, 302, 312, 321, 320, 343, 348, 372, 385, 419, 429, 434, 438, 441~444, 457, 465~467, 474, 476, 539, 541
영화 202, 342~376
영화 궁전 376
예비선거제 493, 499
5센트 극장 375
오네이다 공동체 38
오대호 297, 306
오리건(Oregon) 49, 72, 74, 76, 78, 80~82, 85, 86, 94, 220, 260, 276, 427, 434
오리건로 78
오번(Auburn) 50
오서와터미(Osawatomie) 526, 528
오스텐데 성명 99
오스트리아 179~181, 298,
오스트리아-헝가리 제국 180

오스틴(Stephen F. Austin) 72
54.40도 81, 82
오웬(Robert Owen) 36, 37
오캘라 요구 사항 412, 414
오클리(Annie Oakley) 264
온천 44
올드리치(Nelson W. Aldrich) 407
올컷(Louisa May Alcott) 378
올턴(Alton) 58
옴스테드(Frederick Law Olmsted) 350
와그너(Robert F. Wagner) 497
와블리 506
완전주의자 38
왓슨(Tom Watson) 426
왕당파 224, 226, 233, 235
요세미티 국립공원 520
우드(Leonard Wood) 454
우시장 258, 260
우에르타(Victoriano Huerta) 547~549
운디드니 278, 280
울워스 회사 368
워드(Lester Frank Ward) 316, 386
워런(John Warren) 47
워배시 소송 408
워보카 278
워싱턴 조약 216
월드시리즈 372

《월드》 446~448
《월든》 33
월러스(George Wallace) 418
웨브(Walter Prescott Webb) 267
웨이드(Benjamin F. Wade) 135, 148
웨이드-데이비스 법안 191, 193
웨일레르(Valeriano Weyler) 445, 449, 463
웰스(Ida B. Wells) 234, 391
위버(James B. Weaver) 407, 412
위스콘신 준주 110
위스키 일당 214
위스터(Owen Wister) 263, 265
위원회 계획 491
윈체스터(Oliver Winchester) 155
윌더니스 172
윌더니스 전투 147, 172
윌라드(Francis Wilard) 503
윌모트(David Wilmot) 89
윌모트 단서조항 89
윌버포스(William Wilberforce) 65~67
윌슨(Woodrow Wilson) 531~537, 546~551
윌슨-고먼 관세법 408
윌슨스 크리크 전투 158
윌크스(Charles Wilkers) 153
유니언 퍼시픽 철도 회사 131, 213

유니테리언파 33
유령 춤 278, 280
유로크 241
유색인 농민 동맹 413
유에스 철강 회사 306, 523, 527
유전 298
유토피아 35, 38, 39
《유한계급론》 470
유한책임 306
유혈의 캔자스 103, 104, 108
육군대학 468
육군 참모 대학 468
육군 통솔법 200
육상 373
은화 422, 423, 429
은화의 자유 주조 424, 425, 429
의무교육법 387
의학 45, 47, 389, 390
의화단 467
이민 43, 55, 72, 92, 113, 248, 250, 320, 321, 339~347, 349, 491, 502, 505
이민 빈민가 342
이민 제한 346, 399, 413, 504, 505
이민 제한 동맹 346
이익집단 116, 495
이탈리아 179~181, 293, 348, 444, 466, 541
이탈리아 운동 180

인도 152, 348, 443
인도차이나 444
인디언 30, 49, 51, 75, 76, 78, 83, 93, 100, 102, 132, 214, 240~244, 255, 260, 264, 268, 270, 271, 273~278, 280~282, 288, 387, 430, 435, 439, 451, 459, 484
인디언 보호구역 51, 268, 270
인디언 사무국 271, 280
인디언 준주 271
인디언 평화 위원회 271
인디펜던스(Independence) 40, 78, 83
인민당 407, 412, 413, 428
인민주의 410, 412~418, 430
인쇄 매체 379
인플레이션 142, 145
《일곱 박공의 집》 36
일괄안 97
일관작업 302, 303
일본 181, 340, 348, 444, 465~467, 539~541
일부다처제 40, 252
임금노동자 253, 257, 425
임차농 229, 236

ㅈ

자동차 298, 299, 301~303
자본주의 106, 268, 311, 315, 316, 319, 334, 415, 417, 505~507, 509
자유 노동 105
자유당 62
자유의 제국 71
자유주의적 프로테스탄티즘 385
자유 토지 105, 267
자유 토지당 90, 94
자유 토지론 62
자유 흑인 원조회 187
자전거 299, 373
《작은 아씨들》 378
장티푸스 359, 450
재건 184, 186, 189, 191, 193, 195, 197, 199, 200, 202~206, 210~213, 217, 219, 222~224, 226~229, 233, 236, 237, 358, 396~398, 430
재건 합동 위원회 195, 196,
재배치 51
재즈 374
재활 50
잭슨(Thomas J. Jackson) 164
저가 신문 71
전국 농촌 진흥 연합 480
전국 소비자 연맹 369
전국 여성당 488
전국 여성 애국 동맹 139
전국 유색인 여성 협회 484
전국은행법 131
전국 제조업자 협회 479
전미 여성 참정권 협회 486
전보 285, 448
전신 156, 157, 293, 379, 414, 443
전염병 44, 242, 359, 360, 439, 456
전쟁 집행 위원회 148
전화 285, 293, 380, 381, 414
젊은 미국 99
정당 62, 90, 98, 103, 119, 122, 129, 133, 141, 212, 215, 220, 250, 397~399, 400, 412, 426, 430, 431, 489, 490, 492, 493, 495~499, 510
정당 보스 400, 492, 496
정치 보스 363, 424, 490, 503
정치 파벌 조직 363, 474, 510
제국주의 434~436, 442~444, 457, 458, 461, 462, 466, 467, 469
제너(Edward Jenner) 47
제너럴 모터스 회사 302
제너럴 일렉트릭 회사 300
제멜바이스(Ignaz Semmelweiss) 48
제1차 머내서스 전투 158
제1차 범아메리카 회의 436

제1차 불런 전투 143, 158
제1차 세계대전 155, 156, 300, 347, 348, 503, 505, 506, 521, 546
제2차 머내서스 전투 165
제2차 불런 전투 165
제2차 세계대전 155, 267, 464
제임스(William James) 386
제철 227
제해권 436
조정 373
조지(Henry George) 316
조직 정치 401
존스법 456
존스턴(Albert Sidney Johnston) 159, 160
존스턴(Joseph E. Johnston) 164, 172, 174, 176, 177
존스홉킨스 대학 389
존슨(Andrew Johnson) 134, 192, 193, 195~197, 200, 201, 207, 216, 235
존슨(Hiram Johnson) 498
졸슨(Al Jolson) 374
종두법 47
주간 통상법 408, 517
주간 통상 위원회 408, 517
주립 대학 130, 388, 480, 483
주민 발의제 493
주민 투표제 493

주 방위군 329
주식 214, 242, 304, 306, 309, 523
주식회사 131, 261, 303, 304, 306, 307, 309, 381, 419
주식회사법 304
〈주장과 신념의 선언〉 52, 53
《주홍 글씨》 32
준주 60, 89, 94~96, 100, 102, 110, 116, 122, 129, 331, 387, 461
중간 계급 230, 311, 365, 370, 420
중국 92, 181, 247, 249, 340, 348, 435, 439, 442, 444, 465~467, 539
중국인 배척법 250
중앙은행 414
증기기관 285, 295, 297
지방자치단체 359, 490, 492
지원병제 142
지주회사 309
지하 철도 60
직업병 360
직장 보건 및 안전 관리국 360
진주만 439
진화론 385
짐 크로우법 234, 237
징병법 142

ㅊ

차이나타운 248
찰스턴 항구 123
참정권 485, 487, 488
채터누가(Chattanooga) 160, 170
채터누가 전투 170
챈슬러즈빌 전투 167
처치(Frederic Church) 28
철강 노동자 조합 노조 328
철도 97, 100, 101, 126, 127, 131, 142, 144, 156, 157, 172, 178, 185, 214, 222, 224, 227, 234, 243, 244, 246, 248, 253, 255, 256, 258, 260, 261, 268, 282, 283, 285, 286, 295, 297, 303, 304, 306, 307, 317, 324~326, 330, 331, 334, 348, 349, 353, 408, 410, 414, 420, 425, 443, 462, 474, 493, 498, 516, 517
초월주의 33, 35, 36
초월주의자 32~35, 42
총파업 327
추마시 241
추문 폭로 작가 473, 475, 490
출산열 47, 48
치누크 241
치빙턴(J. M. Chivington) 274
치카모가 전투 170

ㅋ

카네기(Andrew Carnegie) 157, 306, 311, 313, 328, 388
카네기 대학 389
카네기 철강 회사 307
카란사(Venustiano Carranza) 548~550
카르텔 308, 381
카리브 해 54, 65, 66, 71, 245, 349, 443, 450, 457, 463, 469, 540, 541, 546
카메하메하 1세 439
카메하메하 3세 439
카보우르(Camillo di Cavour) 181
카스(Lewis Cass) 90
카슨시티(Carson City) 256
카운실블러프스(Council Bluffs) 77
칼라일 인디언 산업 학교 387
칼훈(John C. Calhoun) 95, 107
캐나다 60, 71, 76, 81, 82, 100, 276, 277, 285, 295, 320, 326, 340, 348, 349, 443, 501
캐딜락 302
캔자스(Kansas) 62, 102~104, 111, 112, 114, 119, 260, 415, 468, 526, 528

캔자스-네브래스카법 101~103, 119
캔자스 퍼시픽 철도 260
캘리포니아(California) 75, 76, 78, 81~88, 92~96, 131, 244~246, 249, 250, 256, 260, 275, 289, 316, 321, 388, 427, 434, 487, 496, 509
캘리포니아 노동자당 250
캘리포니아로 78
커니(Denis Kearney) 250
커니(Stephen W. Kearny) 86, 243
커루더스(William Alexander Caruthers) 31
커밍 대 카우티 교육청 사건 232
커스터(George A. Custer) 274, 276
커틀랜드(Kirtland) 40
커피 456
컬럼비아 박람회 351
컬럼비아 특별구 94, 95, 135
케네디(John Pendleton Kennedy) 31
케이블카 356
켈리(Florence Kelley) 369
켈리(William Kelly) 296
코니아일랜드 376~378
콕시(Jacob S. Coxey) 420, 421
콘웰(Russell H. Conwell) 313, 314

콜(Thomas Cole) 28
콜레라 44, 78, 359
콜롬비아 540, 543
콜트(Samuel Colt) 155
콜팩스(Schuyer Colfax) 214
쿠바 60, 66, 67, 99, 153, 348, 437, 445~449, 451~453, 455, 458, 461~463, 469, 540, 542, 543
쿠퍼(James Fenimore Cooper) 28, 30
쿨리 245
퀘이커교 53
큐 클럭스 클랜 217, 218
크라이슬러 빌딩 357
크라일(G. W. Crile) 390
크레디 모빌리에 건설 회사 213
크레인(Stephen Crane) 382
크로넌(William Cronon) 268
크로켓(Davy Crockett) 73
크롤리(Herbert Croly) 507
크리켓 371
크리텐든(John J. Crittenden) 124
크리텐든 타협안 124
클라크(Champ Clark) 531
클라크(William Clark) 257
클레이(Henry Clay) 72, 80, 95
클레이튼 트러스트 금지법 536
클리블랜드(Grover Cleveland) 330, 332, 403, 405, 407, 408,

419, 424, 448
키팅-오웬법 537

ㅌ

타벨(Ida Tarbell) 474, 475
타우스(Taos) 243
타일러(John Tyler) 74, 82
태머니홀파 364, 405, 497
태평양 철도 116
태프트(William Howard Taft) 465, 524~530, 532, 533, 545~547, 551
태환법 215
터너(Frederick Jackson Turner) 265~267, 269, 386
터너(James Turner) 417
터너(Nat Turner) 107
터스키기 기술학교 230, 231
터커(Beverly Tucker) 31
테니스 373
테일러(Frederick Winslow Taylor) 301
테일러(Zachary Taylor) 83, 84, 86, 90, 92, 94
테일러주의 301, 477
텍사스(Texas) 72~74, 76, 80, 82~84, 91, 123, 168, 198, 244, 245, 258, 260, 274, 321, 434, 491, 534
토니(Roger Taney) 110
토착 미국인당 109
토착주의 129, 346, 504, 505
토착주의자 43, 505
토피카(Topeka) 103
《톰 소여의 모험》 265
《톰 아저씨의 오두막》 61, 62, 107, 103, 119
통신사 379
통화법 429
투표권 53, 233, 398, 485~487
트라이앵글 셔츠 회사 497
트러스트 287, 309, 318, 334, 406, 426, 473, 474, 507, 516, 523, 533~535
트렌트 사건 153
트리스트(Nicholas Trist) 88
트리스트 조약 88
트웨인(Mark Twain) 32, 265
트위드 도당 219
틸던(Samuel J. Tilden) 219, 225

ㅍ

파나마운하 443, 540, 543, 544
파라과이 67
파리조약 458, 459

파슨스(Stanley Parsons) 417
파시즘 416
파우덜리(Terence V. Powderly) 326
파울러(Lorenzo Fowler) 45
파울러(Orson Fowler) 45
파이우트 278
파이크스 피크 256
패러거트(David G. Farragut) 159, 161
패스코(Peggy Pascoe) 268
패튼(Simon Patten) 370
패혈증 47
팬들턴 법 402
퍼스(Charles S. Peirce) 386
퍼킨스 맹인학교 50
페로(Ross Perot) 418
페루 348, 349
페미니즘 53, 64
페어오크스 전투 164
페인-올드리치 관세법 525
펜실베이니아 철도 회사 297, 306
평화 민주당원 134
포(Edgar Allan Poe) 31
포니 242
포드(Henry Ford) 299, 302, 303
포드 자동차 회사 303
포래커법 456
포모 241
포크(James K. Polk) 80, 82~84, 86~90, 99
포타와토미 학살 104
포토맥 부대 146, 162, 165, 167, 168, 172, 173, 176
포프(John Pope) 164, 165
폴(Alice Paul) 488
폴락(Norman Pollack) 417
푸에르토리코 67, 454~457, 461, 462, 466, 469, 540
푸에블로 241
풀먼(George M. Pullman) 331
풀먼 파업 330, 331, 333, 420
《풀잎》 30
퓰리처(Joseph Pulitzer) 446, 447
프랑스 65, 66, 74, 127, 152, 153, 168, 179, 180, 298, 300, 348, 385, 429, 434, 44, 457, 465, 466, 543, 545
프런티어 240, 264~269, 288, 289, 435
프레몽(John C. Frémont) 86, 109
프로야구 372
프로테스탄트 42, 385, 399, 403, 428, 505
프로테스탄트 근본주의 385
프로페셔널리즘 479
프리그 대 펜실베이니아 사건 60
프릭(Henry Clay Frick) 306

플래트 수정 조항 542
플랜테이션 체제 31, 439
플레시 대 퍼거슨 사건 232
피시(Hamilton Fish) 212, 216
피어스(Franklin Pierce) 98, 99, 102, 103, 108
피에몬테-사르데냐 왕국 181
피츠버그 296, 306, 308, 325, 328
피켓의 돌격 170, 171
핀차트(Gifford Pinchot) 518, 519, 521, 525, 526
필드(Cyrus W. Field) 293
필드(Marshall Field) 368
필라델피아-리딩 철도 회사 419
필리핀 453, 455, 457~459, 461, 463~466, 469
필리핀 반군 469
필리핀 전쟁 462
필모어(Millard Fillmore) 96, 97, 109
핍쇼 374
핑커턴 탐정 회사 329

ㅎ

하남부(Deep South) 107, 116, 125, 226
하수 처리 시설 360
하와이 71, 100, 216, 245, 348, 436, 438~440, 456, 461, 462, 466
하우얼스(William Dean Howells) 383
하워드(Oliver O. Howard) 187
《하퍼스 위클리》 228, 437
하퍼스페리(Harpers Ferry) 114, 165
하퍼스페리 급습 115
합동 점유 76
합승 마차 356
해권국 436
해너(Mark Hanna) 515
해리슨(Benjamin Harrison) 405
해리슨(William Henry Harrison) 109
《해방자》 55, 56
해방 흑인국 187, 189, 195, 196, 206, 207
해방 흑인 학교 206
해크니(Sheldon Hackney) 417
핸콕(Winfield Scott Hancock) 402
핼럭(Henry W. Halleck) 148
햄프턴 기술학교 387
허드슨 강 화단 28, 29
허스트(William Randolph Hearst) 379, 446, 448
《허클베리 핀의 모험》 265
헌법 수정 조항 제13조 137, 178,

193
헌법 수정 조항 제14조 196~198, 223, 232, 237
헌법 수정 조항 제15조 198, 218, 223, 232, 233, 237
헌법 수정 조항 제17조 514
헌법 수정 조항 제19조 487, 488, 503
헌팅턴(Collis R. Huntington) 304
헐 하우스 476
헤이(John Hay) 450, 466, 543
헤이스(Rutherford B. Hayes) 219, 220, 222, 225, 325, 401, 402
헤이우드(William Haywood) 506
헤일(John P. Hale) 98
헤치헤치 계곡 520
헨리 요새 159, 160
헵번 철도 규제법 517
혁신당 530, 532, 536
혁신주의 431, 472, 473, 475, 482, 485, 489, 491, 493, 496, 498, 505, 507~511, 515, 524, 527, 531, 536, 556
현수교 356
협동 마을 36
협동조합 411
호머(Winslow Homer) 211, 383
호손(Nathaniel Hawthorne) 36
호퍼(Edward Hopper) 384, 389

호프스테터(Richard Hofstadter) 416, 417
홈스(Oliver Wendell Holmes) 34, 47
홈스테드 법안 116, 130, 251
홈스테드 제철소 328
홈스테드 파업 328, 331, 333, 420
홍역 76
화이트(Richard White) 268
화이트 칼라 365
환경 과학 359
환경오염 359
활동사진 374, 376
황금의 십자가 연설 425
황열병 360
후견제 363, 400, 401, 403
후커(Joseph Hooker) 167, 168
후퍼(Johnson J. Hooper) 32
후퍼(William Hooper) 439
휘그당 80, 84, 90, 96, 98, 102, 109, 116
휘그파 189
휘발유 298, 299, 329
휘슬러(James McNeil Whistler) 383
휘트먼(Walt Whitman) 30
휴스턴(Sam Houston) 73, 74
휴이트(Abram S. Hewitt) 296
흑인 단속법 195

흑인 대학 207, 230, 236, 387
흑인 순회 극단 374
《흑인의 재건》 202
희가극 373, 374, 376

흰 동백 기사단 217
히스패닉 243, 244, 268
힉스(John D. Hicks) 416, 417
힐(James J. Hill) 304

있는 그대로의 미국사 2

1판 1쇄 발행일 2005년 3월 14일
2판 4쇄 발행일 2023년 9월 18일

지은이 앨런 브링클리
옮긴이 황혜성 조지형 이영효 손세호 김연진 김덕호

발행인 김학원
발행처 (주)휴머니스트출판그룹
출판등록 제313-2007-000007호(2007년 1월 5일)
주소 (03991) 서울시 마포구 동교로23길 76(연남동)
전화 02-335-4422 **팩스** 02-334-3427
저자·독자 서비스 humanist@humanistbooks.com
홈페이지 www.humanistbooks.com
유튜브 youtube.com/user/humanistma **포스트** post.naver.com/hmcv
페이스북 facebook.com/hmcv2001 **인스타그램** @humanist_insta

편집주간 황서현 **편집** 이재민 신영숙 박환일 김혜경 신현경 최규승 **디자인** 이준용 김태형 유주현
종이 화인페이퍼 **인쇄** 청아디앤피 **제본** 민성사

ⓒ 휴머니스트·황혜성 외, 2005

ISBN 978-89-5862-030-3 03940
ISBN 978-89-5862-032-7 (세트)

• 이 책은 저작권법에 따라 보호받는 저작물이므로 무단 전재와 무단 복제를 금합니다.
• 이 책의 전부 또는 일부를 이용하려면 반드시 저자와 (주)휴머니스트출판그룹의 동의를 받아야 합니다.

The Unfinished Nation